大学生领导力提升

（第二版）

Student Leadership Development

主　编　边慧敏
副主编　冯卫东　廖宏斌　钟　慧

西南财经大学出版社
中国·成都

图书在版编目(CIP)数据

大学生领导力提升/边慧敏主编;冯卫东,廖宏斌,
钟慧副主编.--2 版.--成都:西南财经大学出版社,
2024.8.--ISBN 978-7-5504-6346-2
Ⅰ.C933-49
中国国家版本馆 CIP 数据核字第 2024JR4627 号

大学生领导力提升(第二版)
DAXUESHENG LINGDAOLI TISHENG

主　编　边慧敏
副主编　冯卫东　廖宏斌　钟　慧

责任编辑:李特军
责任校对:李建蓉
封面设计:杨红鹰　墨创文化
责任印制:朱曼丽

出版发行	西南财经大学出版社(四川省成都市光华村街 55 号)
网　　址	http://cbs.swufe.edu.cn
电子邮件	bookcj@swufe.edu.cn
邮政编码	610074
电　　话	028-87353785
照　　排	四川胜翔数码印务设计有限公司
印　　刷	四川五洲彩印有限责任公司
成品尺寸	190 mm×260 mm
印　　张	21.625
字　　数	566 千字
版　　次	2024 年 8 月第 2 版
印　　次	2024 年 8 月第 1 次印刷
印　　数	1— 2000 册
书　　号	ISBN 978-7-5504-6346-2
定　　价	48.00 元

第二版序言

在知识爆炸和人工智能迅猛发展的今天，科技进步深刻地重塑了社会的生产模式、个人生活及思维方式。变革无处不在，领导力的价值非但没有减弱，反而更加凸显其不可或缺性。领导力这一能力范畴已远远超越了简单的组织协调与决策指导范围，它已成为个人一种综合性的核心素养，能够激发每个人的内在潜能，催生创新思维，搭建坚实的信任基石，并引领社会迈向新的变革。对于大学生而言，通过学习和提升领导力，可形成敏锐的时代洞察力，使他们能够准确把握社会需求的脉搏，以更加前瞻的视角审视问题；同时，他们也能够更好地理解自己的社会角色，积极投身国家建设和社会发展中，为实现中华民族的伟大复兴贡献自己的力量。

经过长期实践的积累和沉淀，加上理论工作者持续不懈的加工和提炼，领导学不仅有了较为完备的理论形态和话语体系，其对实践的指导作用也被越来越多的各行各业管理者、政治实践者、学者乃至学生感知、学习、认同。领导现象普遍存在并深刻影响着大至国家行为，小至民众日常生活，也愈发成为人们的广泛共识。虽然规范、系统的领导学理论发轫并形成于西方，但扎根于中国传统文化和中国实践、有鲜明中国特色的领导学方兴未艾，不仅在理论建构上有了长足发展，而且实践探索也在不断出现创新。尤为可喜的是，近十多年来，越来越多的大学生意识到领导力对其成长的重要性、必要性，其自我认知中的领导意识也更为强烈。

自 2007 年起，笔者及团队成员在西南财经大学先后开设“领导学”“大学生领导力提升”课程，尤其是“大学生领导力提升”新生研讨课，以其独特的魅力成为众多学子追捧的热门课程。每到选课季，该课程便以其丰富的内涵、强烈的实践导向吸引了众多学生，常常出现“一座难求”的盛况。记得那时还没有教材，老师只有课程讲义和相关 PPT。经过几年的课堂教学实践，在积累教学经验及素材的基础上，2012 年终于出版了《大学生领导力提升》教材。

《大学生领导力提升》教材出版以来，在教育界乃至社会上引起了较好反响，该教材先后被西南财经大学、电子科技大学、上海中医药大学、浙江工商大学、浙江农业大学、浙江电力职业技术学院、宁波服装学院等多所院校选用。

许多学习过本课程或是阅读过本教材的学生反馈说，这门课程让他们获益良多，终生受用。记得有好几次，笔者在参加学术研讨会时，遇到了素不相识的青年学者主动向笔者致意，说他们因为选用了《大学生领导力提升》作为教材或参考书，而受到诸多启发。他们表示特别乐意和笔者及团队合作，进一步建设好该教材。他们普遍认为，该教材填补了我国高等教育领域关于大学生领导力培养的空缺。该教材以其丰富的内容、新颖的体例、鲜活的案例、针对性的进阶测试等，为众多大学生和青年朋友提供了其在成长关键期及未来职业发展所需要的领导视野、领导理念、领导方法、领导技能等方面的建议和素材，特别是教材秉持的“人人皆有领导力”

的核心理念，激励了他们的领导力自信，激发了他们的领导意愿。这让笔者非常感动，同时笔者也更加坚定了继续建设好领导学课程和教材的信心和决心。

但时代的发展日新月异，理论内容和实践探索都需要与时俱进、推陈出新。因此，有必要对本教材进行一次全面的修订和完善，以更好地揭示新时代背景下教育教学规律、人的发展规律和学生成长规律。大体而言，本次修订有以下几个特点：

一是坚持正确的政治导向。习近平总书记指出，要加强教材建设和管理，牢牢把握正确的政治方向和价值导向，用心打造培根铸魂、启智增慧的精品教材。教材要充分体现党和国家意志，能够很好地塑造学生的理想信仰和价值观念。本次修订进一步明确政治导向，坚持以习近平新时代中国特色社会主义思想为指导，在相关章节增加了习近平总书记的相关重要论述、对青年学生的寄语和习近平领导艺术案例，以体现新时代中国化马克思主义领导学的最新理论成果和实践成果，推进习近平新时代中国特色社会主义思想进教材、进课堂、进头脑。如在第二章“领导之学：理论及其发展”中，专门增加了马克思主义领导理论及其中国化进程的相关内容，对马克思主义领导思想和毛泽东、邓小平等的领导观作了较系统的梳理，特别对习近平总书记关于领导力的重要论述进行了重点阐述，增加了习近平领导艺术案例；第三章、第五章、第九章分别围绕本章主题增加了习近平总书记相关重要论述和对青年学生的重要寄语，并将其作为重要指导思想。

二是体现“两个结合”。习近平总书记在庆祝中国共产党成立一百周年大会上明确提出“两个结合”，即“把马克思主义基本原理同中国具体实际相结合、同中华优秀传统文化相结合”。2023 年 6 月召开的文化传承发展座谈会上，习近平总书记指出，“第二个结合”是又一次的思想解放，让我们能够在更广阔的文化空间中，充分运用中华优秀传统文化的宝贵资源，探索面向未来的理论和制度创新。作为世界上唯一没有中断的文明，中华文明博大精深，内涵极其丰富，其蕴含的领导学思想宝矿需要持续不断挖掘和继承与弘扬。在西方领导学理论范式仍占据话语优势的情况下，本次修订力所能及地体现中国古人的领导智慧、领导实践及启发意义。比如，第二章的领导理论部分特别增加了我国古代的领导思想内容，其余章节也适当更替或增加了我国古代有关领导力的名人名言和杰出领导者的实践案例。另外，教材还尽量使用“中国话语”讲述“中国故事”，展现民族自信，如第三章、第六章分别增加了中国抗击新型冠状病毒感染疫情和华为、小米等优秀民族企业的领导力故事。

三是体现数字技术革命的时代特征。教育部部长怀进鹏在“2024 世界数字教育大会”上发言指出，数字技术正以新理念、新业态、新模式全面融入人类经济、政治、文化、社会、生态文明建设各领域和全过程，给人类生产和生活带来广泛而深刻的影响。人工智能革命浪潮将推动教育理念、教育形态、教育方式的系统性变革、整体性重塑，对教育者而言，既是挑战，更是机遇。领导学的教学与研究也要与时俱进，因应数字化技术革命浪潮，培养具备数字素养、洞悉时代大势的领导者和管理者。本教材在第三章增加了大数据与人工智能在领导力开发领域的创新应用等内容；在第七章增加了数字化时代对人际关系的影响等内容；在第九章专门增加了“洞悉变革：从技术开始”一节，对人工智能、大数据、物联网等对领导和管理的影响作出分析，同时阐述了“信息”“知识”爆炸时代的终身学习问题。数字化革命的时代特征在其他章节也有所体现。

四是遵循大学生成长成才规律。教育教学要遵循人的发展规律和人才成长规律，才能贴近学生实际、契合学生需求，达到事半功倍的教育效果。当代大学生是互联网原住民，求知欲强、知识面广，崇尚独立、思想多元，但面临的学业、就业等压力及由此带来的相关问题也是显而易见的。本教材的修订着眼于新时代大学生群体的特点和需求，在原有大学生领导力模型——影响力模型的基础上作了进一步完善，着力帮助大学生在变革与创新的环境下激发自我认知、强化领导意识、提升领导技能。比如在第三章“大学生领导力：体系构建与开发”中增加了“大学生领导力开发实践”一节，针对大学生的特点讲述了大学生领导力开发的途径、开发评估等内容；第四章更新完善了自我认知的个人素质测试；第五章补充了时间管理、目标管理和压力管理理论中与大学生领导力发展相关的理论和实践内容，更新了大学生“身边事”案例；第七章除了纳入领导力与人际关系最新研究成果外，还更新了企业实践、社会现象、个人故事等案例，为读者提供了更具现实性的参照；第八章补充了更贴合大学生成长需求的团队管理实践新经验、新成果及相关案例。

国家的希望在青年，民族的未来在青年！青年学生是强国建设、民族复兴伟业的先锋力量和生力军，需要通过不断强化学习来锤炼品格、提升修养、练就过硬本领。如果本教材能为大学生受众提供激发领导意识、强化领导行为、提升领导能力等方面的一些启发和帮助，笔者何其幸也！

边慧敏

2024 年 8 月

序 言

作为社会性群居动物，人类在漫长的发展过程中，为了达到共同的目标，形成了组织，产生了“首领”。尧、舜、禹作为中国历史上最早的“首领”，为中国人所熟知。在那个时代，领导者的产生采用“禅让”制，只有那些能够获得最多人拥护的人，才能成为集体的领导者。如今，虽然历史的车轮已碾过无数沙尘，但领导者的内涵却依旧清晰：领导者是那些能够让他人追随、拥护，带领他人走向最终目标的人。正是这样一些人引领着时代的方向，影响着历史的轨迹。

2006年1月，笔者有幸去美国哈佛大学学习考察。哈佛大学优美的校园环境、悠久的历史文化让人印象深刻，但最令人震撼的是哈佛大学的治学理念和人才培养观。美国政治界、经济界、文化界人才辈出，领袖云集，其中有相当多的人是哈佛大学的校友。哈佛大学将领导力课程纳入了大一新生的课程培养体系，并鼓励学生参加各类社会团体活动，锻炼自身的领导力。纵观美国高校，从20世纪八九十年代开始，领导力教育蔚然成风。以耶鲁大学为例，据不完全统计，迄今为止，耶鲁大学已经培养了5位美国总统。耶鲁大学不仅培养了站在政治舞台上的领导人物，还培养了美国金融帝国的领袖，有533位耶鲁毕业生曾任美国总统、副总统、国会议员或著名商业公司的领导者。除此以外，耶鲁大学的毕业生中还有3位诺贝尔物理学奖、5位诺贝尔化学奖、8位诺贝尔文学奖和80位普利策新闻奖、格莱美奖等奖项的获奖者。

大学要成为培养未来领袖的摇篮，已成为国外著名大学领导的共识，尤其是世界一流大学均以培养领导人为其人才培养目标的重要内容。大学教育决不单单是“技能和知识”的输出，优秀大学真正培养和塑造的是学生的“品格和思想”。在宝贵的大学时光里，我们可以在学生心中播下领导力的种子，培养他们以更广阔的视角、更前瞻性的思维方式在实践和学习中不断审视自己、关怀他人、思考未来所在的组织乃至社会的前进方向。

审视中国高等院校的人才培养目标，领导力教育只是刚刚进入教育者视野，鲜有高校将领导力教育纳入人才培养目标。大学生作为未来社会的精英，承担着振兴国家的重任，在中国实行领导力教育势在必行。《国家中长期教育改革和发展规划纲要（2010—2020年）》指出，要“着力提高学生服务国家服务人民的社会责任感、勇于探索的创新精神和善于解决问题的实践能力”。而“社会责任感、创新精神、解决问题的能力”都是领导力内涵的应有之义。与此同时，在社会信息日益膨胀、经济发展迅速、各国联系越发紧密的今天，领导力培养已经成为中国高等教育不可忽视的课题。那些只具备专业知识却无法领导他人进行知识分享和信息促进的人，已经越来越无法满足社会和时代的要求，社会需要的是有前瞻眼光、冒险精神、敢于开拓、善于沟通的新型人才。

幸运的是，笔者所在的西南财经大学鲜明地提出："要把学生培养成为社会主义经济管理和经济建设的骨干和领导者。"2007年，笔者尝试性地在研究生中开设了"领导学"课程，开始了对领导力知识的教学与研究。2009年，笔者又在全校本科生中开设了"大学生领导力提升"选修课程，受到了许多学生的欢迎，选课者爆满。经过近四年的研究积淀和教学实践，2010年，笔者牵头成立了"大学生领导力课程组"，率领组织行为学、管理学、政治学、心理学各学科人才，共同研究开发大学生领导力培养计划。领导力开发培养应涵盖包括课堂教学、课程辅助活动、课外活动、讲座或论坛、导师组、反馈与回顾等重要途径，并应贯穿大学四年，甚至可以延伸跟踪至学生毕业后。"课堂教学"主要包括核心课程与辅助性课程，教师发表主题演讲后，组织学生围绕这个主题进行讨论和辩论；"课程辅助活动"是指经历学习、素质拓展训练、思维训练等；"课外活动"是指通过参加学生会活动、社团活动、体育活动、学校项目、户外领导活动（如体能挑战、团队建设等）、实习/社区服务等方面锻炼领导力；"导师组"是指为帮助学生成长，展开一对一领导力培养咨询服务；"反馈与回顾"主要针对毕业生，考察他们通过领导力提升项目的各种学习与训练后，在实践中表现出领导力的情况，从而进一步修正培养计划。

为进一步贯彻上述领导力提升项目，从2010年秋季学期开始，我们在全校大学一年级新生中开设了新生研讨课——"大学生领导力提升"。同时，课程组每年召开多次教研活动，包括课程建设研讨、集体备课、教学观摩、教法研究与探讨、团队建设、学术活动等。

两年来，课程组每年均对本校全体学生的领导力现状进行大规模的调查研究，考察了大学生对领导力的基本认知态度、社会参与状况及对自身领导技能的评价，基本掌握了目前大学生领导力的现状，为日后完善领导力开发和培养计划打下坚实基础。调研表明，不少学生已逐步意识到领导力培养的重要性，有意愿提升个人领导力的学生占被调查人数的78%。在这一数据的背后笔者还发现了更为有趣的现象：没有意愿培养自身领导力的学生，恰恰是那些认为"领导力是天生的"的人。这一现象值得思考。领导力究竟是天赋的，还是后天培养学习得来的，在领导学研究界一直是争论的焦点，对先天与后天之分的看法，决定了人们面对它的最终态度。管理学泰斗德鲁克说过："世界上可能有天生的领导者，但可以依赖天资的人实在是太少了。"我们不能否认每个人天资的差异，但领导力的产生更需要失败的磨砺、反思的积淀和勤奋的练习。调研结果还显示，不少学生认为与领导力相关的品质和能力依次是：责任心、决策能力、组织协调能力、社交能力、应变能力、沟通能力、表达能力、自信心。这群被称为"90后"的孩子，并非像媒体所渲染的那样，缺乏对社会的责任感，他们中的大多数意识到了责任心对自身的重要价值，这也是让笔者等诸多高校教育工作者倍感欣慰的地方。此外，不少学生认为大学阶段急需提升的个人能力依次是：社交能力、应变能力、表达能力、自信心、远见、领导的欲望、决策能力和创造性思维。该调查结果也为领导力开发与培养项目的未来发展指明了方向。

领导力的培养是一个跨学科、多途径的巨大工程，而领导力模型在领导力开发中起到了重要的基础性作用。它明确了对组织维持与发展起到重要作用的领导素质有哪些方面，以及组织培养、选拔与评估领导者的基准，使领导力开发有的放矢，避免了盲目的面面俱到。本书提出了一个适合我国高校采用的大学生领导力模型——影响力模型，以该模型为核心的大学生领导力开发应达到的目标是：

(1) 帮助学生提高自我认知，每一位学生都应理解自身的特质、价值观、兴趣、优点与不足。

(2) 帮助学生学会如何提升自身的影响力，并有效地维持与发挥这种影响力。

(3) 帮助学生开发其利用自身影响力创建团队的能力。

(4) 帮助学生开发其领导团队推动变革的能力。

与上述四个主要目标相对应，影响力模型含有四个要素，即自我认知（self-cognition）、影响力（influence）、团队（team）与变革（change），而这四个要素也是本书编写的核心基础。本书包含理论和技能两大部分内容。理论部分从国内外领导力理论研究的视角，探讨了领导力的内涵及外延；技能部分则从自我认知、与影响力相关的技能、团队建设以及适应变革与创新的角度，全面阐释领导力培养方法。

“大学生领导力提升”课程无疑是领导力培养与开发系统的重要环节。我们期望学生在大学期间不断强化领导意识，进行领导实践，反思领导过程。课程拟突破传统单向知识灌输的教学方式，结合课堂讲授、素质拓展、课外讲座、活动模拟等多种形式培养学生的领导意识、开发学生的领导能力。在课程组老师的辛勤劳作下，课程达到了预期的教学效果，受到了学生的热烈欢迎，起到了启蒙学生的领导意识、健全学生的领导价值观的作用。

在“大学生领导力提升”课程结束后所进行的反馈中，在“课程内容的前瞻性、实战性，以及满足现代大学生需求”方面，超过80%的学生表示“非常同意”和“同意”；认为“课程内容丰富，信息量大，涵盖面广，对全面理解领导力有一定帮助”的学生，也达到80%以上。许多学生对课程进行了热情洋溢的反馈，课程开设情况还得到了人民网、新华网、新浪网、四川教育网及《成都晚报》《华西都市报》等新闻媒体的广泛关注。这让课程组老师很感动，并将鞭策他们把大学生领导力提升项目继续深入推动下去。

“路漫漫其修远兮，吾将上下而求索。”大学生领导力培养是将国外教育思想移植到中国的新花朵。它能否盛开，能否如愿以偿地为中国经济文化建设培养优秀的领导者，取决于大家的共同努力。愿与各位共同分享，共同成长！

边慧敏

2012年8月于成都光华园

目录

第一章 探寻之旅：感悟领导力 1

早期的领导特质理论认为领导者是天生的，而不是后天生成的，领导者身上的领导力是与生俱来的特殊禀赋。事实上，在诸多以此为前提假设条件而进行的领导特质研究均宣告失败后，人们逐渐意识到那些所谓的“原始”领导素质其实是可以通过后天学习得到的。每个人身上都蕴藏着巨大的领导天赋，在人生的任何一个阶段都可以担当起领导角色，展现领导力。同样，任何人也都可以使用领导力，只要你成功地影响了他人的行为，你就在使用领导力。

第一节 角色与定位：领导是什么 / 3
第二节 魅力与潜质：展现领导力 / 7
第三节 风范与气质：领导者的“百宝箱” / 19

第二章 领导之学：理论及其发展 37

尽管领导思想古已有之，但它们多是零散和不系统的，还没有专门针对“领导现象”的描述。直到20世纪，真正意义上的领导学才逐渐产生。大致来看，领导学经历了三个发展阶段：领导特质理论、领导行为理论和领导权变理论。

第一节 领导活动的产生及领导思想的发展 / 39
第二节 领导学基本理论：特质、行为及情境 / 46
第三节 领导与管理 / 63

第三章　大学生领导力：体系构建与开发　74

所谓领导力模型（也被称为领导胜任力模型），即是在特定的环境下，要成为一名领导者需具备的特质、行为、知识与技能的总和。虽然在现实的领导力开发中，领导力模型经常被有意无意地忽略，但事实上领导力模型的建立是有针对性地进行领导力开发的基础。

第一节　我们为什么需要开发自身的领导力 / 76
第二节　欧美高校大学生领导力开发现状 / 80
第三节　大学生领导力模型 / 87
第四节　大学生领导力开发实践 / 94

第四章　领导力的镜子：从认识自我开始　101

人们往往把领导力当成一种特质，而实际上领导力是一种关系，是我们“和”别人一同完成的，是领导者和被领导者之间的一种关系。它的本质是在两个核心要素——自我意识和社会技巧之间取得平衡。所以高效的领导力需要在了解自我的基础上，发现和分配自身的领导力资源。我们的结论可以归结为一句话：领导力就是有技巧地做你自己，领导力修炼的核心就是认识自我。

第一节　领导力的修炼核心：认识自己 / 104
第二节　全面认识：自我认知 / 108
第三节　提升领导力：成为你自己 / 130
第四节　领导力的执行：跨越自我认知 / 139

第五章　管好自己：做好自我管理 153

梦想不等于目标，人人都有梦想，但是只有极少数人有明确而具体的人生目标。梦想是打开潜意识之门的一把钥匙，但要真正唤醒潜意识这一沉睡的巨人，还必须依靠目标这一成功魔棒。

第一节　时间管理：领导力提升的保障 / 155
第二节　目标管理：领导力提升的航标 / 163
第三节　健康管理：领导力提升的后盾 / 173

第六章　锤炼思维：领略决策艺术 189

比利时的《老人》杂志曾在全国范围内对60岁以上的老人开展了一次题为“你最后悔的是什么”的专题调查。这个调查的结果很有意思：72%的老人后悔年轻时努力不够，以致事业无成。67%的老人后悔年轻时错误地选择了职业。63%的老人后悔对子女教育不够或方法不当。看来人类都难免会作出错误的决策，而错误的决策除了带来后悔的情绪以外，也改变了生活的轨迹。

第一节　决策：知与行的转折点 / 191
第二节　当心决策陷阱 / 199
第三节　思维品质：科学决策的基础 / 206
第四节　提升思维品质的策略 / 214
第五节　善用思维及决策工具 / 227

第七章 与人相处：培养良好的人际关系 239

美国心理学家沙赫特曾做过这样的实验：他先后聘请了5位志愿者进入一个与外界完全隔绝的小屋，屋里除提供必要的物质生活条件外，没有任何信息进入，以观察人在与世隔绝时的反应。结果，其中有1个人在屋里只待了两小时就出来了，有3个人待了两天，坚持到最后的那个人待了8天。这位勇士出来时叫苦道："如果让我再在这里面待1分钟，我就要疯了。"实验证明，没有一个人愿意与其他人隔绝，人们都不喜欢孤独，害怕与他人隔绝。据统计，人们在日常生活中，除8小时的睡眠时间以外，其余16小时中约70%的时间都在进行着人际交往。

第一节 人际关系是领导力的最直接体现 / 241
第二节 人际交往原则：扫清交际障碍的利剑 / 247
第三节 克服人际关系障碍，打造顶尖领导力 / 252

第八章 与人合作：凝聚高效团队 266

在今天，无论你从事什么工作、处于什么环境下，都无法脱离其他人对你的支持而一个人去完成所有的事情。因此，在职业生涯中，你经常会听到一个词：团队。可以说，随着竞争的日趋激烈，团队的力量已经越来越为企业和个人所重视，因为这是一个团队的时代。

第一节 领导力提升的载体：建设团队 / 268
第二节 挑选胜利之师 / 274
第三节 团队凝聚力管理 / 291

第九章　适应与创新：做变革时代的领导者　300

美国学者 Peter Vaill 将当前的时代变革描述成一个湍急的漩涡，我们可能轻易地被卷入、被淹没。在快节奏的工作、学习与生活中，我们背负着自己的责任，追赶着变革的步伐。应对快速而复杂的变化，只是采用“更努力地工作”这种传统方式已不再有效。“努力工作可以解决所有问题”这一范式在现在看来显得过于单纯。Vaill 因此建议我们应该“更聪明地工作”，包括“更聪明地合作”“更聪明地反思”“更聪明的心灵”三个方面。

第一节　领导与变革 / 302
第二节　洞悉变革：从技术开始 / 306
第三节　变革的战略 / 311
第四节　社会变化中的领导力再造 / 317

后记　327

第一章
探寻之旅：感悟领导力

一头狮子带领的一群羊远远胜过一只羊带领的一群狮子。
——拿破仑

开卷有益

狮群的领头者是羊？

在一次比赛中，一群狮子轻松地打败了一群羊。羊们表示很不服气，认为问题出在领导身上，于是它们各自交换领导者，分别由一头狮子带领一群羊和一只羊带领一群狮子进行比赛。这样的组合会有什么新变化吗？

第一回合：

羊带狮群与狮领羊群双方各自展开训练，准备战斗。当头羊走到狮群面前时，狮子们桀骜不驯，不服从头羊的领导，头羊自然无法发号施令。与此相反，狮子带领羊群的这一方，羊群俯首帖耳，训练开展得井井有条。新一轮比赛开始后，毫无疑问，军心涣散、训练无序的狮群被训练有素的羊群打败了。

第二回合：

头羊带狮群一方总结失败教训，认为应该上下同欲，才有可能取得胜利。狮群们纷纷表示会听从头羊的领导，并且经验丰富的狮子们各自说出了克敌制胜的办法供领头羊采纳。高兴之余，领头羊却犯了难，如何在众多行之有效的方法中作出正确的抉择？最后，他们选择了抓阄决定……虽然在讨论开始时大家热情高涨，但在抓阄结束后狮子们倍感失望：一部分源于建议未被采纳，另一部分则认为集体缺乏团结。相反，

狮领羊群这边，羊群们尊重狮子，相信他的领导能力和战斗经验，继续有条不紊地训练。当新一轮战斗开始后，孰胜孰败，可想而知。

第三回合：

吃一堑，长一智。羊带狮群一方继续总结失败教训，认为队伍需要坚定的执行者，应绝对服从头羊的领导，并迅速开始对狮群进行系统训练。而狮领羊群一方，领头狮一如往常地按训练狮子的方法和标准训练羊群，把羊们训练得都像一头头勇猛善战的狮子。当新的比赛开始后，羊群像一群凶猛的雄狮冲了出去，而狮群则像柔弱的羊一样，去用头顶向对手——他们，又一次被击败。

请思考：为什么在头羊的领导下，狮子也变成了柔弱的羊，而狮子训练出来的羊群却具备了狮子的骁勇善战？

——选编自人民网

本章要点

⊙ 角色与定位：领导是什么

领导现象的认知

谁是领导者

⊙ 魅力与潜质：展现领导力

你眼中的领导力

什么构成了领导力

你也可以成为领导者

⊙ 风范与气质：领导者的“百宝箱”

领导者是否存在差别

箱子里都有些什么

学会运用“百宝箱”

第一节　角色与定位：领导是什么

俗语有云：强将手下无弱兵。狮与羊领头的互换成就了胆怯懦弱与勇猛善战的转变。毋庸置疑，羊群战胜狮群的传奇离不开狮子卓越的领导。无论是动物界还是人类社会都存在领导活动，那么，究竟什么是领导？生活中的你，是否也梦想成为举足轻重的“狮子”，做一个有勇有谋、气宇轩昂的领导者呢？此刻，不妨迈出你的脚步，踏上探寻领导科学与艺术的旅程。

一、领导现象的认知

（一）初识领导活动

大到一个国家，小到一个家庭，都存在着形式各异、风格不同的领导。领导活动自古便有，早在中国的春秋战国时期以及西方古希腊时期，领导活动便是思想家、哲学家思考和争论的焦点。可以这样说，领导活动是人类生活一记抹不去的烙印，它随着人类社会产生而产生，并进一步推动了人类社会的发展进步。

领导活动的最初形式便是早期人类社会实践时产生的指挥和协调。随着生产力水平的不断提高、生产规模的不断扩大，领导活动也在日趋独立化和复杂化。领导活动是一种特殊的社会现象，同时它也是一个由领导者、被领导者、领导环境共同构成的系统。在这个系统中，领导者处于主导地位，对组织或团体的命运具有举足轻重的影响；被领导者是按照领导的决策与意图从事具体实践活动的个人或集体；领导环境则是对领导活动产生影响的各种因素的总和。作为一种重要的社会行为，领导系统始终处于发展变化的状态中。① 可以说，正是由于领导者、被领导者和领导环境等系统要素的良性互动，进一步地推动了领导目标的实现和领导活动的发展。在这个由领导者、被领导者、领导环境共同构成的系统中，处于主导地位的领导者率领和引导被领导者在一定的客观环境下为实现一定的目标而进行相应的社会活动，即领导活动（图 1–1）。

图 1–1　领导活动

① 边慧敏，廖宏斌. 领导学［M］. 大连：东北财经大学出版社，2009：3.

> 领导就像可恶的“雪人”，到处都能看见他的脚印，可就是哪儿都找不见他。
>
> ——沃伦·本尼斯

（二）领导学的诞生

世界上著名的领导学大师詹姆斯·麦格雷戈·伯恩斯曾在其著作《领导论》中声称：“领导是地球上见得最多却对之认识最少的现象之一。”领导现象虽与人类历史相伴始终，但将领导作为单独的一门科学理论却是现代社会的产物。当人类实践水平不断提高、认识能力持续发展，当人们不得不面对规模巨大的组织活动、日新月异的科学技术、纷繁复杂的决策难题等等一系列的时代挑战时，如何用科学的态度及领导方法去审时度势、解决难题便显得尤为重要，领导学研究呼之欲出。

直到20世纪，以经济领域的领导者为研究重点，兼顾了政治、军事、教育等其他领域，运用现代化的科学手段，系统地研究领导问题，既有理论又有实际经验为支撑的新学科——领导学，开始走上科学研究的舞台。[①]其诞生有两个显著标志：①决策工作专门化；②咨询工作专业化。

二、谁是领导者

（一）领导的内涵

> 领导就是要让他的人们，从他们现在的地方，去还没有去过的地方。
>
> ——基辛格

何谓“领导”？对领导定义的界定可谓众说纷纭。曾有学者说过“有多少个领导学的研究者，就有多少个关于领导的定义”，“领导”一词涵义甚广，可见一斑。就汉语字义的角度分析：领，即引领、带领；导，即教导、疏通。依据研究侧重点的不同，它可指领导行为，亦可表示领导活动，或是兼而有之。从不同角度出发，领导的内涵表现出千差万别的特点。有的人说领导好比指挥家，统领全局；有的人说领导就像军事家，叱咤风云；有的人说领导犹如战略家，运筹帷幄；有的人说领导堪比艺术家，画龙点睛；还有人认为领导即是服务。1900年伯纳德·M.巴斯从多角度、跨学科的视角列举了关于领导的12点定义：

> 伟大的领导是一种特有的艺术形式，既需要超群的力量，又需要非凡的想象力。
>
> ——理查德·尼克松

领导是团队工作的核心。

领导是个人品质及其产生的效力。

领导是一种活动或行为。

领导是实现目标的手段。

领导是相互作用产生的一种效果。

领导是一种与众不同的角色。

领导是组织机构的创建者。

领导是一种诱导他人服从的艺术。

领导是施加影响力的过程。

领导是劝说的一种形式。

领导是一种权力关系。

领导是许多要素的综合体。[②]

伯恩斯说过，领导就像美，它难以界定，但当你见到它，你就知道那是美的。正如一千个读者就有一千个哈姆雷特一样，不同的对象从不同的角度出发，都有一个源自亲身体验、关乎领导的定义。纵然界定不

① 边慧敏，廖宏斌. 领导学［M］. 大连：东北财经大学出版社，2009：4.

② 乔恩·L. 皮尔斯，约翰·W. 纽斯特罗姆. 领导力：阅读与练习［M］. 马志英，等译. 北京：中国人民大学出版社，2009：19.

同，但它们无不是对领导科学性的理解及其艺术性的诠释。

那么，结合自身的感知体验，您会怎样定义领导呢？

> 领导者的唯一定义是其后面有追随者。一些人是思想家，一些人是预言家，这些人都是很重要而且也很急需的，但是没有追随者，就不会有领导者。
>
> ——彼得·德鲁克

进阶探索

描述你心目中理想的领导者

一种能够说明你心目中理想的领导者特征的方法是运用想象。

运用这种方法，你能够清楚地认知领导者在一个组织中的作用，以及你所期望和想象的领导者应该是什么样的。这种想象将是你个人对领导的认知与定义。

1. 选择你想象的对象

选择你心目中理想的领导者，列出他应该具备的5种特征和不应具备的5种特征。

应具备的	不应具备的
• 1.	• 1.
• 2.	• 2.
• 3.	• 3.
• 4.	• 4.
• 5.	• 5.

2.和同学一起：发展小组定义

在3~4个小组中，列举你所想象的领导品质特征，讨论你的列表及其原因，得出一个共同的定义。

我们都认为，理想领导者应具备：________________

我们都认为，理想领导者不应具备：________________

3.分类讨论，取得一致

讨论各种不同想象的含义：

A.关于领导角色的假定有哪些？

B.个人偏好的领导行为方式是什么？

C.这种领导会对组织文化和结构有什么影响？

D.每个想象中的领导有潜在的缺陷吗？

4.什么是领导

经过以上的思考与讨论，在我眼中，领导是这样的：

____

____

（二）领导者之生成

当听到“领导者”一词时，你的头脑中会浮现出怎样的形象？是威严高大还是平易近人，是不拘小节还是温文尔雅？他可能会让你肃然起敬，他可能魅力四射让你为之倾倒，他可能精明强干让你五体投地，他可能高瞻远瞩让你惊为天人。无论怎样，领导者总是具有无穷魅力，吸引人们追随他，影响甚至促使人们去做其分派之事（图 1–2）。在现代管理科学之父彼得·德鲁克看来：“领导者的唯一定义是其后面有追随者。一些人是思想家，一些人是预言家，这些人都是很重要而且也很急需的。但是没有追随者，就没有领导者。”①

领导者就是那个爬到最高的树上，观察四周，然后喊道“找错地方了”的人。

——史蒂芬·柯维

图 1–2　领导者与追随者

由此看来，当领导者产生时，总是存在追随者。美国成功学大师拿破仑·希尔博士认为：“一般来说，世界上有两种类型的人：一是领导者，二是追随者；在你开始工作时，你就要决定你是愿意在你选择的行业中成为一名领导者，还是永远当一名追随者。”从另一角度说来，在你成为领导者前，首先你是一个追随者，直到“你能用行动激发他人梦想得更多，学习更多，做更多事或者成为更伟大的人，你就是一个领导者。”

我们每个人心目中都有领导者的偶像，可能是丘吉尔，可能是拿破仑，可能是戴高乐，因为他们“能让人喜欢上他们原本不愿意做的事”。

——哈里·S.杜鲁门

视野拓展

影片《猎杀 U–571》——领导者的历练征程

《猎杀 U–571》是由美国导演乔纳森·莫斯托执导的战争片，它以第二次世界大战期间的大西洋战场为背景，讲述了 1942 年德军潜艇采取“狼群”战术，令盟军损失惨重，使得盟军潜艇和运输船队在长达 9 个月时间里饱受被袭击之苦。就在此时，盟军突获敌方重要情报，美海军上尉泰勒随同艇长道尔登上 S–33 这一元老级潜艇执行秘密任务。谁知艇长道尔途中遇难，秘密作战团队命悬一线、生死未卜，战士们的命运与任务的成功全寄托在临危受命的领导者——副艇长泰勒身上……

① 刘银花，姜法奎. 领导科学[M]. 大连：东北财经大学出版社，2006：75.

第二次世界大战、深海、海军、潜艇、鱼雷等诸多元素叠加在一起，《猎杀U-571》既是一部场面宏大、情节引人入胜的战争片，更是故事主人公副艇长泰勒作为领导者的成长历程。它引导我们思考一名真正的领导者是如何造就的。正如影片开头时所说：这就造就了那些平凡的人在不平凡的年代成为不平凡的人！

第二节　魅力与潜质：展现领导力

“领导力”存在于我们生活周围，课堂上、球场上、政府中、军队中，大到国家、企业、公司，小到家庭、个人，我们可以在各个层次、各个领域搜寻到领导力的踪迹。历史上发挥了杰出领导力、挺身而出面对时代挑战的人们也灿若星辰：从刘邦战胜项羽，建立汉朝，一统天下，到刘备桃园三结义；从色诺芬在士兵中的崇高威望，到下属对拿破仑的绝对忠诚；从圣雄甘地非暴力主义的魅力到丘吉尔面对挑战的冷静和勇气。他们的名字有：温斯顿·丘吉尔、甘地、富兰克林·罗斯福、毛泽东、周恩来……一代又一代领导者创造的辉煌已过去，而领导者的卓越才能——领导力却被人们世代相传。优秀领导者的身上总具有一种让追随者难以抗拒的影响力。

一、你眼中的领导力

（一）领导力的本质

众多世界级的大师和著名商学院的教程中对此均也有诸多论述，仁者见仁，各成流派。历史学家阿瑟·M.施莱辛格认为：“领导力的真正含义是个人能改变历史。”领导力培训大师约翰·C.麦克斯韦尔更是在《领导力21法则》一书中写道：“不论你身在何处或从事怎样的工作，领导力就是领导力，它的存在不容怀疑。时代在改变，科技也在不断地进步，文化也因为地域不同而有差异，但是真正的领导原则却是恒定不变的……”① 还有学者认为领导力是一门综合的艺术，它不仅仅包含了各种具体的管理技能和管理方法，也囊括了前瞻与规划、沟通与协调、真诚与均衡等诸多要素。

领导力犹如人们对爱的定义一样，对于每个人来说，领导力有不同的内涵。虽然定义多种多样，出发点各不相同，但抛开它的精神层面，从诸多描述中仍然能找到一些相同的核心概念，如：领导力就是一个过程，它是通过对他人施加影响，获得足够的信任，进一步赢得追随者，实现既定目标的能力。或者，也可以采用领导力大师麦克斯韦尔最为直接的描述：领导力即是影响力。

那么，什么才算是影响力呢？比如，当一位老师能够让一位不断抵抗、满心叛逆的学生心悦诚服地接受并积极完成学习任务、参与团队分

领导力是一门艺术，它会完成更多管理科学认为不可能的东西。

——科林·鲍威尔

① 约翰·C. 麦克斯韦尔. 领导力21法则[M]. 北京：新华出版社，2003：4.

配的活动时，这位老师就是在施展其影响力。《财富》杂志将影响力定义为影响别人行动的能力，涉及范围从一个公司、一个行业到国家经济甚至全球经济。那么，我们一般认为，影响力是指用一种为别人所乐于接受的方式，改变他人的思想和行动的能力。

细想一下，影响力无处不在，政治家运用影响力赢得选举，企业家运用影响力赢得市场，明星运用影响力打动观众，推销员运用影响力成功销售产品，甚至我们的朋友或家人也会在不知不觉中将影响力施加到我们的身上。当母亲让自己那原本散漫怠惰、抱怨不休的女儿快快乐乐地做家务时，这位母亲在发挥其影响力；假如本书能够对你有所启发，那说明编者们也对你发挥了影响力。有人说，领导者的影响力就其本质上而言，更像是一种控制力。或者更准确地说，这种影响力是一种让人乐于接受的控制力；而对于领导者们而言，影响力是他们的实力，是他们极其富于领导力的实力。

胜人者有力，自胜者强。
——老子

进阶探索

其实，我们每个人无不生活在影响者和被影响者的角色转换中，影响力存在于每一次与人相处的过程中。那么，回想一下，在自己的交际圈中，你具有影响力吗？你是否想培养自己的影响力？

国内顶尖成功训练专家易久发在其“成功一定有方法”的课程中曾介绍过“影响力黄金表”。这是一种进行系统自我塑造的简便方法，由培养良好习惯出发，不妨一起来试试吧。[①]

1. 认识习惯的力量

根据行为科学的研究结论，一个人一天的行动中有5%是非习惯性的，95%是习惯性的。即便创新，最终也可以演变成习惯性的创新，足见习惯的力量。

习惯的形成大致分三个阶段：

第一阶段：1~7 天。此阶段的特征是：刻意，不自然。你需要十分刻意提醒自己改变，而你可能也会觉得有些不自然、不舒服。

第二阶段：7~21 天。不要放弃第一阶段的努力，继续重复，跨入第二阶段。此阶段的特征是：刻意，自然。你已经觉得比较自然、比较舒服了，但是一不留意，你还会回复到从前。因此，你还需要刻意地提醒自己改变。

第三阶段：21~90 天。此阶段的特征是：不经意，自然。其实这就是习惯。这一阶段被称为“习惯的稳定期”。一旦跨入此阶段，你已经完成了自我改造。这个习惯也就成为你生命中的一个有机组成部分，它会自然而然地不停地为你“效劳”。

畅销书《富爸爸，穷爸爸》有一个著名观点：穷人之所以贫穷，是因为他按穷人的方式思考问题，养成了穷人的习惯；富人之所以富裕，是因为他按照富人的方式思考问题，养成了富人的习惯。

① 易久发. 成功一定有方法［M］. 北京：世界图书出版公司，2001.

你有哪些想改变的习惯或想形成的习惯？

(1) ____________________

(2) ____________________

2. “影响力黄金表”

首先，你需要制作这样一张表格，见表 1–1：

表 1–1 影响力黄金表

一	二	三	四	五	六	七
训练项目：		开始时间：		结束时间：		签名：

其次，来看看如何使用这张表格。

A. 此表每月一张，训练项目每月更换一次；

B. 训练项目是针对你特别需要的某种观念、心态、习惯等等。如：不说“不可能”、准时起床、每天做俯卧撑、不训斥下属、赞美别人、倾听……

C. 表中每个方格左上角中，请你自己填上当月相应的日期；

D. 每天睡觉前，在方格中用“×”或“√”记录一天的执行结果。“√”表示已做到，包括刻意做的与不经意做的；“×”表示未做到，包括没有做好的与没有做而事后意识到的；

E. 每一个“×”或“√”都会有一个故事，你最好另加注明，以便强化；

F. 你可以动手将此表结合每一年的月历，也可以将它与每天会使用的工作笔记本相结合，或者将它做成单独的卡片，摆放或张贴在床头等你每天能很方便地看见并记录的地方。

最后，给自己每月进展来个总结吧！

恭喜我将影响力黄金表坚持到了最后！

A. 本月我培养成功的习惯是：____________________

B. 我的成功感言是：____________________

C. 我对自己的影响力评价是：____________________

3. 这些都是良好的习惯

有人说，成功是因为习惯，失败也是因为习惯。那么，成功者的习惯是什么？许多书籍上都总结过成功者应具备的好习惯，如美国著名人力训练专家史蒂芬·柯维（Stephen Covey）就认为高效人士必需具备 8 个好习惯（图 1–3）。作个参考吧！

积极主动	以终为始确立目标	要事第一	双赢思考
知己知彼	统合综效	不断更新	找到自己的心声并激励他人

图 1–3　高效人士必需具备的 8 个好习惯

（二）富于领导力的行为特征

具有一定程度影响力的领导者总是能在一举一动甚至极其细微的言谈举止间，彰显出其高超的领导能力，促使人们心甘情愿、满腔热忱地追随他。可以说，卓越领导者身上所展现的行为特征是领导力的最佳诠释。美国领导学专家詹姆斯·库泽斯和巴里·波斯纳就对此做过深入研究，并提出了富有领导力的领导者所具有的五个共同行为特征：

1. 以身作则

优秀的领导者往往是其追随者效仿的榜样，领导者需要为他人树立起良好的行为规范。《论语》说：“其身正，不令而行；其身不正，虽令不从。”领导者首先需正人正己，才能以身作则，才能起到良好的示范作用。富于领导力的领导者总是通过德才兼备、谈吐不凡的榜样气质为追随者传递自己认同的信念和准则。这种直接的参与和行动，在进一步赢取追随者信任和尊重的同时，强化了其领导力。

> 领导者们需要“挑战过程”，而不是“闲散地坐在那里，等待命运冲自己微笑”。
>
> ——佚名

2. 共同愿景

愿景犹如领导者自己描绘的一幅蓝图一般，蓝图中有未来，有梦想，有远见，甚至有超乎寻常的想象力。每一个组织，每一场社会运动，都从一个梦想开始。梦想，或者说愿景，是造就未来的力量。卓越的领导者不仅有能力勾勒出一幅宏伟的蓝图（图 1–4），更能清晰有力地将其传递给每一个追随者，使他们感受到愿景对他们的吸引力。如此一来，个人愿景转变为所有人共同的愿景，激活了他人的梦想与激情的火花，这样的愿景也就具有非同一般的魔力。

> 在我做过的所有事情当中，最重要的是把那些为我们工作的人的才能协调在一起，并把这些协调在一起的才能引导向某一个目标。
>
> ——沃尔特·迪斯尼

图 1–4　领导者勾勒蓝图

3.挑战现状

正如我们所看到的，每一个成功卓越的领导者的身上都有着这样一种韧劲：对自己的目标、对命运态度、对社会不公，不肯轻易服输、退让，为达到某一抱负而采取一种更为积极的、主动的、进取的人生态势。他们敢于挑战平凡，铸就卓越。纵然沿途困难重重，领导者也总是有这样的气魄：冲锋陷阵，引领革新并付诸实践。阿里巴巴集团创始人马云说：“在顺境的时候，每个人都能出来，只有在逆境的时候才是真正的领导力。”

4. 使众人行

一个人的能力和精力总是有限的。伟大的梦想要变成现实，不能单靠一个人的行动，领导者的成功必然同团队的力量密不可分。这就要求信任和关系，要求能力和自信，要求团队协作和个人责任。卓越的领导者能够让团队成员都行动起来，促进团队协作的良好气氛，建立起彼此信任的融洽氛围。GE 总裁小阿尔弗雷德·斯隆的原则是：“去让别人开动脑筋，自觉地积极行动，并做到彼此精诚合作。”领导者能够唤起追随者的潜能，促使他们凝聚在一起，全力以赴，甚至超越预期。

千万别对人说该怎么干。这样，在你下达命令后，他们便会施展才华，给你一个惊奇。

——乔治·巴顿

视野拓展

Stay hungry，*Stay foolish*——**求知若饥，虚心若愚**

在硅谷 Infinite Loop 1 号苹果总部，从 20 世纪 70 年代末走过来的“新机器幽灵”无处不在。从 iPod 的用户界面、iPhone 的操作系统到苹果专卖店的支架……乔布斯自称参与设计了 103 项独立的苹果专利产品。也许很少有人能够像他这样，改变了计算机、电影制作与音乐三个影响人类生活、教育与娱乐的行业。他是我们时代的巨人，是所有企业家的榜样。

近年来风靡全球的苹果热，从很大程度上来说这得益于苹果的灵魂人物——史蒂夫·乔布斯，苹果的血管里流的就是乔布斯的血。苹果独特的文化也正是乔布斯性格特征的体现：极度强硬的完美主义者。乔布斯曾经说过这样一句话：“我知道我的一生没有那么多的时间尝试所有的事情，我能做的就是把所做的事情做得无懈可击。”

不是每个商界领袖的任何事情都值得传颂的，史蒂夫·乔布斯是例外中的例外——他已经成了硅谷神人、公众偶像，杰克·韦尔奇称之为“现今最成功的首席执行官”。

——选编自世界经理人论坛

5. 激励人心

每个人皆有所求，无论是物质层面或是精神层面的，获得自我价值认同人人都渴望。成就伟业是困难的，人们容易精疲力竭，灰心丧气，半途而废。要让追随者继续前进，需要领导者的激情鼓励。按照心理学家的观点，不断地激励能提高一个人的自信与自尊，来自领导者的鼓励与赞赏更能够给予追随者无穷的动力，同样，学会激励和鼓励能使领导力深入人心，此时的领导力更像是激人奋进、给予信任的催化剂，促使每个人都越渐出色。

进阶探索

唤醒我的领导力

我们每个人关于领导力的个人观点都是由过去的经历决定的，这些观点是基于从社会、学校、家庭的经历，从与领导者的直接接触，从对杰出人物的远距离观察者学到的东西。这些经历会在脑海里形成一种无意识的模式，从而影响着我们现今的行动。如果没有意识到这些模式的存在，或许也就不会意识到我们对自我表现和潜在领导才能所设置的限制。

尝试想想下面的问题，或许将帮助你认识到那些决定你对领导力认识的个人观点，进而帮助你唤醒潜藏在内的领导力认知。

1. 你记忆中最敬畏的领导者是谁？谁又是你当前生活中的领导者？

① 写出三个过去曾经在你梦想中闪现的领导者的名字。

____

② 写出三个当前生活中你尊重的领导者的名字。

____

2. 他们的领导力都有怎样的结果？展现出了怎样的人生？由于各自领导力的表现，他们的个人生活以及工作和成就受到了怎样的影响？

① 那些你过去记忆中的领导，经历了怎样的成功与失败，又取得了什么样的成就？

____

____

____

② 审视当前的领导者：他们在展现各自的领导才能时面临怎样的障碍？担任领导者给他们带来了怎样的回报？

____

____

____

③ 就他们所取得的成就而言，你会怎样评价他们？

____

____

____

3. 你的榜样让你对领导力形成了哪些认识？这些领导者的个性、人生观以及行动，对你的自我认识产生了怎样的影响？

① 在你的日常生活中，你怎样利用从自己崇敬的领导者那里学到

的东西？

② 从这些决定你领导力个人观点的领导者们那里，你又学到了哪些领导力的积极方面和消极方面？

总体而言，我对领导力有这样的认识：

二、什么构成了领导力

（一）领导力之初感

领导力，这个拥有着丰富内涵、迷人魅力的概念，一直为人们所津津乐道，无数人也都渴望拥有领导力。为什么它如此受人追捧呢？著名领导力大师约翰·P.科特说过，这个世界从来都是先知先觉的人领导后知后觉的人，再唤起不知不觉的人。显然，每个人都渴望成为先知先觉者。那些被称之为"先知者先行"的能力便是领导者所特有的领导力之一。那么，领导力究竟包含了哪些关键点呢？

曾任 Google、微软全球副总裁的李开复博士对领导力作出过精彩论述。在他看来，领导力是一种有关前瞻与规划、沟通与协调、真诚与均衡的艺术。领导力这门艺术大致包含了宏观决策、管理行为和个人品质这三个范畴的内容，每个范畴又各自包含了三种最为重要的领导力（图 1–5）。

1. 宏观决策：前瞻与规划的艺术
   · 愿景比管控更重要
   · 信念比指标更重要
   · 人才比战略更重要
2. 管理行为：沟通与协调的艺术
   · 团队比个人更重要
   · 授权比命令更重要
   · 平等比权威更重要
3. 个人品质：真诚与均衡的艺术
   · 均衡比魄力更重要
   · 理智比激情更重要
   · 真诚比体面更重要[①]

领导力是一种有关前瞻与规划、沟通与协调、真诚与均衡的艺术。

——李开复

① 内容选编自李开复博客的《我眼中的 21 世纪领导力》一文，该文曾刊登在《哈佛商业评论》上（2007 年 10 月）。http://blog.sina.com.cn/s/blog_475b3d560100aw79.html.

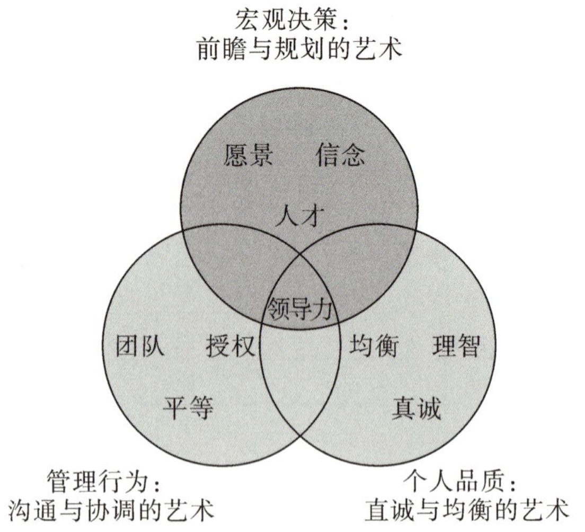

图 1–5 领导力艺术的宏观决策、管理行为和个人品质

（二）不可或缺的领导力

纵然领导力的内涵如大海般浩渺广阔，我们仍然可以从中发现领导力的三种重要体现形式，它们之于领导力来说是尤为重要的。

1. 决策力

"决策"一词，简单的理解，即为人们常说的"拍板"。人的一生也会面临方方面面、大大小小的决策。对于一个领导者而言，最重要的职责就是作出良好且正确的决策。相对于普通人而言，领导者的决策正确与否，其意义和关系是重大且深远的。对组织而言，决策导致企业存亡之别；对个人而言，决策则可能引起人生的成败差异。

> 我虽然是作最后决策的人，但每次决定前我都要作好准备，事先听取很多方面的意见，当作决定和执行时必定很快。
>
> ——李嘉诚

沃伦·本尼斯认为，如果一个领导人确实有良好的决策能力，那么在其他方面稍有欠缺也瑕不掩瑜。反之，如果一个领导人决策能力不佳，那么其他方面做得再好也无济于事。当然，正如《论语》中所言，人非圣贤，孰能无过？每个人不可能每次决策都百分之百正确。但是，纵观古今中外之大成者，大多数人都能在最紧要的关头作出正确决断，展现出极其高超的决策力。

进阶探索

你是决策高手吗？

据兰德公司统计，世界上 85%的大企业破产倒闭源自领导者决策失误。只有通过恰当的决策，领导者才可以对组织资源进行优化配置，做出一流业绩，取得非凡成就。那么，想成为领导者的你是否具有决策力呢？做做下面的测试题，来看看自己是不是决策高手吧！

测试开始

1. 你的分析能力如何？

A. 我喜欢通盘考虑，不喜欢在细节上考虑太多

B. 我喜欢先做好计划，然后根据计划行事

C. 认真考虑每件事，尽可能地延迟应答

2. 你能迅速地作出决定吗？

A. 我能迅速地作出决定，而且不后悔

B. 我需要时间，不过我最后一定能作出决定

C. 我需要慢慢来，如果不这样的话，我通常会把事情搞得一团糟

3. 进行一项艰难的决策时，你有多高的热情？

A. 我作好了一切准备，无论结果怎样，我都可以接受

B. 如果是必需的，我会做，但我并不欣赏这一过程

C. 一般情况下，我都会避免这种情况，我认为最终都会有结果的

4. 你有多恋旧？

A. 买了新衣服，就会捐出旧衣服

B. 旧衣服有感情价值，我会保留一部分

C. 我还有高中时代的衣服，我会保留一切

5. 如果出现问题，你会：

A. 立即道歉，并承担责任

B. 找借口，说是失控了

C. 责怪别人，说主意不是我出的

6. 如果你的决定遭到了大家的反对，你的感觉如何？

A. 我知道如何捍卫自己的观点，而且通常我依然可以和他们做朋友

B. 首先我会试图维持大家之间的和平状态，并希望他们能理解

C. 这种情况下，我通常会听别人的

7. 在别人眼里你是一个乐观的人吗？

A. 朋友叫我“拉拉队长”，他们很依赖我

B. 我努力做到乐观，不过有时候，我还是很悲观

C. 我的角色通常是“恶魔鼓吹者”，我很现实

8. 你喜欢冒险吗？

A. 喜欢冒险，这是生活中比较有意义的事

B. 喜欢偶尔冒冒险，不过我需要好好考虑一下

C. 不能确定，如果没有必要，我为什么要冒险呢

9. 你有多独立？

A. 喜欢一个人住，喜欢自己作决定

B. 更喜欢和别人一起住，我乐于作出让步

C. 让别人作大部分的决定，我不喜欢参与

10. 自己符合别人的期望，对你来讲有多重要？

A. 是很重要，我首先要对自己负责

B. 通常我会努力满足他们，不过我也有自己的底线

C. 非常重要，我不能贸然失去与他们的合作

计分标准：

选A得10分，选B得5分，选C得1分，最后计算总分。

结果解释：

24 分以下：差。你现在的决策方式将导致“分析性瘫痪”，这种方式对你的职场开拓来讲是一种障碍。你需要改进的地方可能有下列几个方面：太喜欢取悦别人、分析性过强、依赖别人、因为恐惧而退却、因为障碍而放弃、害怕失败、害怕冒险、无力对后果负责。测试中，选项 A 代表了一个有效的决策者所需要的技巧和行为。做一个表，列出改进你决策方式的办法，同时，考虑阅读一些有关决策方式的书籍或咨询专业顾问。

25~49 分：中下。你的决策方式可能比较缓慢，而且会影响到你的职场开拓。你需要改进的地方可能是下列一个或几个方面：太在意别人的看法和想法、把注意力集中于别人的观点之上、作决策时畏畏缩缩、不敢对后果负责。这样的话，就需要你调整自己的心态并做一个表列出改进你决策方式的办法。

50~74 分：一般。你有潜力成为一个好的决策者，不过你存在一些需要克服的弱点。你可能太喜欢取悦别人，或者你的分析性太强，也可能你过于依赖别人，有时还会因为恐惧而止步不前。要确定自己到底在哪些方面需要改进，你可以重新看题目，把你的答案和选项 A 进行对照，因为选项 A 代表了一个有效的决策者所需要的技巧和行为。做一个表，列出改进你决策方式的办法。

不论管理者做什么，他都是通过决策进行的。

——彼得·德鲁克

75~99 分：不错。你是个十分有效率的决策者。虽然有时你可能会遇到思想上的障碍，减缓你前进的步伐，但是你有足够的精神力量继续前进，并为你的生活带来变化。不过，在前进的道路上你要随时警惕障碍的出现，充分发挥你的力量，这种力量会决定一切。

总分 100 分：很棒。完美的分数！你的决策方式对于你的职场开拓是一笔真正的财富。

心理评析：

美国著名管理学家西蒙曾经说过这样一句名言：“管理就是决策。”决策能力是指根据既定目标认识现状、预测未来、决定最优行动方案的能力，是管理者的素质、知识结构、对困难的承受力、思维方式、判断能力和创新精神等在决策方面的综合表现。

2. 沟通力

中国有句俗话：“一言能使人笑，一言也能使人跳。”此话生动形象地点明了言语沟通技能的重要性。沟通是领导活动不可或缺的组成部分。沟者，构筑管道也；通者，顺畅也。领导者的沟通力在构筑顺畅的渠道中扮演着重要的角色，同样是领导力的重要体现。

人生不外言动，除了动就只有言，所谓人情世故，一半儿是在说话里。

——朱自清

美国石油大王洛克菲勒曾说，假如人际沟通的能力也是如同糖或咖啡一样的商品，我愿意出比太阳之下任何东西更高的代价购买这种能力。可见沟通力的难能可贵。当然，沟通力不是商品，并不能通过交易买卖获得，但它确是领导者所必须修炼的一项内力。小到对内交流，大到对外谈判，沟通力都是不可或缺的。著名的成功学家博恩·崔西说过，你能否成为成功的领导人，这其中有近九成可能取决于你是否有效地与他人沟通。一个富有领导力的领导者往往通过良好的沟通力，勾勒出愿景、传达新希望、解决好冲突、激励追随者，增强向心力。

3. 执行力

执行力，单就字面上理解，即实施、实行的能力。进一步说来，执行力是贯彻决策意图、完成预定目标的操作能力。一般地，执行力包含了三个基本要素：执行动力、执行能力和执行保障力，同时被分为个人、团体、组织三个主要层次。对个人而言，执行力即办事能力，是领导力的一部分；对团队而言，执行力如战斗力；对企业组织而言，执行力即经营能力，是企业成败的关键。

执行力同样也是领导者所必备的能力之一，缺乏坚定有力的执行力，再好的想法、创意、决策也只是在脑海里盘旋，久而久之便会烟消云散。IBM 大中华区董事长及首席执行总裁周伟焜认为，三分战略，七分执行。惠普公司 CEO 马克·赫德回忆在 2005 年使惠普重新找回当年进而走向成功的要素是：稳定的决策和一丝不苟的执行力。可以说，每个人都需要良好的执行力将决策付诸实施，而对于领导者而言，执行力的强弱关系到领导决策能否得到贯彻和实现。

纸上得来终觉浅，绝知此事要躬行。

——陆游

三、你也可以成为领导者

早期的领导特质理论认为领导者是天生的，不是后天生成的，他们身上的领导力也是与生俱来的特殊禀赋。事实上，在诸多以此为前提假设条件而进行的领导特质研究均宣告失败后，人们逐渐意识到那些所谓的“原始”领导素质其实是可以通过学习后天得到的。每个人身上都蕴藏着巨大的领导天赋，在人生的任何一个阶段都可以担当起领导角色、展现领导力。同样地，任何人也都可以使用领导力，只要你成功地影响了他人的行为，你就在使用领导力。

领导力培训大师约翰·C. 麦克斯韦尔认为领导力不是发现的，而是开拓发展的结果。他将领导力划分为五种不同的境界，同时也象征了领导力发展的不同层次。

1. 第一境界：职位（position）

第一境界将带你走到领导力的入口，在这一层次所拥有的唯一影响力仅在于你获得了领导者的头衔，并且一旦被授予了某项头衔或职位，你也就处于掌控局面的状态了。但是，真正的领导力应该是要成为他人所乐于追随和为之心悦诚服的人。这一层次的领导常常源于职位而非天分，人们并不会对你的每一次领导活动俯首帖耳或是唯命是从。作为第一境界的领导者，所有的成功和喜悦都来自你在成为领袖之路上不断攀升的能力。

去让别人开动脑筋，自觉地积极行动，并做到彼此精诚合作。
——小阿尔弗雷德·斯隆

2. 第二境界：认可（permission）

如果说第一境界是通往领导力的大门，那么这一境界便是奠定领导力的基石。当你步入影响力的第二阶段时，你就会达到这种境界，正如联邦快递的创始人弗雷德·史密斯所言，领导力即是无须强迫而使人们为你工作的能力。“认可”层次的领导依靠人际关系发展，无法与人建立牢固而持久的人际关系的人，很快就会发现他们无法发挥长久而有效地领导作用。

3. 第三境界：成效（production）

当领导力进入这一层次，积极的成效便会接连不断地出现，与此相伴相生的是领导力将获得无穷的动力推动，种种棘手的障碍或者问题都会迎刃而解。与第二境界最大的不同是，在这一境界大家是为了同一个使命和梦想而团结互助，以期获得一个良好的结果（图 1-6）。

图 1-6　领导者将自己的梦想传递给追随者

建立一个愿景，然后鼓励人们围绕这个愿景努力。
——杰克·韦尔奇

4. 第四境界：育才（people development）

真正的领导者必为绩效出众的员工所承认。领导者的主要任务便是挖掘和鼓励更多的人才做出成绩。正如俗话所言，领导者的伟大并不在于他本人的权力，而在于他能赋予人们光彩夺目的能力。在这一境界的领导力，领导者帮助追随者提升个人能力，进而赢得了追随者的忠诚与信任（图 1-7）。

5. 第五境界：巅峰（peak）

这是领导力的最高境界，汇集了前四种境界之合力。领导者的人格魅力及其形象风范备受追随者拥护，是深厚领导力施展的极致，更能获得持续不断的回报。当然，真正能达到这一层次的人可谓凤毛麟角。

图 1-7　在为达到同一目标而贡献的过程中，领导力从一个人传递到另一个人，领导力也在这漫长的过程中逐渐得到提升

第三节　风范与气质：领导者的“百宝箱”

著名的成功学大师戴尔·卡耐基认为，一个人的真正魅力主要在于其特有的气质。纵观古今中外许多卓绝的领导者们，他们或粗犷，或儒雅，或激情四射，或沉稳内敛，气质不同，各有风格。“风格”一词，《辞海》中将它解释为风神与格调，即为人们的行事态度、作风格调、行为模式、行事框架。可以说，风格是一个人精神和气质的展现。它就像一种态度，一种信仰，能够展现你的不同凡响之处。每个人都有自己的风格，如穿衣的风格、说话的风格、写字的风格等等。同样，作为领导者，也会呈现出不同的领导风格，它不仅是领导类型差异的体现，更是领导者内在风范与气质的侧面写照。

读史使人明智，读诗使人聪慧，数学使人周密，科学使人深刻，伦理学使人庄重，逻辑修辞之学使人善辩：凡有所学，皆成性格。

——弗兰西斯·培根

一、领导者是否存在差别

气质魅力看似无形，实为有形，它通过一个人对待生活的态度、个性特征、言语行为表现出来。所谓气质，可以简单理解为相对稳定的个性特点、风度等。有的人性格开朗、潇洒大方，散发出平易近人的气质；有的人性格沉稳、温文尔雅，展现出高雅的气质；有的性格直爽、豪放雄迈，表现出粗犷的气质……

西方有句名言：习惯形成性格，性格决定命运。领导者身上所具有的特殊性格在成功领导力的发展轨迹中占有十分重要的地位。众所周知，每个人都有不同的气质和性格，领导者并不是千篇一律的，具有不同性格特征的领导者所展现出的气质和风格截然不同。

（一）识别四种个性类型

人们的性格倾向，就像使用左手或右手写字一样，惯用的那只手总会写得比另一只更好。每个人都会沿着自己所属的类型发展出个人行为、技巧和态度，而每一种类型也都存在着自己的潜能和潜在的盲点。

古希腊著名医生希波克拉特曾提出气质体液说，这四种气质的划分至今仍被广泛地使用。希波克拉特认为，人体含有四种体液：血液、黏液、黄胆汁、黑胆汁，有机体的状态决定于这四种体液的适当搭配。这种观点经过不断演化，逐步形成了气质按体液特性划分为多血质、粘液质、胆汁质、抑郁质四种类型的学说：

多血质（血液）→活泼的气质

胆汁质（黄胆汁）→活跃的气质

抑郁质（黑胆汁）→灰暗的气质

粘液质（黏液）→慢吞吞的气质

气质体液说划分出了四种基本类型，每个人总会呈现出混合气质。尽管会有某一种气质占上风，但是任何人都不会只具有某一种气质。同时，气质体液说似乎也提供了这样一种可能：我们可以根据领导者所表现出来的一系列行为特征推断他个人倾向。换句话说，如果我们知道自己以及别人的个性，就能够知道一位领导者在特定的情景下该如何行动，你也就能扮演一位领导者的角色。

从表 1–2 中你将看到四种个性类型特征、优缺点的摘要：

表 1–2　四种个性类型的摘要

个性类型	特征	优点	缺点
多血质型 (影响的)	热爱生活 渴望尝试 珍视自由、激情 热爱冒险 喜欢顺其自然 喜欢游戏和竞争	热情、乐观 好的交流者 自发 说服、想象 喜欢交往 参与	激动、情绪化 说得太多 不现实 无组织、无纪律 爱做白日梦 控制性
胆汁质型 (民主的)	重视规则 珍视家庭传统 稳定、忠诚 慷慨 重事业、负责任 主动学习 团队意识	目标导向 自信 要求结果 竞争性 有主见、有胆量 直接 反应迅速	不耐心 自我依靠 从来慢不下来 回击、固执 不计后果 鲁钝 缺少同情
抑郁质型 (尽责的)	专家 较强的分析能力 复杂的个人主义者 深刻的情感体验 看重知识 善于发现问题 重智慧、理智	分析、高标准 谨慎、深入 尽责的 敏感的 追求卓越 正确地做 好奇、爱问问题	批判 社会性不强 担心太多 容易受伤害 完美主义者 害怕被批评 爱管闲事
粘液质型 (稳定的)	真切 诚实 敏感 与人保持紧密联系 尊重他人 社会性强、好交际 喜欢被包围	坚定 稳定 系统 好相处 好的听众 心软 可信	拒绝改变 乏味、迟缓 缺乏创意、没主见 太易折中 依赖性强 容易被控制 不太善于说话

（二）学习风格与领导

早在500年前，英国学者培根就作出了“知识就是力量”的论断。学习新知识的能力是异常重要的，我们每个人都有自己特有的学习方式。人们学习知识主要通过两种方法：理解学习以及对知识的综合加工。在学习的过程中，我们既需开动脑筋思考，又需察言观色，深入探析事物的本质。当这两种学习方式相互融合，我们就能够形成自己的学习风格。

由此看来，学习风格是指一个人在记忆、思考、解决问题时惯用的思维方式，是持续性的、具有个性特征的学习方式。我们把理解型和加工型的学习方式结合起来，就会形成四种独特的学习风格：

运用想象来学习→通过观察与感知；

运用内化能力来学习→通过观察和思考；

运用推理来学习→通过行动和思考；

运用内外协调的力量来学习→通过行动和感知。

人们都会选择自身适宜的学习风格组合，没有人只表现出单一的学习风格。同样地，每个人也通过表现出自己学习风格，来体现自身的学习能力。领导风格与学习有着密切联系，对行动、感知、思考、观察有不同偏好的领导者表现出民主、专制的不同领导风格。领导者需要找到适合自己的学习风格。我们通过分析不同的学习风格，也能窥探出领导者与追随者之间的差别（图1-8）。

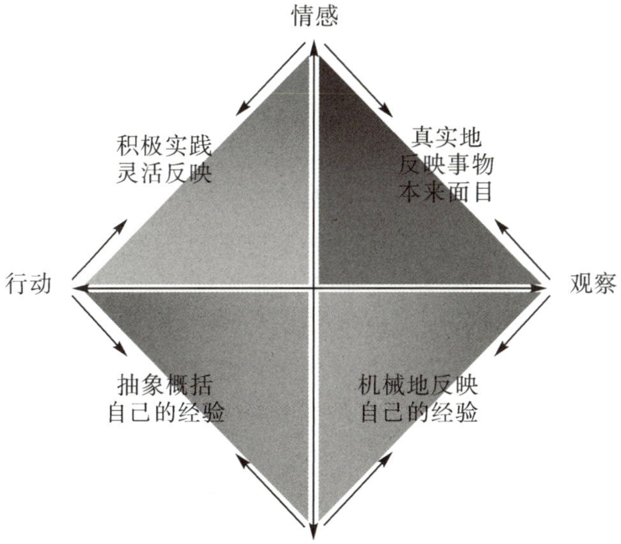

图1-8 四种不同的学习风格

二、箱子里都有些什么

（一）领导者风格的研究

自有领导活动以来，人们就一直在追求领导工作的有效性并探寻领导者的成败得失由什么决定。领导风格对领导的有效性和科学性有较大影响，领导风格长期以来也是领导行为研究中的焦点问题。从不同着眼点和角度出发，各领域的专家们对领导类型进行了不同研究。

1. K.勒温的研究

K.勒温等研究者早在20世纪30年代就进行了关于团体气氛和领导风格的研究。研究发现，不同性格特点的领导者们通常具有不同的领导风格，这些领导风格的差异对团体成员完成任务的效率和工作满意度产生不同影响。勒温根据领导过程中权力定位的不同，把领导者的领导风格分为三种类型：

① 民主型：权力属于全体成员，领导者起指导者或委员会主席的作用，一切重要决策都经过充分协商讨论后确定。

② 专制型：权力属于领导者个人，团体成员则处于无权参与团体决策的从属地位。

③ 放任型：权力属于每一个成员，领导者置身于团体工作之外，只起被动服务的作用。

实验结果表明，三种典型的领导风格中，以民主型领导风格的效果为最佳，其次是专制型领导风格，效果最差的是放任型领导风格。勒温又进一步指出，在实际的情境中，这三种典型的领导风格并不常见，大量的领导者表现出的领导风格，往往是介于三类典型领导风格的中间形态。

2. R.利克特的研究

从1947年开始，R.利克特和他的同事经过大量研究，取得了对领导风格研究的新进展。他们将现有的领导方式划分为四类领导风格：

① 专制独裁式：权力集中于最高领导者，下级无任何发言权；管理者与下级接触交往很少、互不信任；领导者确定目标，作出决策后，往往通过一系列命令和一整套制度去强制推行。

② 温和独裁式：权力控制于最高领导者，仅授予中下层管理者部分权力；领导者待下级较为谦和，一定程度上予以信任；重要的决策均由领导者制定，注重利用奖惩手段调动积极性。

③ 民主协商式：重大问题的决定权控制在最高领导者手中，一般问题的决定权交给中下层；上下级之间有相当程度的信任，垂直沟通和平行沟通的渠道比较畅通，上下级关系较为融洽；高度重视利用奖惩手段进行激励。

④ 民主参与式：领导者与下属互相信任、沟通频繁，地位上基本平等；遇有问题时双方通过充分协商解决；决策以全体广泛参与的形式进行，领导者作最后决策；下属参与到奖惩激励的活动中。

> 太上，不知有之；其次，亲而誉之；其次，畏之；其次，侮之。信不足焉，有不信焉。悠兮，其贵言。功成事遂，百姓皆谓“我自然。”
>
> ——老子

（二）领导者的四种境界

中国古代思想家老子在《道德经》十七章中写道：“太上，不知有之；其次，亲而誉之；其次，畏之；其次，侮之。信不足焉，有不信焉。悠兮，其贵言。功成事遂，百姓皆谓：我自然。”在老子的眼里，领导者可分为四种境界：第一境界“侮之恨之”；第二境界“惧之敬之”；第三境界“亲而誉之”；第四境界“不知有之”。

1. 第一境界：“侮之恨之”的领导

领导者自私、无能、狂暴，通过强迫命令的方式，粗暴地来实施领导。他们对被领导者漠不关心，其行为和意志的决定只是为谋取福利。被领导者表面屈从领导，实则对之恨之入骨。这种境界的领导效果是最差的。

2. 第二境界：“惧之敬之”的领导

领导毫无慈爱之心，同样以暴力和命令手段实施领导。为达目的，不惜使用惩罚的手段，被领导者也因此胆战心惊，对其敬而远之。由于惩罚的局限性，领导者的威严只在短期内有效，超过一定程度，这种领导便无法维持。

3. 第三境界：“亲而誉之”的领导

领导者尽心尽职，按规则办事。领导者与被领导者的关系融洽，心理、感情距离近。被领导者感到领导者可信可亲，称颂赞誉他；领导者类似于魅力型领导，在被领导者的心中具有至高无上的地位。但领导活动始终为领导者所主宰，被领导者仍处于被动位置。

4. 第四境界：“不知有之”的领导

“不知有之”在老子看来，是最高境界的领导者。领导活动中，被领导者占主导地位，领导者则提供服务、支持，然而领导者的影响力却在不知不觉中施加到其身上。人们几乎感觉不到领导者的存在，他不轻易发号施令，当事情办成，人们都说是他们自己做的。“无为”而“无不为”是杰出领导者追求的最高境界。

> 一个人的成功，只有15%归结于他的专业知识，还有85%归结于他表达思想、领导他人及唤醒他人热情的能力。
>
> ——戴尔·卡耐基

（三）由情商窥探领导风格

著名的成功学大师戴尔·卡耐基曾说：“一个人的成功，只有15%归结于他的专业知识，还有85%归于他表达思想、领导他人及唤醒他人热情的能力。”而这种唤醒热情、传递热情的能力即是人们常提及的情商（EQ）。

当人们在思考是什么成就了一个卓越的领导者时，都试图从情商（EQ）领域来寻找到蛛丝马迹。事实上，一位领导者的情商高低在很大程度上也预示着他的领导能否成功，其重要性常常超过传统的智商（IQ）和工作经验。自我调节和情感自控是领导者情商的一个要素。通常而言，高情商的人能够意识到自己的情感，对情绪和感情能够有效地自我调控；有持久的动机和注意力，即使遇到困难也不动摇，时刻保持一种平衡的心态；同时，他们也能够读懂他人的情感，产生同理心，通过理解、协商来维持一种积极良好的人际关系。因此，情商在不同的领导过程中都具有重要地位。高智商的领导者用自己的头脑领导别人，而高情商的领导则用自己的心、用满足追随者的情感需要来领导。

视野拓展

什么是情商(EQ)

“情商”（EQ）一词，是1991年由美国耶鲁大学心理学家彼得·塞拉维和新罕布什尔大学的琼·梅耶首创的。在他们之前，1983年，美国哈佛大学的心理学家霍华德·加德纳在《精神状态》一书中提出，人有“多元智慧”，开启了情商学说的新研究视角。把情商理论推向高潮的美国心理学家丹尼尔·戈尔曼，在1995年推出《情感智商》一书，将情感智商这一研究新成果介绍给大众，一时间，“情商”(EQ)一词风靡世界。

简单说来，“情商”（EQ）是自我管理情绪的能力。同“智商”（IQ）一样，“情商”（EQ）是一个抽象的概念，EQ情绪商数是一个度量情绪能力的指标。根据戈尔曼的概括，领导者的情商包括四个方面：

一是自我认知能力，即了解自身情绪、情感和内心驱动力及对他人产生影响的能力，包括情感的自我认知、准确的自我评估和自信；

二是自我调控能力，即控制或疏导负面情绪和破坏性冲动的能力，包括自我控制、适应能力、责任心、值得依赖、成就导向和开创精神等；

三是社会意识，即了解别人情感的能力，包括组织意识、服务导向和移情能力等，这里的移情能力是指理解他人立场和感受他人情感的能力；

四是关系管理，即影响他人情感的能力，包括想象力、影响力、沟通力、建立人际网络、激励他人、合作意识和团队精神等。

除常见的智商、情商外，还有德商（MQ）、逆商（AQ）、心商（MQ）、胆商（DQ）、财商（FQ）、志商（WQ）、灵商（SQ）、健商（HQ）、职商（CQ）、体商（BQ）。

——选编自情商网（国内专业的情商教育网站）

著名的情商大师丹尼尔·戈尔曼在情商研究的基础上，提出了六种基本的领导风格。

1. 命令型领导风格

这种领导风格以领导者为中心，其最常使用的方法便是命令。它的显著特征便是要求下属立即服从、快速行动，不折不扣地依从。领导者往往单独作出决策，任务内容、资源分配及组合也多由领导者决定。在大多数情况下，命令型领导风格是所有风格中最无效的一种。

命令型领导的情商能力基础为自我控制、成就动机、开创精神等。

2. 远见型领导风格

远见型领导像是一个理想主义者。它的显著特点是为追随者提供长远目标和愿景，号召所有人为之奋斗。领导者将动员组织成员为一个共同的想法和目标而共同努力；同时，其会采用引导而非强迫的方式，为每一位被领导者具体采用何种方法和手段来实现目标留有余地，给予他们相当的自我选择机会。在各种领导风格中，远见型领导风格往往是最有效率的。

远见型领导的情商能力基础为自信、影响力、组织意识、移情能力等。

3. 关系型领导风格

关系型领导风格以人为中心，其显著特征是在领导者与被领导者之间建立情感纽带，创造一种和谐的气氛。领导者十分关注被领导者的需求是否得到满足，通过建立牢固的情感纽带和忠诚而维系关系。领导者对被领导者会不吝赞美之词，如此一来也更易培养追随者强烈的归属感。与此同时，他们也许会对业绩和成果没有足够的关注。

关系型领导的情商能力基础为社会意识能力和关系管理能力，诸如沟通力、影响力、移情能力和人际关系能力等。

4. 民主型领导风格

民主型领导方式的中心在于通过所有人的共同参与来达成共识。在这种领导风格下，领导者将被领导者视为与己平等的人，给予他们足够的尊重，善于倾听别人的意见；采用这种领导风格，能够让领导者赢得他人的信任、尊重与支援，提高被领导者对目标和任务的认可程度。但是民主型领导风格也有自己的缺点，即它对工作氛围的影响没有其他风格大，或是常因达不成共识而导致低效率。

民主型领导的情商能力基础为沟通力、合作意识、团队精神等。

视野拓展

比尔·盖茨的领导方式

在IT巨头微软公司里，没有“打卡”的制度，每个人上下班的时间基本上由自己决定。公司支持人人平等，资深人员基本上没有“特权”，依然要自己回电子邮件、自己倒咖啡、自己找停车位，每个人的办公室基本上都一样大。公司主张施行“开门行政”，也就是说，任何人都可以找任何人谈任何话题，当然任何人也都可以发电子邮件给任何人。一次，微软的一个新员工开车时撞了比尔·盖茨停着的新车。她吓得问主管怎么办，主管说：“你发一封电子邮件道歉就是了。”她发出电子邮件后，在一小时之内，比尔·盖茨不但回信告诉她别担心，只要没伤到人就好，还对她加入公司表示欢迎。比尔·盖茨鼓励员工畅所欲言，对公司的发展、存在的问题甚至上司的缺点，毫无保留地提出批评、建议或提案。他说：“如果人人都能提出建议，就说明人人都在关心公司，公司才会有前途。”微软开发了满意度调查软件，每年至少做一次员工满意度调查，让员工以匿名的方式对公司、领导、老板等各方面作回馈。

1995年，当比尔·盖茨宣布不涉足网络领域产品的时候，很多员工提出了反对意见。其中，有几位员工直接发信给比尔·盖茨说，这是一个错误的决定。当比尔·盖茨发现有许多他尊敬的人持反对意见时，他又花了更多的时间与这些员工见面，最后写出了《互联网浪潮》这篇文章，承认了自己的过错，扭转了公司的发展方向。同时，他把许多优秀的员工调到网络部门，并取消或削减了许多产品，以便把资源调入网络部门。那些批评比尔·盖茨的人不但没有受处分反而得到重用，后来都成了公司重要部门的领导。

——选编自《李开复解密微软成功之道》

5. 示范型领导风格

示范型领导者期望通过自己的示范效应引领和带动被领导者的行为。其显著特征是追求卓越，树立极高的目标要求，且总是身先士卒。示范型领导者往往要求精益求精，做事快马加鞭，同时也要求被领导者也具有同样优秀的表现。 事与愿违的是，如果被领导者不能很好地完成任务，其反而会形成极大的心理压力，诸如崩溃、被压垮的感觉，因此，这种风格常常会破坏原有的氛围。与命令型领导风格相似，示范型领导风格也经常被采用。

示范型领导的情商能力基础为自我控制、责任心、成就感、开创精神等。

6. 教练型领导风格

教练型领导者通过积极培养和发展人才来增强团队或组织能力，其显著特点是为未来培养人才。他们帮助被领导者认识自己的特长与不足，并将其与个人的抱负与职业的发展联系起来。他们鼓励被领导者树立长期的个人发展目标，帮助人们制定实现目标的具体计划，同时给予他们充分的指导与反馈。教练型领导十分擅长分配工作和任务，他们将挑战型的工作分配给人们，哪怕这些工作不能很快完成，甚至为此以短期失败为代价。换言之，教练型领导能容忍下属的失败，只要这个失败对今后有警示作用和借鉴意义。

教练型领导的情商能力基础为自我意识、组织意识、移情能力等。

当然，六种基本类型只是对领导者的简单分类，领导者所具有的风格并不是单一的，仅仅归属于远见型、关系型、民主型、教练型、示范型或命令型一种风格的领导者并不多见，大多数的领导者都是几种领导风格的综合体。在场合不同、情境各异、对象差异的情况下，优秀的领导者常会采用不同的领导风格。毋宁说，一位卓越的领导者需要多种领导风格为支撑，领导者展示的领导风格越丰富多彩，其领导越见成效。厄尔曼同时也指出，能够掌握并灵活运用四种或者更多领导风格，尤其是掌握远见型、民主型、关系型和教练型四种领导方式的领导者，他们的领导总会卓有成效。

进阶探索

测测你的情商(EQ)[①]

这是欧洲流行的情商测试题，可口可乐公司、麦当劳公司、诺基亚公司等世界500强企业也曾以此为员工EQ测试的模板，帮助员工了解自己的EQ状况。

本测试共33题，测试时间25分钟，最大EQ值为174分。不要刻意，实事求是地回答，这样的成绩更真实有效。

测试开始：

第1~9题：请从下面的问题中，选择一个和自己最切合的答案，尽可能少选中性答案。

1.我有能力克服各种困难：_______

A. 是的　　B. 不一定　　C. 不是的

2. 如果我能到一个新的环境，我要把生活安排得：_______

A. 和从前相仿　　B. 不一定　　C. 和从前不一样

3. 一生中，我觉得自己能达到我所预想的目标：_______

A. 是的　　B. 不一定　　C.不是的

4. 不知为什么，有些人总是回避或冷淡我：_______

A. 不是的　　B. 不一定　　C. 是的

5. 在大街上，我常常避开我不愿打招呼的人：_______

A. 从未如此　　B. 偶尔如此　　C. 有时如此

6. 当我集中精力工作时，假使有人在旁边高谈阔论：_______

A. 我仍能专心工作　　B.介于A、C之间

C. 我不能专心且感到愤怒

7. 我不论到什么地方，都能清楚地辨别方向：_______

A. 是的　　B. 不一定　　C. 不是的

8.我热爱所学的专业和所从事的工作：_______

A. 是的　　B. 不一定　　C. 不是的

9. 气候的变化不会影响我的情绪：_______

A. 是的　　B. 介于A、C之间　　C. 不是的

第10~16题：请如实选答下列问题，将答案填入右边横线处。

10. 我从不因流言蜚语而生气：_______

A. 是的　　B. 介于A、C之间　　C. 不是的

11. 我善于控制自己的面部表情：_______

A. 是的　　B. 不太确定　　C. 不是的

12.在就寝时，我常常：_______

A. 极易入睡　　B. 介于A、C之间　　C. 不易入睡

13. 有人侵扰我时，我：_______

A. 不露声色　　B. 介于A、C之间

C. 大声抗议，以泄己愤

① http://types.yuzeli.com/survey/e-qtest/，国际情商测试题。

14. 在和人争辩或工作出现失误后，我常常感到震颤、精疲力竭，而不能继续安心工作：________

A. 不是的　　B. 介于 A、C 之间　　C. 是的

15. 我常常被一些无谓的小事困扰：________

A. 不是的　　B. 介于 A、C 之间　　C. 是的

16. 我宁愿住在僻静的郊区，而不愿住在嘈杂的市区：________

A. 不是的　　B. 不太确定　　C. 是的

第 17~25 题：在下面问题中，每一题请选择一个和自己最切合的答案，同样少选中性答案。

17. 我被朋友、同事起过绰号、挖苦过：________

A. 从来没有　　B. 偶尔有过　　C. 这是常有的事

18. 有一种食物使我吃后呕吐：________

A. 没有　　B. 记不清　　C. 有

19. 除去看见的世界外，我的心中没有另外的世界：________

A. 没有　　B. 记不清　　C. 有

20. 我会想到若干年后有什么使自己极为不安的事：________

A. 从来没有想过　　B. 偶尔想到过　　C. 经常想到

21. 我常常觉得自己的家庭对自己不好，但是我又确切地知道他们的确对我好：________

A. 否　　B. 说不清楚　　C. 是

22. 每天我一回家就立刻把门关上：________

A. 否　　B. 不清楚　　C. 是

23. 我坐在小房间里把门关上，但我仍觉得心里不安：________

A. 否　　B. 偶尔是　　C. 是

24. 当一件事需要我作决定时，我常觉得很难：________

A. 否　　B. 偶尔是　　C. 是

25. 我常常用抛硬币、翻纸牌、抽签之类的游戏来预测凶吉：________

A. 否　　B. 偶尔是　　C. 是

第 26~29 题：下面各题，请按实际情况如实回答，仅须回答“是”或“否”即可，在你选择的答案下打“√”。

26. 为了工作我早出晚归，早晨起床我常常感到疲惫不堪：

是________　否________

27. 在某种心境下，我会因为困惑陷入空想，将工作搁置下来：

是________　否________

28. 我的神经脆弱，稍有刺激就会使我战栗：

是________　否________

29. 睡梦中，我常常被噩梦惊醒：

是________　否________

第 30~33 题：本组测试共 4 题，每题有 5 种答案，请选择与自己最切合的答案，在你选择的答案下打“√”。

答案标准如下：

1	2	3	4	5
从不	几乎不	一半时间	大多数时间	总是

30. 工作中我愿意挑战艰巨的任务。 1 2 3 4 5
31. 我常发现别人好的意愿。 1 2 3 4 5
32. 能听取不同的意见，包括对自己的批评。 1 2 3 4 5
33. 我时常勉励自己，对未来充满希望。 1 2 3 4 5

计分标准：

请按照记分标准，先算出各部分得分，最后将几部分得分相加，得到的那一分值即为你的最终得分。

第1~9题，每回答一个A得6分，回答一个B得3分，回答一个C得0分。计____分。

第10~16题，每回答一个A得5分，回答一个B得2分，回答一个C得0分。计____分。

第17~25题，每回答一个A得5分，回答一个B得2分，回答一个C得0分。计____分。

第26~29题，每回答一个“是”得0分，回答一个“否”得5分。计____分。

第30~33题，从左至右分数分别为1分、2分、3分、4分、5分。计____分。

我的EQ测试总分为____分。

结果解释：

1.如果你的得分在90分以下，说明你的EQ较低，常常不能控制自己。你极易被自己的情绪影响。很多时候，你极易被激怒、动怒、发脾气。这是非常危险的信号——你的事业可能毁于你的急躁。对此，最好的解决方法是能够给坏的东西一个好的解释，保持头脑冷静，保持心境开朗。正如富兰克林所说：“任何人生气都是有理由的，但很难有令人信服的理由。”

特征：自我意识差。无确定的目标，也不打算付诸实践；严重依赖他人；处理人际关系能力以及应对焦虑能力差；生活无序、无责任感、爱抱怨。

2.如果你的得分在90~129分，说明你的EQ一般。对于一件事，不同的时候的表现可能不一，这与你的意识有关。你比前者更具EQ意识，但这种意识不是常常都有。因此你需要多加注意，时时提醒。

特征：比低情商者善于原谅，能控制大脑；能应付较轻的焦虑情绪；把自尊建立在他人认同的基础上；缺乏坚定的自我意识；人际关系较差。

3.如果你的得分在130~149分，说明你的EQ较高，你是一个快乐的人，不易恐惧担忧，对于工作你热情投入，敢于负责，你为人正直正义，同情关怀弱者，这是你的优点，应该努力保持。

特征：你是负责任的“好”公民；自尊、有独立人格，但在一些情况下易受别人焦虑情绪的感染；较自信而不自满，有较好的人际关系；应对大多数的问题，你不会有太大的心理压力。

4.如果你的得分在150分以上，你就是个EQ高手。你的情绪智慧是你事业有成的一个重要前提条件。

特征：你尊重所有人的人权和人格尊严；不将自己的价值观强加于他人；自己有清醒的认识，能承受压力；自信而不自满，人际关系良好，和朋友或同事能友好相处；善于处理生活中遇到的各方面的问题，认真对待每一件事情。

三、学会运用“百宝箱”

有学者说传统的领导者是“警察”，往往依赖手中的权力进行控制和指挥，展现的是一种刚性领导。现代的领导者则像是“戏剧家”，是“倾听者”“教练”“教师”，所实行的是一种艺术的领导。艺术是一个高雅而神秘的概念，艺术的领导更需要领导者运用丰富的想象力、高超的领导力、恰到好处的领导风格去引导、率领追随者，以期有不俗的成效。

在第二节内容中我们谈到，领导力的本质即影响力。这种影响力既包括领导者自身的智慧和学识，也蕴含了领导者所具有的气度和风范。换句话说，在具备了高水平的专业学识和技能后，施展有效领导力还需所特定的个人风格与之配合。领导风格是在长期的个人经历、领导实践中逐步形成的，并在领导实践中自觉或不自觉地稳定地起作用，极具有较强的个性化色彩。有学者为此就说：“领导是世界上最具有个性的事，就因为这个简单的原因，请保持好你风格。”

进阶探索

我的领导风格和哪种动物最像？①

根据美国PDP（professional dynamitic programs，行为特质动态衡量系统）组织29年的研究和实践，以及全球1 600万人次的使用案例，PDP领导特质分析系统将领导者分为五大类型，并用5种动物来形容：老虎型、孔雀型、考拉型、猫头鹰型、变色龙型，不同类型的领导者也因此呈现出不同的领导风格。

想知道您的领导风格和哪种动物最像吗？先试试回答以下的问题，请记得答案不是以别人眼中的你来判断，而是你认为本质上是不是这样的。来看看问题吧：

1. 你做事是一个值得信赖的人吗？

A. 非常同意　B. 比较同意　C. 差不多　D. 不太同意　E. 不同意

2. 你个性温和吗？

A. 非常同意　B. 比较同意　C. 差不多　D. 不太同意　E. 不同意

① http://www.pdpchina.com.

3. 你有活力吗？
A. 非常同意 B. 比较同意 C. 差不多 D. 不太同意 E. 不同意
4. 你善解人意吗？
A. 非常同意 B. 比较同意 C. 差不多 D. 不太同意 E. 不同意
5. 你独立吗？
A. 非常同意 B. 比较同意 C. 差不多 D. 不太同意 E. 不同意
6. 你受爱戴吗？
A. 非常同意 B. 比较同意 C. 差不多 D. 不太同意 E. 不同意
7. 你做事认真且正直吗？
A. 非常同意 B. 比较同意 C. 差不多 D. 不太同意 E. 不同意
8. 你富有同情心吗？
A. 非常同意 B. 比较同意 C. 差不多 D. 不太同意 E. 不同意
9. 你有说服力吗？
A. 非常同意 B. 比较同意 C. 差不多 D. 不太同意 E. 不同意
10. 你大胆吗？
A. 非常同意 B. 比较同意 C. 差不多 D. 不太同意 E. 不同意
11. 你精确吗？
A. 非常同意 B. 比较同意 C. 差不多 D. 不太同意 E. 不同意
12. 你适应能力强吗？
A. 非常同意 B. 比较同意 C. 差不多 D. 不太同意 E. 不同意
13. 你的组织能力强吗？
A. 非常同意 B. 比较同意 C. 差不多 D. 不太同意 E. 不同意
14. 你是一个积极主动的人吗？
A. 非常同意 B. 比较同意 C. 差不多 D. 不太同意 E. 不同意
15. 你是一个害羞的人吗？
A. 非常同意 B. 比较同意 C. 差不多 D. 不太同意 E. 不同意
16. 你是一个强势的人吗？
A. 非常同意 B. 比较同意 C. 差不多 D. 不太同意 E. 不同意
17. 你是一个遇到事情表现镇定的人吗？
A. 非常同意 B. 比较同意 C. 差不多 D. 不太同意 E. 不同意
18. 你是一个勇于学习的人吗？
A. 非常同意 B. 比较同意 C. 差不多 D. 不太同意 E. 不同意
19. 你是一个反应快的人吗？
A. 非常同意 B. 比较同意 C. 差不多 D. 不太同意 E. 不同意
20. 你是一个外向的人吗？
A. 非常同意 B. 比较同意 C. 差不多 D. 不太同意 E. 不同意
21. 你是一个注意细节的人吗？
A. 非常同意 B. 比较同意 C. 差不多 D. 不太同意 E. 不同意
22. 你是一个爱说话的人吗？
A. 非常同意 B. 比较同意 C. 差不多 D. 不太同意 E. 不同意

23. 你的协调能力好吗？

A. 非常同意　B. 比较同意　C. 差不多　D. 不太同意　E. 不同意

24. 你是一个勤劳的人吗？

A. 非常同意　B. 比较同意　C. 差不多　D. 不太同意　E. 不同意

25. 你是一个慷慨的人吗？

A. 非常同意　B. 比较同意　C. 差不多　D. 不太同意　E. 不同意

26. 你是一个小心翼翼的人吗？

A. 非常同意　B. 比较同意　C. 差不多　D. 不太同意　E. 不同意

27. 你是一个令人愉快的人吗？

A. 非常同意　B. 比较同意　C. 差不多　D. 不太同意　E. 不同意

28. 你是一个传统的人吗？

A. 非常同意　B. 比较同意　C. 差不多　D. 不太同意　E. 不同意

29. 你是一个亲切的人吗？

A. 非常同意　B. 比较同意　C. 差不多　D. 不太同意　E. 不同意

30. 你的工作足够有效率吗？

A. 非常同意　B. 比较同意　C. 差不多　D. 不太同意　E. 不同意

计分标准：

非常同意5分，比较同意4分，差不多3分，不太同意2分，不同意1分。

把第5、10、14、18、24、30题的分加起来就是你的“老虎”分数；

把第3、6、13、20、22、29题的分加起来就是你的“孔雀”分数；

把第2、8、15、17、25、28题的分加起来就是你的“考拉”分数；

把第1、7、11、16、21、26题的分加起来就是你的“猫头鹰”分数；

把第4、9、12、19、23、27题的分加起来就是你的“变色龙”分数。

假若你有某一项分远远高于其他四项，你就是典型的这种属性；假若你有某两项分大大超过其他三项，你是这两种动物的综合；假若你各项分数都比较接近，恭喜你，你是一个拥有近似完美性格的人；假若你有某一项分数特别偏低的话，想提高自己，就需要在那一种动物属性的加强上下工夫了。

让我们就来逐一分析一下各种的“动物”类型吧！

▶ 老虎型：具有控制与任务导向特质

个性特点：有自信，够权威，决断力高，竞争性强，胸怀大志，喜欢评估，企图心强烈，喜欢冒险，个性积极，竞争力强，有对抗性。

优点：老虎型的人善于控制局面并能果断地作出决定的能力；胸怀大志，勇于冒险，看问题能够直指核心，采用这一类型工作方式的人成就非凡。

缺点：当感到压力时，其会太重视迅速地完成工作，容易忽视细节，可能不顾自己和别人的情感。由于要求过高，加之好胜的天性，有时会成为工作狂。

领导风格：强调权威与果断，一切均以目标和实质性的成果为导向，擅长危机处理，此种性格最适合开创性与改革性的工作。

▶ 孔雀型：具有社交与关系导向特质

个性特点：很热心，够乐观，口才流畅，好交朋友，风度翩翩，诚恳热心，热情洋溢、好交朋友、口才流畅、个性乐观、表现欲强。

优点：此类型的人生性活泼，人际关系能力极强，擅长口语表达，很会沟通激励、描绘愿景并带动气氛，是宣扬理念、塑造愿景的能手。他们很适合需要当众表现、引人注目、态度公开的工作。

缺点：因其跳跃性的思考模式，常无法顾及细节以及对完成事情的执著度。

领导风格：喜欢跟别人互动，重视群体的归属感，富同情心并乐于分享，善于透过人的关系发挥影响力。在无形性的领域中，孔雀型的领导者都有很杰出的表现。

▶ 考拉型：具有稳健与关系导向特质

个性特点：平易近人、敦厚可靠、强调和谐合作、避免冲突与不具批判性。行事稳健、强调平实，有过人的耐力，温和善良。

优点：行为上表现出不慌不忙、冷静自持的态度。注重稳定与中长期规划，现实生活中，常会反思自省并以和谐为中心，即使面对困境，亦能泰然自若、从容应对。

缺点：很难坚持自己的观点和迅速作出决定。一般说来，不喜欢面对与他人意见不合的局面，不愿处理争执。

领导风格：在决策时需要较充足的时间作规划，意志坚定、步调稳健。考拉族群可说是一群默默耕耘的无名英雄，在平凡中见其伟大。

▶ 猫头鹰型：具有系统与任务导向特质

个性特点：传统稳重，注重细节，行为中规中矩，很有责任感，行事条理分明，一切根据制度与规定，重视承诺与纪律，有完美主义的倾向，个性拘谨含蓄。

优点：分析力强，天生就有爱找出事情真相的习性，重视达到目标的每一个过程的精确性，重视是非对错，在专业上追求精益求精，容易成为专业领域的专家。

缺点：把事实和精确度置于感情之前，这会被认为是感情冷漠。在压力下，有时为了避免作出结论，他们会分析过度。

领导风格：要求标准高、不能容忍错误且自律甚严，让人非常信赖，在组织中是值得托付的好伙伴。

▶ 变色龙型：具有弹性导向特质的整合型

个性特点：性格善变，适应力及弹性都相当强，能为了适应环境的要求而调整其决定甚至信念，具有高度的应变能力。

优点：擅长整合资源，兼容并蓄，以合理化及中庸之道来待人处事；善于在工作中调整自己的角色去适应环境，具有很好的沟通能力。

缺点：在别人眼中，变色龙型的人较无个性及原则。

领导风格：综合老虎、孔雀、考拉、猫头鹰的特质，看似没有突出的个性，但擅长整合内外资源；是个称职的谈判斡旋高手，也是手腕圆滑的外交人才。

领导者的风格固然与领导者自身的性格、气质相互关联，但是要成为一名有效的领导者，展现卓越的领导力，必须根据情况的不同，采用最合适的领导风格。领导者具有不同的特质、魅力、风格，它们犹如一个“百宝箱”，每一种特质的领导都遵循自我独有的风格，每一种领导风格也都有它最合适的运用时机。培养丰富的领导风格，作出符合时宜且合理的选择，对领导者而言是不可或缺的。结合我们所身处瞬息万变的外部环境情况，领导者抑或是非领导者都可以寻觅利用这个“百宝箱”，从箱中获得至宝，探索领导力的真谛，孕育自己的领导气质，展现独特且适宜的领导风格。

从某种意义上说，我们每个人都是领导者，因为我们每个人都在影响着别人。通过前面内容我们已经知道，领导者并非天生，领导力也可以是后天习得的。对于领导者而言，没有一个放之四海而皆准的领导力法则、秘诀或是通俗直白的领导力说明书；不是人人都能成为伟大的领导者，但每个人都可以做得更好，更贴近领导者的行径。

切莫等着别人来领导你，要采取主动，学会自己领导自己。

——特雷莎修女

探寻和培养领导力是一个路漫漫而修远的过程，这中间充满了尝试和错误、失败和成功、时机和运气、顶峰和低谷……你需要极大的信心和百倍的勇气，充满希望的心灵和坚忍不拔的决心。正如 e-bay 总裁约翰·多纳霍描述的那样：“领导是一段旅程，而不是一个终点。它是一场马拉松，而不是一段冲刺跑。它是一个过程，而不是一个结果。”

人人都需要领导，领导就像是这样一个过程，我们都从自我领导开始。领导力最初对你而言，或许源自一种吸引力，它吸引你去探寻领导者的“魔力”，并逐渐学会如何由一个领导自己的人成为一个领导他人的人，进一步踏上卓越领导者的行列。正如托马斯·沃森所说，在日常生活中领导自己的能力是对领导别人能力的最好证明。

要点回顾

1. 领导活动是一种特殊的社会现象，它是由处于主导地位的领导者率领和引导被领导者在一定的客观环境下为实现一定的目标而进行相应的社会活动。

2. 直到 20 世纪，领导学作为一门独立学科开始走上科学研究的舞台，其诞生有两个显著标志：决策工作专门化、咨询工作专业化。

3. 从不同的角度、研究侧重点出发，领导的内涵表现出千差万别的特点。伯纳德·M.巴斯列举了关于领导的 12 点定义。

4. 领导者的唯一定义是其后面有追随者。没有追随者，就不会有领导者；领导者是并不是与生俱来的，领导力是可以通过训练而后天习得。

5. 领导力是一个过程，是领导者对他人的一种人际关系影响力；领导者有五个共同的、富于领导力的行为特征。

6.不同性格特征领导者会展现出不同的领导风格和类型，有六种基本的领导风格：命令型、关系型、民主型、远见型、示范型、教练型。领导类型并不是单一的，领导者身上往往展现出多种风格。

思考题

1. 以发展的眼光来看，你认为未来的领导活动会有哪些变化？

2. 结合自身现阶段的体验，你眼中的领导和领导力分别指什么？领导者的哪种角色最具挑战性？

3. 你所倾向的领导风格是什么？为什么会倾向于这样的领导风格？

知识拓展推荐

[1] 边慧敏，廖宏斌. 领导学［M］. 大连：东北财经大学出版社，2009.

[2] 李开复. 与未来同行［M］. 北京：人民出版社，2006.

[3] 任继愈.《老子》译读［M］. 北京：北京图书馆出版社，2008.

[4] 丹尼尔·厄尔曼. 情商：为什么情商比智商更重要［M］. 杨春晓，译. 北京：中信出版社，2010.

[5] 戴尔·卡耐基. 人性的弱点［M］. 袁玲，译. 北京：中国发展出版社，2008.

[6] 史蒂芬·柯维. 高效能人士的第八个习惯：从效能迈向卓越［M］. 陈亦明，等译. 北京：中国青年出版社，2010.

网络资源

[1] 哈佛商业评论网：http://www.ebusinessreview.cn/

[2] 世界经理人论坛：http://www.ceconlinebbs.com/

[3] 领导力培训网：http://lingdaoli.89mc.com/

[4] 中国心理人才网：http://www.psy51.com/

[5] 性格、情商测试网站：http://types.yuzeli.com/survey/fpa30/

参考资料

[1] 沃伦·本尼斯，琼·戈德史密斯. 领导力实践［M］. 姜文波，译. 北京：中国人民大学出版社，2008.

[2] 亨利·明茨伯格，等. 领导［M］. 思铭，译. 北京：中国人民大学出版社，2000.

[3] 乔恩·L. 皮尔斯，约翰·W. 纽斯特罗姆. 领导力：阅读与练习[M]. 马志英，等译. 北京：中国人民大学出版社，2009.

[4] 迈克尔·B. 波特. 管理就是这么简单 [M]. 陈桂玲，译. 哈尔滨：哈尔滨出版社，2004.

[5] 克利夫·里科特斯. 领导学：个人发展与职场成功 [M]. 戴卫东，等译. 北京：中国人民大学出版社，2007.

[6] 詹姆斯·库泽斯，巴里·波斯纳. 领导力 [M]. 李丽林，张震，杨振东，译. 北京：电子工业出版社，2009.

[7] 约翰·麦克斯韦尔. 开发你内在的领导力 [M]. 邓郁，译. 上海：上海人民出版社，2006.

[8] 边慧敏，廖宏斌. 领导学 [M]. 大连：东北财经大学出版社，2009.

[9] 刘银花，姜法奎. 领导科学 [M]. 大连：东北财经大学出版社，2006.

[10] 刘峰. 新领导观 [M]. 北京：北京大学出版社，2005.

第二章
领导之学：理论及其发展

一个高明的领导，讲究领导艺术，知关节，得要领，把握规律，掌握节奏，举重若轻。

——习近平

开卷有益

习近平领导艺术的起点——七年知青岁月

党的十八大以来，习近平总书记之所以能够带领党和人民不断攻坚克难、开拓进取，全面开创中国特色社会主义事业新局面，很大程度上来自他扎实的实践基础和深厚的经验积累。梁家河七年知青岁月，无疑是习近平总书记治国理政思想的历史起点，也是他践行领导艺术的实践起点。

1969 年初，不满 16 岁的习近平同志主动申请到陕西延安延川县梁家河村，成为一名插队知青。他是“老三届”中年龄最小的知青；他插队的陕北是全国插队知青中条件最艰苦的地方之一；他是插队知青中在农村待的时间最长的极少数人之一。经过“五关”即跳蚤关、饮食关、生活关、劳动关、思想关的历练，习近平很快适应当地生活，积极参加各种艰苦劳动，办铁业社、代销点、缝纫社、磨坊，打坝淤地，办沼气，踏踏实实带领当地村民干了不少实事、解决了不少问题。

当时，地处大山深处的梁家河村交通不便，生活的必需品都要步行到 5 公里外的文安驿镇购买。为了解决这一困难，习近平组织村民建立了村里第一个铁业社，自己制造工具。距离铁业社不远，是知青的集体窑洞。在习近平房间的隔壁，习近平带领村民办起村里第一个缝衣社和第一个磨坊。梁家河村由于受到地理条件影响，粮食生产受到了诸多限制，习近平又带领村民打坝淤地，建成了梁家河村第一个淤地坝，使坝顶的土地成为梁家河村最好、最平整，也是最便于灌溉的土地。为了解决村民缺柴做饭、缺油点灯等问题，习近平又带领村民建成了陕西省第一个沼气池。1974 年 1 月，《人民日报》刊登了介绍四川推广利用沼

气的报道，习近平看后很兴奋，他意识到这可以解决梁家河缺煤少柴的问题。他与另外6人专程到四川学习办沼气技术，回来后历经多次试验、克服种种困难，终于建成了可以正常产气的沼气池，梁家河亮起了陕北高原的第一盏沼气灯。1975年9月，《延安通讯》刊登了一篇通讯叫《取火记》，介绍了延川办沼气的情况。当年，全省在县城、梁家河召开沼气现场会，参观的重点就是习近平所在的梁家河，因为当时他既是知青又是大队书记，带着大伙一起干起来的，特点最明显，效果也最好。

2015年春节前夕，习近平再次回到梁家河，他深情地说："当时我离开梁家河，人虽然走了，但是心还留在这里。那时候我就想，今后如果有条件、有机会，我一定要从政，做一些为老百姓办好事的工作。"梁家河的经历让习近平总书记治国理政思想的根基深深扎在中国最广阔的土地上，扎在最广阔的人民群众基础上。梁家河的经历是习近平总书记治国理政实践的开端，也是他卓越领导艺术形成和发展的开端。他曾经讲道："七年上山下乡的艰苦生活对我的锻炼很大。最大的收获有两点：一是让我懂得了什么叫实际，什么叫实事求是，什么叫群众。这是我获益终生的东西。二是培养了我的自信心。"

——选编自《习近平的七年知青岁月》

本章要点

⊙ 领导活动的产生及领导思想的发展

领导活动产生于何时

探寻我们祖先的领导智慧

马克思主义领导理论及其中国化进程

西方古代和近代的领导思想巡航

⊙ 领导学基本理论：特质、行为及情境

领导特质理论：领导者重要吗

领导行为理论：行为比特质更重要

领导权变理论：必须要考虑情境

⊙ 领导与管理

领导就是管理吗

领导与管理的区别

领导与管理的联系

领导者与管理者

第一节 领导活动的产生及领导思想的发展

人类的本质属性是其社会属性。马克思说："个体是社会存在物。因此，他的生命表现，即使不采取共同的、同他人一起完成的生命表现这种直接形式，也是社会生活的表现和确证。"[①]在人类历史的长河中，最本质的现象之一就是人类活动的群体性和社会性；也就是说人类从一开始就是群居动物，并且有着规律的组织性和规范性，这意味着人类必须要有"组织者"或"领导者"。那么，最早的领导活动产生于什么时候？人类思想史经过数千年的积累和沉淀，又有哪些重要的领导思想？

一、领导活动产生于何时

要掌握领导学的产生及其内涵，我们首先要了解领导活动的起源问题。美国著名的领导学权威詹姆斯·麦格雷戈·伯恩斯（James MacGregor Burns）在其名著《领导论》中描述了一种生物学视角的领导根源理论：

戴尔灵长目动物研究中心的工作人员设计了一个实验，让一只黑猩猩看到在树叶下的草丛中的一些食物，然后又把它带回到它的群体中。很快，它就努力去劝服其他的黑猩猩跟随它去寻找食物。它冲到一个又一个追随者的面前，做鬼脸，拍对方的肩膀，尖声叫喊，有时还会抓住一个同伴，拖着它向食物方向走。

如果一只黑猩猩了解食物的所在地，又被放回笼子，然后再次被独自放出去，这时在它跑去寻找食物之前，它会尽力把同伴们也放出来；如果它没有办法放它们出来，它就会呜咽、尖叫或独自远离同伴。当两只黑猩猩被分别告知了一个不同的食物储藏地后，它们能够以某种方式来告诉对方这两个食物储藏地的相对价值，这样另外一只黑猩猩就会首先去那个更大的食物储藏地。而且它们似乎知道如何吸引追随者，有时是靠一前一后排队走，或是呜咽，或是用力拉同伴的一只胳膊；有时则是靠独自朝一个方向一直走下去。[②]

根据上面的实验，伯恩斯说：黑猩猩群体的凝聚力是非常强的，整个群体要依靠"领导者"才能准确知道要去哪里才能弄到食物（图2–1）。

图 2–1 黑猩猩群体中的"领导者"存在着一定程度的领导行为

① 中共中央编译局. 马克思恩格斯文集：第一卷［M］.北京：人民出版社，2009：188.

② 詹姆斯·麦格雷戈·伯恩斯. 领导论［M］. 常健，译. 北京：中国人民大学出版社，2006：43.

既然人类的“亲戚”黑猩猩的群体中存在着一定程度的领导活动，那据此推测，人类的祖先猿的群体也肯定会有类似的领导行为。不过，由于动物不具备人类的意识和积极改造自然的创造性，我们一般都会将动物界的领导行为称之为一种“本能”，以与人类有意识的领导行为区别开来。

毫无疑问，自人类产生之始，领导活动便相伴而生。人类是群居和有组织的。原始社会中的人类为了实现共同的目标（如获取食物、取暖等），都要参加集体劳动，从而形成了我们今天称之为“组织”的群体。这些基于有意识目标而组建起来的组织，不管它的形式是多么的松散，都必然会进行内部的分工协作；要进行有效的分工协作，就必须要有分配劳动的权威。关于权威的必要性和必然性，恩格斯论述得非常清楚，他说：“一方面是一定的权威，不管它是怎样形成的，另一方面是一定的服从，这两者都是我们不得不接受的。”[①] 由社会分工导致权威与服从的分野，于是，领导者便产生了。

不论在哪一种场合，都要碰到一个显而易见的权威。

——恩格斯

在原始社会，并没有专职的领袖，但领导者却是一定存在的。尽管年龄与性别相同的人具有同等的社会地位，人们主要依靠血缘关系和部落传统来维系部落的运转，但每个部落都会有大家公认的“家长”，他们的职责是分配劳动，指挥和协调活动，并扮演矛盾“调解人”的角色。然而人类进入奴隶社会后，以血缘关系结成的部落群体开始瓦解，取而代之的是拥有剩余劳动产品的少数人和不拥有产品的多数人之间的对立——前者逐渐成为贵族阶层，而后者则成了平民阶层。人数占少数的贵族阶层为了巩固自身的地位，便开始利用特定的组织形式确立了能够支配大多数人的权威性。这种支配与被支配关系的出现，标志着人类真正意义上的领导关系形成了。

有了正式的领导活动，便会产生一系列的领导思想。在进入文明社会后的人类历史实践中，人们会在相关活动之后记录自己的历史，总结相关的经验和规律，这当然包括领导活动的历史记录和规律总结。这便是领导思想。让我们来了解一下人类历史上最重要的一些领导思想。

二、探寻我们祖先的领导智慧

习近平总书记在2018年全国宣传思想工作会议上指出：“中华优秀传统文化是中华民族的文化根脉，其蕴含的思想观念、人文精神、道德规范，不仅是我们中国人思想和精神的内核，对解决人类问题也有重要价值。”中华优秀传统文化蕴含的领导智慧博大精深、影响深远，在今天仍然具有重要的指导价值。国学大师南怀瑾认为，中华文化大致分为君道、臣道和师道，其中君道是领导的哲学与艺术，臣道也包括了领导的艺术。西汉的经学家刘向在其著作《说苑》中谈到君道，认为在尧、舜、禹时期，“百官能治，臣下乐职，恩流群生，润泽草木。昔者虞舜左禹右皋陶，不下堂而天下治，此使能之效也”，意即国家治理得好，并不是由于舜帝本人的能耐有多大，而是因为他的领导能力强，大禹、皋陶等左膀右臂和文武百官愿意为其尽忠尽力，才使得他不用走下厅堂

① 中共中央编译局. 马克思恩格斯选集：第三卷 [M]. 北京：人民出版社，2012:276.

就能治理好天下。

春秋战国时期，各种领导思想百家争鸣。孔子主张君王应该施“仁政”“为国以礼”“为政以德”，要“举贤”“知人”，要“克己”“正身”，“民以君为心，君以民为本”。孔子提出的德法并治、修身养德、民为邦本等思想，从古到今都是领导思想库中的灿烂瑰宝。老子提出“无为而治”的最高领导境界，认为君王应该“修之于身”，治理国家不过是修道养德之余的副产品而已；领导国家要小心翼翼，掌握火候，既不能扰民，也不能朝令夕改，要保持政策的连续性，“是以有道之君贵静，不重变法。故曰治大国若烹小鲜”。孟子提出“民贵君轻”说，“民为贵，社稷次之，君为轻”，所以为君者要施仁政王道，“以德服人”；为臣者遇到倒行逆施的君王应该直谏，“君有过则谏，反复之而不听，则去”。《孙子兵法》提出“是故百战百胜，非善之善者也；不战而屈人之兵，善之善者也”，体现出高超的领导谋略思想。法家提出了以法为本的领导思想，认为“民于一君，事断于法”；执法要严，“罚莫如重，使民畏之”；“术”是“帝王之具”，君王要藏术于胸，保持自己的威严，为后世的治世升平提供了重要的思想启示。

治大国如烹小鲜。

——老子

视野拓展

分寸之拿捏

有一次子路去做郈这个地方的首长。当时鲁国的政权掌握在季家的手中，季家限百姓五个月以内，开通一条运河。古代人口少，经济不发达，季家这个要求，对老百姓来说，太过苛刻了。而子路的行政区内正管到这件事，为了要鼓励大家做工，公家的经费又不够，就自己掏腰包，把自己的薪水贴上，乃至从家里弄粮来，供给大家吃。孔子听到这个消息，马上派子贡去，把子路做好给工人吃的饭倒掉，把饭锅砸毁。

子路的脾气本来就急躁，碰到这种情形，火可真大了，跑回来跟老师吵架，对孔子说：你天天教我们做好人好事，教我们行仁义，现在我这样做，你又嫉妒了，又反对我了，还叫子贡来捣乱。

孔子就说：子路！你不要糊涂，中国的文化、古礼，当了国君的人，因为天下都是自己的，便忘记了自己而爱天下；当了诸侯，就爱自己国家以内的人民；当了大夫，就只管自己职务以内的事；普通一般人，爱自己的家人。超过了范围，虽然是行仁义，但是侵害了别人的权力，所以你做错了。

所以由子路自掏腰包的故事来说，实施仁义爱人，普遍地帮助别人，爱部下爱团体，也还要知道自己的本分，超出了本分就不行。因为子路这样一做，是本着仁慈立心行事，他会大得人心，但也必然会引起嫉妒，就非把子路害了不可。

而他的老师孔子有先见之明，所以，才会不客气地训了子路一顿。

——选编自《南怀瑾讲述领导的艺术》

之后的君王贤人在继承前人的基础上进一步丰富了领导思想。开创“贞观之治”的唐太宗李世民认为“君舟民水”“凡事皆须务本，国以人为本”“为政之道，惟在得人”，所以要广开言路，虚怀纳谏，用德贤才；执政者还要居安思危，“安而不忘危，存而不忘亡，治而不忘乱”，时刻保持忧患意识和清醒的头脑。北宋时期的政治家王安石主张革新和选贤任能，认为“国以任贤使能而兴”；君王要生财理财，重视发展经济，富国强民；要德刑并用，以法治国；还要居安思危，防微杜渐，因为“禁危则易，救末者难”。清朝的皇帝康熙强调“宽仁为本，尚德缓刑”，君王要“爱民”“足民”；领导者用人要做到“任贤选能，奖廉惩贪”，要“以德器为本，才艺为末”，对人才的使用要“各用其所长”“随才器使，不可求全”；同时，君王还要好学敏求、勤政务实。

> 自古失国之主，皆为居安忘危，处治忘乱，所以不能长久。
>
> ——《贞观政要·君道》

三、马克思主义领导理论及其中国化进程

马克思、恩格斯虽然没有专门论述领导理论，但其思想体系中蕴含着丰富的领导思想，为当时的工人阶级运动作出了重要的指导，对后来的世界无产阶级革命影响深远。其一，阐述了领导和权威的必要性和必然性。恩格斯在《论权威》一文中详细论证了这个观点。针对以巴枯宁为代表的反权威主义者对第一国际的猛烈攻击，恩格斯用犀利的笔触有力地反驳了巴枯宁及其追随者关于歪曲和否定领导权威、宣扬绝对自治和自由的错误观点。权威是什么？权威是一种意志服从的关系，是主客体互动的一个过程：一方面是权威主体的意志强加，另一方面是权威客体的服从。恩格斯以棉纺厂、铁路、大海航行等为例，证明了权威和领导是一种客观存在的社会现象，它不以人们的意志为转移，人们的任何联合行动、互相依赖的工作过程都需要遵守权威原则，否则会给人类社会带来灾难。由此，人们的社会生产和生活离不开权威，无产阶级革命运动更加需要权威，“革命无疑是天下最权威的东西”。其二，强调无产阶级政党担任革命的领导者并借助于政治国家建立权威。无产阶级革命是要彻底消灭私有制，所以无产阶级领导的本质任务是推翻压迫阶级、实现共产主义和全人类解放，实现人的自由全面发展。革命运动过程中，领导者只能是无产阶级中的先进者即无产阶级政党，在共产主义实现和国家、阶级消亡之前，无产阶级政党为了塑造权威，必须借助于政治国家的力量，国家是形成权威的必要形式和载体。无产阶级政党担负起组织、动员、领导人民群众进行社会革命的重要使命，要在推翻资产阶级国家后建立无产阶级专政国家，并以此建立和巩固权威。其三，提出确立和维护政党领袖权威的重要性。马克思始终认为人民是历史的主体，但从不否认领袖人物对政党建设和历史发展的重要作用。马克思曾生动地比喻：一个单独的提琴手是自己指挥自己，一个乐队就需要一个乐队指挥。大至一个国家、一个政党，小至一个单位、一个团队，都需要一个领头人，确保有共同目标，并一致行动；如果没有领袖及其权威，任何组织都会像一盘散沙，无法达成目标。

> 无产阶级在反对有产阶级联合力量的斗争中，只有把自身组织成为与有产阶级建立的一切旧政党不同的、相对立的政党，才能作为一个阶级来行动。
>
> ——马克思

列宁作为世界无产阶级运动实践的杰出领袖，对维护政党权威和加强党的领导方面有着深入的思考和成功的探索。列宁认为，没有组织就不可能有千百万人的行动，就不可能取得胜利。无产阶级政党要依靠党中央权威和严明纪律统一人民的意志和行动，从而取得并巩固革命的领导权。无产阶级政党的领导体现为“总的领导”，从领导的领域、范围、方式等来看，党的领导须是全面的领导。列宁特别重视要发挥党的领袖的重要作用。任何一个阶级，如果不推举出善于组织运动和领导运动的政治领袖，就不可能取得统治地位。所以，党要造就一批懂政治、有威望、经验丰富的无产阶级政党领袖，“政党通常是由最有威信、最有影响、最有经验、被选出担任最重要职务而称为领袖的人们所组成的比较稳定的集团来主持。”①领袖要具备政治忠诚、政治组织能力、联系群众的能力、实干的能力等素质，才能赢得威信、做成大事，成为出色的无产阶级“阶级的政治家”。

马克思主义传入中国后，以毛泽东为代表的中国共产党领导人将马克思主义基本原理同中国具体实际相结合，实现了马克思主义的中国化，马克思主义领导理论也开始了中国化的进程。毛泽东在领导中国革命和社会主义建设过程中形成了较为系统、完备的领导思想。关于领导权问题，毛泽东认为，必须坚持中国共产党的领导核心地位，“工、农、商、学、兵、政、党这七个方面，党是领导一切的。”他曾作过一个生动比喻：“一个桃子剖开来有几个核心吗？只有一个核心。”有了这样一个核心，革命和社会主义建设事业才能不断取得胜利。关于领导本质问题，毛泽东提出“领导”就是向人民负责、为人民服务。毛泽东在张思德的追悼会上说：“我们这个队伍完全是为着解放人民的，是彻底地为人民的利益工作的。”无产阶级政党的属性决定了中国共产党的宗旨是全心全意为人民服务。关于领导路线问题，毛泽东从“实践”和“认识”关系角度，确立了实践的真理标准和“实事求是”的思想路线，认为共产党员只有遵循马克思主义的实践的认识论，才能领导人民取得革命的胜利，他要求“共产党员应是实事求是的模范，又是具有远见卓识的模范。”关于领导方法问题，毛泽东专门写了一篇《关于领导方法的若干问题》的文章，提出“一般号召和个别指导相结合，领导和群众相结合”是基本的领导方法，提出领导者要掌握科学的决策方法和工作方法，要能够统筹全局，正确地决定每一时期的中心工作；要善于“牵牛鼻子”“弹钢琴”，抓住主要矛盾和矛盾的主要方面；要掌握“从群众中来、到群众中去”的工作方法，多做调查研究的工作，“不做调查没有发言权”；要善于“解剖麻雀”，以从个别中找出一般的普遍性的东西。毛泽东不仅继承和发展了马克思主义领导理论，而且身体力行、躬身实践，成为中国革命和社会主义建设事业的伟大领导者。

邓小平进一步推进了马克思主义领导理论的中国化、时代化。关于领导的本质，邓小平鲜明地提出“领导就是服务”的论断，认为领导干部是人民的公仆，要以人民利益作为最高准绳，全心全意为人民服务。

① 中共中央编译局. 列宁选集：第四卷. 北京：人民出版社，1995:151.

1985年5月，邓小平在全国教育工作会议上指出，“什么叫领导？领导就是服务”“领导者必须多干实事，那种只靠发指示、说空话过日子的坏作风，一定要转变过来”。关于领导的目的，邓小平认为，中国共产党领导人民进行改革开放的主要目的是解放和发展生产力，增强国家综合实力，提高人民物质文化生活水平。关于领导的路线，邓小平在与“左”倾思潮和教条主义错误的斗争中，坚持将实践作为检验真理的唯一标准，重新确立了“实事求是”的思想路线，强调“实事求是是马克思主义的精髓。要提倡这个，不要提倡本本”，并自称“实事求是派”。关于领导的制度，邓小平认为，领导制度是个带有根本性、全局性、稳定性和长期性的问题，它关系到党和国家的前途命运，必须引起高度重视。他要求领导干部不断进行制度创新，建设和完善适应中国特色社会主义建设的领导制度。关于领导的方法，邓小平强调领导干部要把握方针、突出重点，聚焦于战略性、全局性、指导性的问题，做到统筹兼顾；要树立全局意识，胸襟开阔，“要从大局看问题，放眼世界，放眼未来，也放眼当前，放眼一切方面”。江泽民应新时期党和国家面临的新形势、新任务、新要求，提出并科学回答了“中国共产党应当建设一个什么样的党、怎样建设这样的党”的时代命题，强调必须加强党的领导核心地位，提高党的领导水平，始终保持党的先进性，按照“三个代表”重要思想要求，在领导体制、工作机制、干部队伍、党员素质等方面始终保持和发展先进性。胡锦涛在继承党的三代领导集体领导思想基础上进一步创新，提出要加强党的执政能力建设，强化以人为本的执政理念，弘扬求真务实的政绩观，并对领导干部的素质和领导能力提出新的要求。

党的十八大以来，以习近平同志为核心的党中央高度重视领导干部队伍建设，系统完善了中国共产党领导理论，将马克思主义领导理论的中国化进程推向新的高度。关于领导核心论，习近平总书记进一步完善了“党领导一切”的理论形态和实践模式，强调要加强党的全面领导、坚决维护党中央权威和集中统一领导，提出“三个最”重大论断，即“中国特色社会主义最本质的特征是中国共产党领导，中国特色社会主义制度的最大优势是中国共产党领导，党是最高政治领导力量”，并形象地将党中央比喻为坐镇中军帐的“帅”，车马炮各展其长，一盘棋大局分明。关于领导本质论，习近平总书记重申党要全心全意为人民服务的宗旨，用以中国式现代化实现中华民族伟大复兴的生动实践诠释了“以人民为中心”“人民至上”理念，进一步强化了“领导就是服务”的思想和领导干部的公仆意识。关于领导路线论，习近平总书记遵循“实事求是”思想路线，强调“调查研究是谋事之基、成事之道”，要求在全党大兴调查研究之风，领导干部要坚持实事求是的态度，经常扑下身子、沉到一线，用好调查研究这个“传家宝”，要“真研究问题，研究真问题”，防止调研“走过场”。习近平总书记亲自带队赴全国各地深入调研，倾听人民心声、了解民间实情，为大兴调查研究之风作出了榜

> 我国社会主义政治制度优越性的一个突出特点是党总揽全局、协调各方的领导核心作用，形象地说是“众星捧月”，这个“月”就是中国共产党。
>
> ——习近平

样。关于领导体制论，习近平总书记强调要构建健全总揽全局、协调各方的党的领导制度体系，并亲自谋划、亲自部署、亲自推动，为党的领导制度体系改革作出科学安排。党的十九届四中全会就健全党的领导制度体系作出顶层设计和全面部署，明确健全党的领导制度体系的内涵和着力点。党的二十届三中全会强调，要“聚焦提高党的领导水平和长期执政能力，创新和改进领导方式和执政方式，深化党的建设制度改革，健全全面从严治党体系。”关于领导特质论，习近平总书记特别重视领导干部的素质培养和能力建设，强调要坚持“德才兼备、以德为先”原则，选拔忠诚、干净、担当的高素质专业化干部；要求领导干部增强斗争精神和斗争本领；要加强思想淬炼、政治历练、实践锻炼，克服本领恐慌，不断提升政治能力、调查研究能力、科学决策能力、改革攻坚能力、应急处突能力、群众工作能力、抓落实能力。

四、西方古代和近代的领导思想巡航

西方的领导思想萌芽于古希腊和古罗马时期，思想家们在探寻政治学、哲学、伦理学的过程中，提出了许多宝贵的领导思想。

古希腊伟大的唯物主义哲学家德谟克利特认为，领导者必须具备以下几条原则：一是对全民负责，不畏权贵们的淫威；二是经得起公众的批判和监督；三是明白是非，执法如山；四是面对众议，豪爽坦荡。苏格拉底认为，自制是一切德性的基础，是一个政治家的必备品格；治理国家只能依靠少数优秀人物，而这种优秀人物必须具备高贵的品质。柏拉图认为，治国是一门学问，是一种知识；正义是最能使国家为善的德性，只有哲学家才能够达到对国家的本质——“善”的认识和把握，因为哲学家具备人类最高的知识，具有节制、智慧与正义的品格，他们是唯一能够被人民委托国家绝对权力的人，所以只有他们才能成为统治者。亚里士多德认为公正德性是统治者的基本要求，处于富有和贫穷两个极端阶级之间的中等阶级最适合成为执政者，因为这个阶级是一个国家中最安稳的公民的阶级，他们拥有适度的财产，不贪图别人的东西；他们恪守“中道”，他们的生活状况使他们最容易遵循合理的原则，所以以中等阶级作为统治的基础的国家最为巩固。亚里士多德同时还认为，凡是想担任城邦中最高职务、执掌最高权力的人必须具备三个条件：“第一是效忠于现行政体；第二是要有足以胜任他职司的高度才能；第三是适合于该政体的善德和正义。”

近代以来，欧洲众多的启蒙主义思想家及后来的一些资产阶级思想家在论述“正义”“民主”“法治”“分权”等概念体系的过程中推动了领导思想的进一步发展，也为现代意义上的领导学作了理论奠基。

近代政治哲学的奠基人马基雅维利在其名著《君主论》中论述了一套现实主义的领导哲学。他认为君主必须有足够的明智远见，知道如何避免那些使自己亡国的恶行，并且如果可能的话保留那些不会使自己亡国的恶行；君主被人畏惧要比受人爱戴安全得多，因为人性是恶劣的，

> 君王必须是一头能认识陷阱的狐狸，同时又必须是一头能使豺狼惊骇的狮子。
>
> ——马基雅维利

但君主要避免自己为人们所憎恨；君主须同时既是狐狸又是狮子，是一头狐狸以便认识陷阱，是一头狮子以便使豺狼惊骇；尽管君主没有必要具备全部优良品质——特别是新的君主要保护国家而常常不得不背信弃义，不讲仁慈，悖乎人道，违反神道——但有必要显得具备这一切品质，要显得慈悲为怀、笃守信义、合乎人道、清廉正直、虔敬信神。在马基雅维利那里，权力是政治的唯一、最终的目的；为获取权力，君主可以采取谋杀、失信、欺诈等手段。这种赤裸裸的权力目的论为他获得了“罪恶的导师”“邪恶的教唆者”“政治恶魔”等种种恶名。但不管怎样，《君主论》大大丰富了人类对领导思想的探讨，是西方领导思想史不可忽略的重要组成部分。

法国的启蒙思想家孟德斯鸠系统论述了“三权分立”思想。他认为，真正的公民自由只有在政府的权力不被滥用的情况下才能得到保证，任何不受约束的权力都容易走向腐败，绝对权力就意味着绝对的腐败。所以，国家权力应该分为三种：立法权、行政权和司法权，分别由不同的机构来掌握，从而形成相互制约和相互制衡，只有这样才能保障公民的权利与自由不受侵犯。孟德斯鸠的分权思想为现代西方的领导体制提供了思想源泉。

意大利的莫斯卡和帕雷托提出了“精英统治”的领导思想。莫斯卡在 1896 年发表的《政治科学的要素》一书中提出：“第一个阶级的人数始终很少，他们履行着所有政治职能，垄断着权力，享受着权力所带来的利益。相反，第二个阶级的人数极多，他们受第一个阶级的领导和控制，这种领导和控制有时多少有些合法，有时则多少有些跋扈和残暴，至少从表面上看。”帕雷托在《思想与社会》一书中认为，精英不是一成不变的，精英的兴衰和精英与非精英之间的流动是经常的和必然的，保持正常的精英和非精英之间的流动，是社会稳定和平衡的基本因素。总之,“精英统治论”认为，历史是少数精英统治多数人的历史，少数精英在智力、财产和能力等方面都永远超过社会大多数被统治者，精英的言行、意志甚至偏好决定着政治发展的方向。

第二节　领导学基本理论：特质、行为及情境

尽管领导思想古已有之，但它们多是零散和不系统的，还没有专门对“领导现象”作出描述。直到 20 世纪，真正意义上的领导学才逐渐产生。大致来看，领导学经历了三个发展阶段：领导特质理论、领导行为理论和领导权变理论。

一、领导特质理论：领导者重要吗

对于一个从来没有接触过领导科学的人来说，如果问他“谁在领导活动中扮演最重要的角色”，他的答案极有可能是：领导者。如果你也持这种看法，说明你遵循了大众普遍的思维方式。没错！一提及领导学

或是领导活动，我们首先想到的就应该是领导者的重要作用。西方领导学的形成正是遵循了这种思路。

时刻记着，你赢得成功的决心比其他任何事情都重要。
——亚伯拉罕·林肯

在19世纪末期到20世纪初期，一些研究“伟人”如何通过个性特质进行领导的著作（比如上一节提及的“精英统治”论）陆续出版。这是领导特质论的雏形，它们试图找出那些使领导者区别于非领导者的特质，从而论证为什么只有少数精英（或伟人）才能领导普通民众取得某项事业的成功。到了20世纪四五十年代，随着心理学的发展，研究者们开始通过各种智力和心理测试来扩大对个人特质的研究。不久之后，较为完整的领导理论——领导特质论逐渐成形。

什么叫特质？简单地说，特质就是领导者的个性品质特征，包括智力、自信心、诚实、正直、决断力、外表等。领导特质论者试图要解决的问题是：哪些特质可以让人成为成功的领导者？或者说，成功的领导者应该具备哪些特质？多位研究者着力于此，比较有名的如斯托格蒂尔（Stogdill）、亨利·法约尔（Henri Fayol）、吉塞利（Fdwin E. Ghiselli）、本尼斯（W. G. Bennis）等人。下面我们看看斯托格蒂尔的特质理论及最新的一些研究成果。

1948年，斯托格蒂尔考察了100多项有关特质理论的研究，指出了与有效领导有关的几项特质，包括较高的智力水平、主动性、人际交流能力、自信、愿意承受责任以及诚实正直等。然而，斯托格蒂尔的研究还显示，某些特质的重要性是与情境相关的，比如主动性，在一种情况下对一名领导者的成功很重要，但在另一种情况下很可能与领导者的成功无关。因此，拥有某些特质并不能保证领导者取得成功。从1948年到1970年间，斯托格蒂尔又考察了163项特质研究成果，得出的结论与1948年的研究结果相吻合。同时他再次强调：某一特质或某一组特质是否重要仍然与当时的情景相关。

斯托格蒂尔得出的结论使许多研究者终止了对领导特质的研究，而将注意力转向领导行为和领导情境。但仍然有一些人坚持特质的重要性，如美国学者詹姆斯·库泽斯（James Kouzes）和巴里·波斯纳（Barry Posner）在对近千家政府行政部门和企业进行了三次详细调查之后，指出领导者排在前四位的特质分别是：诚实、有远见、懂得鼓舞人心、能力卓越。

领导特质论的另一个引人注目的成果是领导者情商理论。自1995年丹尼尔·戈尔曼（Daniel Goleman）的《情商》一书出版后，情商（EQ）因素就进入领导学的视野中。戈尔曼认为，生活中的成功更多是建立在一个人的自我激励水平、面对挫折坚忍不拔的能力、情绪管理、适应能力、共情能力和与他人相处的能力上，而不是建立在一个人的分析型智力或智商（IQ）值之上。这种观点得到了一些领导特质研究者的支持。他们认为，那些能够将其思想、情感与其行为保持一致的领导者，会比思想、情感与行为存在明显差异的领导者更加有效（图2-2）。

图 2–2　情商（EQ）被认为是领导者特质的重要组成部分

视野拓展

控制自己的情绪

某个政党有位刚刚崭露头角的候选人，被人引荐到一位资深的政界要人那里，希望这位政界要人能告诉他一些政治上取得成功的经验，以及如何获得选票。

但这位政界要人提出了一个条件，他说："你每次打断我的说话，就得付 5 美元。"

候选人说："好的，没问题。"

"那什么时候开始？"政客问道。

"现在，马上可以开始。"

"很好。第一条是，对你听到的对自己的诋毁或者污蔑，一定不要感到愤怒。随时都要注意这一点。""噢，我能做到。不管人们说我什么，我都不会生气。我对别人的话毫不在意。"

"很好。这是我经验的第一条。但是，坦白地说，我是不愿意你这样一个不道德的流氓当选的……"

"先生，你怎么能……"

"请付 5 美元。"

"哦！啊！这只是一个教训，对不对？"

"哦，是的，这是一个教训。但是，实际上也是我的看法……"资深政客轻蔑地说。

"你怎么能这么说……"新人似乎要发怒了。

"请付 5 美元。"

"哦！啊！"他气急败坏地说，"这又是一个教训。你的 10 美元赚得也太容易了。"

"没错，10 美元。你是否先付清钱，然后我们再继续谈？因为，谁都知道，你有不讲信用和喜欢赖账的'美名'……"

"你这个可恶的家伙！"

"请付5美元"

"啊！又一个教训。噢，我最好试着控制自己的脾气。"

"好，收回前面的话。当然，我的意思并不是这样，我认为你是一个值得尊敬的人物，因为考虑到你低贱的家庭出身，又有一个声名狼藉的父亲……"

"你才是个声名狼藉的恶棍！"

"请付5美元。"

这是这个年轻人学会自我克制的第一课，他为此付出了高昂的学费。

然后，那个政界要人说："现在，就不是5美元的问题了。你要记住，你每发一次火或者对自己所受到的侮辱而生气时，至少会因此而失去一张选票。对你来说，选票可比银行的钞票值钱得多。"

——选编自一品故事网

丹尼尔·厄尔曼在1995年推出《情感智商》一书，将情感智商这一研究新成果介绍给大众，一时间使"情商"（EQ）一词风行世界。

简单说来，"情商"（EQ）是自我管理情绪的能力。同"智商"（IQ）一样，"情商"（EQ）是一个抽象的概念，EQ情绪商数是一个度量情绪能力的指标。根据厄尔曼的概括，领导者的情商包括四个方面：

自我认知能力，即了解自身情绪、情感和内心驱动力及对他人产生影响的能力，包括情感的自我认知、准确的自我评估和自信；

自我调控能力，即控制或疏导负面情绪和破坏性冲动的能力，包括自我控制、适应能力、责任心、值得依赖、成就导向和开创精神等；

社会意识，即了解别人情感的能力，包括组织意识、服务导向和移情能力等，这里的移情能力是指理解他人立场和感受他人情感的能力；

关系管理，即影响别人情感的能力，包括想象力、影响力、沟通力、建立人际网络、激励他人、合作意识和团队精神等。

除常见的智商、情商外，还可包括：德商（MQ）、逆商（AQ）、心商（MQ）、胆商（DQ）、财商（FQ）、志商（WQ）、灵商（SQ）、健商（HQ）、职商（CQ）、体商（BQ）。

在管理学家迈克尔·B.波特的眼中，一位合格的领导者至少应该具备六方面的基本特质，简称"领导的6P特质"。

领导不是地位、特权、头衔或金钱，它是责任。

——彼得·德鲁克

1. 领导远见（purpose）

"远见"是一种能力和品质，人们常说视野决定未来，出色的领导者对未来总是有明确的发展方向，向追随者展示自己的梦想，鼓励他们按梦想前进。可以说，卓越的领导者是方向的制定者，是梦想的传递者，他们比普通人站得更高，看得更远，更富有远见卓识，更具有领导他人的才干。

2. 激情（passion）

激情是一个人态度、兴趣的表现。在激情的驱使下，领导者对自己所从事的任务和事业拥有特别的激情。有激情的领导者会更具凝聚力，有激情的领导者更易达成共识，有激情的领导者更有明确目标。绝佳的领导者不仅自身对未来充满信心，而且能以积极的态度唤起追随者的信心和热情，提升追随者的能力和素质。激情就像是完成目标和任务的一种催化剂。

3. 自我定位（place）

定位，通俗地理解，即是寻找一个适合的位置，思考自身能做什么、想做什么、怎样去做以及成为一个什么样的人。卓越的领导者特别清楚自己扮演的角色以及这个角色所应承担的责任。他们总是能掌握主动权，清楚地知道如何让自己进步，怎么样给自己加压，怎么样去学习新东西。

> 善于发现人才、团结人才、使用人才，是领导者成熟的主要标志之一。
>
> ——邓小平

4. 优先顺序（priority）

优先顺序的不同，选择与决断也自然不同。出色的领导者能够明确地判断处理事务的优先顺序，他懂得如何在有限的时间和资源范围之内有所取舍；同时，优异的领导者知道什么时候该坚持，什么时候该放弃。也许决定放弃会比决定要做什么更难，但领导者需要这种勇气和智慧。

5. 人才经营（people）

我国自古有云，得人才者得天下。领导者不仅具有远见卓识，更有善识人才的慧眼，领导者需要发现人才并善用人才，发挥他们的才干。用人所长，则天下处处是人才；用人所短，则天下无可用之人才。知人善用，任人唯贤是领导者的重要特质之一。

视野拓展

屈身求贤，知人之明

熟悉三国历史的人们都知道，刘备在军事上并不具有第一流的韬略，但在知人方面却在曹操、孙权之上。三顾茅庐、摔儿马前，都体现了刘备对求贤的执著。这使他身旁聚集起了一大批栋梁之才。文有诸葛亮、庞统、马谡、蒋琬之谋，武有关、张、赵、马、黄之勇，蜀汉可谓人才济济。这也是他能成就事业的一个重要因素。

刘备任诸葛亮为军师，黄忠为后将军，魏延为太守，早已传为千古佳话。他不仅能识用人才，还能虚心听取部属意见，以制定和修正自己的政策。刘备败奔荆州，诸葛亮提出三分天下的隆中对策，刘备把它定为建国方针和军事战略，一生抱守不移。

进入四川，刘备任用刘巴、法正共同负责立法和司法；任用李恢为庲降都督，持节到交州，为维持南方的安定立了大功。刘备不仅善用人才，而且选才精当，授任有方，使蜀汉一大批新人得以脱颖而出。

——选编自《“中国式”领导》

6. 领导权力（power）

所谓权力，即权位、势力，它是一种职责范围内的指挥或支配力量，是一个人影响另一个人的能力。领导和权力自古以来就是密切相关的，领导是对人的引导，这种引导即构成领导现象，没有权力现象同样就没有领导现象。权力不仅源于职位等级关系，领导者的个人魅力也与之密切相关。

虽然领导特质理论早就受到领导行为理论和权变理论的挑战，但学者们对领导特质的探讨从来就没有停止过。最新的研究成果显示，领导特质仍然是领导理论中最受关注的议题之一。领导归因理论、魅力领导理论和愿景领导理论等都强调领导者个性特质，认为过分注重领导者结构化行为是无法展现领导之本质特征的。如领导归因理论通常从心理角度将领导活动的成功归因于领导者的智慧、个性、表达能力、进取心、理解力和勤奋等特质；魅力领导理论则是领导归因理论的扩展，是指下属会将领导行为归因于伟人式的或杰出的领导能力；愿景领导理论是在信息化的社会环境中产生的，要求领导者依靠前瞻力和号召力激励和宣传愿景，从而导致变革。

伟人之所以伟大，是因为他们立志要成为伟人！

——戴高乐

人格特质研究一直是20世纪领导学研究中的重要组成部分，其重要性还将持续到21世纪。许多研究者仍然主张，某些特质对高效领导十分关键，但需要和其他因素一起起作用。美国领导者专家理查德·达夫特（Richard Daft）归纳了一些公认的重要领导特质（表2-1），它们是经过多年的特质研究得出的结果。不管领导理论怎样发展，对领导特质的关注都是必要的。

表2-1 领导的主要特质

个性特征	个性	社会特征	与工作相关的特征
精神饱满 富有活力	自信 诚实和正直 热情 有领导愿望 独立性	社会性、人际交往能力 合作精神 合作能力 机智、灵活的交际手段	追求卓越的愿望 完成目标的责任感 遇到困难时坚忍不拔
智力和能力			社会背景
聪明、认识力 知识 判断力、决策力			教育 流动性

视野拓展

查尔斯·戴高乐的威严

有些人可能自出生之日起，就拥有一种散发出权威气质的素质。这么说好像权威是一种液体，尽管我们无法准确地说出它是由哪些成分组成的。美国前总统理查德·尼克松在《领导者》一书中，对法国总统查尔斯·戴高乐的评价是：后者是他所见过的最伟大的领导者之一。基于尼克松的观察，书中描述了查尔斯·戴高乐的多个侧面：

他体现出高贵的尊严。戴高乐有一种坚定的气质，向外表达着与他人的距离和他的高傲。他与其他国家首脑在一起时很自在，但他从不与任何其他人，哪怕是他的密友作不拘礼节的交谈。他的高身量和高傲的举止不断传达着一个信息：他不是个普通人。

他精于公开演讲的艺术。他有深沉、平缓的嗓音和平静、自信的举止。他对法语的运用是完美的、富于雄辩色彩的。按尼克松的说法："他的表达如此清晰准确，他表达出的信息在他的词汇之外发出回响。"

他扮演着自己的角色。戴高乐深谙戏剧效果在政治中的作用，他与新闻界的会面（一次有1 000人之多），就好像皇室与群众的会面一般。他总是将新闻记者们安排在宏大、装饰华丽的大厅里，而他精心打造的公开演说词，则使不同群体产生不同的理解。从某种意义上说，这大概可以被看成是虚伪，但这种观点过于狭隘了。尼克松反思了戴高乐领导的这一面："戴高乐将军注重外在，但这一外部表象不是虚假的。在这一表象之后，是一个有闪光智慧的、极为律己的人。其表象如同大天主教堂的装饰，而非好莱坞道具，在浅薄的假象之下一无长物。"

——选编自《领导学——在实践中提升领导力》

二、领导行为理论：行为比特质更重要吗

斯托格蒂尔的研究结论显示，领导者的某些特质是否起作用还要取决于当时的情境。这个结论促使相当一部分研究者开始关注个人特质之外的其他因素，特别是领导行为和领导风格。这是领导学发展的第二个阶段。

> 我们的目标，是想造成一个又有集中又有民主，又有纪律又有自由，又有统一意志又有个人心情舒畅、生动活泼，那样一种政治局面。
>
> ——毛泽东

领导行为理论打破了领导特质理论对领导者个人特质的迷信，认为成功有效的领导活动主要不是由领导者先天的能力和特质所决定，而是由后天的领导行为和领导风格所决定。也就是说，成功的领导者是可以通过行为方式的表现而培养的，人们可以设计一些培训项目而把有效的领导者所具备的行为模式植入个体。领导行为理论比领导特质理论显得更加光明，因为它意味着领导队伍可以通过人为的方式而不断扩大(而领导特质理论认为领导者仅限于具有一定特质的人)。

最早的领导行为理论将领导风格分为独裁式领导风格和民主式领导风格。独裁式领导是指领导者将权力集于一身，通过职位、对酬劳的控制和高压统治来获取权力；而民主式领导是指领导者通过给下属分权、依靠下属的知识和能力来完成任务，并通过赢得下属的尊重来获得影响力的一种领导方式。领导者可能是独裁式（以领导为中心），也可能是民主式（以下属为中心），还有可能是两种风格的混合。图 2–3 分析了领导行为的连续集合。

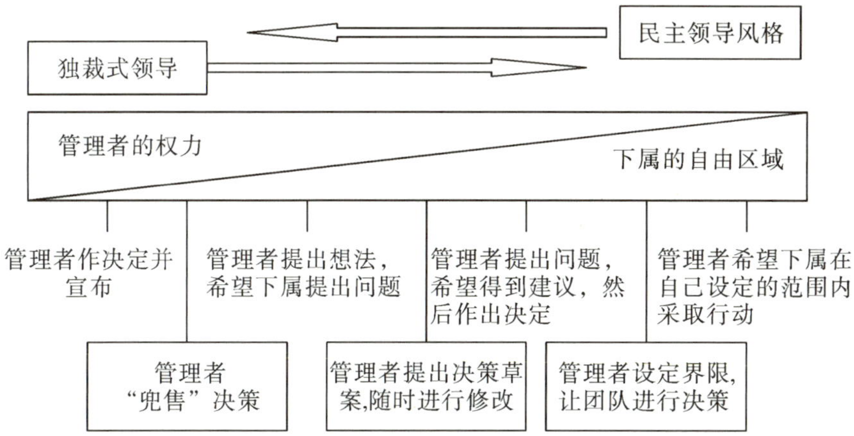

图 2–3　领导行为的连续集合

（资料来源：理查德·达夫特. 领导学：原理与实践[M]. 杨斌，译. 北京：电子工业出版社，2008.）

美国俄亥俄州立大学的研究集体开发出了一系列问卷表来度量工作环境下的不同领导行为。他们收集了超过 1 800 项描述不同类型的领导行为的问卷，然后浓缩到一份包含 150 项领导行为特征的问卷中。最后的分析结果显示，有两类领导行为分布最广，可以用两个独立维度来描述，分别是关怀维度（consideration）和结构维度（initiating structure）。前者是指领导者对下属的友善和关心程度，后者是指领导者对达成工作目标和完成任务的强调程度。高关怀的领导者会通过不同方式表示对下属的支持和关心，愿意倾听问题和下属的意见，对下属表示赞赏。高结构的领导者会从事多种不同的任务相关行为，敦促下属努力工作、完成任务，以及采取铁腕管制等。据研究者的相关结论，尽管许多领导者同时处于关怀维度和结构维度之间，但这两类行为分类却是彼此独立的。换句话说，一名领导者可以同时有很高程度的这两种行为，也可以表现出较低程度的这两种行为。此外，领导者还可能表现出较高程度的关怀维度行为和较低程度的结构维度行为，或是较低程度的关怀维度行为和较高程度的结构维度行为（图 2–4）。这两种维度的行为孰优孰劣？在下属满意度方面，关怀维度的领导行为的得分明显要高。但如果用业绩标准如团队产出和生产率来衡量的话，结构维度的领导行为则更为有效。

最好是把领导理解为一种行为，而不是一个角色。我们永远需要领导者。但是，究竟哪类领导者能满足我们的需要，要看当时的具体情况。

——玛格丽特·惠特利

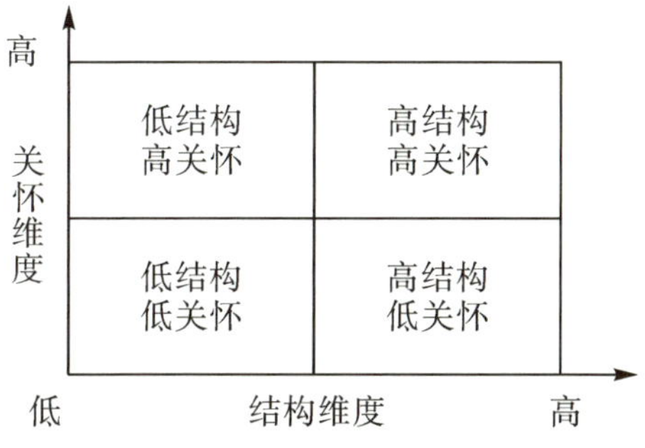

图 2–4　领导行为四分图

什么是领导？领导就是服务。

——邓小平

美国密歇根大学的研究者采取了另一种方法对领导行为进行了研究，最后形成了两种不同的领导行为类型，分别是雇员导向型（employee-centered）和工作导向型（job-centered）。以雇员为导向的领导者关注追随者的人性化需要，这种领导行为的两个基本方面是领导者的支持和相互促进。以工作为导向的领导者以高效率、低成本和进度来安排各项工作，这种领导行为的两个要素是强调目标和促进工作。雇员导向型领导行为与关怀维度的领导相似，而工作导向型领导行为则与结构维度的领导行为相似。然而，密歇根大学的研究者认为，两种不同导向的领导行为是彼此对立的风格，领导者可能属于这两种风格中的一种，但不可能同时具有这两种风格。这个结论与俄亥俄大学的研究结论是不一致的。

在前人研究的基础上，美国得克萨斯大学的布莱克（Blake）和莫顿（Mouton）还提出了领导方格理论。它从两个维度来说明领导者的行为：关心人（concern for people）和关心生产（concern for production）。研究者根据这两个标准分别划分了 9 个分值，并根据不同分值得出 7 种不同的领导风格，其中最有效的领导者是既高度关心人、又高度关心生产的领导者（领导者在两个维度中的得分都是 9）。布莱克和莫顿的研究比早先的研究更进了一步，因为它不仅关注关键的领导行为，确定这些行为是否与领导成功存在正相关关系，而且还意图开发与领导成功相关的行为。

总之，领导行为理论超越了传统的领导特质理论，认为领导者的行为才是决定领导活动成功和团队取得绩效的关键，因为那些天资聪颖的人不一定会成为领导者。很明显，领导行为理论认为行为比特质更加重要。这个结论扩大了领导学的研究视阈，也更能合理地解释为什么有些不具备某些特质（这些特质恰恰是特质理论所强调的）的人能够成为成功的领导者。尽管有其自身的缺陷（如没有对影响成功与失败的情境因素给予足够重视，领导权变理论则弥补了这一缺陷），但领导行为理论仍然被多数研究者所重视，它对领导行为的分类（雇员导向型领导和工作导向型领导）已经成为人们评价现实领导者的重要参考标准。

进阶探索

穿越栅栏

让两个人拉起一根长约 6 米的绳子，绳子离地面约 60 厘米。现在假设这根绳子是一个通电的栅栏，你与班里的同学分成小组，要同时跨过这根绳子且不能碰到它。你不能以任何方式压低或调高绳子，不能让自己的皮肤或衣服触碰到绳子，也不能在绳子上搭任何东西来防止自己遭到电击。同时，每个小组还必须遵循两条规则：其一，在开始穿越栅栏之前，小组中的每个人必须组成与绳子平行的一条直线，并与位于自己左右两边的人手拉着手，小组中各成员之间的这一联结不能中断。其二，如果小组中的任何成员触碰了栅栏，就算违规，旁边站着的人就会要求你们整个小组重新来过，直到整个小组成员同时在没有触碰栅栏的情况下跨过去。

每个小组有25分钟的时间来计划完成该游戏。这个游戏看起来很简单，但要成功实现目标恐怕并不容易。

在游戏结束后，小组进行讨论，分析本组成员的人格特质、创造性、组织协调能力、情商等因素在活动中发挥的作用。

视野拓展

王强的困惑

王强是某高校大二的学生，同时是其所在班级的班长。他工作责任心强，办事一丝不苟，很无私地为班级做了好多事情。他的工作得到了班主任老师的高度赞赏，班主任对他的评价是“你办事我放心”。

但最近发生的一件事情让班上的同学对王强产生了很大的意见。因为是春暖花开的日子，班级最近搞了一次野炊活动。作为负责任的班长，王强自然又是忙里忙外，从安全事宜的强调到野炊地点的确定再到食品的采购，事无巨细，王强都亲自过问。野炊进行得很顺利，但在回来的车上点人数时，王强却发现少了两位女生，并且打手机也联系不上。王强这下急了，开始在车上骂了起来。但这时再下去寻找已是不可能，所以决定先回学校。等到很晚的时候，那两位“失踪”的同学才回到校园。王强见到她们以后，不问青红皂白，当着众人的面就劈头盖脸地指责起来：“你们干什么去了？你们有没有一点责任心？有没有集体意识？万一你们出事了，我怎么向班主任交代？”

其中一位女生反驳道：“我们只是觉得好玩就去山头那边采了些野花，我们又不是你的什么人，你凭什么这么凶？”

“好玩？你们好玩了，而我却急死了。你们这么孤僻，难怪现在还找不到男朋友！”王强怒吼道。

听到这话，两位女生立即哭了起来。这时其他同学也在议论纷纷：

“为这点小事就这样骂人家，太过分了！”

“他平时仗着班主任信任，骄横惯了，从来不顾及我们的感受。”

同学们七嘴八舌地议论开了，于是就有同学将这些情况向班主任作了反映。班主任说：“既然同学们的意见这么大，我们就采取民主的方式，重新投票来选班长。”投票的结果是另一位行事低调却人缘极好的同学当选为班长。王强落选了。

王强心里很不平衡，产生了很大的疑惑：我这两年来兢兢业业，为班级做了好多事情，也得到了老师们的赞赏，为什么却得不到同学们的认可？他们为什么不再选我了呢？

同学们，你们能根据领导行为理论为王强解答这个疑惑吗？

三、领导权变理论：必须要考虑情境

我们先来看一个关于情境的例子：

2007 年 4 月 16 日是弗吉尼亚理工大学黑暗的一天，对整个美国来说也是如此。在这一天，赵承辉在狂怒之中开了枪，留下了 32 位学生和教师的尸体，还有多人受伤。考虑到赵承辉在诺里斯教学楼制造的恐怖情景，毫无疑问，他是个恶徒，或者说是精神错乱的狂徒。但就在这一可怕的情境中，诺里斯教学楼涌现了一些英雄人物，其中一位名叫扎克·匹克威茨。

当赵承辉开始他的大屠杀时，扎克和同学正在附近的教室中。最初的连续枪声透过墙壁传到了他们的耳中，而且，他们听得出，枪声越来越近了。一开始，每个人都感到恐惧，试图躲藏在任何一个可以找到的藏身处里。但对扎克来说，“没有什么能阻止他进到这里来，我们不过是自欺欺人”。也正是在这时，扎克和其他人行动起来了。

扎克抓起一张桌子，用它顶住了门。看到他的意图，其他同学也加入进来，用桌子死死顶住门框和周边的砖墙。这一切真是太及时了。赵承辉接下来就打算进到这间教室。他想打开门把手，接着试图强行破门而入，但在打空了一个弹夹之后，他放弃了，转向了下一间教室。

在枪击案发生后的数天，扎克接受了 NBC 马特·劳尔的“今日秀”的采访。劳尔问扎克，在枪击发生之前，他是否预见到自己会如何作出反应。这位第一反应是害怕的年轻英雄表示，对任何人来说，这都是不可能的。“你不可能说出自己会做什么，直到你被置于那一情境之中。”

扎克说对了两件事。第一，如他所说，人类行为是很难预测的，特别是领导行为，除非你考虑到了情境；第二，我们开始了解到，情境是领导方程中最有力的变量。①

> 长期以来，我们一直相信当机构的变革速度慢于外部变革速度时，大结局已经清晰可见了。唯一的问题是它将在何时发生。
>
> ——杰克·韦尔奇

什么是情境？简单地说，情境就是领导活动所处的外在环境。情境能在多大程度上影响领导活动的成效呢？鲍勃·奈特是美国印第安纳大学男子棒球队的教练，他那一贯严厉和任务取向型的领导方式令队员、官员、新闻媒体以及学校主管都望而生畏。但是，他的风格对于这支他自己招募的球队十分有效，他是校际棒球队中战绩最佳的人物之一。但试想一下：鲍勃的领导风格适用于大学生的课外实践活动吗？不用多想，你的答案肯定就是：不！因为，如果有一位老师或是学生干部采用这种居高临下的、严厉的领导方式，恐怕学生们早就怨声载道了。

为什么适用于一支棒球队的领导风格不一定适于其他的领导环境呢？权变理论试图回答的就是这个问题。所谓权变，就是指行为主体根据环境因素的变化而调整自己的行为和领导方式，以期达到理想效果。权变（contingency）一词意味着一事物依赖于其他某些事物。因此，领导者要进行有效的领导，必须在领导行为、风格和环境条件之间找到平

① 理查德·哈格斯，等. 领导学：在实践中提升领导力[M]. 北京：机械工业出版社，2009：353.

衡。适用于某一环境的领导风格也许并不适合于另一种环境。领导没有一种最佳方法，关键是要使自己的领导特点和领导风格与领导情境相“匹配”。

（一）费德勒的权变理论

最早进行领导风格与组织环境之间关系研究的是弗雷德·费德勒(Fred Fiedler)。费德勒理论的基石是领导者应在何种范围内采取以关系为导向还是以任务为导向的领导风格。以关系为导向的领导者关注的是员工，领导者愿意倾听员工的需要，建立彼此的信任和尊重；以任务为导向的领导者则主要以完成任务为己任，设定业绩目标并严格执行相关制度。费德勒认为，任何领导风格均可能有效，关键是要与环境相适应。所以，领导者需要明确两件事情：首先，他必须了解自己属于关系导向型还是任务导向型风格；其次，领导者必须要会分析环境。

为了确定领导者风格，费德勒设计了一套名为“最难共事者”的调查问卷（least preferred co-worker，LPC)。如果一位领导者对其最不喜欢的同事仍能给予高的评价，即高 LPC，则表明他是一位关心人或宽容的领导者，他的领导行为必然表现出“以人为中心”的倾向；反之，低 LPC 的领导者则被认为是“以任务为中心”的领导者。

进阶探索

最难共事者问卷

你一定想知道你的班长到底是什么风格的领导者吧？根据下面的 LPC 问卷来给班长打打分吧。

请仔细回想你的班长的行事为人风格，数字 8 代表他最接近左边的特质，1 代表他最接近右边的特质，将符合实际的数字填在得分栏中，并计算总分。

LPC 问卷

										得分
快乐的	8	7	6	5	4	3	2	1	痛苦的	______
友善的	8	7	6	5	4	3	2	1	敌意的	______
排斥的	1	2	3	4	5	6	7	8	接受的	______
紧张的	1	2	3	4	5	6	7	8	轻松的	______
疏远的	1	2	3	4	5	6	7	8	亲近的	______
冷漠的	1	2	3	4	5	6	7	8	热情的	______
支持的	8	7	6	5	4	3	2	1	反对的	______
厌恶的	1	2	3	4	5	6	7	8	喜欢的	______
争吵的	1	2	3	4	5	6	7	8	和谐的	______
阴沉的	1	2	3	4	5	6	7	8	鼓舞的	______
开放的	8	7	6	5	4	3	2	1	防备的	______

爱诋毁的	1	2	3	4	5	6	7	8	忠诚的	______
不值得信任的	1	2	3	4	5	6	7	8	值得信任的	______
体贴的	8	7	6	5	4	3	2	1	不体贴的	______
卑鄙的	1	2	3	4	5	6	7	8	正派的	______
令人不愉快的	1	2	3	4	5	6	7	8	令人愉快的	______
不直率的	1	2	3	4	5	6	7	8	直率的	______
仁慈的	8	7	6	5	4	3	2	1	苛刻的	______
									总得分：	______

说明：如果总得分低于57分，意味着他处于不利状态，他喜欢任务取向型的劳动风格。任务取向型的领导者认为不是好同事就不可能是好朋友，完成工作比建立好的人际关系重要得多。如果得分在58~63分之间，意味着他处于中等状态，他喜欢不受约束的领导风格，具有一定的独立性。如果他的得分在64分之上，意味着他处于有利状态，他喜欢关系取向型的领导风格。当然这种领导风格不一定能取得高的领导绩效，因为LPC高分领导者认为人际关系比工作更重要。

在确定了领导风格之后，领导者还必须分析情境。费德勒从三个方面描述了领导环境，主要是：领导者—成员关系、任务结构和职位权力。领导者与成员的关系是指团队内的气氛以及成员对领导者的态度和接受程度，如果下属信任、尊敬领导者，那么领导—成员关系就是好的。任务结构是指任务完成的程度，包括如何确定任务、是否包括特定程序，以及是否有清晰、直接的目标。常规性的、定义明确的任务是高结构任务，这种环境对领导者是有利的；而有创造性的、定义不那么明确的任务则属于低结构任务，对领导者不利。职位权力是指领导者对下级拥有的正式权力。如果领导者有权力对下属的工作进行计划、指导、评估、奖励或处罚，那么领导者拥有的职位权力就很高，这种环境对领导者就是有利的；反之则是不利的。

> 卓越领导人往往以榜样的力量来领导员工。他们制定标准，身先士卒，总是发挥领头羊的带头作用。
>
> ——博恩·崔西

费德勒将不同的情境类型与上述三项权变因素进行匹配，结果发现：在领导职位权力不足、任务结构不明确、领导者与下属的关系恶劣的情境下，任务导向性的领导者将是最有效的；在职位权力很高、任务结构明确、领导者与其成员关系良好的情境下，任务导向型的领导者也是最有效的；在情境因素中等有利时，关系导向型的领导是最有效的。

费德勒的权变理论指出了在领导效率不高的情况下，存在两条提高领导有效性的途径：一是替换领导者以适应情境；二是改变情境以适应领导者，如重新建构任务结构和领导职位权力，使情境符合领导者的风格。

（二）赫塞和布兰查德的领导情境理论

保罗·赫塞（Paul Hersey）和肯·布兰查德（Ken Blanchard）提出了领导情境理论，它与费德勒权变理论的不同在于它把重点放在被领导者身上，重视下属的作用，其理论核心是根据下属的主动性程度来选择适合的领导方法，下属的主动性是由其受教育程度、技能、经验、自信心和工作态度决定的。图 2–5 总结了领导风格和下属主动性之间的关系。下属的主动性可能较低、中等、较高或非常高。

追随者特征		适合的领导风格
主动性较低	→	命令型领导（高任务—低关系）
主动性中等	→	劝说型领导（高任务—高关系）
主动性较高	→	参与型领导（低任务—高关系）
主动性很高	→	授权型领导（低任务—低关系）

图 2–5　赫塞和布兰查德的领导情境理论

赫塞和布兰查德的权变理论只关注追随者的特征，而不是更大范围内的环境情况。领导者需要调整自己的领导风格以满足下属的成熟度或发展水平，以使自己的领导类型与下属及他们所处的特定情境灵活地适应。

视野拓展

毛泽东的领导权变艺术

毛泽东实事求是的思想路线体现在领导工作中就形成了他出神入化的领导权变艺术。权变不是权术，而是一切从实际出发，具体问题具体分析，把实事求是的原则性和实际情况的变动性有机结合起来。毛泽东的战略决策之所以能无往而不胜，关键是一切从实际出发，不仅因时而变，因势而变；而且因事而变，因人而变。毛泽东历来反对不顾实际情况的“硬打”，而是打得赢就打、打不赢就走，既会“打仗”又会“打圈”；既要大踏步前进，也要大踏步后退，调动敌人，迂回穿插，机动作战，在运动中消灭敌人。领导权变艺术不仅体现在应变方面，而且还要主动求变。在被动中寻求主动，防御中寻求进攻，不利中寻求有利，困难时寻求光明。

1931 年，日本发动“九一八”事变后，步步紧逼，企图变中国为其殖民地。面对日本帝国主义的侵略，国民党蒋介石处处妥协，屈辱求和；相反，却对主张抗日的中国共产党却步步紧逼、百般刁难。因此，1935 年 12 月 25 日中国共产党在瓦窑堡会议上做出了反蒋抗日、建立抗日民族统一战线的决议。会后，为扩大抗日根据地，实现对日作战，红军在 1936 年 2 月 17 日发布了《东征宣言》，东渡黄河，准备与日军直接作战。同时，中国共产党也加强了对全国“反蒋抗日”运动的领导。“反蒋”即在军事上打退国民党的武装进攻，在政治上揭露蒋介石卖国内战政策的反动实质，分化国民党营垒，争取国民党内的左派、中间派和地方实力派转向抗日。可见，“反蒋抗日”政策是中国共产党团结了除国民党以外的各个阶级、阶层，对推动抗日发展起到了一定的积极作用。

时移势变。1936 年 5 月 5 日，中国共产党发表《停战议和一致抗日通电》。通电指出：我们愿意在一个月内与一切进攻抗日红军的武装队伍，实行停战议和，以达到停战抗日的目的。通电表明中国共产党的政策已由“反蒋抗日”转变为“逼蒋抗日”。

西安事变和平解决后，国民党开始向停止内战、联合共产党共同反对日本帝国主义这个方向转变。这只是蒋介石接受联共抗日的开始，要使他彻底从“剿共”内战转变到和中国共产党联合抗日，还需要排除各种障碍与阻力。在这种形势下，为了尽快促成国共合作，一致抗日，我党采取了“联蒋抗日”的新政策。

从1935年12月25日瓦窑堡会议的召开到1937年9月23日蒋介石庐山谈话的发表，我党对国民党蒋介石的政策先后经历了反蒋抗日、逼蒋抗日、联蒋抗日的主动权变。“世异则事异，事异则备变”，中国共产党对蒋政策的这一系列变化是由当时中国社会主要矛盾的变化以及蒋介石对待革命的立场和态度的变化所决定的。在每一个政策的调整过程中，我党都始终以民族利益为重，从抗日大局出发，具体问题具体分析，坚持把原则的坚定性与策略的灵活性巧妙结合，最终迫使蒋介石走上了联合抗日的道路。

——选编自刘峰的文章《毛泽东的政治智慧与领导艺术》

（三）豪斯的路径—目标理论

罗伯特·豪斯（Robert House）等人的路径—目标理论可能是所有权变理论中最成熟的理论。它的基本机制与期望理论有关，后者是一种理解激励过程的认知方法，即人们计算努力—绩效的概率（如果我学习12个小时，我有多大可能会在期末考试中得到A）、绩效—成果的概率（如果我在期末考试中得一个A，我会有多大可能在这门课程中得到一个A），以及各种成果的价位或价值观评判（我很想得到更高的平均绩点吗？）。路径—目标理论认为，有效的领导者将向追随者提供或确保他们有机会得到有价值的奖励（目标），随后帮助他们发现达到目标的最佳方式（路径）。在这一过程中，有效的领导者会帮助追随者找出障碍物，避免他们走进死胡同；也会在追随者需要时提供情感支持。这些“任务”和“关系”型领导行为，本质上都涉及提高追随者对努力—绩效、绩效—奖励期望上的概率估计。也就是说，领导者的行为应当强化追随者的信念，即如果后者投入一定努力，将更有可能完成某一任务；并且，如果完成了这一任务，他们就更有可能获得某种个人看重的成果。

总的来说，路径—目标理论认为：领导者可以提高追随者的努力—绩效期望、绩效—报酬期望或成果的价位判断；这些更高水平的期望和价位会提高下属投入的努力和获得报酬，进而会提高下属的满意度、绩效和对领导者的接受度。这种理论假定提高绩效的唯一方法是提高追随者的满意度水平，从而忽视了领导者在甄选有才华的追随者、使用培训来培养技能以及工作再设计中发挥的作用。

以上三种具有代表性的权变理论最为核心的观点就是环境变量能影响领导结果。这个观点明显比只关心领导者个人特点的特质理论和只关心领导者行为的行为理论更进了一步。因为权变理论引入的情境因素确实是领导活动中不可忽视的变量，它着重探讨领导风格、下属特质和环境因素如何相互作用。这种分析方式比特质理论和行为理论更加全面、更加灵活、也更有说服力。它就如何提高领导活动绩效的问题提出了更具操作性的一些建议。

权变理论影响深远，但领导理论仍在发展。最新的领导理论包括领导放大器和领导替代品理论等。领导放大器是指可以通过加强领导者地位和报酬权力或增加决策的员工参与等方式来放大领导者风格。领导的替代品是指通过利用其他资源代替领导，从而使领导角色成为多余因素，如查理·曼茨等人提出的自我领导（要求员工自我激励和自我导向）就是典型的领导替代品。这些理论均带有一定的权变色彩，但其影响相对有限，这里不再赘述。

视野拓展

杰出的外交家——周恩来

周恩来长于外交和谈判，是公认的杰出的外交家和谈判大师。美国前国家安全事务助理基辛格认为，周恩来是一位镇定自若、才能过人的谈判家。而美国总统尼克松更是深有体会地说：周恩来是政治斗士，也是高明的调停者。毛泽东让周恩来长期主持统战和外交工作。在中华人民共和国成立前，周恩来就是中共中央外事方面的领导人，西安事变、皖南事变、重庆谈判、北平军调、南京记者招待会，处处都留下了周恩来舌战群儒、折冲千里的形象，也留下了共产党外交斗争的辉煌战绩。中华人民共和国成立后，周恩来又是共和国总理兼第一任外交部长，直接领导外交工作长达 26 年之久，是中华人民共和国外交的奠基者。他活跃于国际政治舞台上，纵横捭阖，大展风采，为中华人民共和国的外交赢得了巨大的成功，为中华民族赢得了地位和尊严。

——选编自中国共产党新闻网

进阶探索

我会是有魅力的领导吗？

下面的这个小练习可以帮助你了解自己是否具有魅力领导的特征：

1. 在思考 ________ 时，我觉得最轻松。
   a. 共性　　b. 个性
2. 我最担心的是 ________。
   a. 当前的竞争　　b. 未来的竞争
3. 我倾向于关注 ________。
   a. 我失掉的机会　　b. 我抓住的机会

4. 我偏好 ________。

 a. 发扬曾在过去带来成功的条件和程序

 b. 建议采用新的独特方法去处理事情

5. 我倾向于问 ________。

 a. 怎样才能做得更好　　b. 我们为什么要干这个

6. 我相信 ________。

 a. 总有办法把风险降到最低　　b. 有些风险的成本太高了

7. 我倾向于运用 ________ 说服大家。

 a. 情感　　b. 逻辑

8. 我偏好 ________。

 a. 尊重传统价值观和思维方式　　b. 鼓励非传统的信念和价值观

9. 我更倾向于通过 ________ 进行沟通。

 a. 书面报告　　b. 一页纸的报表

10. 我认为这个调查 ________。

 a. 很荒谬　　b. 太棒了

计分和解释

以下答案与魅力领导有关：

1. a；2. b；3. a；4. b；5. b；6. a；7. a；8. b；9. b；10. b。

如果你有7个或更多答案与上面相符，你就有很高的魅力指数，很有潜能成为魅力领导者。如果你的答案只有4个或更少与上面相符，你的魅力指数就很低。

进阶探索

与那些成功的领导者相比，我总觉得自己的特质和能力与他们有很大的差距。我到底有没有可能成为一位成功的领导者？我必须要具备与他们一样的特质才能成功吗？我并不这样认为！领导者的成功不仅与个人特质相关，还与领导行为和领导环境直接相关。我可以通过努力让自己也成为一名领导者，赢得更多的追随者。为此，我计划从以下几个方面来提升我的领导力：

1. 我要经常关注并总结身边的成功领导者所具备的一些共同特质，然后有意识地培养自己的这样特质。

提升心得：____

____

____

____

2. 我会认真观察身边领导者的领导行为以及他们的领导效果，将比较成功的领导行为记录下来。

提升心得：____

____

____

____

3. 我认识到不同的领导风格要适应不同的领导环境。所以，我在组织班级或社团的活动时，会根据具体的环境来确定我的领导行为和风格。

提升心得：____

____

____

____

第三节　领导与管理

本章的前两节分别介绍了领导活动的产生、领导思想的发展及现代主要领导理论。对于“什么是领导”这个问题，相信大家应该有了基本的认识。领导是一个涉及领导者、追随者和情景的复杂现象，一些研究者关注领导者人格或生理特征（特质理论），另外一些研究者关注领导行为和领导风格的差异（行为理论），而还有一些人更关注领导者与追随者之间的关系以及情景的各个方面如何影响领导者的行为方式（权变理论）。但如果要真正了解领导学的本质，我们还需要关注一个问题：领导与管理的关系。

再没有比首先引入一套新秩序更难处理、更难操作或者更缺乏制胜把握的事了。

——马基雅维利

一、领导就是管理吗？

“领导就是管理吗？”如果有人问你这个问题，你的回答是什么？“当然不是。”你回答道。那接着问：“既然领导不是管理，它们之间就毫无关系了？”你肯定会补充道：“当然有关系。”那是什么关系？

在实践活动中，领导与管理并不是泾渭分明的，两者的界限很模糊。比如一个公司领导者的主要职责就是负责公司的整体运营，所以此时的领导者也是管理者。著名的管理学大师彼得·德鲁克（Peter Drucker）是将管理与领导混用的。加拿大学者克里斯托弗·霍金森（Christopher Hodgkinson）在其所著的《领导哲学》一书中也认为，“管理就是领导”，“领导就是管理”。但当我们提到印度的圣雄甘地，或是美国的黑人民权运动领袖马丁·路德·金的时候，“领导就是管理”的提法就可能站不住脚了，因为这些领导者的力量主要源自其精神感召力和影响力，他们并没有直接参与一般意义上的“管理”。美国的领导学专家理查德·哈格斯说：

马丁·路德·金博士在美国激起并指引着民权运动的方向。他给人们以尊严和更自由地参与国家管理的希望，而这些人此前很少有理由期望这一点。他用自己的远见卓识和雄辩口才鼓舞着整个世界，并改变了我们共同的生活方式。由于他的存在，今天的美国成为了一个不同的国家。马丁·路德·金是个领导者吗？毫无疑问。那么，他是个管理者吗？这种说法在某种程度上并不确切（图 2–5）。而且，如果不是因为他的支持团队具有管理天才，民权运动可能会失败。

图 2–5　马丁·路德·金是无可争议的领导者，但不是管理者

20 世纪 90 年代以后的世界将不属于“管理者”，或者那些玩弄数字的人；世界将属于充满激情、驱动力极强的领导者，他们不仅有无穷无尽的精力，也能激发他们领导的人群。

——杰克·韦尔奇

哈格斯的话至少给了我们两点启示：一是领导者并不必然是管理者，二是领导者离不开管理者。很明显，领导与管理是有区别的，但我们也不能简单地得出“领导≠管理”的结论。领导与管理有时可以相互通用，有时又泾渭分明，有时又呈相辅相成的关系。作为各个行业的未来领袖，当代大学生有必要弄清领导与管理之间到底是一种什么样的关系。

视野拓展

我有一个梦想

当我们让自由之声轰响，当我们让自由之声响彻每一个大村小庄，每一个州府城镇，我们就能加速这一天的到来。那时，上帝的所有孩子，黑人和白人，犹太教徒和非犹太教徒，耶稣教徒和天主教徒，将能携手同唱那首古老的黑人灵歌：“终于自由了！终于自由了！感谢全能的上帝，我们终于自由了！”——马丁·路德·金

二、领导与管理的区别

所谓管理（management），就是通过计划、组织、人员分配、导向和控制组织资源等一系列活动有效地达到组织目标。“管理”一词让人想到的是效率、计划、文书工作、程序、规则、控制和连贯性等词汇。而“领导”一词更多地使人想到承担风险、动态、创造力、变革和愿景等。管理和领导的具体区别表现在哪里？美国哈佛大学商学院教授约翰·科特在《变革的力量——领导与管理的差异》一书中作出了分析。他认为：

（1）管理的计划与预算过程趋向于注重几个月到几年的时间范围，强调微观方面，着重风险的排除以及合理性；而领导着重于经营方向的拟定和更长的时间范围，注重宏观方面、敢冒一定风险的战略以及人的价值观念。

（2）具有管理行为的企业组织其人员配备趋向于注重专业化，挑选或培训合适的人担任各项工作，要求服从安排；而联合群众的领导行为则注重于整体性，使整个群体朝着正确方向前进，实现所确定的目标。

（3）管理行为的控制和解决问题常常侧重于抑制、控制和预见性；领导的激励和鼓舞侧重于授权、扩展，并不时创造出惊喜来激发群众的积极性。

（4）领导与管理的根本区别体现为它们各自的功用不同，领导能带来有用的变革，而管理则是为了维持秩序。

理查德·达夫特则从“提供指导”“团结追随者”“建立关系”“培养个人素质”和“创造成果”五个方面比较了管理与领导的区别（图 2–6）。

提供指导	制订计划和预算；关注利润底线	设定愿景和战略；关注未来前景
团结追随者	组织和人员分配；导向和控制；设定界限	形成共享的文化和价值观；帮助他人成长；减少界限
建立关系	关注目标——生产销售产品和服务；权力基础是所在职位；角色是老板	关注员工——启发和激励下属；权力基础是个人影响力；角色是教练、帮手和公仆
培养个人素质	感情上与人保持距离；专家思维；善于交谈；作风保持一致；能洞察组织事务	与员工交心；开放式思维（留心细节）；善于倾听（交流）；喜欢变化（有勇气）；能洞察自己
创造成果	保持稳定；高效的组织文化形成	带来变化；形成追求完美的组织文化

图 2–6　管理与领导的区别

视野拓展

王晓欣的领导与管理

王晓欣（化名）是某高校青年志愿者协会（青志协）的主席。在她刚当选主席的时候，正是协会管理层换届选举之时。由于上一届管理者内部的矛盾，青志协始终没有选举出众望所归的管理团队，导致了组织混乱，青志协面临被学校强制解散的危险。但面对困难，王晓欣展现了作为一名领导者的魄力，审时度势，果断决策。她先进行社团招新，补充新鲜血液，让一批有激情、有活力的新成员加入，然后再从中选取后备干部组建新的管理团队。但这些决定在具体的操作中却遇到了重重阻力。

面对困难，她重新分析了眼前的形势，主动找到一批老会员谈心，在其循循善诱的劝说下，众多老会员决定帮助青志协展开招新工作，然后培训新的会员，在新会员掌握工作要领之后，再进行交接工作，然后退出青志协。在招新工作开展的前期，王晓欣有效地组织了宣传工作，加大了宣传力度，开展了多种宣传方式，发传单、海报等，提高了青志协在新生中的影响力。通过以上工作，青志协顺利地完成了招新工作，并取得了突出成绩，一跃成为人数最多、影响力最大的学生社团。新加入的会员中涌现出一批有能力、有责任心的骨干，组成了新的管理团队，使协会蓬勃发展了起来！

招新工作后，青志协又遇到了新的困难。首先是社团的活动少之又少，其次是社团活动经费紧缺，学校只给解决很少一部分经费。这些困难并没有使王晓欣退缩，她通过人际关系积极联络，首先取得了外界的赞助经费。作为报酬，青志协负责这家赞助企业在学校及周围的宣传及推广，并使其取得了良好的经济效益；还积极和市区多个街道办事处联系，进行了多次志愿者活动及校园内的爱心捐款捐物活动。在活动中，王晓欣首当其冲，做足榜样，并充分调动所有会员的积极性，带领青志协顺利地开展了计划的所有活动。

王晓欣在其担任青志协主席的一年间，工作受到了老师和同学们的肯定，并且使青志协获得了“学校优秀社团”的称号，她本人也被评为“优秀志愿者”和“优秀学生干部”。

三、领导与管理的联系

> 树立个好榜样不是影响他人的主要方式，它是唯一的方式。
>
> ——爱因斯坦

领导与管理的区别是非常明显的，但同时它们也是密切联系的。在我国，一个人在从事管理工作的时候，也在担负领导工作。政府官员就是最鲜明的例子，不同层级的政府官员在老百姓看来都是“领导”，但他们毫无例外地都在自己的职权范围内进行着管理。再比如高校的行政部门如教务处，要负责全校师生的日常教学管理工作；而同时，教务处处长还要扮演引领全校师生进行各种教学范式改革的领导角色。前面“经典案例”中的王晓欣，既是青志协的领导者，同时也在承担这个社团的日常管理工作。

一般认为，领导与管理的联系主要体现在两个方面：

(1) 领导是从管理中分化出来的。管理在我们的生活中无处不在。但这个社会是个变动不居的有机体，仅仅依靠维持稳定的管理是不够的，还需要创造和变革。于是，领导就从管理的功能中分化出来。说领导是从管理中分化出来，这是从功能上来讲的，并不意味着它们在时间上的先后顺序。其实，自人类社会形成之始，管理和领导便同时产生，共同伴随着人类社会历史的脚步。

(2) 领导活动和管理活动在现实活动生活中具有较强的复合性和相容性。首先，管理中包含着领导，一个成功的管理者如果缺乏鼓动和引导的能力，就不会成功。其次，领导中也包含着管理，一个领导必须要懂得基本的管理常识，除非是纯粹的“精神领袖”。即使是“精神领袖”，如马丁·路德·金，也必须依靠其支持团队的管理，否则民权运动就不会成功。

我们还需注意，领导和管理由于在功用和形式上的差别而导致潜在的冲突。例如，有力的领导有时会扰乱一个有序的计划，削弱管理层的基础；而有力的管理也可能会打消领导行为所需要的冒险意识和积极性。美国领导学专家费尔霍姆（G. W. Fairholm）指出，组织可能需要两种不同类型的掌舵人：卓越的领导者和优秀的管理者。如果两者都不具备或都很弱，这艘船就是一只无舵之船。如果两者只具备其一，也难以使情况变得更好（图 2-7）。如果没有卓越的领导，强有力的管理可能会使组织变得更加官僚主义和更加压抑，为了维持秩序而维持秩序；而如果没有优秀的管理，强有力的领导会变得以救世主自居，形成狂热崇拜，为了变革而变革。所以，领导和管理需同时兼备。

图 2-7　一些企业被认为是管理过度而领导不足，管理和领导应同时兼顾

视野拓展

从优秀到卓越

科林斯和他的研究团队回顾了1965—1995年登上《财富》500强的11家实现了从优秀到卓越的公司，发现这些公司都遵循了以下6项原则：

①第五级领导。这些公司不是由高调的著名领导者带领的，而是由一些谦逊、甘居人后和内敛的人所领导，这些人拥有令人难以置信的成功驱动力。②对人的关注先于对事的关注。领导人才管理是这些顶尖公司的一个核心关注点。③直面残酷的事实（但永不言败）。这些领导者知难而上——他们不会粉饰组织面临的挑战或困难，但他们同样对组织应对上述挑战的能力有一种不可动摇的信心。④刺猬概念。这些公司都关注于成为各自领域内的世界最佳公司，对企业很有热情，并找到了一两项关键的财务或运营绩效目标来引导其决策过程和日常活动。⑤严守纪律的文化。拥有自律性很强的员工的企业，无需建立层级制、官僚制组织结构或施加过多的控制，因为员工知道自己需要干什么，并会确保工作的完成。⑥技术加速器。所有这些公司都会有选择地使用技术，并以此强化公司的业务运作，但他们本身未必是技术革新的领导者。

——选编自《领导学：在实践中提升领导力》

四、领导者与管理者

领导者是“做正确的事”，而管理者是“正确地做事。”

——沃伦·本尼斯

正如领导活动与管理活动之间存在差别一样，领导者与管理者之间也存在差别（图2-8）。著名的领导学家华伦·本尼斯认为，领导者与管理者的重要区别在于：领导者是“做正确的事情”，而管理者是“正确地做事”；领导者询问“做什么”和“为什么做”，而管理者询问“怎么做”和“何时做”。本尼斯的说法已经成为领导者与管理者区别的经典之说。美国领导学专家亚伯拉罕·扎莱兹尼克（Abraham Zaleznik）曾经说：

“管理者与领导者是极为不同的两种人。管理者的目标源于需要而非欲望，他们长于缓解个体及部门间的矛盾，抚慰组织内的方方面面以确保日常工作顺畅运行。领导者则不同，他们以一种富于个性化的、积极的态度对待目标。他们寻求潜在的机会及回报，并以其自身的魅力激励下属、激发创新。”①

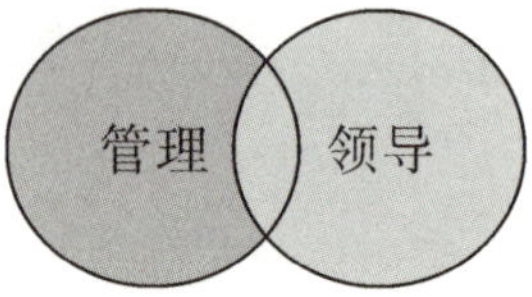

图2-8　在西方著名领导学大师约翰·阿代尔看来，领导与管理之间关系犹如半重合的两个圆，既相互重合又相互区别

① 刘建军. 领导学原理：科学与艺术[M]. 上海：复旦大学出版社，2007：27.

我们还可以从更具体的方面来考察领导者与管理者的区别。复旦大学的学者刘建军从以下七个方面探讨了领导者与管理者的主要区别：

(1) 权威基础。领导者的权威基础在于职位权力和个人影响力之和。个别情况下只包含一个影响力；而管理者的权力则主要依赖于职位权力。管理者只要能够控制程序、维持组织的秩序，就不一定需要有追随者。而领导则不一样，领导之所以为领导，关键标志就是拥有追随者。管理者进行管理的有效途径通常是职位权力赋予其的强制力。而领导要得到下属的信任和尊重，就必须要有自身的影响力。权威基础的不同导致了领导者和管理者影响下属的途径也不同。

(2) 存在空间。领导者既存在于正规的组织中，也可能存在于其他非正规的群体中；而管理者只存在于正式组织中。管理者可以运用职位权力去迫使人们做某件事情，却不能影响他人去追随他，这样的管理者没有成为领导者。而有些领导者并没有任何职权，却能以个人魅力去影响他人并赢得众多的追随者（如圣雄甘地和马丁·路德·金）。我们还可以从生活中看到更多的存在于非正式群体中的领导者。在正式的组织中，只有那些将管理者和领导者融为一体的人，才能够有效地保证组织的运转与发展。

(3) 精力投向与思维方式。在精力投向上，管理者一般投向于专门的业务和具体的程序，管理者更像是一个问题的解决者。而领导者则将主要精力投向于组织的整体发展方向、人际关系协调以及成员需求的满足，并引发整个组织的变革，为整个组织创造理想，灌输精神和希望。因此，管理者一般履行一种技术化、程序化的思维方式，而领导者则履行一种社会化、非程序化的思维方式。

(4) 目标态度。管理者控制程序的过程要求理性，所以通常以一种不带个人情感的态度对待目标。管理者的目标是源于需要而非欲望。而领导者则以富于个性化和积极的态度对待目标，他们对于改变行为模式、激发想象力和预期、确立具体的设想和目标等方面的影响，决定着一个组织的发展方向。

如果有一天士兵们不再跑来找你解决问题，那就说明你再也不能领导他们了。因为他们要么对你失去信心，认为你不能解决他们的问题，要么觉得你根本不在乎他们的问题——任何一种情况都说明你的领导很失败。

——科林·鲍威尔

(5) 对待下属的态度。管理者通常运用奖励、惩罚及强制性的措施要求下属，将下属纳入一种程序化的工作轨道。管理者在与他人交流时缺乏热情，更多的是依据自己在事件或决策中的角色来与人交往。而领导者一般以一种直觉和更富于情感的方式与人交往，对待下属更为关心，并用富于想象力的激励方式提高下属的积极性。

(6) 自我意识。管理者将自身视为现存秩序的卫道士和规则制定者，他们的自我价值意识通过现存组织的强化和永久化而得到加强；而领导者的自我意识通常不依赖于同事、工作职位以及其他任何社会的参照物。这正是领导者为什么要追求变革的原因之所在。

(7) 生活方式的抉择。管理者借助于社会谋求发展，在这种发展轨迹中，社会要求个体指导组织并维护已有的各种社会关系的平衡，所以管理者所抉择的人生方式是“每一步最优”。而领导者则是通过个人奋斗来谋求发展，这种发展方式促使个体为追求心理乃至社会的变化而奋斗，所以领导者所抉择的人生方式是“总体最优”。

视野拓展

卡特和里根的区别

美国前总统卡特和里根，由于对领导和管理的侧重点不同，所以从政结果迥异。卡特因为无法从一个管理者转型为领导者，因此做了一任之后就黯然下台，而里根则从容地连任两届总统。

卡特就任总统之后，为了要管理好这个庞大的联邦政府，他每天身陷在堆积如山的公文中，不能自拔。据说他样样精通，凡是有关管理的事，他事必躬亲。但是，遇到要抛头露面，向全国电视演说或是召开记者会时，他就显得相当紧张、拘谨。他在总统任内最大的成就是促使埃及和以色列放弃世代的仇恨与战争，迈向和平的新纪元。然而这项壮举却是在密室中达成的，公众不知道究竟，媒体也不知道具体是怎么回事。到了竞选连任那年，他虽然通过各种沟通策略大力鼓吹自己的人权主张，并陈述自己为解救在伊朗的美国人质所做的努力等等，但都无法使大众对他的领导和政策产生信心。

卡特虽然是个强而有力的管理者，但是就是少了一点领袖的影响力，也没有和大众沟通的技巧。结果，在一般美国人民印象中，卡特是个弱势领导人，马上被里根比了下来。可见，卡特虽然身为国家领导人，但骨子里却是一个不折不扣的管理者，因此可称之为“管理式的领导者”。

而里根的强处则正好和卡特相反，我们可称之为“领导式的管理者”。里根入主白宫之后，对于日常繁琐的治国细节，可说是能躲就躲，这是众所周知的事。他宁可把这些事宜交给下面的幕僚来做，自己则专注“重大的”事务。这个演员出身也当过州长的总统，给人的印象是不善行政，不是那种喜欢“日理万机”的领袖，凡事都假手他人来做。对于国策顾问的建议和阁员管理各部门的表现，他都不像卡特那样的关心。

里根虽然对复杂的管理事务置身事外，却被封为“伟大的沟通专家”，他在任期间总有一群人誓死效忠；他的口才绝佳，极力主张所谓“美国人的价值观”，加上无懈可击的台风，因此得到广大民众的支持，为自己的地位和论点奠定了稳固的基石。他的公共演说往往在事前就准备得完美无瑕，每一句话的时间控制和抑扬顿挫都恰到好处。

美国大众在 1980 年把他送进了白宫，1984 年又继续留他一任。大部分的民众都相信他，直到伊朗军售丑闻案爆发，才收回对他的信任。不过，就卡特与里根二者相比较，后者更具有领导风范。

① 刘建军. 领导学原理：科学与艺术[M]. 上海：复旦大学出版社，2007：28-31.

进阶探索

在学习了这章内容以后，我大致明白了管理者与领导者的区别，这使我意识到，作为班委的我不仅要当好一名管理者，更要成为一名真正的领导者。为此，我打算从以下几个方面来提升我的领导能力：

1. 我会尽量从全局考虑来安排我所承担的班级事务，而不是仅仅从我所任职务的角度来进行机械的管理。

我的心得：________________________________

____

____

____

2. 我会提出或是采用别人提出的一些具有创意的想法，目的在于使班级的集体活动更加丰富、更有启发，也更能得到同学们的认同。

我的心得：________________________________

____

____

____

3. 我会努力提高自己的表达和沟通能力，将自己的热情、自信、乐观、诚实等品质传达给同学，以增强自己在同学中的威望。

我的心得：________________________________

____

____

____

要点回顾

1. 领导活动随着人类社会的出现而产生，与人类社会相伴而生。人类文明史中有着丰富的领导思想，如中国古代圣贤和君王论述的君道、臣道以及西方思想家对领导思想的描述等等。

2. 现代领导理论源于 20 世纪的西方，大致经历了领导特质理论、领导行为理论和领导权变理论三个发展阶段。虽然领导理论出现了一些新的进展，但都没有脱离三种理论的基本框架。

3. 领导特质理论脱胎于 20 世纪初期的“伟人论”，它将领导活动的成功归结于领导者天生的一些特质。正是这些特质将领导者与非领导者区别开来。尽管特质理论遭到了一些质疑，但仍有人坚信领导者的重要作用。最新的特质理论将情商（EQ）因素纳入了领导者特质的范围。另外还出现了领导归因理论、魅力领导理论和愿景领导理论，进一步丰富了特质理论。

4. 领导行为理论打破了领导特质理论对领导者个人特质的迷信，认为成功有效的领导活动主要不是由领导者先天的能力和特质所决定，而是由后天的领导行为和领导风格所决定。行为理论扩大了领导学的研究视阈，更能合理地解释为什么有些不具备某些特质（这些特质恰恰是特质理论所强调的）的人能够成为成功的领导者。

5. 领导权变理论认为领导者要进行有效的领导，必须在领导行为、风格和环境条件之间找到平衡；领导没有一种最佳方法，关键是要使自己的领导特点和领导风格与领导情境相“匹配”。权变理论比特质理论和行为理论更进了一步，因为它引入的情境因素确实是领导活动中不可忽视的变量。

6. 领导和管理之间既有区别，又有联系。我们需要正确了解两者之间的关系，这样有助于我们更好地理解领导的本质。

思考题

1. 你所知道的中国古代和近代知名人物的领导思想还有哪些？尝试对这些思想进行简要评述。

2. 你认为中国共产党领导艺术中最核心的内容是什么？从领导学角度说一下中国共产党成功的密码。

3. 你认为当今社会中关于“伟人”的观点还存在吗？回顾一下最近有关英雄或救世主的流行电影，或是商界的一些传奇人物，来证明你的观点。

4. 请以自己领导或参与的一次活动为背景，写一个案例。内容要涉及领导行为、领导特质、领导风格、领导环境等要素，并简要加以评析。

5. 管理和领导最主要的区别表现在什么地方？你的班委是管理者还是领导者？请讨论一下。

知识拓展推荐

[1] 詹姆斯·库泽斯，巴里·波斯纳. 领导力 [M]. 李丽林，等译. 北京：电子工业出版社，2008.

[2] 博恩·崔西. 卓越领导人的领导力 [M]. 周斯斯，译. 重庆：重庆出版社，2010.

[3] 谢尔·利恩. 跟奥巴马学领导 [M]. 毛乐，译. 北京：科学出版社，2010.

[4] 玛格丽特·惠特利. 领导力与新科学 [M]. 北京：中国人民大学出版社，2008.

参考资料

[1] 中共中央编译局. 马克思恩格斯选集：第三卷 [M].北京：人民

出版社，2012.

[2] 中央党校采访实录编辑室. 习近平的七年知青岁月［M］. 北京：中共中央党校出版社，2017.

[3] 习近平. 之江新语［M］. 杭州：浙江人民出版社，2015.

[4] 田广清，等. 中国领导思想史［M］. 上海：上海交通大学出版社，2007.

[5] 冯秋婷. 西方领导理论研究［M］. 北京：人民出版社，2008.

[6] 刘建军. 领导学原理：科学与艺术［M］. 上海：复旦大学出版社，2007.

[7] 南怀瑾. 南怀瑾讲述领导的艺术［M］. 杭州：古吴轩出版社，2008.

[8] 詹姆斯·麦格雷戈·伯恩斯. 领导论［M］. 常健，等译. 北京：中国人民大学出版社，2006.

[9] 理查德·达夫特. 领导学：原理与实践［M］. 杨斌，译. 北京：电子工业出版社，2008.

[10] 理查德·哈格斯，等. 领导学：在实践中提升领导力［M］. 朱舟，译. 北京：机械工业出版社，2009.

第三章
大学生领导力：体系构建与开发

世上没有从天而降的英雄，只有挺身而出的凡人。青年一代不怕苦、不畏难、不惧牺牲，用臂膀扛起如山的责任，展现出青春激昂的风采，展现出中华民族的希望。

——习近平

开卷有益

清华大学：培养未来领袖的摇篮

清华大学，作为中国乃至世界上顶尖的高等学府之一，以其深厚的学术底蕴、严谨的治学态度和卓越的科研成果而闻名。然而，这所百年名校的魅力远不止于此。在培养未来领袖的领域，清华大学同样展现出了其独特的教育理念和实践路径。

(1) 教育理念：全面发展与领导力培养。清华大学始终坚持“自强不息，厚德载物”的校训，致力于培养具有全球视野、创新精神和社会责任感的领导者。学校认为，领导力不仅仅是管理技能的体现，更是个人品质、学识素养和实践能力的全面展现。

(2) 课程设置：理论与实践相结合。在课程设置上，清华大学注重理论与实践的结合。除了传统的学术课程外，学校还开设了一系列领导力培训课程，如“领导学原理”“团队管理与领导力发展”等，旨在通过系统的理论学习，帮助学生构建起领导力的基础知识框架。

(3) 实践平台：丰富的社团活动与社会实践。清华大学鼓励学生参与各类社团活动和社会实践，通过实际操作来锻炼和提升领导能力。学校的学生会、各类学术科研社团、志愿服务组织等，都为学生提供了展示自我、服务他人、锻炼领导才能的平台。

(4) 国际视野：全球领导力项目。清华大学还注重培养学生的国际视野，通过国际交流、海外研修、全球领导力项目等方式，让学生在多元文化的环境中学习和成长，理解全球化背景下的领导力内涵。

(5) 导师制度：个性化指导与培养。学校实行导师制度，为每位学生配备专业导师，提供个性化的指导和帮助。导师们不仅在学术上给予学生支持，在领导力的培养上也发挥着重要作用，通过言传身教，影响和激励学生。

(6) 创新能力：鼓励创新思维与创业实践。在当今时代，创新是领导力的重要组成部分。清华大学通过举办创新大赛、创业训练营等活动，激发学生的创新思维和创业精神，培养他们面对挑战、解决问题的能力。

(7) 品格教育：塑造高尚的道德情操。领导力的培养同样离不开品格教育。清华大学通过各种形式的德育活动，如志愿服务、社会实践等，培养学生的社会责任感和高尚的道德情操，使他们成为德才兼备的领导者。

(8) 成果展示：领导力的实践与成效。清华大学学生的领导力培养成果在国内外各类竞赛和活动中得到了充分展示。无论是在学术研究、科技创新，还是在社会服务、国际交流中，清华学子都展现出了卓越的领导才能和团队协作精神。

清华大学作为培养未来领袖的摇篮，通过其全面而深入的教育理念、丰富而多元的实践平台、国际化的视野拓展以及个性化的导师指导，为学生的领导力培养提供了坚实的基础和广阔的舞台。在这里，每一位学子都有机会成长为具有远见卓识、创新精神和社会责任感的领导者，为国家的发展和人类的进步贡献自己的力量。

在本章中，我们将详细了解各国大学生领导力开发的总体状况，并将深入理解大学生领导力开发的意义、模型、途径、评估等方方面面。

本章要点

⊙ 我们为什么需要开发自身的领导力

领导力决定着人生的深度与广度

为了服务于团队与组织的发展

国家与社会进步需要未来的领导者

⊙ 欧美高校大学生领导力开发现状

欧美高校大学生领导力开发的发展趋势

欧美高校优秀大学生领导力开发项目的特征

欧美高校大学生领导力开发对我国高校的启示

⊙ 大学生领导力模型

什么是领导力模型

大学生领导力模型实例

⊙ 大学生领导力开发实践

大学生领导力开发途径

大学生领导力开发评估

第一节　我们为什么需要开发自身的领导力

如果说领导是一种现象、一种过程、一种关系，那么领导力则是一个人在这一现象、过程及关系中所表现出来的相关特质、能力、态度与行为。通过长时期的研究与实践，人们已经普遍认可了这样的观点：领导者并非天生的，每一个人都有可能成为领导者。当然，我们并不否认某些遗传性因素有可能帮助部分人更容易成为一名领导者。但正如德鲁克所说："世界上可能有天生的领导者，但可以依赖天资的人实在是太少了。"[①] 正因如此，西点军校前校长戴夫·帕尔默将军才自信地宣称："随便给我找个人，只要不是精神分裂症，我就可以把他培养成一流、优秀的领导者。"[②] 然而，作为一名普通的大学生，问题的关键在于，我们为什么需要开发自身的领导力？

一、领导力决定着人生的深度与广度

在一般人看来，政府官员、企业领导、学生干部才应该是领导力开发的主要对象。对普通大学生而言，除非其立志以后当领导，否则有必要进行领导力开发吗？

我们知道，领导力在本质上是一种复合性能力，它由自我认知、自我管理、人际沟通、思维与决策等诸多能力构成。领导力所涵盖的每一种素质对一个人的自我发展都是至关重要的。所以我们认为领导力与人的其他身心素质相比，属于相对较高的层次，一旦被激活，便在人的各项素质中起着统领作用，能够"盘活"其他素质资源，从而有助于我们更好地工作与生活，升华我们的存在价值。可以肯定的是，领导力在一定程度上决定着我们人生的深度与广度。

> 锅盖法则：领导力决定一个人的成效。领导能力是决定一个人效率水平的锅盖。
>
> ——约翰·麦克斯韦尔

西方学者认为，所有青少年在向成年过渡的过程中都应培养以下五方面能力：茁壮成长（就身体健康问题形成正确的态度、技巧和行为）、领导（形成积极的领导态度、技巧和行为）、连接（形成积极的社会态度、技巧和行为）、学习（掌握基础以及实用性的学术态度、技巧和行为）和工作（形成积极的职业态度、技巧和行为）。[③] 而合格的大学毕业生应该具有在社会情景下理解问题的能力、自信和好奇心、公民责任感、方向感、个人价值和道义感、开放的心态和清晰的沟通能力、同他人相处并尊重他人的能力等。习近平总书记2021年4月19日在清华大学考察时指出："要锤炼品德，自觉树立和践行社会主义核心价值观，自觉用中华优秀传统文化、革命文化、社会主义先进文化培根铸魂、启智润心，加强道德修养，明辨是非曲直，增强自我定力，矢志追求更有高度、更有境界、更有品位的人生。要勇于创新，深刻理解把握时代潮流和国家需要，敢为人先、敢于突破，以聪明才智贡献国家，以开拓进取服务社会。要实学实干，脚踏实地、埋头苦干，孜孜不倦、如饥似渴，在攀登知识高峰中追求卓越，在肩负时代重任时行胜于言，在真刀真枪

① 美国德鲁克基金会. 未来的领导者[M]. 方海萍，等译. 北京：中国人民大学出版社，2006：1-2.

② 王立伟. 向西点军校学习领导力. http://bjyouth.ynet.com/article.jsp?oid=24797707，2007-10-22.

③ 杨桂萍. 中国青少年领导力形成规律探讨：基于41名高中和大学学生领导的深度访谈结果[M]. 北京：中国青年政治学院，2009.

的实干中成就一番事业。”这些特征同领导角色所需要的智慧、自信、决心、正直和社会交往能力等个人特征不谋而合。

所以，大学时代作为青年学子迈向社会的过渡期、预备期，大学生通过领导力开发，可以提高自身的整体素质、综合能力，树立大局观念，促进上进心与竞争意识的形成，增强自信心，敢于肯定自己，善于表现自己，发展出良好的个性。这是大学生健康成长的需要，也是作为现代人的需要。因此，为了促进大学生的全面发展，大学生领导力开发应该是高等教育的重要环节和目标。

二、为了服务于团队与组织的发展

正如前面所讨论的那样，领导并非一种职位，而是一个过程，一种关系。在现代社会，我们的生活与工作、事业与成就都依附于团队或组织，有团队或组织的地方必然需要领导的存在。因此只要我们是在团队或组织中，我们都可能成为领导过程（关系）的一部分，而不管你是否是这个团队或组织的领导。当领导不仅限于一种职位、一个头衔，也就意味着谁都有可能在领导过程中扮演领导这一角色。当你和朋友们外出徒步旅行时，具有丰富户外经验的同伴自然会被大家选为领导；但当大家穿越一片丛林时，熟悉这一带地形的同伴无疑会临时性扮演领导的角色。不仅在任务性团队中，在家庭、在社区、在寝室、在班级，任何人随时都有可能成为临时性的领导——虽然没有领导的头衔。

此外，你即使在团队中不扮演任何领导角色，作为一名追随者，也需要开发自己的领导力。因为领导过程并非是单向发生的，它是一个相互作用的动态过程。领导者与追随者缺一不可，他们相互影响、相互交流，共同决定着团队或组织的绩效。大家熟知的唐太宗与魏征的故事告诉我们，出色的追随能够帮助领导者提高与进步。追随者与领导者是同一块硬币的两面。在很大程度上，诚实、正直、可靠、尽职尽责、善于合作、勇于承担与挑战、积极参与变革，这些作为一名有效的追随者所需要的素质与能力是与领导力相重合的。

如果你想让人们成为领导者，那你首先要教会他们如何做一名追随者。

——西点军校

视野拓展

向上领导

宾夕法尼亚大学沃顿商学院管理学教席教授兼领导与变革管理研究中心主任迈克尔·尤西姆对领导提出了一个新的理解。他认为领导既要从上而下，又要自下而上。“我们都知道一名主管或总裁、一名教练或部长、一名官员或总监都应该有所作为，但也许他们并没有做到，”尤西姆说，“我们只是私底下抱怨，甚至会辞职离开，但我们很少会跨出一步去帮助他们弥补自己的不足，成为最优秀的上司。”在其所著的《如何领导您的上司：双赢策略》中，尤西姆对现实生活中积极和消极的例子进行分析，给出了向上领导的一些经验和教训。他指出，对我们每个人来说，向上领导存在于各个方面。如果没有有效追随者向上领导，提供信息、引导、洞察，采取主动，并在必要时挑战上司，领导就是不完整和无效的过程。

——选编自《如何领导您的上司：双赢策略》

因此，领导在本质上是双向的过程，这一事实提醒我们：无论自己是否准备成为领导，我们都需要开发自身的领导力。为了完成团队或组织的目标与使命，作为一个有效的参与者，我们必须能够在领导者与追随者的角色之间切换自如。

三、国家与社会进步需要未来的领导者

江泽民曾经指出："历史和现实都表明，一个政党，一个国家，能不能不断培养出优秀的领导人才，在很大程度上决定着这个政党、这个国家的兴衰存亡。"[①] 当今国际形势瞬息万变，各国都需要培养新一代的领导人，使他们能够在地区、国家和国际等各层次事务中推进积极的变革。领导力大师约翰·科特认为，主导当今社会的是无数综合企业组织，培养发展足够的领导兼管理型人员帮助经营这些企业是一个巨大挑战，是我们必须迎接的挑战。[②] 但面对全球化浪潮和多元文化交汇对各种组织、各层面有效领导者的期待，领导人才的缺乏却成为一个世界性的问题，领导力危机正在波及全球。

2008 年爆发的金融危机严重地冲击了西方国家的经济与社会，资本主义市场经济的信念遭到了质疑。哈佛商学院，市场资本主义的一面旗帜，刚好在这时迎来了自己的百岁生日。哈佛商学院院长雷莱特在这个时刻反思：谁对 2008 年的崩溃负责呢？这是一个集体失败，不只是金融监管和金融机构的失败，而是在多个层次上的领导力的失败。对于公司高管来说是如此，对于政府来说是如此，对于商学院来说也是如此。莱特说：我们现在最急需的就是领导力。[③]

领导力比战略更重要。杰出的领导者能够改变世界，改变历史，把企业带向成功。

——杰克·韦尔奇

在新型冠状病毒感染疫情（简称疫情）防控这场没有硝烟的战斗中，西方国家初期对疫情的威胁认识不足，疫情爆发后响应相对迟缓，决策显得较为混乱，随着疫情的发展，其逐渐开始实行限制性措施，但各国在国家层面往往缺乏统一的指导方针，导致地方在资源分配和政策实施上存在差异，且信息发布和政策调整时常不一致，影响公众的信任度和遵守情况。相反，中国共产党与中国政府的领导力在其中得到了充分体现。面对突如其来的疫情，我国党和政府迅速做出反应，采取了一系列果断措施，建立了应急机制。从中央到地方，各级组织迅速行动，统筹协调，确保了疫情防控工作有序进行。这种领导力不仅体现在决策的果断和执行的力度上，更体现在对人民生命安全和身体健康的高度重视上，全力以赴抗击疫情，保障了人民群众的生命安全和社会稳定。此外，我国积极推动国际合作，与世界各国分享防控经验，展现了大国担当和国际主义精神。可以说，正是党和政府坚强有力的领导，为我国疫

① 人才强国战略与江泽民同志的人才观．http://news.sina.com.cn/c/2006-12-07/060010703078s.shtml，2006-12-07.

② 罗百辉．千年管理思想精华汇编．http://www.chinavalue.net/Management/Artic le/2008-6-1/118261_36.html，2008-06-01.

③ 刘澜．中国现在最需要领导力．http://www.china.com.cn/news/txt/2009-11/30/content_18975969.htm，2009-11-30.

情防控工作的成功打下了坚实基础。

飞速发展的世界需要各个层面的领导者，大学生作为未来领导人才的主要来源，每一个人都是潜在的领导者，因此我们需要对他们进行领导力开发。以美国为主的西方国家已经在高校中广泛开展了以学生为对象的领导力开发项目，且收效显著。虽然我国针对企业管理人员的领导力开发已经非常广泛与成熟，但以高校大学生为受体的高质量领导力开发项目仍然不多。在这个国际竞争激烈的全球化时代，领导人才及领导储备人才的缺乏无疑会对我国未来的国际竞争力产生深远的负面影响。为了应对未来激烈的国际竞争，共青团中央在《共青团做好新时代青年人才培养工作的行动计划》中明确启动实施青年政治人才培育行动、实施青年经营管理人才赋能行动等，使青年人才成长为在全面建设社会主义现代化国家新征程中建功立业的重要力量。因此，高校要积极地开展大学生领导力开发，自觉地承担起培养新一代领导者的责任；大学生则要主动参与，培养并增强自己应对各个层面的挑战以及推动、引导国家与社会进步的领导能力。

此外，领导力开发对于社会进步还具有更深层次、更广阔的意义。

在西方国家，尤其是美国把大学生领导力教育作为公民素质开发的一项内容。培养和开发大学生的领导能力，不仅极大地锻炼了他们的领导技能，而且使他们意识到了自身在社会发展中扮演的重要角色，进一步激发了他们的领导兴趣。美国许多大学认识到不引导学生理解公民责任和参与，而只提供领导技能和方法方面的训练，就不可能有效提高学生的领导能力。普林斯顿大学表示，其核心目标是向每位学生灌输好公民和明智的领导所必需的品质和特性，包括广泛的好奇心，具有批判性的开放心理，既有创新和变革能力又尊重道德和文化传统，赞赏所有人共有的命运和人性，具有责任心和勇气等品质。斯坦福大学期望自己的学生为公共利益发挥领导作用。杜克大学的“哈特领导力开发计划”旨在“培养我们国家下一代的领导人”，让学生不仅要在私人生活方面成功，而且要在公共生活方面成功。

在推进具有中国特色社会主义现代化建设的伟大征程中，每一位公民的积极参与是实现经济社会高质量发展的关键。将大学生领导力开发与社会主义核心价值观紧密结合、与公民责任教育紧密结合，不仅能够深化大学生对国家治理、政治参与和道德建设的认识，而且能够引导他们将领导才能更多地聚焦于服务社会和促进公共利益，超越单纯的个人成就和物质追求。高校通过这种方式大力培养具有创新精神、合作意识、批判性思维和社会责任感的新时代青年，使他们成为推动中国式现代化的积极力量，将是大学生领导力开发的落脚点。

① 唐克军. 美国高校的领导能力发展计划：一种公民教育的方式[J]. 教育科学，2007，23(2)：83-86.

第二节　欧美高校大学生领导力开发现状

一、欧美高校大学生领导力开发的发展趋势

欧美高校大学生领导力开发起步较早，流行广泛，已经成为其高等教育的重要组成部分，许多大学在课程设计、学生生活以及课外活动中都融入了领导力培养的元素。在2004年，美国高校领导力开发项目就已经超过1 000个，其范围涉及从短期的实习到全面的本科或者研究生教育，一些学校甚至设有领导学本科专业。美国学者认为，帮助学生培养作为领导所应具备的完整特质或许是高等教育中最具挑战性的、最重要的目标之一。近年来欧美高校大学生领导力开发的发展趋势表现为：

(1) 综合性领导力课程。许多大学已经将领导力课程整合到本科和研究生的必修课程中。例如，美国的哈佛大学和斯坦福大学提供专门的领导力项目，旨在通过理论与实践相结合的方式，培养学生的领导技能。这些课程通常涵盖沟通技巧、团队合作、道德领导、冲突管理等关键领域。

(2) 体验式学习。体验式学习是领导力开发的重要方式。学生通过实际项目、模拟情境、服务学习和实习等机会，在真实的环境中锻炼领导力。例如，许多欧美高校通过设立创业孵化器、社会创新实验室等，鼓励学生在实战中提升领导能力。

(3) 多样性和包容性。领导力开发项目越来越重视多样性和包容性教育，强调跨文化领导力的培养。许多欧美高校引入了全球领导力和多文化沟通的课程，以帮助学生在全球化背景下更好地领导团队。这类项目通常通过国际交流、跨文化团队合作项目等方式来实现。

(4) 数字化和远程工作领导力开发。随着科学技术的进步，领导力培训也开始向线上转移。许多欧美高校提供在线领导力培训课程，让学生能够在灵活的时间和地点学习。同时，虚拟团队领导力、远程工作协作技巧等新兴领域也成为领导力开发项目中的重要组成部分。

(5) 心理素质和情感智能（EQ）。心理健康和情感智能越来越受到重视。欧美高校的领导力开发项目常常包括情感管理、自我意识和应对压力的培训，以帮助学生在领导角色中保持良好的心理状态。例如，美国的一些大学推出了“领导力与心理健康”课程，专注于培养学生在高压环境下的领导能力。

(6) 社会责任感与可持续发展。领导力开发与社会责任感和可持续发展紧密结合。学生不应仅仅被培养成为企业或组织的领导者，更应被培养成为积极推动社会进步的力量。许多欧美高校通过可持续发展项目、社会企业实践、非营利组织实习等方式，培养学生的社会责任感和领导力。

(7) 校友网络与导师制。欧美高校注重通过校友网络和导师制度来支持学生的领导力发展。许多大学设立了导师计划，邀请校友或行业专

家指导学生，帮助他们在职业生涯中更好地发展领导技能。例如，剑桥大学和牛津大学通过其强大的校友网络，提供广泛的领导力支持资源。

（8）数据驱动的领导力开发。数据分析和个性化发展计划在领导力培训中开始发挥越来越重要的作用。通过使用数据分析工具，学校可以为学生定制个性化的领导力发展路径，以实现更有效的培养。

综上所述，欧美高校大学生领导力开发正在朝着综合性、体验式、多样性、数字化、心理健康和社会责任感方向不断发展。这些趋势不仅反映了当今社会对领导力的更高要求，也显示了高校在培养未来领导者方面的不断创新和投入。

二、欧美高校优秀大学生领导力开发项目的特征

欧美高校大学生领导力开发受到了社会各个层面的重视，但是繁荣发展的表象之下也存在培训机构鱼龙混杂、相关认证过多过滥等诸多问题。然而我们也发现其优秀的大学生领导力开发项目存在一些特征可供借鉴。

（一）整体性与系统化的领导力教育

（1）统一的教育理念：项目拥有清晰的领导力发展框架，涵盖了从个人领导能力培养到团队领导力、组织领导力的系统教育。

（2）学术与实践并重：项目通常会整合学术研究和实际操作。通过课程、工作坊、案例分析等方式，学生能够将理论知识转化为实践技能。

（二）多元化的学习路径与个性化指导

（1）定制化的学习计划：项目为每位学生提供个性化的领导力发展计划，结合学生的个人背景、职业目标和领导力测评结果，量身定制发展路径。

（2）多种学习方式：项目设计灵活，提供课堂学习、在线课程、实地考察、国际交流等多种学习方式，满足不同学生的学习需求和时间安排。

（三）跨领域的多学科合作

（1）跨学科融合：项目往往涉及跨领域的合作，包括管理学、社会科学、工程、艺术等多个学科。通过跨学科的合作项目，学生可以学习如何在多元环境中发挥领导作用。

（2）与行业的紧密联系：项目与企业、非营利组织及政府机构保持紧密合作，为学生提供与现实世界直接接触的机会，培养他们在不同领域的领导能力。

（四）严格的评估与持续改进机制

（1）定期评估与反馈：项目设置严格的评估机制，通过定期的领导力测评、导师反馈、同伴评估等方式，帮助学生了解自己的进步，并持续优化学习和发展策略。

（2）动态调整与创新：根据评估结果和最新的行业趋势，项目会不断调整和更新内容，以确保其在全球快速变化的环境中保持前沿性和实

效性。

（五）领导力实践的真实场景模拟

（1）高仿真的模拟训练：项目中常会设计高仿真的领导力情境模拟，如危机管理、冲突解决等，学生在这些模拟中扮演不同的领导角色，以锻炼其应对复杂情况的能力。

（2）实际项目领导机会：学生有机会领导真实的项目，从策划、执行到评估，全面体验领导全过程，积累实战经验。

（六）强大的支持网络与资源平台

（1）校友与导师网络：项目依托丰富的校友网络和行业导师资源，为学生提供宝贵的人脉和职业建议，助力他们在领导力发展过程中获得持续支持。

（2）职业与领导力发展服务：项目通常设有专门的职业发展服务中心，提供领导力发展的相关资源，如实习机会、职业规划辅导、领导力测评工具等。

（七）领导力与社会责任的深度融合

（1）社会影响力导向：优秀的领导力项目不仅注重学生的个人成长，更强调他们对社会的积极影响；通过社会创新、公益项目等，培养学生的社会责任感和影响力。

（2）可持续发展目标：这些项目积极引导学生思考如何通过领导力实现可持续发展，推动社会进步，这种使命感赋予学生更高的领导目标和动力。

（八）全球化视野与跨文化领导力

（1）国际化的学习环境：项目通常提供国际化的学习环境，包括跨文化团队合作、海外交流学习等，帮助学生发展全球视野和跨文化领导能力。

（2）全球领导力主题：项目往往围绕全球化背景下的领导挑战展开，使学生了解并适应在全球环境中领导和管理的复杂性。

（九）创新与创业导向

（1）鼓励创新思维：项目鼓励学生通过创新思维解决实际问题，尤其是在面对快速变化和不确定性的环境时，培养他们成为创新型领导者。

（2）创业领导力：许多项目提供创业支持，如创业孵化器、创业导师、资金支持等，帮助有志于创业的学生在领导力培养过程中将创意转化为实际成果。

（十）长期影响力与持续发展

（1）终身学习的理念：优秀的领导力开发项目强调终身学习的重要性，鼓励学生在项目结束后继续提升领导能力，并保持与学校和校友的联系，获得持续的支持和资源。

（2）持久的社会影响：这些项目的目标不仅是培养有领导力的职业人士，还旨在造就那些能够持续对社会产生积极影响的领导者。

三、欧美高校大学生领导力开发对我国高校的启示

从全球发展趋势看，除欧美高校外，不少发展中国家以及我国台湾、香港地区也开始出现许多大学生领导力开发项目。我国部分高校也正在开展这方面的尝试，并受到了广大学生的欢迎。学习并借鉴欧美高校大学生领导力开发的成功经验，将有助于进一步推动领导力开发这一新兴教育形式在我国高校的开展。立足于当前数字化和人工智能的时代背景，欧美高校大学生领导力开发对我们的启示是：

（一）加强领导力开发的使命感

在数字化和人工智能时代，领导力不仅体现在传统的管理和决策能力上，还体现在处理复杂技术和数据驱动决策的能力上。欧美高校在这方面的重视表明，技术与领导力的结合正在成为新一代领导人才培养的核心。其他国家也开始意识到这一点，并将技术素养纳入领导力教育体系。因此，我国高校应在领导力开发中明确数字化领导力的培养目标，让学生不仅具备传统领导能力，还能够在技术驱动的环境中高效决策，推动组织的数字化转型和创新。

（二）推动数字化和技术赋能的领导力开发

数字时代的到来为领导力开发提供了新的工具和平台，使得领导力培养更加可行和有效。部分欧美高校已经通过线上学习平台、虚拟现实技术和人工智能等手段，扩大了领导力开发的覆盖面，提高了领导力开发的效果。我国高校目前利用技术赋能领导力开发的能力较为薄弱，有必要借鉴欧美高校的成功经验，推动数字化领导力开发模式的普及，采用包括线上领导力课程、数字模拟训练等创新方法，帮助学生在技术驱动的环境中培养和提升领导能力。这不仅能够扩大领导力教育的覆盖面，还能让学生在未来更具竞争力，适应数字化转型的挑战。

（三）引进多元文化背景下的领导力开发

随着人工智能和全球数字化网络的发展，领导人才不仅需要具备跨文化沟通能力，还需要理解和应用全球数据流动和技术融合，并面对其带来的挑战和机遇。在领导力开发中，高校应引入多元文化与数字化技术结合的训练，创造一个既能反映国际环境，又能让学生在虚拟团队中实践跨文化领导的学习环境。这种训练将有助于学生在多元文化和数字技术背景下提升领导力，使他们在未来的全球合作中占据优势。

（四）强化实践课程的建设

在数字化时代，实践课程的建设不再仅仅局限于传统的实地项目，还应包括虚拟实践和在线协作项目。尽管我国高校的领导力开发已经开始注重互动教学，但还需要进一步引入数字工具，如虚拟现实（VR）模拟、人工智能驱动的决策模拟系统等，来增强实战训练的效果。这些技术可以为学生提供逼真的领导情境，使他们能够在安全的虚拟环境中尝试和磨练不同的领导策略，从而提高领导力开发的实用性和有效性。

（五）重视开发成效的评估

在数字时代，评估领导力开发成效的手段和方法已经得到了极大扩

展。人工智能技术可以通过数据分析，实时监测和评估学生在领导力开发项目中的表现，提供精确的反馈。例如，欧美部分高校已经开始使用数据分析工具来评估学生在虚拟团队中的表现，以及他们在不同领导情境中的决策质量。这为我国高校提供了有价值的参考。通过引入这些先进的评估工具，高校可以实现对领导力开发成效的动态监测和科学评估，确保项目的实际效果并为项目的持续改进提供数据支持。

视野拓展

真实操练领导力

——哈佛商学院罗纳德·海菲兹教授的领导力课堂实录

这也许是我在哈佛甚至是我有生以来听过的最奇怪的课。尽管在上课前，已经听说过很多学生在罗纳德·海菲兹（Ronald A. Heifetz）教授“领导力”的课上可能受到“折磨”的传闻，但我仍然为真实的课堂而吃惊。

在新学期的shopping课上，个子不高、头发花白的海菲兹教授面无表情地告诉我们：“希望那些最近刚刚有亲人过世，或者新近离婚和失恋的学生，不要选修我这门课。”教授自称他的课程是一只“高压锅”。

“我很乐意在课堂上使人难堪或者沮丧，所以你们要作好承受痛苦的准备。我知道学生对这门课的传闻，有人说是‘危险的’，还有人说是‘疯狂的’。我想说的是，我和我的5个助教的确会在这里，在课堂为大家制造一些‘风险’（而不是危险），但是和以后你们即将或者已经经历过的真实‘领导者’所面临和承受的现实风险相比，这里的风险几乎为零。因为在我看来，做一个能够发挥领导力的领导者就意味着风险和压力，有人甚至都因此而被暗杀，付出生命的代价。”

事实上，和普通课程不同的是，自我精神分析、听音乐、自编自唱、自由讨论和看电影是海菲兹教授讲述领导力的重要授课手段。今天，在课堂开始10分钟之后，海菲兹教授环视教室中坐得满满的学生问道：“今天你们想学习什么？”“我想学习领导的艺术。”一个学生回答。“我们现在已经在学习这门艺术的路上。”教授回答完以后就舒服地坐在椅子上，饶有兴趣地看着大家，不发一言。90个学生面面相觑，等待教授的下一步行动和讲话。但是教授保持沉默，面无表情。

“尽管我知道这是特意安排的教学方式，但我还是不能理解教授为什么要如此浪费我们的时间？我强烈抗议。”在大约5分钟的寂静无声以后，终于有学生打破沉默，“如果教授认为刚才同学的建议过于空泛，那么我提出更具体的学习希望，希望教授给我们讲讲最近5年来领导力学说领域的最新研究和理论。”立刻就有大批同学响应，但是海菲兹教授没有任何反驳和说明。有些无法忍受寂寞的学生开始互相介绍自己的姓名和经历，还有人问教授是否希望他们在无序的状态下经过讨论选举leader。“我认为这样的讨论完全是浪费时间，我们到这里来是上课，听我们所尊敬的、大名鼎鼎的海菲兹教授的课，而不是来闲聊或者交流自己看案例的体会，我们可以回到家里或者咖啡馆去做这些。”在讨论越来越热烈的时候，有个学生大声说：“难道你们忘了，收取学校教学工资的不是我们，而是坐在我们面前的教授。因此我希望大家保持安静，只有这样的局面才能折磨教授，迫使教授开口讲话。”大家反驳道：“如果安静30分钟教授也不讲话怎么办？岂不是更浪费时间？”另有学生建议说：“我推测在座的每位同学可能都做过10年左右的领导（无论大小），那么我们所有人的经历加起来就等于900年的领导经验，所以也许我们可以把自己的领导经历当做案例来互相讨论学习，如果有人能说服大家，我们也可以推选他做教授。”

渐渐地，学生的讨论分成了两派，一派不肯认同这样的教学方法，希望通过各种方式刺激教授开口说话；另一派则认为这就是领导力的学习内容，并开始劝说大家推选自己成为这堂课的领导。但是，正因为这班中几乎每个人都希望成为领袖人物，因而领袖的产生也是最艰难的——所有希望自己成为课堂领头人的倡议都没有人附和。

还有两个心急的同学自告奋勇到黑板前把大家的讨论问题记录在黑板上。对此也有人提出反对，认为他们没有理由拥有类似老师在黑板上写字的权利和威信；而有人则完全赞同，并认为那两个学生是名副其实的“领导者”，因为只有他们让大家看到这堂课的“成绩”。两个“板书者”没有受舆论的影响，继续在教授左右的两块黑板上奋笔疾书，希望借此梳理出大家到底要学什么、又学到了什么。而海菲兹教授就静静地坐在黑板前面听着，没有任何评论和反应。

一个半小时的课程已经过去了1个小时，整个课堂就充斥着这样群龙无首、无政府主义状态的激烈辩论和自由发言。这时有人说：“我开始喜欢这样的上课方式了，在这样的自由讨论中，教授决定不使用他的‘教学职权’，让我们可以清晰观察、分析自己和别人；我们现在碰到的困难在于教授没有给我们一个固定的讨论主题和架构；当然他也可以将场面设计得更困难，那就是他根本不在这里听我们讲，让这个课堂完全没有authority，那么会发生什么事情？”听到这里，海菲兹教授一边开心地笑着点头，一边真地走出了教室。

事实上，海菲兹教授曾经说过，他的领导力课程不是由现成的模块累积而成的，而是需要学生有连贯性、运动性地去参与。“我也不知道下堂课应该讲哪个模块，因为我需要观察你们在这堂课的表现。”所以，当我们被这课堂的“奇怪性”所迷惑时，我们也许应该回顾一下教授上堂课的内容。

教授在第一堂课上讲过：领导者分为两种，一种是仅仅拥有被政府、公司、组织等赋予正式职权的领导者；另一种是自己建立“非正式”权威的领导者。在他看来，只有后者才能被称作具有“领导力”。“非正式权威的建立是极其艰难的，但能够在社会和组织中起到决定性的作用。比如我被哈佛赋予在这里授课的正式职权，但是有多少学生会仅仅因为这种‘正式职权’来听课？谁能告诉我这种权威可以买来你们多少分钟的注意力？”教授问道。“5~10 分钟。”有学生毫不留情地回答道。的确，在哈佛有许多被学生追捧，崇拜，上公开课时教室里学生们或站或坐、整个教室水泄不通的教授，但也有一些被学生冷落、课堂上“门可罗雀”的教授。“实际上我现在可以买到你们多长时间的听课注意力和时间？”教授又问道。“1 个半小时。”(哈佛一堂课的规定时间)“直到你讲得晕过去！”大家都哄笑，一向自负、面无表情的教授也忍不住笑红了脸。“所以这是我的非正式权威在起作用。我们这门课的目的就是要‘操练’这种领导力。”

其实，海菲兹所讲授的“领导力”，并不仅仅针对处于领导位置的领导者，或者是那些被组织赋予权力的人，“整个组织和社会就像一场人头攒动的豪华舞会。如果你一直热衷于穿梭、聊天、跳舞，即使你努力在最短时间内和最多的舞伴跳舞聊天，你也不了解舞会的总体情况。

你应该在跳舞之余走到阳台上，或者从舞会的高处楼梯静静观察，这样才能洞察舞会的整个场面和情景，让自己有时间和精力观察舞会中的纰漏和错误，思考和纠正这些错误，调整步法甚至改变前进的道路。”“不仅仅是拥有正式权威的领导者需要这么做，那些没有法定权威，但是希望成为领导者、拥有领导力的人更应该这样做。”教授强调说：“许多人误认为拥有‘正式职权’就是拥有了领导力，但是在我眼里，我更喜欢将‘法定的正式权威’解释成‘服务’”。

回到今天的课上，教授在下课前再次走进教室，宣布说“上课结束了。”随后布置了以下问题（见文后），需要学生在下堂课时交上自己的详细回答。也许从这些需要思考的问题中我们可以看到这堂课的意义：领导的本质就是在认识一个真实世界的过程中，不断观察自己和别人，充分表达真实的自我，并且将自己的目标和别人的愿望相结合，最后真正实现目标。

课后问题：

1. 今天的课堂做了一些什么事情？没有做哪些事情？

2. 你在课堂上是怎样介绍、表现自己的？你没有介绍和表现自己哪些层面、经历？为什么？

3. 课堂上最初的迹象和表现是什么？这些迹象是否影响了你后

面自己的表现？

4. 你认为我们在这堂课做了一些“工作”吗？你怎样定义和解释“工作”？

5. 课堂上是否有“逃避工作”的迹象？你是怎样定义和解释“逃避工作”的？

6. 你是否做出过任何干涉的行动？你的干涉是否有效果？

第三节　大学生领导力模型

一、什么是领导力模型

所谓领导力模型（也被称为领导胜任力模型），即是在特定的环境下，要成为一名领导者需具备的特质、行为、知识与技能的总和。虽然在现实的领导力开发中，领导力模型经常被有意无意地忽略，但事实上领导力模型的建立是有针对性地进行领导力开发的基础。

在领导力开发中，我们被鼓励探索自我、锻炼沟通与团队技能、学会授权与激励……但为什么成长为一名领导者就一定需要这些能力？在不同行业、不同背景、不同大小的组织中，领导者所必备的素质都是一样的吗？

早期的领导学研究试图寻找所有领导者共有的特质。但研究发现，并不存在这样一组要素——只要我们具备了它们就可以在任何情况下成为一名有效的领导者。后来的权变理论证明了，在不同的环境下，领导者所需要具备的特质与行为风格往往是不同的。

现在我们相信，无论在任何一个组织，身为一名成功的领导者都需要具备一些基本的特质，理解一些基本的原则，应用一些基本的技能。比如，建立并发挥自身的影响力，这是任何一名领导者在任何情境下进行有效领导所必需的。但是，不同的领导环境对领导者确实有不同的要求。成功的政府官员不一定能成功地领导一家企业。

所以，要有效地领导一个特定的组织，我们不仅需要具备一些通用的领导素质，还需要具备一些由该组织的使命、性质及内外环境所决定的个性化的领导素质。一组通用的领导素质再加上一组个性化的领导素质，就构成了特定环境下的领导力模型。

正因如此，领导力模型在领导力开发中扮演着重要的角色，它明确了对组织维持与发展起到重要作用的领导素质有哪些，它明确了组织培养、选拔与评估领导者的基准，它使组织的领导力开发有的放矢，避免了盲目地面面俱到。

那么领导力模型是如何构建的呢？组织一般采取下列三种方式建立自己的领导力模型。

（一）采用已有的领导力模型

这样的模型一般来自于著名学者的研究成果，或是同类型成功企业使用过的模型。此类模型流传广泛，被众多组织使用，经历过实践的检验，具有很高的可信度；但其缺点在于针对性不强，不一定完全适合本组织的情境。所以组织最好以此类模型为基础，根据自身的特性对其作出进一步的调整与完善。

（二）开展广泛的咨询与讨论

通过对专家、组织内部与外部利益相关者（管理者、员工、客户、股东、顾问等）的咨询，并进一步讨论、修正与补充，最后达成共识，从而形成自己的领导力模型。

（三）以组织现有的框架为基础进行推导

比如以组织现有的价值观、使命、战略为起点，明确领导者必须具备何种素质才能有助于更好地实现组织的价值、使命与战略，由此推导出的这一组素质，便构成了组织的领导力模型。

视野拓展

华为公司的领导力模型

华为公司成立于1987年，总部位于中国深圳。作为全球领先的ICT（信息与通信）基础设施和智能终端提供商，华为在全球拥有20多万名员工，其业务遍布170多个国家和地区。华为的成功在很大程度上归功于其强大的领导力文化和持续的领导力开发计划。

华为领导力模型主要包含以下五个核心维度：

（1）战略眼光：领导者需要具备宏观视角，能够预见行业发展趋势，制定符合公司长期发展的战略。

（2）执行力：注重执行与结果导向，确保公司战略得以高效落实。

（3）团队建设：重视团队的培养与合作，鼓励创新与多元化。

（4）客户导向：以客户为中心，敏锐捕捉客户需求，并通过创新为客户创造价值。

（5）变革管理：在面对市场变化和技术革新时，领导者必须具备应变能力，推动组织内部的变革。

华为领导力开发实践如下：

（1）轮岗制：华为采用了全面的轮岗制，尤其是针对中高层领导者。通过不同部门、不同区域的轮岗，领导者能够全面了解公司的业务，提升战略眼光和执行力。

（2）“铁三角”管理模式：华为引入了“铁三角”管理模式，即产品经理、解决方案经理和销售经理三位一体，形成高度协同的管理小组。这种模式有助于培养领导者的团队建设能力和客户导向意识。

（3）基于实践的领导力培训：华为非常重视实践中的领导力培

养。在公司内部，华为创建了“熔炉计划”，让高潜力员工和领导者通过在艰难环境中的实践来提升领导力。通过实际项目的挑战，领导者能够更好地锤炼其应变能力和执行力。

(4) 导师制度：华为设有完善的导师制度，资深领导者会为新晋的管理者提供一对一的指导。通过导师的分享与指导，年轻的管理者可以迅速吸收经验，提高自身的领导能力。

(5) 全球视野的培养：为了应对全球化挑战，华为通过派遣领导者赴海外工作、参与国际项目等方式，培养他们的全球视野和跨文化管理能力。这不仅提升了领导者的战略眼光，也增强了其在全球市场上的执行力和应变能力。

华为的领导力开发体系帮助公司在快速变化的科技行业中保持竞争力。通过这种持续的领导力培养，华为能够迅速应对市场变化，推动技术创新，并在全球范围内扩展业务。华为的领导力模型与实践相辅相成，促进了公司内部的协同和效率提升，也为全球范围内的企业提供了一个值得借鉴的领导力开发范例。

二、大学生领导力模型实例

不同行业、不同背景的组织需要不同的领导力模型，我们不能指望某一个领导力模型能“放之四海而皆准”。所以对于大学生领导力开发，我们也需要建立与高校情景相适应的模型。下面将简单地介绍两种大学生领导力模型。

(一) 社会变革模型

社会变革模型（SCM）是部分美国高校所使用的、适合于高校学生领导力开发的领导力模型。这一模型将领导定义为一种基于价值观，通过与他人合作，以推动社会积极变革为目的的过程。

这一模型的预设前提为：

(1) 领导是一种过程而非职位。

(2) 每一位学生都是潜在的领导者。

实践这一模型应达到的目标是：

(1) 促进学生的学习与发展，帮助每一位学生提高其自我意识——理解自己的能力、价值与兴趣，特别是要帮助学生开发其实施有效领导所应具备的能力——那些能调动自己、他人合作工作与服务的能力。

(2) 使学生在未来能为组织或社会带来积极的变革，即帮助组织或社会以更有效、更人性的方式运作。

社会变革模型认为应通过发展学生的七种核心素质来提升他们的自我意识以及与他人合作的能力，从而使学生能够承担社会责任，能够为了共同利益而推动社会进步。这七种核心素质（简称为 7Cs）包括：自我意识（consciousness of self）、一致性（congruence）、承诺(commitment)、合作（collaboration）、共同信念（common purpose）、友好地争论

(controversy with civility)、公民意识(citizenship)。7Cs 的具体内容参见表 3-1。

表 3-1　　社会变革模型的 7Cs

个人价值	
自我意识	能意识到是什么样的信念、价值、态度与情绪促使你采取了某种行动，能注意到自己当前的情绪状态、行为与知觉
一致性	你的行为应该与你的信念和价值相一致，你应前后一致地、真心地、可靠地、诚实地对待他人
承诺	你应该有精力、有干劲为团队及其目标而服务。承诺意味着激情与持久，它能激励个人去服务，能调动集体去努力。承诺源于彼此，但其他人应创造一种能支持某人激情的环境
团队价值	
合作	与他人共同努力，分担责任、义务并分享权力。团队成员间各种想法与才能的结合将增强整个团队的效力，多元化的氛围将产生创造性的思路与行为
共同信念	与他人有共同的目标与价值。团队中的每一个成员都能参与组织愿景与目标的形成
友好地争论	在团队创造性努力的过程中，要认识到以下现实：观点之间的不同是不可避免的；对于不同之处，双方应该公开而友好地辩论
社会价值	
公民意识	认识到社会中的成员是相互依赖的，认识到个人与组织对他人的福利负有责任。一个好的公民或组织应该通过自己的活动给他人与社会带来积极的变化
最终目标	
变革	相信建设一个更美好的世界、建设一个更美好的社会对自己和他人都是极为重要的。相信个人、组织与社团有能力通过共同努力促进积极变革的产生

社会变革模型实际上从三个层次指导着大学生领导力开发，它试图回答下面的问题：

(1) 个人层次——在大学生领导开发中，我们应培养学生的哪些品质？什么样的品质有利于学生发展团队技能、推动积极的社会变革？

(2) 团队层次——我们该如何设计团队层次的领导力开发，以使其既有利于发展学生的个人素质，又有利于开发学生推动积极的社会变革的能力？

(3) 社会层次——大学生领导力开发的社会导向是什么？什么样的社会活动最有利于学生的个人成长，最有利于培养学生的团队技能？

因此，我们看到社会变革模型指导下的大学生领导力开发分别服务于个人、团队与社会层面（图 3-1），试图促进各个层面积极变革的产生。

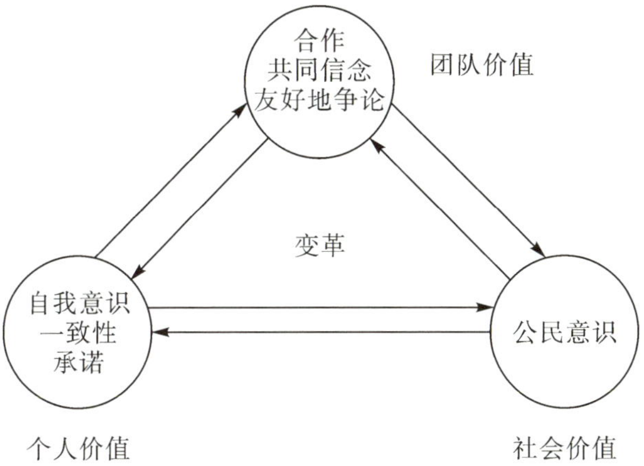

图 3-1 7Cs 的关系

（二）影响力模型

相对于丰富的企业领导力模型，大学生领导力模型较少，国内外很多大学生领导力开发项目事实上并没有采用过特定的模型。这主要是因为与企业中的领导力开发相比，大学生领导力开发具有一定的特殊性。企业中的开发项目一般与追求更高的组织绩效及员工满意度联系，但对大学生领导力开发来说就缺乏了相应的组织情境与组织目标。前面谈到的社会变革模型在一定程度上解决了商业、组织情景缺乏的难题，将大学生领导力开发引向了如何促进积极的社会变革这一目标。然而中国有着自身的国情，在一些领导价值观上中西也有本质的不同，所以西方国家的大学生领导力开发模型并不能直接引入我国高校。

在此，本书以流行的领导定义为基础，提出了一个适合我国高校采用的大学生领导力模型——影响力模型。

对于什么是领导，美国学者 Joseph Clarence Rost 认为，领导是存在于领导者与其追随者之间的一种有影响力的关系。在这种关系中，双方都寻求真实的改变并期待其结果能反映他们共同的目标。① 这一定义所倡导的后工业主义领导范式使其在学术界产生了共鸣。特别是这一定义中所暗含的一些关于领导的要素受到了学术界与实务界的广泛接受。而正是这些要素构成了以影响力模型为核心的大学生领导力开发框架的理论基础，它们主要包括：

（1）领导是一种建立在影响力基础之上的多方向发生的关系，而非一种强制性的单向关系。

（2）领导者与追随者追求的是真实的改变，而这种改变应该反映了双方共同的期望。

有了这一理论背景，影响力模型采用了如下假设：

（1）领导并非一种职位，而是一种影响关系。

（2）领导力是可以开发的，每一位学生都是潜在的领导者。

在以上理论与假设的基础上，以影响力模型为核心的大学生领导力开发应达到的目标是：

① JOSEPH CLARENCE ROST. Leadership for the twenty-first century[J]. New York: Praeger, 1993: 102-103.

(1) 帮助学生提高自我认知。每一位学生应理解自身的特质、价值观、兴趣、优点与不足。

(2) 帮助学生学会如何提升自身的影响力，并有效地维持与发挥。

(3) 帮助学生开发其利用自身影响力创建并建设团队的能力。

(4) 帮助学生开发其领导团队推动变革的能力。

与上述四个主要目标相对应，影响力模型含有四个要素，即自我认知 (self-cognition)、影响力 (influence)、团队 (team) 与变革(change)，在此分别详述如下。

1. 自我认知

本尼斯认为："领导是一些能够充分表达自己的人。他们知道他们是谁，知道他们自己的优势与劣势……"① 大量研究也表明，成功的领导者对自我都有深入的认知。作为一名领导者，他应该意识到自己的性格、价值观、信仰、态度与领导风格；他应该了解到自身的优势与不足；他也应该去探究是什么样的环境与经历导致了他现有的优缺点与风格。每一个人都有自身的优势与不足，领导者对自我的认知是诚实的，他们承认自身的缺点，并努力地去改正。能够准确、全面、诚实地评估与反思自我是成为领导者的第一步，它是发展其他具体的领导技能的基础。自我认知能力主要建立在能够进行自我评估并能从多方收集关于自己的反馈信息的基础上。

2. 影响力

领导定义中的一个关键要素是影响力，领导在本质上就是一种影响关系。一般而言，影响力是一个人的特质、行为对他人的态度、价值观、信仰或行动的影响。在此，我们需要区分的是权力影响力与非权力影响力。权力影响力是由社会赋予个人的职务、地位和权力而形成的，带有法定性、强制性和不可抗拒性；非权力影响力是以领导者个人的品德、才能和学识为基础形成的，主要包括品格、才能、知识、感情四个要素。鉴于绝大多数学生手中并没有强制性权力，所以本模型所指的影响力仅限于非权力影响力。非权力影响力与称之为魅力型领导者有关，这类领导者通过自我形象管理，给人一种自信、能干与可靠的印象。又或如圣雄甘地，他本身就是一种行动榜样，能赢得追随者的认可、尊敬与钦佩。要拥有非权力影响力，一名领导者需要展现以下特征或行为：具有领导意识、理解他人、能提出超越性的目标 (愿景)、精于演讲与说服、擅长自我形象管理以及时间管理与关系管理、表现出奉献和承担风险的精神、自信、具有专业知识。

3. 团队

此处的团队指的是领导者的团队领导能力，包括团队创建能力与团队建设能力。孤胆英雄算不上领导者，领导者以其自身的影响力为基础而拥有追随者。但另一方面，如果某人仅仅有了追随者，他也并不必然成为领导者。就像影视明星，他们基于专业技能的影响力而有了众多追随者，但他们并不是我们所说的领导者。只有当某人能够影响其他人去

① 克利夫·里科特斯. 领导学：个人发展与职场成功 [M]. 戴卫东，等译. 北京：中国人民大学出版社，2007.

实现某个共同目标时，他才成为领导者。什么是团队？当领导者与追随者通过高度积极、自觉的协作去实现共同的愿景之时，他们就构成了团队。团队是实现目标的载体，所以团队领导能力对于领导者而言至关重要。团队领导能力可细分为以下几种能力：团队创建能力、团队沟通能力、团队决策能力、授权与激励能力、冲突处理能力以及团队精神建设能力。

4. 变革

领导追求的是积极的变革。领导意味着变化，而管理意味着稳定。领导者的主要使命就是推动组织或团队不断变革，为组织或团队带来真实的改变，因为如果外部变化的速度超过内部变化的速度，组织的末日就会来临。正因为组织要去适应当今飞速发展的社会、经济与技术因素，所以我们对于各个层面、各个行业的领导者才如此渴求。我们希望大学生具有引领变革的能力，能在未来为组织或社会带来变革，帮助组织或社会以更有效、更人性的方式运作。这也是大学生领导力开发的宗旨与归宿。变革能力的确立需要领导者具有批判性思维、创新能力、建立联盟的能力、克服抵制与挫折的能力、管理混乱与复杂性的能力、建立学习型组织的能力。

上述四个要素构成了影响力模型（图 3–2）。我们看到，对于该领导力模型而言，自我认知是基础，影响力是核心，团队是载体，变革是指向。当然四要素之间的关系并非是单向的，相反，四者之间是互相影响的。比如，一次成功的变革会强化领导者的影响力与团队领导能力，也会帮助领导者进一步认清自我。

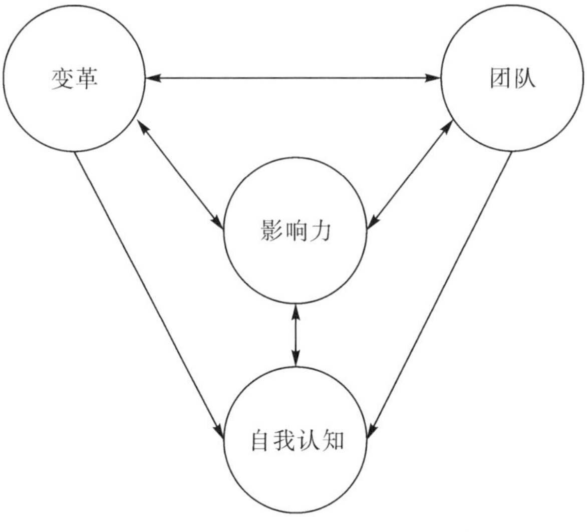

图 3–2 影响力模型的四要素

第四节　大学生领导力开发实践

一、大学生领导力开发途径

大学生领导力开发一般由知识、技能与实践三个模块构成。这三大模块缺一不可，徒有丰富的领导学知识并不一定能使某人成为领导者；缺乏技能训练，在知识与实践之间就存在脱节；没有实践，知识与技能就不能得到检验与强化，二者就成为了空中楼阁。

具体到开发途径或形式上，大学生领导力开发可采用五种形式或工具。它们分别是课堂教学、课程辅助活动、课外活动、讲座或论坛、导师指导。

（一）课堂教学

课堂教学作为最基本的培养途径，由核心课程与辅助性课程组成。核心课程主要介绍领导学的核心理论，如领导的本质、领导思想及理论的发展史、各种流行的领导学模型、领导与变革、领导与伦理、领导与多元文化等。而辅助性课程则旨在向学生传授有关的背景知识，或聚焦于特定的领导技能，对某一相关领域进行深入的学习，如组织理论、领导与沟通、演说与表达等。通过这些课程的学习，学生将获得有关领导的知识与基本领导技能，为其在多种情境中进行领导实践提供了理论依据与支持。这些课程可以通过多种教学方式，如在线研讨、虚拟写作工具、AI 驱动的测评系统等，来提升学习效果。AI 系统可以实时分析学生的学习数据，提供个性化的学习路径和反馈，确保学生在掌握知识的同时，能够有效提升相关技能。

（二）课程辅助活动

课程辅助活动旨在引导学生深入探讨相关主题和习得某种技能，属于经历学习的范畴。高校可以通过开展各类与学生课程紧密联系的实践活动来巩固和强化学生的知识与技能。这类活动的选择与设计通常与学生的课程相互衔接与融合，故称课程辅助活动。它们通常也可视为课程的一部分，是课堂学习在实践领域的延伸。高校可以借助虚拟现实（VR）和增强现实（AR）技术模拟实践活动，如虚拟团队建设、在线体能挑战等。这些数字化工具能够打破物理空间的限制，使学生在任何环境下都能进行领导力的实地模拟训练。

（三）课外活动

课外活动包括各种学生会活动、社团活动、体育活动、学校项目、社区服务等。此类活动与课堂学习没有紧密联系，但这些活动对学生领导力的培养与发展有极大的影响。因此，领导力开发应经常鼓励学生积极参与课外活动，甚至将其作为教育计划内容的一部分。通过参与丰富多样的课外活动，学生能亲身体验作为一个组织成员应具备的素质与责任，学会与人沟通、合作以获得解决问题的方法。在 AI 和数字化工具的辅助下，学生可以通过在线平台组织和管理活动，甚至通过 AI 分析社团管理的效果，提升自己的组织和领导能力。

(四) 讲座或论坛

定期举办领导学讲座、论坛，邀请政府、企业、学术界的领导者或专家就相关主题与学生进行探讨、交流，旨在向学生提供比较前沿或应用性比较强的知识或经验，分享现实中的领导者关于领导实践的认识。这些讲座和论坛可以通过直播或录播形式在线进行，使学生能够随时随地参与。AI 还可以分析这些讲座内容，生成摘要、关键词，帮助学生更好地理解和吸收所学内容。

(五) 导师指导

高校可以通过为学生配备导师，开展实地观摩活动等方式提升学生的领导力。导师能为学生提升领导力提供个性化的服务。导师主要包括社区领导、政府官员、企业领导、院系领导、学生干部或高年级学生等。指导方式可以为定期或不定期地与学生会面探讨某一特定主题，或帮助学生解决在实践领导技能的过程中遇到的难题。导师可以通过在线平台与学生进行实时互动，并利用 AI 分析学生的学习与实践数据，为学生提供更加精准的指导。学生还可以通过虚拟影子练习观察导师的决策过程，获得更直观的领导经验。

(六) 领导力个人及团体咨询

高校可以通过运用心理咨询技术和教练技巧，对学生展开一对一或一对多的领导力咨询活动。这种咨询鼓励学生通过体验、反思得以发展。AI 和大数据分析可以在这种咨询中起到重要作用，其通过分析学生的心理和行为数据，帮助咨询师更好地理解学生的需求，并提供更为精准的咨询服务。

二、大学生领导力开发评估

国内外经验表明，要对领导力开发的成效进行准确的评估并不容易。这主要源于两个方面的原因。

一方面，领导力开发的目的不仅仅是要向受教者传授具体的技能，它也涉及促进受教者的态度、动机、思维方式乃至价值观的转变。但这些深层次因素的转变往往需要一个较长的时期才能实现，一般超过了领导力开发项目的周期，这使得要客观、及时地评估领导力开发变得较为困难。

另一方面，领导力开发需要发展受教者的知识、技能、态度、动机等各个方面，但是这些方面的发展也可能是同时受到其他因素作用力影响的结果，这使得要孤立地评估领导力开发变得较为复杂。

但是企业、大学、员工、学生等领导力开发的主体需要知道他们投入的产出，领导力开发项目本身也需要知道开发的效果以便进一步地改进，这两方面的需求让领导力开发的成效评估又变得必不可少。

结合已有的经验，大学生领导力开发成效评估可采用以下六种方法。

(1) 标准化测试：作为一种传统的评估方式，有利于我们评价学生对理论知识与部分领导技能的理解与掌握程度。在数字化时代，这些测试可以在线进行，AI 可以自动评分并分析测试结果，提供个性化反馈，帮助学生了解自己的不足之处，并有针对性地进行改进。

(2) 面试：结构化或非结构化的面试有利于我们更灵活、更全面地确定学生目前的知识水平、技能水平与态度。AI 技术可以通过语音分析和面部表情识别等手段，辅助面试官评估学生的表现，从而提高评估的客观性和准确性。

(3) 调查：通过针对学生的各种调查表格，我们可以收集到各方面的详尽数据，高质量的数据还有利于进一步深入分析。AI 可以对调查结果进行大数据分析，挖掘出隐藏的趋势和模式，为后续的领导力开发提供有价值的参考。

(4) 学生报告：在领导力开发过程中，我们应该要求学生定期或不定期地提交报告。这些报告或者是学生对自身经验的反思，或者是一些心得、体会，或者是项目实践时的领导日记，甚至是对领导力开发项目的感受与建议。在 AI 的辅助下，这些报告可以通过自然语言处理 (NLP) 技术进行自动分析，提取关键信息，帮助导师更快、更准确地了解学生进展。

(5) 多方反馈：通过收集参与学生的同学、朋友、辅导员、团队成员、导师或教练等各方的反馈信息，我们可以对学生领导技能的水平形成相对客观的印象。反馈工具可以是调查问卷、访谈等。AI 可以自动汇总和分析多方反馈，生成综合报告，帮助导师和学生更全面地了解学生的领导力发展情况。

(6) 行为观察：在学生参加团队活动或实践时，由一名经验丰富的观察人员观察他们的活动表现。通过多次或连续观察，我们可以得到学生行为方式改变的程度。结合 AI 技术的行为分析工具，可以对学生的表现进行更为细致的观察和记录，从而提供更准确的评估。

以上几种方法互为补充，因此需要综合使用，以得到全面、客观的评价数据与结果。在大学生领导力开发的周期内，我们应进行多次测量与评估，至少在开始与结束时各需要一次，以衡量领导力开发给学生带来的变化并有针对性地改进项目本身。考虑到领导力开发影响的长期性，在有条件的情况下，最好在项目或课程结束后仍然对参与学生进行较长时期的跟踪与评估。AI 和大数据分析工具可以在这一过程中发挥重要作用，帮助导师进行长期的跟踪和效果分析，从而提高领导力开发的效率和准确性。

视野拓展

鲍尔州立大学的“卓越领导项目”

（一）大学简介

美国鲍尔州立大学（Ball State University）建立于1899年，起初是鲍尔家族出资兴建的师范学院，后来发展成为著名的美国公立大学之一。作为一所拥有七个学院的综合性大学，美国鲍尔州立大学设置了140多个专业和辅修科目，可以授予博士学位。

（二）“卓越领导项目”概况

1. 项目目标

鲍尔州立大学的“卓越领导项目”（excellence in leadership program，ELP）由学术课程、课外活动和领导力“档案袋”三个部分构成。该项目的重点在于：①培养创造性和批判性思考的能力；②教会学生分析问题和执行解决方案；③通过历时四年的结构性训练，帮助学生建立个性化的领导风格。最终，每个参与项目的学生都可以对社会上的领导需求获得一种高度敏感的意识，并对于如何满足这些需求表现出一种主动、积极、深刻的理解力和判断力。

2. 目标群体

ELP贯穿在该校本科生的四年大学生活之中。新生入学之始便可以参与该项目，直至四年大学教育结束。

3. 设立初衷

作为国内领先的教师教育机构，鲍尔州立大学洞察了今后对卓越领导者日益增长的需要，于是在本校进行了相关的需求调查，要求新生入学之始就完成一个名为“获得成就”（making achievement possible）的调查，到三年级，再填写“中级水平”（mid level）的问卷。调查结果表明，有必要设立专门项目，以培养大学生的信心和技能，并鼓励他们参与领导力的开发。正是在这个基础上，旨在开发领导潜力的ELP项目应运而生。ELP项目的设立对于鲍尔州立大学完成自身的使命有着重要的作用。鲍尔州立大学追求卓越的教师教育，通过ELP项目把一些重要的领导议题传递给将来做教师的学生。此外，鲍尔州立大学十分重视人格培养，而ELP致力于用领导价值观来武装学生，无论他们来自何种专业。

（三）“卓越领导项目”理论基础及内容

1. 理论基础

ELP的设计基于三个主要领导理论：情境领导理论、领导伦理/道德理论和服务型领导理论。概而言之，这些理论认为：领导力是可教的；不同情境需要不同的领导风格与技能；领导应该令他人受益。而且，最重要的是，领导应该具备一种社区意识和公益情怀。

2. 项目内容

(1) 学术课程

ELP 项目的学术课程有以下四个方面的内容：

每年，向三个教师颁发“卓越教师奖”，该奖项包括学术假期和津贴，用于开发运用创新教育技术的领导课程。

通过工作坊和研讨班等形式为教师提供领导力发展机会，用以帮助他们将领导议题整合进学术课程。

在“多文化和全球视角的领导”以及“与国际社区有内在联系的领导议题”两个领域设立“ELP 访问学者项目”。

编辑一系列有益的领导力课程并向学生传授。

(2) 课外活动

这是 ELP 的中心内容。它注重在大学新生生活结束后的可持续发展和领导经验的增长，它致力于帮助学生获得关于伦理、性别问题、团队建设、冲突解决、授权、设立目标、自我和社会责任感等比较全面的领导议题，并形成积极变革的内在动力。它由四个阶段的教育组成：

第一阶段：通过“新兴领导”项目帮助学生确定他们的领导风格，发现个人发展需要和目标；引进社会服务项目；为每个学生配一个指导教师。学生总共需要参加 22 个学习活动（MBIT 性格测试、野营、工作坊、集会、社会活动和一个服务项目等）。

第二阶段：本阶段注重解决同领导他人有关的议题和技能。学生必须参加校内至少一个社团，并额外参加 22 个活动（同第一阶段的活动有着密切联系，但涵盖了一些新议题）。

第三阶段：本阶段重点在更大社区范围内的领导和服务。学生参与八个学习活动，以小组活动的形式协调并完成六个服务项目。

第四阶段：这个最后阶段用于帮助学生顺利向社会生活转型。开设一些研讨班教会学生如何向未来的雇主推销自己的领导技能，并将这些技能用于职业生涯；另外，四年级的学生还将成为新开始的第一阶段新生的指导教师。

(3) 领导力“档案袋”

这个档案袋是每个学生在校四年的努力结晶。它主要包括评估目录和下列领域的证明文件：参与的项目、校园和社区服务、完成的课程、个人作品和荣誉等。建立档案袋的目的是使学生对于个人发展有一种自觉意识，并充分肯定他们的成绩。

(四) “卓越领导项目”的成效

该项目成立后，曾经进行过一次评估，项目成员、指导教师和来自社区的其他人员参与了评估。通过书面调查和访谈的形式从他们那里收集了信息，另外也从兴趣小组那里听取了反馈意见。所收集的信息涉及态度、认知和绩效方面。结果表明参与项目的学生在以下方面有了提高：增强了对自身能力的信心；改善了领导技能；以领导身份服务社区的愿望有所增强；对未来参与社区服务更感兴趣；愿意进一步探究领导概念；实践通过领导力项目获得的经验。

——选编自《国外领导教育与培训概览》

要点回顾

1. 大学生领导力开发源于个人、团队、组织与国家发展的需要。

2. 欧美高校大学生领导力开发的现状及启示。

3. 领导力模型与大学生领导力模型的定义，领导力模型对领导力开发的指导意义。

4. 介绍了两种大学生领导力模型。

5. 大学生领导力开发的途径与评估方法。

思考题

1. 你对自己的人生有什么样的规划？大学生领导力开发将在哪些方面有助于你未来规划的实现？

2. 广泛开展大学生领导力开发项目会如何助力中国式现代化的实现？

3. 对于我国的大学生，在你看来哪些领导素质是必需的？请设计出一个简单的大学生领导力模型。

知识拓展推荐

[1] 吴小云. 大学生领导力研究与开发 [M]. 北京：中国经济出版社，2018.

[2] 杨海燕. 大学生领导力[M]. 北京：中国言实出版社，2022.

[3] 苏珊·R 考米维斯. 大学生领导力[M]. 3 版. 北京：中国人民大学出版社，2014.

[4] 辛西娅·D 麦考利，D 斯科特·德鲁，保罗·R 约斯特，等. 美国创新领导力中心历练驱动的领导力开发：模型、工具和最佳实践[M]. 北京：电子工业出版社，2015.

[5] 杨壮. 做一个有影响力的人：北大领导力十堂课[M]. 北京：机械工业出版社，2008.

网络资源

[1] 公开课：大学生领导力+

https：//coursehome.zhihuishu.com/courseHome/1000014003/262493/22

［2］公开课：领导科学与领导力

https：//open.163.com/newview/movie/free? pid =LHGQJS4RD&mid = GHGQJS4S0

参考资料

［1］陶思亮. 中国大学生领导力发展与教育模型研究［M］. 上海：华东师范大学出版社，2015.

［2］房欲飞. 美国高校大学生领导力教育研究［M］. 上海：上海人民出版社，2016.

［3］宿景祥. 耶鲁领袖训练大讲义［M］. 广州：广东旅游出版社，2006.

［4］理查德·L 达夫特. 领导学：原理与实践［M］. 3 版. 杨斌，译. 北京：电子工业出版社，2008.

［5］翁文艳. 国外领导教育与培训概览［M］. 上海：华东师范大学出版社，2008.

第四章
领导力的镜子：从认识自我开始

“知人者智，自知者明。”

——《老子》

开卷有益

幼虎的咆哮

这是一个在孟加拉国流传很广的故事。

很久很久以前，在喜马拉雅山麓的茂密森林中生活着一只凶猛而威武的母虎。在她生小虎前夕，由于体质虚弱，花费了许多天的时间寻找食物，但一无所获。一天，饥肠辘辘的母虎终于发现了一群山羊，于是开始了一场竭尽全力的追逐。最后，它用尽全身力气，猛地扑向羊群并将一只山羊咬死。但是最后一跳几乎耗尽了这只母虎仅有的精力，在生下一只小雄虎后，它便死了。当被驱散的羊群返回来小心翼翼地接近早已死亡的母虎时，他们发现了幼虎。出于同情，这群山羊收养了这只幼虎，并且像照顾他们自己的孩子一样悉心照顾这只幼虎。随着时间的推移，这只幼虎渐渐长大，但他始终以为自己也是一只山羊，他的叫声完全是山羊的叫声。而且，因为他只吃草，所以他的身上散发出的气味完全是山羊的气味。从外表看，除了长相，他的各个方面都像是山羊。然而，在他躯体内深处却跳动着一颗凶猛的虎心。

一天，一只老虎袭击了羊群，咬死了一只山羊的同时驱散了羊群。山羊落荒而逃，但是这只幼虎却没有跑开，他一点也没有感到害怕。这只老虎经历过不计其数的捕猎场面，可是，当他面对这只幼虎的时候，他的内心从未感受过如此强烈的震撼。他不明白这只幼虎的叫声为什么像山羊一样，身上散发的气味也像山羊，而且行动也完全像一只山羊。作为林中之王的这只老虎下意识地叼住幼虎脖子后面的颈项，拖到附近的池塘边后放下，强迫幼虎注视清澈池水里的倒影。老虎说：“往水里看，那是你的倒影，那就是你。你再看我，你和我一样。你不是山羊，而是老虎。你应该吃的是肉，而不是草。”幼虎不知道倒影是怎么回事，也不知道老虎在说什么，也没有看出来他和这只老虎的相像之处，他发出一声声哀鸣，止不住地颤抖。在与羊群为伍的生长环境中，他渐渐以为自己也是羊。老虎由于幼虎没有理解他的意思而大失所望，于是把这只幼虎拖拉到刚才被他咬死的羊旁边，狠狠地撕下一块羊肉使劲塞进这个小家伙的嘴里。一开始，幼虎感觉塞进来的东西很恶心，并竭力把肉块吐出来。但是这只老虎决心让幼虎明白自己应该是老虎，因此他强迫这只幼虎吞下这块肉。当他确认幼虎将第一块肉完全咽下后，他赶紧又塞给幼虎一块。就在这时，幼虎身体里发生了奇妙的变化。当幼虎咀嚼和品尝第二块肉的时候，他开始感觉到了从未感受过的肉的美味。一股炽热的力量在体内产生，充溢着他的全身，他兴奋得全身颤抖。在吃完第二块肉的时候，他伸展全身，张开大嘴好像在打一个巨大的哈欠，从口中发出了震撼山林的大吼。这是他有生以来的第一声咆哮，是从一只丛林“羊”变成一只真正的“林中之王”的咆哮。接下来，老虎说：“既然你知道了你是一只老虎，那么跟我来吧，我们一起在这大森林中围捕我们的猎物吧。”从那以后，这只幼虎就和这只老虎一起走了，两只老虎一起消失在茂密的森林深处。

在这个故事中，你是否听到了一只幼虎被唤醒的咆哮？这咆哮给予我们这样的启示：幼虎的过去就像是一场梦。梦醒之后，他才发现自己置身于一个陌生的世界。幼虎以为自己是山羊，因为他此前对世界的认识完全是基于山羊的经历，他对世界的看法是以山羊的认识为基础的。故事中，幼虎的全部生活被限制在山羊的世界里，因此他一直认为自己就是一只山羊。这个错误认识持续了很长时间。

想一想，我们是不是拥有幼虎这样的经历？为什么拥有无限的潜力却表现得那样平庸，我们都像被圈养的“山羊”，对于这个世界的认识、看法和体验已经被“牧羊人”限定的环境具体化、程式化了。在很小的时候，我们所置身的文化、家庭、社区就开始教导我们怎样认识这个世界。在这种条件下，我们自然而然地认为这个世界就是我们认识的全部。尽管我们可以从经历的一些具有戏剧性的重要事件中隐约看到我们内心深处所蕴藏的潜力，这些重要事件包括婴儿诞生、大学毕业、结婚、家庭成员的死亡等。但更多的时候，也许我们会平静地走完波澜不惊的生命旅途，而从来也没有意识到真实的自我，意识到自己本可以取得更为辉煌的成就。

可以这样说，在我们的生命旅途里，很少听到这样一声真实的自我被唤醒时发出的长啸。因为，我们对自己缺乏认识，缺少一种向上的信心和勇气，所以难以感受到奋斗的快乐。如果我们能发现自己的真正才能与核心价值，发现自己内心深处本来具有的“老虎”的特质，打破根深蒂固的“羊”的思维，挖掘领导潜能，向世人展示我们的卓越才干，我们就能让生活与内心深处的自我和谐发展。而实现这一目标就需要进行自我认识的转变，如幼虎一样被拖到水池边去看自己的倒影。从此，重新定义自己的能力，进而重新定义生活，我们的生活将进一步提升，潜能将进一步彰显。当我们展现出一个完整的自我时，才能自然而然地赢得追随者的信赖与尊重。

——选编自李宝林《30个成长的故事》

本章要点

⊙ **领导力的修炼核心：认识自己**

⊙ **全面认识：自我认知**

自我感知：我们在多大程度上意识到自己的存在

自我认知是什么：自我认知的内涵与成分

谁组合成为了“我”：自我认知的结构

什么时候“我”知道了“我”：自我认知的形成与发展、影响因素

怎么知道“我是谁”：如何认知自我

⊙ **提升领导力：成为你自己**

我把领导力比喻成什么

了解你的领导目标

做你自己

⊙ **领导力的执行：跨越自我认知**

价值观最重要：领导力的种子

第五级领导力：执着+谦卑

第一节 领导力的修炼核心：认识自己

杰出的领导者迥然不同：有些咄咄逼人，有些谦卑温和，有些才华四溢，有些智力普通。他们有什么共同之处呢？领导力大师比尔·乔治（Bill George）认为，他们都保持真诚的本色。而真诚的核心是“做你自己”，这包括认识自己和自我展示。斯坦福大学商学院顾问委员会的75名成员在推荐领导者需要培养的最重要的能力时，他们的选择几乎一模一样——自我认知。自我认知可以帮助你找到正确的角色，增强自信心，表里如一，建立跟他人的联系，取长补短。如果没有自我认知，就容易追求外在的成功，而非做自己真正想做的人。也就是说，要想有效地领导他人，你必须先认识自己，并展示给他人：你是谁，你在坚守什么，你能做什么，不能做什么。

视野拓展

在拐角碰见本尼斯

我在图书馆高高的书架上垫着脚尖去拿那本厚厚的《如何成为领导者》，但是书架太高了，我一直够不着。突然，身边多了一位老教授，这位外国教授（我看不出他的国籍），他帮我从书架上拿了下来，并把它递给了我。

“你为什么一定要看这本书呢？”他问我。

“我想知道如何成为领导者。”我觉得这个老头的这个问题很好笑。

“哦！那么你觉得成为领导者的最基础的要素是什么呢？只有一个哦。”他眯着眼，很严肃地问我。

“为什么我要回答你，我又不认识你。”我准备很不礼貌地转身而走——本来我还想感谢他的帮助，现在，我决定不理睬这个陌生的老头。

“或许我能帮你在很短很短的时间里成为一个领导者，实现你的梦想呢！”我听见他在身后很清楚地说出这句话，我保证他绝对地抓住了我急于求成的心理。我停住离开的脚步，转头正看见他那深邃的目光，我忽然觉得我必须很认真地思考和回答这个问题。但是我却不知道答案。

我想了一会儿，摇了摇头，然后很庄重地向他鞠躬：“请您告诉我答案，好吗？”我觉得我必须这样做，我觉得我在他面前没有了张扬，也没有了底气。

他“呵呵”地笑了，我想，他肯定在想“孺子可教也”。“和我到那边去，我告诉你。”他指着图书馆那片很大的玻璃窗，阳光正轻轻地洒在窗边的大书桌上。我不由自主地跟随他走了过去。

他拿过我手上的书，翻开第一页，轻轻地念道："成为领导者首先要认识自己，这意味着要把你是谁和你想成为谁，跟周围人认为你是谁和想要你成为谁区分开来。""就这么简单？"我听了，觉得这个答案很奇怪。

"简单？那么请你回答我：你的长处是什么？你的学习方式是什么？你的做事方式是什么？你的价值观是什么？"因为阳光，我看不清他的表情，但我确定听清楚了他的问题。我愣住了。我的能力、我的奋斗目标以及实现目标的策略——我压根没有一个确实的答案。

看见我呆滞的表情，他轻轻笑了一下，低沉地说道："所有领导人赖以成功的基础都是自我认知，即他们能够全面认识自己的能力，准确把握他们所领导的团队特点，准确定位他们的追随者。个人察觉建立在运营理念、价值观和信仰等基础之上，这些因素可以决定某个人与社会进行交流的方式，也决定这个人的生活质量。"①

我有点明白了。

他仿佛能看透我此刻的心理。他停顿了一下，又缓缓地翻动书，念道："领导者是那些能够充分表达自己的人。第一，他们知道自己是谁，知道自己的长处和短处，以及如何取长补短。第二，他们知道自己想要什么，知道如何对别人沟通自己想要什么，以获得别人的合作和支持。第三，他们知道如何实现自己的目标。"②

"也就是说，"我抬头看着眼前这位长者，说道，"清楚地认识自己就是造就强大领导力的基石。具备了自我认识，就可以清楚地知道什么是最重要的，什么是真实的；掌握了这种洞察力，就可以掌握完整可靠的信息，并且在此基础上作出决策。这也是成功提升领导力的基础。如果领导者能够意识到每个人都拥有其对现实世界的独立看法，那么他就可以在更高的层面上来解决个人和下属关心的问题。"

"很正确。"老教授起身将书递给我，"而自我认识和自我塑造是一生的过程。在这个过程中，你能发现自己的领导潜能，并由此改变对世界的看法；你会发现，你可以将自己的核心领导力技巧提升到任何高度，而原有的看法、观点和领导背景都不会构成任何障碍。"

"祝你早日实现领导者理想，再见。"很突然地，他拍拍我的头，在我眼前消失了。

"别走——"我伸手去抓，"砰"一声脆响，"哎呀！"我跳了起来，原来我坐在拐角的阅览室里睡着了，刚才那一伸手将桌上的茶杯打翻了，茶水将桌上的杂志打湿了。哪里有什么外国教授，哪里有什么高高的书架，原来只是南柯一梦。但为什么我会做这样一个梦呢？太奇怪了！我晃了晃头，一边抽出面纸去吸杂志上的茶水，一边在想这个问题。忽然，我的手停在杂志上——这是一篇书摘：

"克林顿被公认为美国历史上最聪明的总统之一。但是他没有能够取得更大成就的主要原因之一，就是他没有能够认识自己。现在哈佛大学任教的大卫·格根给四任美国总统当过顾问，跟克林顿一起

① 安东·卡马罗塔. 成就卓越领导[M]. 扈喜林，译. 北京：北京科学技术出版社，2006.

② 沃伦·本尼斯. 成为领导者（纪念版）[M]. 徐冲，姜文波，译. 北京：浙江人民出版社，2016.

亲密工作过。格根通过观察发现：‘克林顿的核心问题是，他的内心没有一个明确的指针。他拥有360度的视角，却没有一个坚定的真北。他的内心不够强大……他不清楚自己到底是谁，总是希望通过别人的视角来定义自己。这让他变成了一个充满冲突和矛盾的人，而在其他人看来，他似乎也是一个矛盾的混合体，给人一种忽强忽弱的感觉。”加德纳对克林顿的评价与之类似：‘克林顿是个讲故事的高手。他讲的故事非常精彩。但是他讲了太多的故事，人们不清楚他究竟相信哪一个。’”①

这是我梦开始的地方，梦中的老者原来就是沃伦·本尼斯。

人们往往把领导力当成了一种特质，而实际上领导力是一种关系，领导是我们“和”别人一同完成的，它是领导者和被领导者之间的一种关系。它的本质是在两个核心要素——自我意识和社会技巧之间取得平衡。所以高效的领导力需要在自我了解的基础上，发现和分配自身的领导力资源。我们的结论可以归结为一句话：领导力就是有技巧地做你自己，领导力修炼的核心就是自我认识。

点睛一笔

曾经培训过的一位首席执行官，他成为公司最高层的原因，部分在于他对员工、顾客和他人的低调处世方式。他很聪明，分析能力很强，虽然性格内向，但通过一对一的对话、电子邮件、结构化会议和正式活动等，他可以有效地领导着公司。

然而，公司的竞争环境突然改变了。随着业绩问题的不断加剧，投资方、当地社区群体和其他利益相关者都在呼吁公司要有公共代言人。这位首席执行官对公司有着强烈的感情，希望公司能够生存下去，因此他放弃了自己喜欢待在办公室的个人倾向，转而投入到公众场合中。

要想成为公司的代言人，他就必须学会分享自己，分享自己的为人和想法，分享自己对时间的分配等等。通过这种做法，他传达了自己坚定的信心——公司必胜。在两个月的时间里，这位谦虚低调的人一改往常作风，接受媒体访谈，会见供应商、监管机构、顾客、社区领导和工会的负责人，成为公司的形象代言人。尽管他对公开表达已经驾轻就熟，但他从来没有觉得这样非常舒服。他的职业能力和热情超越了个人倾向，他做了必须做的事情：帮助公司取得成功，并且从中学习成长。

这位领导者了解自己擅长什么，不擅长什么，知道为了最重要的事情，要改变什么。当你坦诚地思考自己是什么样的人，需要成为什么样的人时，你就能创造更大的领导宽度，看到自己的强项和弱项，适应业务条件，做出正确的事情。

——选编自：戴维·尤里奇，诺姆·斯莫尔伍德，凯特·斯威特曼，等. 领导力密码［M］. 著陶娟，译. 杭州：浙江教育出版社，2022.

① 刘澜. 领导力沉思录［M］. 北京：中信出版社，2009.

下面这个练习可以帮助你看到自己的强项和弱项。图 4–1 提供了一个“雷达”样本，它可以帮助你快速地了解自己的个人素质概况。

进阶探索

第一步：个人素质测试

个人素质源自你对自己的投资。以下测试列出了展现个人素质的一些关键技巧和行为。你可以将其作为自我评估，或者让他人评估你的参考，以便更全面地了解自己，个人素质图（样本）见图 4–1。

得分范围：1~10。

你在多大程度上……

1. 关注一些关键问题。 1 2 3 4 5 6 7 8 9 10
2. 发现数据中的模式。 1 2 3 4 5 6 7 8 9 10
3. 知道自己喜欢什么，擅长什么。 1 2 3 4 5 6 7 8 9 10
4. 做需要做但并不一定喜欢做的事情。 1 2 3 4 5 6 7 8 9 10
5. 要求反馈，了解别人对你的看法。 1 2 3 4 5 6 7 8 9 10
6. 能够承受压力，保持平静。 1 2 3 4 5 6 7 8 9 10
7. 寻求解决问题的新想法或新方式。 1 2 3 4 5 6 7 8 9 10
8. 从经历中学习，在过去的基础上改善。 1 2 3 4 5 6 7 8 9 10
9. 为他人着想，也为自己着想。 1 2 3 4 5 6 7 8 9 10
10. 照顾好自己的身体（营养、锻炼、睡眠和冥想）。 1 2 3 4 5 6 7 8 9 10
11. 维护好社会关系，拥有值得信赖的同事和朋友的支持。 1 2 3 4 5 6 7 8 9 10
12. 对工作抱有激情。

计分标准：

50~60 分=优秀；43~49 分=良好；36~42 分=较好；35 分以下=较弱——更好地对待自己。

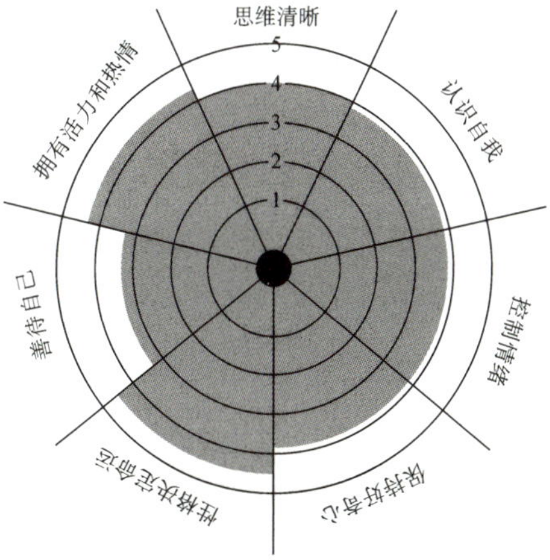

图 4–1 个人素质图（样本）

改编自：戴维·尤里奇，诺姆·斯莫尔伍德，凯特·斯威特曼，等. 领导力密码[M]. 著陶娟，译. 杭州：浙江教育出版社，2022.

第二步：我的提升计划

经过上面的测试后，我要逐步清晰地认识自己、重新认识这个世界，向世人展现一个真实的自我。于是，我制订了这样的计划：

1. 我要弄清楚自己的优势在哪里，因为只有这样才能让我明了自己未来发展的方向。

提升心得：____

____

____

____

2. 虽然我有自己的优点，但也要学习别人的长处，我决定从身边的同学中树立一个学习的榜样。

提升心得：____

____

____

____

3. 我不能做一个得过且过、不思进取的人，我要把每天的事情尽量做到最好。

提升心得：____

____

____

____

4. 我要牢记自己的梦想，并一直向那个方向努力。

提升心得：____

____

____

____

——改编自：学习型·读书工程教研中心. 伴随小学生成长的情商故事 [M]. 哈尔滨：哈尔滨出版社，2009.

第二节　全面认识：自我认知

希腊德尔斐的阿波罗神殿外侧，刻着七位智者的名言，其中有一名叫塔利斯，他的名言传遍后世："人啊，认识你自己。"

古希腊曾经流传着一个故事：底比斯城的人得罪了天后赫拉。为了惩罚他们，天后在城外的悬崖上降下一个叫斯芬克斯的人面狮身的女妖。她将神的箴言——"人，认识你自己"化为谜语，来盘问每一个路过此处的底比斯人："在早晨用四条腿走路，中午用两条腿走路，晚上用三条腿走路，在一切生物中这是唯一的用不同数目的腿走路的生物，腿最多的时候，正是速度和力量最小的时候。”凡猜中者都可活命，猜错者一律被吃掉。当底比斯城的人被全部吃掉后，聪明的俄狄浦斯路过此地，猜中了谜语：“这是人啊！在生命的早晨，人是软弱无助的孩子，他用四肢爬行；在生命的中午，他成为中年人，用两腿走路；到了老年，他需要扶持，因此拄着拐杖，作为第三只腿。”谜语被猜中了，斯芬克斯就从悬崖上跳下去摔死了……

“斯芬克斯之谜”蕴涵着非常丰富的人生哲理，那就是：人最难认识自己。

视野拓展

段延庆遇见苏格拉底

“我看见你眼神迷乱，显然已经失去心智。”

段延庆看了看说话的老头儿，心生欢喜，因为这个人头发乱如草，脸部扁平，嘴唇粗厚，双眼大如牛眼，与被毁了容的自己不相上下。“阁下是谁？怎敢出语不逊？想必没听过‘恶贯满盈’的名头？”

“我叫苏格拉底。我说的是实话。我没听说过谁取‘恶贯满盈’这样的名字还引以为荣。我也问你三个问题：你从哪里来？要到哪里去？你是谁？”

这些年段延庆一心只想着报仇，心中被怨恨与愁苦充满，已经毫不在乎人们对自己的评价如何，当然更不会去想自己本来应该是谁、为什么会变成今天这样。他一时语塞。

“年轻人，认识你自己。不管你有多大的痛苦和欢乐，你都应该想一想，你真的认识你自己吗？你现在要去做的事真的是你需要的吗？”

“只有懦夫才会瞻前顾后、想这想那。你父亲被人杀了，该不该报仇？本应属于你的皇位被人占了，该不该抢回来？”

“年轻人，你错了，我并不懦弱。我参加过伯罗奔尼撒战争的三次战役，曾把‘勇敢战士’的勋章佩在胸前。我曾经冒死救过我的两个学生。既然谈到勇敢，你真的了解什么是勇敢吗？”

“大仇未报，挡我者死。”

“没有人阻挡你，年轻人。但是我请你想一想，你现在所过的生活真的是你想要的生活吗？仇恨已经蒙蔽了你的心灵，已经成了你生活的全部。你曾经跳出来看过自己吗？年轻人，未经审视的生活是不值得过的。”

在一瞬间，段延庆“审视”了自己的生活，发现确如这个丑陋的老头儿所说，似乎是不值得过的：报仇希望渺茫，而自己已经不可能像正常人一样生活。“我是谁？为什么我的生活如此混乱？”他的意志被闪电般摧毁，心脉断裂而死。

——选编自《莽夫六撞智慧门》

一、自我感知：我们在多大程度上意识到自己的存在

2000 年，吉洛维奇等人（Gilovich & others）做了一个实验：他们让康奈尔大学的学生（被试者）穿上印有巴瑞·马尼洛（Barry Manilow）头像的 T 恤，然后进入一个还有其他学生的房间。穿 T 恤的学生猜测大约一半的同学会注意到他的 T 恤，而实际上注意到的人只有 23%。

你有没有这样的经历呢？

你穿了一件自己认为很潮的衣服去教室听课，一路上你觉得好多人都在看你。

下课了，你不小心踩滑了，在众目睽睽之下摔了一跤，你在 5 秒钟内迅速起身，还装作若无其事地昂头走出教室。

你刚刚走到图书馆那道安检门前的时候，不知道为什么它突然发出尖锐的叫声，尽管所有的一切都与你无关，但是你苦恼许久。

你因为在某一次聚会上把饮料撒了一身而懊恼。

你会因为自己是这次聚会上唯一一个没有为主人准备礼物的客人，感到非常苦恼（“大家都以为我很不礼貌”）。

如果你有过以上的心路历程，那么恭喜，你是焦点效应（spotlight effect）组的一员了。

心理学家把这种现象称为“spotlight effect”，即人类往往会把自己看作一切的中心，并且直觉地高估别人对自己的注意程度。这种心理状态让我们过度关注自我，过分在意聚会或者工作集会时周围人们对我们的关注程度。这是日常生活中非常常见的。比如说，同学聚会时拿出集体照片，每个人基本都在第一时间找自己，的确每个人也都在照片中首先找到了自己。又比如说，我们跟朋友聊天的时候，会很自然地将话题引到自己身上来，同时会希望成为众人关注的焦点。

很显然，在这样的社交失误中，我们认知世界中唯一的对象，是我们自己。我们随时都意识到“我”的存在，“我”比其他任何事都关键，其实别人并没有像我们自己那样注意我们。

那么如果不是在这样的场景中，我们又能在多大程度上意识到“我”的存在呢？

（一）社会环境与自我觉知

文化、阶层、性别群体、城乡等差异使我们轻易注意到自己和其他人的不同，以及他人对这些差异的反应。林黛玉初进贾府时的情景就是一个明显的例子：

且说黛玉自那日弃舟登岸时，便有荣国府打发了轿子并拉行李的车辆久候了。这林黛玉常听得母亲说过，他外祖母家与别家不同。他近日所见的这几个三等仆妇，吃穿用度，已是不凡了，何况今至其家。因此步步留心，时时在意，不肯轻易多说一句话，多行一步路，唯恐被人耻笑了他去……

……当日林如海教女以惜福养身，云饭后务待饭粒咽尽，过一时再

吃茶，方不伤脾胃。今黛玉见了这里许多事情不合家中之式，不得不随的，少不得一一改过来，因而接了茶。早见人又捧过漱盂来，黛玉也照样漱了口。盥手毕，又捧上茶来，这方是吃的茶。

(《红楼梦》第三回　贾雨村夤缘复旧职　林黛玉抛父进京都)

(二) 社会判断与自我觉知

这个世界是五彩斑斓的，其中自利色彩是最常见的，尤其是在个体需要对事件作出判断的时候。这种带有自利色彩的社会判断总是让人非常容易地觉察到“我”的存在和重要。在外读书的时候，其中较为亲密的人际关系，比如集体宿舍关系中出现问题时，个体通常会把责任更多地推到对方身上。可是当集体获得荣誉或者说出现和谐情况时，个体却往往会认为自己起了更重要的作用。同样，为了名利，科学家很少低估他们自己的贡献。在诺贝尔奖历史上，1923 年所发生的事情尤能说明这个问题。那年，诺贝尔生理医学奖颁发给胰岛素发现者弗雷德里克·格兰特·班廷 (Frederick Grant Banting) 和约翰·詹姆斯·理查德·麦克劳德 (John James Rickard Macleod)。随即而来的是，班廷声称，麦克劳德作为实验室领导者，更多的时候是他们的研究障碍而不是助手。此后，班廷的名字在麦克劳德的有关该发现的演讲中也不再出现了。

(三) 社交行为与自我觉知

为了给人留下良好的印象，个体在涉及自己未来的社交场合经常为自己的外表感到头痛，就像刚刚所提到的焦点效应和社交失误。个体随时关注“我”的社交行为，这在我们的生活中时常看得见。比如一个星期后要去面试某个职位，从得到通知那天开始，个体就可能开始考虑自己那天穿什么衣服、进门的时候先跨右脚还是左脚、见面的第一句话说什么、面带微笑时露出几个牙齿等。个体就像一位理智的政治家一样，对自我形象的关注放在第一位，并随时调整自己的行为，以期获得好感与认同。

(四) 社会关系与自我觉知

有人说，人生如戏，戏如人生。其实，每个人都是一个演员，在社会的大舞台上，各自扮演着各自的角色。可能和父母在一起时我们是一个样子，而和老师在一起时又是另一个不同的样子；与同学在一起时是一个样子，而和好友在一起时则是另外一个样子。在多变的关系和角色集合中，我们对自己的感知和判断会提高、觉醒，个体对“我”的觉知与此刻个体在关系中的角色紧密相连。正如心理学家安德森和陈 (Andersen S. M. & Chen S，2002) 所说：在多变的关系中，我们的自我也不断变化。节假日去景区或者上下班高峰时期，很多人都有过挤地铁的经历吧！地铁来了，车上有很多人，车下也有很多人，不挤就上不去，只能挤。车上的人双脚已经踏进了地铁车厢，车下的人还拼命往前推。车上的人不高兴别人用力推，车下的人却希望后面的人拼命推。车上的人在抱怨地铁为什么还不关门不开车，车下的一等！”当车下的人在大家的帮助之下，双脚终于踏进地铁车厢的时候，他的认知瞬间就改变了，刚刚还在希望后面的人用力推，此时却冲后面的人喊：“你挤什么挤？”刚刚还在喊：“请等一等！”此时却抱怨地铁为什么不赶紧关门！①

二、自我认知是什么：自我认知的内涵与成分

> 一个人的自我是他所拥有的一切的总和，不仅包括他的身体和精神，而且还包括他的衣服和房子、妻子和孩子、祖先和朋友、名声和工作、土地和马匹，以及游艇和银行账户。所有这些东西都可以带给他同样的情感。如果它们渐渐增强，趋于繁盛，他就会得意洋洋；如果它们渐渐衰落，趋于消亡，他就会垂头丧气。
>
> ——威廉·詹姆斯

1948年美国加利福尼亚大学心理学家伯特伦·福勒（Bertram R. Forer）对学生进行了一项人格测试，并让学生根据测验的结果与本身特质的契合度进行评分，0分最低，5分最高。结果学生们对该人格测试的评分为4.26分，均认为该项测试的结论与自己的特质非常吻合。事实上，福勒只是从市面上流行的星座介绍里摘抄了笼统的描述句子，所有学生得到的个人分析都是相同的。后续有心理学家用“明尼苏达多项人格量表”（MMPI）在此实验的基础上作了进一步修改，给参加者两份测试结论：一份是参加者自己填答的真实结论，另一份是多数人回答的平均结论。结果，仅从结论描述上来判断，参加者竟然认为后者更准确地表达了自己的人格特征。

下面一段话是心理学家使用的材料，你觉得是否描述的就是你呢？

你很需要别人喜欢并尊重你。你有自我批判的倾向。你有许多可以成为你优势的能力没有发挥出来，同时你也有一些缺点，不过你一般可以克服它们。你与异性交往有些困难，尽管外表上显得很从容，但其实你内心焦急不安。你有时怀疑自己所作的决定或所做的事是否正确。你喜欢生活有些变化，厌恶被人限制。你以自己能独立思考而自豪，别人的建议如果没有充分的证据你不会接受。你认为在别人面前过于坦率地表露自己是不明智的。你有时外向、亲切、好交际，而有时则内向、谨慎、沉默。你的有些抱负往往很不现实。

心理学家保尔·弥尔（Paul E.Meehl）把这种现象称作巴纳姆效应（Barnum effect，又称福勒效应，Forer effect）。它主要表现为：人们会对于他们认为是为自己量身定做的一些人格描述给予高度准确的评价，而这些描述往往十分模糊及普遍，以致能够放诸四海皆准，适用于很多人。巴纳姆效应能够不完全解释为何不少伪科学如占星学、占卜或人格测试等能被普遍接受。

若要避免巴纳姆效应，就应客观真实地认识自己。那么，什么是自我认知呢？

（一）自我认知的内涵

从心理学视角来看，自我认知（self-cognition）也叫自我意识或自我，是个体对自己存在的觉察，包括认识自己的长处与缺点，意识并调整自己的情绪、意向、动机、脾气和欲望，并对自己的行为进行自律和反省。从普通人的视角，则可以理解为一个人对自己的认识。简单地说，自我认知是指个人认识自己的一切，包括认识自己的生理状况（如身高、体重、形态等）、心理特征（如兴趣爱好、能力、性格、气质等）以及自己与他人的关系（如自己与周围人们相处的关系、自己在群体中

① 邹元欣. 我的执行力［M］. 厦门：鹭江出版社，2009.

的位置与作用等)，即自己对于所有属于自己身心状况的认识。

眼睛是心灵的窗户，我们可以通过这扇窗看外面的世界。可是窗子里面的世界呢？在这窗户上总是遮着一条厚厚的窗帘，外面的光无法透过，里面是一片漆黑，什么也看不见。自我认知的过程就是掀开这条厚窗帘，让阳光驱除里面的黑暗，让自己仔细看看这里面的世界的过程。

点睛一笔

了解自己意味着要把“你是什么人和你想成为什么人”与“世人认为你是什么人和希望你成为什么人”区分开来。心理学家和作家罗杰·古尔德（Roger Gould）很早就宣布了自己的独立。他说：

我记得，在我与父亲的一次次争论中，他似乎都是对的，让我永远也无法理解。我总是习惯于问“为什么”。我6岁时，有一次躺在床上，看着天上的星星想：“那里还有其他的行星，也许有的上面也会有生命。地球是巨大的，生活着数以亿计的人类，而人人都不可能总是正确的，所以我的父亲可能是错的，而我可能是对的。”这是我自己的相对论。因此，在上高中时，我开始阅读经典名著，它们就是我开始脱离父母的人生转折。我有了自己的判断，可以按照自己的主张来评价它，可以在自己领会它之前绝口不与他人谈起它。

历史上许多杰出领导者用各种不同的方法克服了种种障碍，但他们都强调了自知之明的重要性。

——改编自：沃伦·本尼斯. 成为领导者（纪念版）[M]. 徐冲，姜文波，译. 杭州：浙江人民出版社，2016.

进阶探索

我是怎样的一个人？

请拿出一张白纸，把纸纵向均匀地折叠成四部分，形成比“川”字还多一竖的折痕。在纸最左侧那一列，写下“身高”两个字。你一定大惑不解，这和身高有什么关系？别着急，请把以下各项一一写出：

身高、体重、相貌、出身阶层、文化程度、性别、性格、人际关系、职业、配偶、家庭、收入、爱好、住宅面积、理想抱负……

左侧写满之后，请在白纸的上方从左至右写上：真实的我、理想的我、别人眼中的我。

好了，现在我们这张表的基本构架就出来了，剩下的事就是你按照刚才列出的条目填上答案。

具体填法，有两种形式：

一种是竖填，先一鼓作气地填出真实的自己的情况。比如你是一位男生，身高1.75米，体重65千克，相貌中等，出身阶层是工人，文化程度是在读本科……填完了第一竖栏，真实世界中你的大致情况就勾勒出来了。然后再填右边的那一栏，就是——“理想中的我”，建议你也一气呵成。期冀自己怎样，就大大方方地写出来，不必担忧它是否可行。比如身高，你希望自己高大如NBA球星，不妨就写个1.98米；还觉不过瘾，填上2.22米也无妨。如果你期望窈窕如模特，也可以大胆设想身高1.75米，体重48千克。至于相貌，可大笔一挥写上任何一位你仰慕已久的明星或者历史人物等。至于出身阶层，更可以写上“王室贵族”或是“亿万富翁”。总而言之，你曾怎样想过，就老老实实写出来吧。

还有一种是横填，可这样操作。以“收入”一项为例，先写上你的实际状况，比如“800元”（因为你现在在读书期间，可以写你每个月家里所提供的消费，当然如果你有兼职的话，需把这部分计入）；再移向右侧的那栏，即“理想的我”，你可以填上“月薪8 000元”。至于“别人眼中的我”，也许因为你经常出手大方、仗义疏财，人家以为你的月消费额起码1 000元以上了；也许因为你为人节俭，从来不乱花钱，穿着朴素，别人还以为你每月只有300元呢！

——选编自：毕淑敏《心灵七游戏》

（二）自我认知的成分

自我认知是一种多维度、多层次的复杂心理现象。从传统心理学的“知、情、意”角度可以看出，它由自我认识、自我体验和自我控制三种心理成分构成。这三种心理成分相互联系、相互制约，统一于个体的自我认知之中。

在我们刚刚进行的游戏中，我们观察自己的体形，认为属“清瘦型”；分析自己的品性，认为自己是个诚实的人；用批评的眼光审视自我时，觉得自己脾气急躁、容易冲动。这是自我认知的认知成分，即自我认识，表现为自我感觉、自我观察、自我分析和自我批评等，它要解决“我是一个什么样的人”的问题。我们感到自卑，因为自己长得不好看，所以对自己感觉不满意，甚至不愿接受这个丑陋的我。这是自我认知在情感方面的表现，它表现为自我感受、自爱、自尊、自持、自卑、责任感、义务感和优越感等，主要回答及“对自己是否满意”“能否悦纳自己”这类问题。我们在认识到差距之后暗暗对自己说“我要振奋自己或我要节制自己”“我要与疲劳搏斗”“我要使自己成为我理想中的那种人”。这是自我认知的意志成分，即自我控制，它主要表现为个人对于自己行为的监督和调节使之达到自我的目标，即自立、自主、自制、自强、自卫、自律等，要解决“如何有效地调控自己”“如何改变现状，使自己成为一个理想的人”之类的问题。这三个方面整合一致，便形成了完整的自我认知。

三、谁组合成为了“我”：自我认知的结构

风靡20世纪60年代的甲壳虫乐队唱出了闻名世界的曲子*Norwegian Wood*。海潮的清香，遥远的汽笛，洗发香波的气味，傍晚的和风，

缥缈的憧憬，以及夏日的梦境……这些组成了村上春树的世界。1987年村上春树就以“挪威的森林”为书名写了一本青春恋爱小说。我在看到这段文字的时候，一位朋友给我发来这样一段文字：在这一部动人心弦的、平缓舒雅的、略带感伤的、百分之百的恋爱小说中，直子时而清醒，时而迷糊……，一句“我是谁?”写出了夹在“自我发现”和“主体发现”缝隙中人们的迷惘和极度空虚。

进阶探索

问我 20 问

假设你来到了一家自己仰慕很久的公司面试。这时，面试官给你拿了一张表，这张表里包含了你可以告诉他人的你自己的 20 件事。对，就是 20 件，这些事情可以包括你的个性、背景、生理特征、爱好、属于你的东西、你亲近的人等。总之，就是任何能够帮助他人了解你真实情况的东西。你会告诉他们什么？从第一项，到第二十项，请详细地列出来。

这张表填完之后，你会对自我有一个更为清晰和不同以往的认识——啊！原来“我”是这些可以无限延伸的元素组合。

解析：

(1) 答案的数量和质量。即一共写出几个答案，答案中哪些方面的内容更多。如果能写出 9~10 个答案，则大体上可以认为你没有特别的障碍。如果只能写出 7 个或更少的答案，则可以认为你是过分压抑自己。在回答时，你会以无聊、害羞、时间不够等为借口，不能回答更多的问题。

(2) 回答内容的表现方式。有三种情况：符合客观情况的，如“我是大学生”“我是家里唯一的孩子”等；主观解释的情况，如“我是一个老实人”“我害怕与人交往”等；中性的情况，即谁都不能作出判断的情况。如果主观评价和客观评价都有，则可以认为你取得了平衡。在主观评价中，最好是既说到自己好的方面（令人满意的特征），也说到自己不足之处（不令人满意的特征）。如果只说到好的，则会使人自满；只做不好的评价，又令人感到你没有信心。

(3) 回答的内容是否涉及自己的未来。哪怕只有一个答案涉及未来（如“我是未来的科学家”），也说明你有理想和抱负，在现实生活中充满生机。如果没有一个答案涉及未来，则可能说明你对未来考虑不多。

——改编自：郭宝亮，赵国年. 大学生情境化思想品德教育理论与实践模式[M]. 北京：北京理工大学出版社，2018.

最早提出“自我”概念的美国心理学家威廉·詹姆斯（William James，1890）认为，自我由主观、客观两个方面构成，表示主观的“我”(I)，即是对“自己认识的自我”，表示客观的“我”(ME)，乃是一个能称之为人的一切的总和，包括能力、社会性和人格特征以及物质所有物等。平时我们常听见人说“我认为我的个性是懦弱的”“我感到心里难受”“我恨自己太缺乏信心”等。句子里开头提出的“我”，是句子的主语部分，就是主观的“我”，即是对自己活动的觉察者；句子里的宾语是“我”“自己”等，这是客观的“我”，即被主观的我觉察到的自己的身心活动。詹姆斯指出了自我的两重性之后，又指出客观的我由三个要素所构成，即物质的客我、社会的客我和精神的客我。这三个要素都包括了自我评价、自我体验以及自我追求等方面（表4–1）。

表4–1　客观的我之结构[①]

	物质的客我	社会的客我	精神的客我
自我认识、自我评价	对自己的身体、外貌、衣着、风度、家庭、所有物等的认识与评价	对自己在群体中的地位、声望、拥有的财产等的认识与评价	对自己的智力、性格与人格特点以及自己的道德、宗教信仰等的认识与评价
自我体验、自我追求	追求自己的身体外表、物质欲望的满足，维持家庭的利益，由此产生自豪感或自卑感	追求自己的名誉、地位，争取得到他人的好感等，由此产生自豪感或自卑感。	追求自己能力、智慧的发展，要求自己的行为符合社会规范等，由此产生自豪感或自卑感

进阶探索

心理学家Fenigstein、Scheier和Buss告诉“我”：“我”的精神自我与社会自我各占多少比例。

以下是自我意识量表（self–consciousness scale，简称SCS），其中“0”表示完全不符合我，“4”表示非常符合我，“1、2、3”分别代表不同程度的符合或不符合（表4–2）。请在你认为合适的数字上做一个标记。

计分标准：

第3题和第7题反向计分。代表自己心目中的自我的题目包括：1、3、4、6、7、9、11、15和17，把它们的总分计算出来；代表社会自我，也就是别人眼中的自我的题目是2、5、8、10、12、14和16。对大学生群体而言，自己心中的自我的平均得分为26，而他人眼中的自我的平均分为19。

① 加藤义明. 社会心理学［M］. 东京：有斐阁，1987.

表 4-2 自我意识量表

1	我经常试图描述自己	0	1	2	3	4
2	我关心自己做事的方式	0	1	2	3	4
3	总的来说，我对自己是什么人不太清楚	0	1	2	3	4
4	我经常反省自己	0	1	2	3	4
5	我关心自己的表现方式	0	1	2	3	4
6	我能决定自己的命运	0	1	2	3	4
7	我从不检讨自己	0	1	2	3	4
8	我对自己是什么样的人很在意	0	1	2	3	4
9	我很关注自己的内在感受	0	1	2	3	4
10	我常常担心我是不是给别人有一个好印象	0	1	2	3	4
11	我常常考察自己的动机	0	1	2	3	4
12	离开家时我常常照镜子	0	1	2	3	4
13	有时我有一种自己在看着自己的感受	0	1	2	3	4
14	我关心他人看我的方式	0	1	2	3	4
15	我对自己心情的变化很敏感	0	1	2	3	4
16	我对自己的外表很关注	0	1	2	3	4
17	当解决问题的时候我清楚自己的心理	0	1	2	3	4

四、什么时候“我”知道了“我”：自我认知的形成与发展、影响因素

我们刚刚出生的时候，知不知道“我”呢？——答案是：No。

1972 年，北卡罗来纳州大学的 Beulah Amsterdam 发表了一项实验报告，从此开启了随后几十年关于自我认识的研究。实验的过程很简单，首先悄悄地在 6~24 个月的婴儿鼻子上点一个小红点，然后把他们放在镜子前。孩子的妈妈指着镜子里的影像问孩子：“那是谁？”研究者们开始记录婴儿的反应，并对其中 2 名 12 个月的婴儿作追踪研究。结果发现，15~24 个月的婴儿会对着镜子观看自己的身体，并对着镜子触摸自己的鼻子。Beulah Amsterdam 认为，这是婴儿出现自我认知的表现。①

这是至今为止检查婴儿自我概念出现的最好实验——“镜子测试”。当然这个实验同其他儿童实验一样，由于只在有限的孩子身上实践，因此结论显得特别模棱两可。尽管如此，这么多年来“镜子测试”实验依然牢不可摧且继续得到应用，而其他实验则无人问津。因为结合实际生活中我们对孩子的了解，正是在 2~4 岁这段时间，人的自我认知已经产生了，孩子们开始迅速发展出很多社会性行为。

（一）自我认知的形成与发展

但是，这个时候自我认知还仅仅是认出自己，不能说真正形成了“自我认知”，即对于“我是谁？”这个看似简单的问题还不能够进行满意答复。

① 中国科普博览. 儿童的妙想世界：十大儿童心理学经典实验[EB/OL].(2011-12-28) [2023-12-30]. http://159.226.2.2:82/gate/big5/www. kepu.net.cn/gb/index.html.

视野拓展

一个男人昏迷了，正在弥留之际，忽然感到被接到了天上去，站在审判者的宝座前。

一个声音问他说：“你是谁？”

他回答：“我是××市的市长。”

“我没问你是什么官，我问你是谁。”

“我是一位百万富翁。”

“我并没有问你有多少钱，而是问你是谁。”

“我是四个孩子的爸爸。”

“我并没有问你是谁的爸爸，而是问你是谁。”

“我曾是一位教师。”

“我也没有问你的职业，而是问你是谁。”

他们就这样对答下去，可是，不论他给予什么答案，似乎也没有答对那问题：“你是谁？”

“我是一位佛教徒。”

“我并不是问你的宗教信仰，而是问你是谁。”

“我是有一颗爱心，而且时常帮助穷人和有需要的人。”

“我也不是问你做了什么，究竟你是谁？”

他显然是过不了这关，因此，他被送回地上来了。当他从病中康复过来后，他决意找出他究竟是谁。此后，他的生活全然改变了。

——选编自《花季雨季》

布莱兹·帕斯卡尔（Blaise Pascal，1623—1662 年）认为人之伟大源于他有思想，因此每个人都不可避免地会在某个时间、某个地点从脑海中蹦出一个哲学上无解的问题：我是谁。可能有人会对这问题不屑一顾——难道还有人连自己都不认识吗，我就是某某某（名字）啊，这问题太简单了。然而这个问题有这么简单吗？这一瞬间我想起了“武林外传”中吕秀才和姬无命的一段经典场景。正如吕秀才所说的一样，姬无命只是一个名字，或者可以说是一个代号，你可以叫姬无命，我也可以啊，世界上其他人也都可以叫姬无命。就拿刚才的故事来说，男士的回答只是代表着在这个社会上的身份和地位等，并且这些都会随时间的流逝而不断发生变化。那么把这些社会的符号标记去掉，重新回到我们的问题：我是谁？

“我是谁？”其实这不仅是指“我”的性别、年龄、名字等这些生理属性和简单的社会属性，而主要是指一个人在心理上对“我是一个什么样的人”的理解和认同。从出生开始，个体可能要花十几年乃至更长的时间，才能完成这种从认识自己的生理属性到认识自己的心理特性的过渡。[①] 换句话说，当个体逐渐脱离对成人的依赖，走向成熟和独立，形成自尊和自信心时，他的自我认知才算是真正地形成并发展起来了。确

① 陈会昌.“我是谁？”：关注自我意识的形成和发展［J］. 河南教育（基教版），2008(11)：18-19.

切地说，自我认知是个体生理和心理能力一定程度的成熟基础上发生、发展的，也是在其与社会环境长期的相互作用过程中形成和发展的。它不是在人一生中均衡形成和发展的，而是在人的幼儿、儿童、青少年时期分别有三个形成和快速发展阶段：

(1) 生理自我：8 个月~3 岁左右。个体对自己的躯体的认识，包括占有感、支配感、爱护感。人们有时把生理自我发展阶段称为自我中心期，这种初级的形态是以自我感觉的形式表现出来的。

婴儿刚出生时多处于自我封闭的状态，尚无法区辨外界与自己，认为母亲与自己是一体的。8 个月的婴儿不知道镜中的自己是何人，而要伸手去摸他，吸吮自己的小手，玩自己的小脚，此时无所谓“我”的概念。在 3 岁以前，例如在晃动双手与抚触的过程中他会察觉到手是自己的一部分，看着地上的球被脚踢开也就了解到了自己的身体对外在环境的影响力，看到自己镜中的长相也会知道那就是自己，2 岁左右知道自己是男孩还是女孩。这些都是生理我逐渐成熟的证明。3 岁左右，儿童的生理自我基本成熟，在心理上开始出现羞耻心和嫉妒心等。

(2) 社会自我：3 岁左右~青春期开始。个体通过幼儿园的学前教育和学校教育，受到社会文化的影响，增强了社会意识，认识到自己是社会的一员，尽量使自己的行为符合社会的标准。这个阶段称为社会自我阶段。

来看看他们对“我是谁?”的回答吧①——

幼儿园的孩子说：“我 4 岁，我是女孩儿，我长得漂亮，我会自己穿衣服。”

三年级小学生说：“我喜欢玩‘奥特曼’，我也爱踢足球。我在班上有几个好朋友。我妈妈让我学‘奥数’，可是我不愿意学。”

初中的女生说：“我喜欢周杰伦，他很酷，能得到他的签名是我的愿望。我知道自己长得不算漂亮，但这也无所谓。我只跟合得来的同学一起聊天。我不是一个软弱的人，但我常常不能很好地完成自己的计划，因为我无论做什么事情都难以坚持。”

在这个时期，个体与他人有越来越频繁的互动，开始学习性别角色、社会规范，价值观与信念也开始形成。

(3) 心理自我：十四、十五岁~成年。这个时候，个体的性意识觉醒，抽象思维能力和想象力大大提高。生理和心理上急剧的发展变化促进了自我意识的成熟，个体开始进入心理自我的时期。

视野拓展

男孩镜缘

17 岁的时候，我忽然对镜子产生了特殊的依恋。

从小到大，镜子对我来说，不过是早上洗脸时的一件用品。每次照镜子，只是为了检查眼屎有没有洗干净，脸上有没有什么脏迹，

① 陈会昌.“我是谁?”：关注自我意识的形成和发展［J］. 河南教育（基教版），2008(11)：18−19.

或是那颗新长出的牙是个什么样子。平均说来，我每次照镜子的时间不超过3秒钟。

所以，在我17岁以前，镜子基本上是一件可有可无的用品。

那时候，我对自己照片的端详时间要远远长于照镜子的时间。特别是对自己的某些得意之照，我可以看上一分钟。但在镜子面前，端详5秒钟已经算破纪录的了。说到底，镜子有什么可照的？

上了高中之后，我不知不觉地延长了照镜子的时间。这有一个很现实的理由，就是我的脸上开始长出一些小红痘来，它们长到一定程度变成了白色。这些小红痘倒不痛，却十分恼人，本来一张很光滑的脸，现在时不时地冒出些小痘痘来，又没有什么药可擦，真是烦人。

所以，我每天洗脸，有一项重要的任务就是检查原来的小红痘消失了没有，哪儿又冒出了新的小红痘。此时，镜子已经成为一件必不可少的用品，照镜子也由生活的奢侈变成生活的必需。

我不再想男孩子照镜子有什么用了，而是想是不是每个男孩子都像我一样延长了照镜子的时间。我刻意观察了一下班上其他男同学，发现他们当中不少人脸上也开始长出小红痘，甚至有些女生的脸也冒出小红痘来，害得她们看人的眼神都是怪怪的。

有一天，父亲发现我正在对着镜子抠那些脸上的小痘痘，就告诫我那些小红痘叫青春痘（又称粉刺、暗疮），千万抠不得，不然脸上会留疤的。我这才明白，青春痘是大多数青少年的烦恼，男女皆然。

由于镜子照得多了，我也开始多打量自己。有一阵子，我发现自己的脸色不够红润，就悄悄去请教那些面色红润的男同学是怎么弄的，结果有人告诉我每天用凉水洗脸，就可以使脸色红润。于是我也每天用凉水洗脸，可惜脸色仍没有红润起来，脸上的青春痘却大片地红起来。

后来母亲告诉我，长青春痘的时期不宜用凉水洗脸，那样会刺激青春痘的生长，我才又恢复用温水洗脸。此时，我不再奢望自己的脸色会像关公那般“红如重枣”，只要不再长那些青春痘，我就谢天谢地了，省得每天照镜子时心绪不宁的。

有时，望着镜子中的那一脸的青春痘，我真想把那镜子给砸了。

由于脸上长有青春痘，我不愿意再举着镜子端详自己，而是愿意保持一段距离打量自己。我特别喜欢在半明半暗的地方观赏自己，那样才望得出自己的良好感觉来。此时，我对镜子已经建立了深厚的感情，而这种感情是建立在一定的距离之上的。太近了照自己不免会烦恼，太远了照自己又什么都看不清，所以在不远不近的地方看自己，越看越有味，越看越得意。

毕竟，距离产生美嘛。

记得我端详自己的最得意的地方，不是在家中的镜子里，而是在我母亲办公室的玻璃窗前。深夜时分，那扇大玻璃即变成了一面黑底的“镜子”，我在屋里复习功课，时常会站起来观赏自己长达5分钟之久。

在那面黑底的“镜子”里，我看到了一张很有轮廓的脸，眼窝深陷进去，双眉浓浓的，嘴唇厚薄恰到好处。更重要的是，那张脸显得光滑如玉，看不出任何青春痘来。我感到那张脸是如此顺眼，可惜我每天必须要等到晚上才能观赏它。

后来，我照镜子不仅是端详自己脸的轮廓，还有头发的样式、双臂的肌肉及肩头的宽窄等，我在镜子里绷起臂肌、胸肌等部位自我欣赏。我开始嫌家里的镜子太小了，就提议爸妈去买个大点儿的回来。可惜那时候商店里没有家用的大镜子出售，即使有卖的，买回来家里也没地方摆。

再后来，我考上了大学，住在学生宿舍里，照镜子不大方便，也就懒得去照了。毕竟我是个男孩子，男孩子是不必爱上镜子的。

渐渐地，照镜子又退回到生活的奢侈。

我在美国选修青少年心理学这门课时，老师给大家推荐了几本教科书，其中一本书的封面上，画着一个男孩子在镜子面前望着自己的模样出神，我马上想起了当年的我。有趣的是，那孩子用手捂住了脸的一角，我想那背后说不定正藏着几颗不大不小、红白相衬的青春痘呢。

镜中的我，是青少年的烦恼与憧憬。

镜中的我，也是青少年的梦幻与思索。

——选编自《少年我心》

很明显，当一个青少年在镜子面前端详自己时，他观察的不仅是自己的相貌体形，也包括他内心的自我感受。这表面上体现了他们对自我形象的审视，而本质上则反映了他们对自我感受的关注及对自我完善的需求。在这个时候，个体在意别人对自己的评价，个体希望引起别人的注意，不再像以前那样满足，开始对自己不满意，希望改变自己的外貌、性格等。心理自我是个人逐渐脱离对成人的依赖，并从成人的保护、管制下独立出来时形成的，它表现出自我意识的主动性与独立性，强调自我的价值与理想。这是自我认知发展的最后阶段。这时个体能够透过自我认知去认识外部世界，而且这样的自我认知过程将伴随个体的一生。

（二）重要他人的作用

重要他人（significant others）这一概念是美国社会学家米尔斯（Mills C. W.）在米德的自我发展理论的基础上提出来的，是指对个体的社会化过程具有重要影响的具体人物。他可能是一个人的父母长辈、兄弟姐妹，也可能是老师、同学，甚至是萍水相逢的路人或不认识的人。但在不同的发展阶段，重要他人的构成也会有所不同。对儿童而言，重要他人依次为父母、老师和同伴。而在青少年时期，同伴起着更为重要的影响作用。到了成人阶段，特殊伙伴和老师的影响力更大。

米德（George Herbert Mead，1925）指出，作为儿童，我们的自我是通过模仿重要他人的反应和他们对自己的反应而决定的。所有当代理论都支持这一观点，即自我是由他人决定的，而且指出父母、教师、同伴等重要他人以及有重大心理意义的情境，如课堂、学校生活等对个体形成自我概念有决定性的影响。换句话说，自我是在重要他人的反应中确立的（Harry Stack Sullivan，1953）。

哈蒂（Hattie，1992）发现生活中重要的他人对个体自我认知的形成和发展影响很大。不断发展的自我认知在很大程度上来自个体和他人的交互作用。重要他人的评价和态度对自我认知的发展产生深刻影响，决定了自我认知的个体差异。毋庸置疑，在学校环境下，教师和同伴的对待方式、态度和评价是影响个体自我认知的重要因素。

视野拓展

歌声与骂声

她是我的音乐老师，那时很年轻，梳着长长的大辫子，有两个漏斗一样深的酒窝，笑起来十分清丽。当然，她生气的时候酒窝隐没，脸绷得像一块苏打饼干，木板样干燥，很是严厉。那时我大约十一岁，个子很高，是大队委员，也算个孩子里的小官，有很强的自尊心和虚荣心。

学校组织“红五月”歌咏比赛，要到中心小学参赛，校长很重视，希望歌咏队能拿个好名次，为校争光。最被看好的是男女小合唱，音乐老师亲任指挥。每天下午集中合唱队的同学们刻苦练习。我很荣幸被选中，每天放学后，在同学们羡慕的眼光中，走到音乐教室，引吭高歌。

有一天练歌的时候，长辫子的音乐老师突然把指挥棒一丢，一个箭步从台上跳下来，东瞄西看。大家不明所以，齐刷刷闭了嘴。她不耐烦地说，都看着我干什么？唱！该唱什么唱什么，大声唱！说完，她侧着耳朵，走到队伍里，歪着脖子听我们唱歌。大家一看老师这么重视，唱得就格外起劲。

长辫子老师铁青着脸转了一圈儿，最后走到我面前，做了一个停止的手势，整个队伍瞬间安静下来。她叉着腰，一字一顿地说：“我在指挥台上总听到一个人跑调儿，不知是谁。我走下来一个人一个人地听，总算找出来了，原来就是你！一颗老鼠屎坏了一锅汤！现在，我把你除名了！”

我木然地站在那里，无法接受这突如其来的打击。刚才老师在我身旁停留得格外久，我还以为她欣赏我的歌喉，唱得分外起劲，不想却被抓了个“现行”。我灰溜溜地挪出了队伍，羞愧难当地走出教室。

那时的我，基本上还算是一个没心没肺的女生，既然被罚下场，就自认倒霉吧。我一个人跑到操场，找了个篮球练起来，给自己宽心道："嗨，不要我唱歌就算了，反正我以后也不打算当女高音歌唱家。还不如练练球，出一身臭汗，自己闹个筋骨舒坦呢（嗨！小小年纪，已经学会了中国小老百姓传统的精神胜利法）！"这样想着，幼稚而好胜的心也就渐渐平和下来。

三天后，我正在操场上练球，小合唱队的一个女生气喘吁吁跑来说："原来你在这里！音乐老师到处找你呢！"

我奇怪地说："找我干什么？"

那女生说："好像要让你重新回队里练歌呢！"

我挺纳闷：不是说我走调厉害，不要我了吗？怎么老师又改变主意了？对了，一定是老师思来想去，觉得还可用。从操场到音乐教室那几分钟路程，我内心充满了幸福和憧憬，好像一个被发配的清官又被皇帝从边关召回来委以重任，要高呼"老师圣明"了（正是瞎翻小说、胡乱联想的年纪）。走到音乐教室，我看到的是挂着冰霜的"苏打饼干"。长辫子老师不耐烦地说："你小小年纪，怎么就长了这么高的个子？"

我听出话中的谴责之意，不由自主就缩了脖子塌了腰。从此这个姿势贯穿了我整个少年和青年时代，总是略显驼背。

老师的怒气显然还没发泄完，她说："你个子这么高，唱歌的时候得站在队列中间，你跑调儿了，我还得让另外一个男生也下去，声部才平衡。人家招谁惹谁了？全让你连累的，上不了场！"我深深低下了头，本来以为只是自己的事，此刻才知道还把一个无辜者拉下了水，实在无地自容。长辫子老师继续数落："小合唱本来就没有几个人，队伍一下子短了半截，这还怎么唱？现找这么高个子的女生，合上大家的节奏，哪那么容易？现在，只剩下最后一个法子了……"

老师看着我，我也抬起头，重燃希望。我猜到了老师下一步的策略，即便她再不愿意，也会收我归队。我当即下决心要把跑了的调儿扳回来，做一个合格的小合唱队员！

我眼巴巴地看着长辫子老师，队员们也围了过来，在一起练了很长时间的歌，彼此都有了感情。我这个大嗓门儿走了，那个男生也走了，音色轻弱了不少，大家也都欢迎我们归来。

长辫子老师站起来，脸绷得好似新纳好的鞋底。她说："你听好，你人可以回到队伍里，但要记住，从现在开始，你只能干张嘴，绝不可以发出任何声音！"说完，她还害怕我领会不到位，伸出修长的食指，笔直地挡在我的嘴唇间。

我好半天才明白了长辫子老师的禁令——让我仿佛一个只张嘴不出声的木头人，泪水憋在眼眶里打转，却不敢流出来。我没有勇气对长辫子老师说："如果做傀儡，我就退出小合唱队。"在无言的委屈中，我默默地站到了队伍中，从此随着器乐的节奏，口形翕动，却不得发出任何声音。长辫子老师还是不放心，只要一听到不和谐音，锥子般的目光第一个就刺到我身上……

小合唱在“红五月”歌咏比赛中拿了很好的名次，只是我从此留下再不能唱歌的毛病。毕业的时候，音乐考试要每个学生唱一支歌，但我根本发不出自己的声音。音乐老师已经换人，并不知道这段往事。她很奇怪，说：“我听你讲话，嗓子一点毛病也没有，怎么就不能唱歌呢？如果你坚持不唱歌，你这一门没有分数，你不能毕业。”

我含着泪说：“我知道。老师，不是我不想唱，是我真的唱不出来。”老师看我着急成那样，料我不是成心捣乱，只好特地出了一张有关乐理的卷子给我，我全答对了，才算有了这门课的分数。

后来，我报考北京外语学院附中，口试的时候，又有一条考唱歌。我非常决绝地对主考官说：“我不会唱歌。”那位学究气的老先生很奇怪，问：“你连《学习雷锋好榜样》也不会？”那时候，全中国的人都会唱这首歌，我要是连这也不会，简直就是白痴。但我依然很肯定地对他说：“我不唱。”主考官说：“我看你胳膊上戴着三道杠，是个学生干部。你怎么能不会唱？”当时我心里想，我豁出去不考这所学校了，说什么也不唱。我说：“我可以把这首歌词默写出来，如果一定要测验我，就请把纸笔找来。”那老人居然真的去找纸笔了……我抱定了被淘汰出局的决心，拖延时间不肯唱歌，和那群严谨的考官们周旋争执，弄得他们束手无策。没想到发榜时，他们还是录取了我。也许是我一通胡搅蛮缠，使考官们觉得这孩子没准以后是个谈判的人才吧。入学之后，我迫不及待地问同学们：“你们都唱歌了吗？”大家都说：“唱了啊，这有什么难的。”我可能是那一年北外附中录取新生中唯一没有唱歌的孩子。

在那以后几十年的岁月中，长辫子老师那竖起的食指，如同一道符咒，锁住了我的咽喉。禁令铺张蔓延，到了凡是需要用嗓子的时候，我就忐忑不安、逃避退缩。我不单再也没有唱过歌，就连当众发言演讲和出席会议作必要的发言，都会在内心深处引发剧烈的恐慌。我能躲则躲，找出种种理由推托搪塞。会场上，眼看要轮到自己发言了，我会找借口上洗手间溜出去，至于会招致怎样的后果和眼光，完全顾不上了。有人以为这是我的倨傲和轻慢，甚至是失礼，只有我自己才知道，是内心深处不可言喻的恐惧和哀痛在作祟。

——选编自：毕淑敏《心灵七游戏》

进阶探索

谁是你的重要他人

1. 每人都会被分派一张纸，你们需要在纸上填上八个重要他人的名字以及他们的分数。然后，把这些数据填入雷达图表（radar chart，又称 spider chart），如图 4–2 所示。

2. 填完这个图表后，大家一起来分享为什么他们是我们的重要他人。

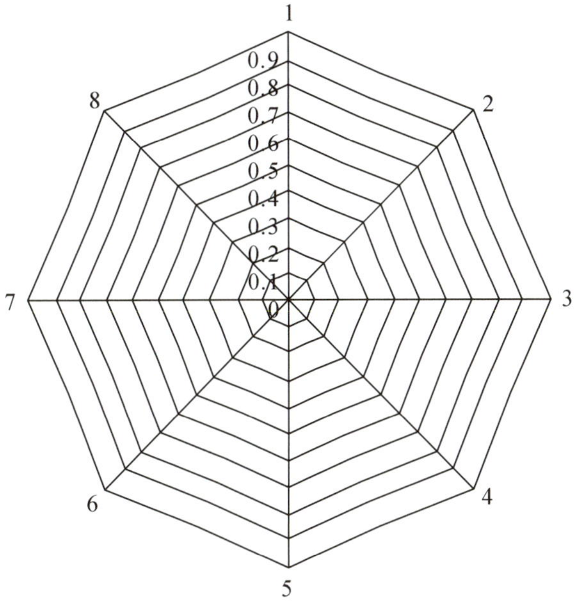

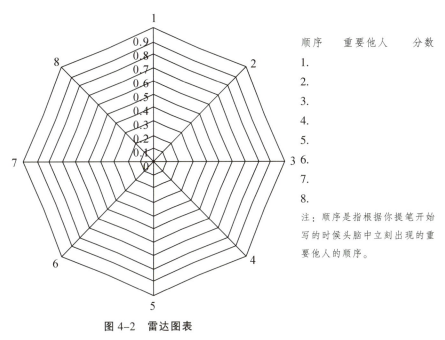

顺序	重要他人	分数
1.		
2.		
3.		
4.		
5.		
6.		
7.		
8.		

注：顺序是指根据你提笔开始写的时候头脑中立刻出现的重要他人的顺序。

图 4–2 雷达图表

——选编自《辅导课程二之“谁是你的重要他人”的感想》

五、怎么知道“我是谁”：如何认知自我

1909 年，查尔斯·霍顿·库利（Charles Horton Cooley）在其著作《社会组织》一书中以“镜像自我”（looking-glass self）来形容自我认知是与别人面对面互动的产物，即一个人的自我认知是在与其他人的交往中形成的，一个人对自己的认知是其他人关于自己看法的反映，人们总是在别人对自己的评价之中形成了自我认知。库利的理论帮助我们回答了下面这个问题：个体如何建立对自我认知？

进阶探索

真心话大冒险

1. 每一位同学拿出一张白纸，左右对折。在白纸顶端写上自己的“姓名”，左栏写上“优点”，右栏写上“建议”。

2. 小组内按顺时针方向传出，请同学以真诚的态度写出卡片主人的优点和不足。

3. 在课室内自由走动、互相留言（至少再找男女同学各 3 人）。

4. 最后请同学们归纳自己和别人的评价，完成自己的“乔哈里窗”，如表 4–3 所示。

表 4-3 the Johari window（乔哈里窗）

	自己知道	自己不知道
别人知道	1. 开放我(open self)	2. 盲目我(blind self)
别人不知道	3. 隐藏我(hidden self)	4. 未知我(unknow self)

具体来说，个体要认识自己，有两种途径——社会评价和内省。

（一）社会评价

个体通过比较评价自己的能力、技能是形成和修正个体的自我认知的重要途径。这种比较有两种。一种是和一个绝对的标准来比较。例如，做数学题、背英文单词等可以根据正确答案来作出质量和数量上的判断，从而衡量出自己的有关能力。这种比较标准是固定的、绝对的。但是这种决定标准的比较在生活中很有限，更多的情况是另一种比较，即通过认识别人，把别人与自己加以对照来认识自己。

视野拓展

花园里的争论

园子里生长着许多可爱的植物，其中石榴树、牡丹、无花果树生长在同一个地方。

一天，园子里吵翻了天，原来石榴树、牡丹、无花果树之间引起了一场激烈的争论。

“我的花最美丽，天底下没有谁不羡慕我的艳丽多姿！人们还把我视为荣华富贵的象征，把我摆放在高雅的场所，来往的人们无不对我表示赞赏！这是何等的荣耀，你们谁曾享受过呢？”说完，牡丹在风中把它那曼妙的腰身扭了又扭。

“虽然人们叫我无花果，但是我也有花，我的花没有你那么漂亮，但是我的果实却很招人们喜欢！你没有什么实用价值，说起来，你是一个没有用的东西！”无花果对牡丹的话很不服气，因此言语和语气毫不客气，也透出了对自己的几分骄傲，“还有，我的名字多么与众不同，好多人都来研究我……”

牡丹听了无花果的话觉得自己真的没用，想辩驳又找不出合适的话，难过地低下了头。

“看来还是我最好！我的花朵很娇艳，当我盛开的时候，满树火红。我的果实像一颗颗装在匣子里的珍珠，酸甜酸甜，人们都很喜欢。有一种衣服就叫‘石榴裙’，可见我的魅力非同一般……”

它们就这样相互诋毁，相互挤兑，都说自己是最好的。在一旁看见它们争得面红耳赤的荆棘终于忍不住开口说道：“你们争论了半天，我听着就觉得无聊……”

还没有等荆棘说完，石榴树、牡丹、无花果树就异口同声地对他说："你是最没有用的一个……"

荆棘笑着说："我不开花，我也不结果，我也不和你们争论，但是每个人都有他自己的价值，我的价值就是保护你们的花朵不被人采，保护你们的果实不被人摘！"

石榴树、牡丹、无花果树听了都安静了下来。

——学习型中国·读书工程教研中心.伴随小学生成长的情商故事［M］.南京：江苏凤凰科学技术出版社，2016.

很明显，一个人究竟有何性格、何种能力，可以通过与他人的交往、与他人的共同协作表现出来。所以通过认识别人来认识自己，是认识自我的重要途径。

（二）内省

内省，意为回过头来检查自己的言行得失，目的就是通过自我反省随时了解、认识自己的思想、情绪与态度，从而弥补短处，纠正过失，不断完善自我。这也是心理学里的"内省"。

"好恶无节于内，知诱于外，不能反躬，天理灭矣。"

——《礼记·乐记》

个体往往通过对自己心理活动和行为表现进行自我观察、自我分析也就是"内省"来认识、评价自己。具体表现为以下两种渠道：

（1）通过分析别人对自己的评价来认识自己。个体对自己的认识，在很大程度上受他人评价的影响。这如同人对着镜子来认识自己的模样一样。儿童认识自己是把别人对自己的评价当做一面镜子，来不断认识自我的，包括自己的优点和缺点。由于人的活动范围比较大，经常从属于不同的团体，接触不同的人，每个团体、每个人对你的评价就是一面镜子，所以个体就可以通过不同的镜子来照出多个自我。这样，个体就能较全面地认识自己，从而促使自我认知的不断发展。

（2）通过考察自己的言行和活动的成效来认识自己。自己在实践活动中的表现和取得的成果也会成为一面镜子。这面镜子能反映出自己的体力、智能、情感、意志和品德等特性，从而使之成为自我认识、评价的对象。

视野拓展

反躬自省，留一只眼睛看自己

相传四千多年前，正是历史上的夏朝，当时的君王就是赫赫有名的大禹。有一次，诸侯有扈氏起兵入侵，夏禹派伯启前去迎击，结果伯启战败。部下们很不甘心，一致要求再打一次仗。伯启说："不必再战了。我的兵马、地盘都不小，结果反倒吃了败战，可见这是我的德行比他差，教育部下的方法不如他的缘故。所以我得先检讨我自己，努力改正自己的毛病才行。"从此，伯启发愤图强，每天天刚亮就起来工作，生活简朴，爱民如子，尊重有品德的人。这样经过了一年，有扈氏知道后，不但不敢来侵犯，反而心甘情愿地降服归顺了。

日本历史上两位著名的剑手宫本武藏和柳生又寿郎，他们曾是师徒。柳生在拜师学艺时，曾急切地问宫本："师父，你看凭我的条件，需要练多久才能成为一流的剑客？"宫本答道："至少要10年。"柳生急了："10年太久，如果我加倍苦练，那么需要多久可以成为一流的剑客？"宫本回答说："20年。"柳生一脸狐疑，接着问："假如我再利用晚上的时间，夜以继日地苦练，多久可以成为一流的剑客呢？"宫本答道："那你只会劳累而亡。"

柳生觉得师父的说法太矛盾，问宫本："为什么我越是努力练剑，成为一流剑客的时间反而越长呢？"宫本的答案是："要当一流剑客的先决条件，就是必须永远保留一只眼睛注视自己，不断地反省。如果你的两只眼睛都紧紧盯着一流剑客的招牌，哪里还有眼睛注视自己呢？"听了师父的话，原本就聪慧的柳生忽然开窍，照着宫本的要求去做，终于成为一名彪炳青史的剑客。

——选编自：王杰《反躬自省：智慧为官，从容做人》

古训有之：吾日三省吾身。就是说，个体应通过"内省"来认识自己。

进阶探索

性格大检索

1. 我眼中的自己

(1) 请仔细思考，从"性格形容词检核表"(表4–4) 中挑选3~5个最能形容你自己的词语，并按主次依次排好。

(2) 请用最典型的事例来说明你以上的性格特征。

表4–4　性格形容词检核表

有恒心的	顺从的	冲动的	有说服力的	有效率的	独立的	刚毅的
有谋略的	爱争辩的	冷漠的	周到的	悲观的	富有创意的	合作的
害羞的	有主见的	理性的	精确的	理想主义的	实际的	保守的
缺乏想象的	文静的	富想象力的	爱反思的	固执的	防御的	有自信心的
有条理的	被动的	善解人意的	节约的	具体的	天真的	聪明的
直觉的	追根究底的	活跃的	真诚的	爱冒险的	浮躁的	坦率的
有责任心的	乐观的	依赖的	温柔的	情绪化的	喜欢表现的	有同情心的
好交际的	友善的	善于言词的	含蓄的	爱动脑筋的	有野心的	不重实际的
好奇的	助人的	慌乱的	拘谨的	慷慨的	细心的	沉着的

(3) 请仔细阅读表4–4性格形容词，并从中挑选最能形容你自己的词语(3~5个)。

(4) 请举出一些典型事例来说明你以上的性格特征。

注意：请实事求是地选择属于你自己的性格形容词，而不是选择那些有社会良好评价倾向的词语。

2. 与同学一起来游戏：请在我背上留言

目的：多角度地了解自我，获得客观真实的自我认识。

指导语：刚才是我们自己对自己的评价看法，得到的是自画像。但我们知道，自己对自己的看法与他人对自己的看法评价可能会有不同。正如诗里所说，“横看成岭侧成峰，远近高低各不同”，为了让我们更客观地了解自己，我们还需要借助别人的眼光来发现。我们只有把这两方面信息汇总、整合起来，才能得到一个相对客观、真实的我。同学们想不想知道别人眼中的你是什么样的呢？

(1) 每个人一张纸，在纸的最上面一行写下自己的姓名和对留言者说的一句话，大家相互帮助用大头针把纸固定到自己的后背上。

(2) 接下来大家在同学们的后背上写留言，可以在教室内走动。留言过程中，同学们不能说话，要用非语言形式进行交流。留言内容是你对这个人的认识，包括优点、缺点以及建议（写出个人风格），还可以写上自己最想对他说的一句话，不用署名，直到活动结束后才可以把纸揭下来。

提醒：不找异性同学写“留言”，就等于失去了一半的世界，失去了一半的建议。

进阶探索

一个人如果不了解自己，就只能听任命运的摆布。我如果想成为一个领导者，必须首先认识自己。当我开始观察自己行为并注意自己的内心体验、同时得到社会的认同的时候，我相信我向“领导者”迈出了很大一步。于是，我为自己制订了这样的计划：

1. 只有真正了解自己，才能更好地自我完善，所有我要多了解别人对我的看法。

提升心得：____

____

____

____

2. 我是与众不同的，我要充分发挥自己的特长。

提升心得：____

____

____

____

3. 我要把那些令自己情绪发生强烈变化的事情一一记录下来，学着反思自己的行为。

提升心得：____

4. 我要学会调整自己的角色，这样会使我在与别人交往时更加顺利。

提升心得：

——改编自：学习型·读书工程教研中心. 伴随小学生成长的情商故事 [M]. 哈尔滨：哈尔滨出版社，2009.

第三节　提升领导力：成为你自己

在很大程度上，我们是社会的产物，家庭、朋友、学校和社会告诉我们该如何行事。但是，本尼斯说："要成为领导者，你必须成为你自己，成为你自己生活的塑造者。"

视野拓展

唯有成功不可复制

我是一位《王者荣耀》初级玩家，和所有的同级一样，都想在第一轮回就能够得到很多星星，梦想一步就越过青铜、白银、黄金到最强王者。周末，我通宵地去积累星星，那知道正在关键时刻——

"天哪！"一声悲号，宿舍停电了。

"咚"一声响，我因为"悲愤"猛地起身，头撞上了头顶的书柜，一时间眼冒金星，晕。

我摇了摇头，再睁眼："咦！这不是我那虚拟社区吗？"

"想成为超人？"一个声音突然在身边响起。

"啊！"我吓得一声尖叫，转身跳开，回头一看，很不好意思地低下头，一位老大爷捂着心口："小姑娘，你吓到我啦！"

"对不起！对不起！"我赶忙跑过去，扶着大爷到两步路远的休息椅上坐下。

"大爷，您没有事吧？"当大爷坐好后，我赶忙问道。

"呵呵呵呵！"大爷笑了，"我们相抵了。"

"那，那……"我扭扭捏捏半天没有说出来。

老大爷看着我那别扭的表情，笑着说："那什么呢？"

盯了一下大爷，我鼓起勇气说："刚刚老爷爷问我'想成为超人？'"

"嗯！"老大爷很哲学地点了点头。

"当然想，而且想很快。"一看见老大爷点头，我立刻跳起来回答，"老爷爷，您肯定知道怎么很快地成为超人，对吧？"

“当然！”

“那，老爷爷，您能教我吗？”

“可以，不过……”老大爷很会抓住我的心理。我只有静待下文了。

“你看看这个。”老爷爷递给我一张纸，上面写道：

一位少年的有趣经历：	一位大人物的传奇：
六岁时，一位非洲的主教跟他一块儿玩了一下午的滚球，他觉得从来没有一位大人对他这么好过，认为黑人是最优秀的人种。 八岁那年，他有了一个嗜好，喜欢问父亲的朋友有多少财产，大部分人都被他吓了一跳，只好昏头昏脑地告诉他。 上小学时，他常常一整天时间偷看大姐的情书，从来没有被发现。 他觉得自己的智商只比天才低一点，结果测试只有96。	他天生哮喘，夜里总是辗转难眠，白天又异常疲惫。此病一直折磨他，让他对很多东西感到恐惧，比如大海。 他恳求父亲带他去钓鱼，父亲说，“你没有耐心，带你去会把我弄疯的。”也因为没耐心，他成了牛津大学的肄业生。 老师问他拿破仑是哪国人，他觉得有诈，自作聪明地说是荷兰人，结果遭到不许吃晚饭的惩罚。

看完不用两分钟。

老爷爷问：如何评价这两个人？

我抬头看了看老爷爷，他正盯着我，我立刻低下头，迟疑地说道：“后面这个人是一个大人物吧？前面这个？”很不肯定的语气，我自己都能听出来。

“那前面那个呢？”

“前面那个？我怎么觉得有点像我。”我喃喃自语。

“什么？”老爷爷问。

“哦，我说，前面那个可能没什么出息吧？”我迟疑道。

“你是不是觉得自己像前面那个？”

“啊！”我猛地抬头，心里震惊：太牛了，我想什么都知道。我点点头，这次可是立刻。

“呵呵呵呵！”老爷爷一下笑出声了，“你知道他是谁吗？”他点点纸上那“一个少年”。

“不知道。”我肯定自己听都没有听说过这个人。

“这个呢？”

“没有一点印象。”

“你看电视的时候喜欢看广告吗？”咦，怎么忽然转了话题。

“不喜欢。”我不假思索地说，“不过，我知道2021年《以红之名：奥美中国草创》，刚上市，便拿下了8.6的豆瓣高分，它讲述了一场精彩的中国版《广告狂人》故事，……”，“停！”老爷爷打住我那滔滔不绝的话头。“奥美的创始人是谁？”

“啊！不知道。”我立刻很简短地回答。

“他。”老爷爷点点了“一个少年”，很得意地看我睁大了双眼。

“他！”老爷爷的手指移到了“一个大人物”，很满意地看我睁大了双眼，张大了嘴。

"大卫·奥格威，奥美广告公司创始人。"老爷爷在我恢复平静后说道："你把他们的经历一一对应，你肯定了这位少年断然不会是伟大人物，对吧？你认为少年压根没有按照前人成功的规律走，所以他不会成为领导者、不会成功，对吗？"

我鸡啄米似地点点头。

老爷爷缓缓地接着说："成功是不可复制的，每个人都有自己的成功方式。现在，越来越多的人走进了成功的误区，怀抱着所谓的成功法则，踩着成功人士的脚印，小心翼翼地向前迈进。结果没有靠近理想，反而越走越远。大卫·奥格威的成功在于他顺从了自己的性格，并将自己的特点发挥得淋漓尽致。"

停了一会儿，老爷爷说了下面这段话，让我铭刻在心："那么，如何才能成为超人呢？成为你自己。"

一语惊醒梦中人。

——选编自《励志故事：唯有成功不可复制》

人本主义心理学（humanistic psychology）的核心概念可以简单地归结为：以人为本（humanism）。

这个著名词汇的更准确的意思其实是"以我为本"，即"我"自己才是我的人生的选择者和判断者。该学派创始人之一亚伯拉罕·马斯洛（Abraham Maslow）强调"自我实现"，而与马斯洛同为人本主义心理学旗手的罗杰斯（Carl Ransom Rogers ）则强调"成为自己"。其实，这两者是同一个含义，就是指当一个人自己为自己的一切作选择时，他便是在做自己，便是成为自己，便是自我实现。而联系主题，可以说当个体自己决定如何行事之时，便开始成为领导者了。

这听起来很简单，其实很难。

要成为你自己，你需要认识你自己。

一、我把领导力比喻成什么

当开始接触"领导力"这个现在十分热门的词时，我总觉得它十分抽象、很难理解。所谓领导力，就是一种特殊的人际影响力。组织中的每一个人都会去影响他人，也要接受他人的影响，每个人都具有现实和潜在的领导力。记得上小学那会儿，学会"比喻"后，大家都喜欢用这个修辞手法来理解那些比较抽象的事物，如"商场如战场"。我们知道，商场与战场实际上相去甚远，但是通过运用战场这一比喻，"商场"一词背后的深刻含义就被生动地表现出来了。"商场"一词就显得生动、传神，容易理解。因此，我倾向采用 ISO Coach 的主席——安东·卡马罗塔先生的"领导力比喻"的方法来认识领导力。

在这里，你可能会问：领导力比喻与主题有什么关系呢？

现在"比喻"已成为我们认识客观世界的一种基本的方法——通过

一种事物来认识另一种事物，对认知对象的比喻可以说就是运用认知过滤器，这在很大程度上决定你感知这个对象的方法，决定你怎样判断它的作用，如何看待它与你的关系，怎样行为……你将对于一种事物的理解扩展到另一种事物，将它作为解释这个事物的有意识的活动。举例来说，如果你把生活比做一场比赛，而将自己比作技巧娴熟的选手，那么，这种比喻很有可能在日后成就你的领导地位；如果你将生活比做游戏，而自己是玩家，那么，这种比喻会使你以后的生活无外乎就是玩乐和享受。可见，比喻深刻影响我们认识客观世界。

雪莉·修柏有一段话："当我们在看待世界和其他人的时候，我们也在不断地认识自己。我们看不到除自身以外的其他事物。这里的其他事物是指我们不了解的概念和从未经历过的体验。如果身边发生的事情没有任何先例可供参考，我就会将这件事与记忆中熟悉的事物相联系，或者就当这件事没发生一样……我们经历的每一件事都是对我们身份的反映。" 因此，不同的背景下，我们运用于具体环境的比喻可以逐渐强化我们的身份、信仰、价值观和能力。这种"身份比喻"体现出我们现在各自扮演着自己的角色，以及努力实现相应的目标的行为。并且，当你使用比喻通过乙事物认识甲事物的时候，它必然强化了（甲）某一方面的特点，即为深入地了解事物提供了可能；同时，它淡化了其他方面，即为遗漏或曲解某些有用信息提供了可能。加之在作比喻的时候，个体一般都会把自己放置于主角的位置，而其他人则成了配角，因而淡化的这部分可能会影响整个局势的变化，因此比喻在影响每个人对客观世界认识的同时也帮助个体调整行为来更好地展示自己。根据查尔斯·福克纳的理论，了解自己当前的"领导力比喻"非常重要，因为它体现在人们所有的行为中，不仅能帮助每个人认清当前的自己是怎样一个人，并且能够决定一个人的成就。你的领导力比喻是什么呢？

下面就是卡马罗塔先生提供的"普通领导力比喻及其效果表"（表 4–5）。你先只看表格的第一列，选择你的领导力比喻，然后再看后面的内容，你的老师会帮助你通过分析来认识自己当前的状况，全面认识你自己。

表 4–5　普通领导力比喻及其效果表[①]

把"领导力"比做	强化		淡化	领导者	其他人
体育比赛	· 赢和输 · 遵守比赛规则 · 球队	· 速度和敏捷性 · 体育精神 · 乐趣	·存在的棘手问题 · 奖励不当 · 个人成长和发展 · 缺乏应对变化的灵活性	· 教练 · 队长	· 观众、选手 · 对方球队 · 拉拉队队长 · 吉祥物、裁判
整理花园	· 生长 · 施肥 · 多样性 · 耐心	· 适应环境 · 精心维护和效率 · 需要目标	· 不能开发创新的心理能力和技巧 · 缺少速度和敏捷性 · 缺少精确性	· 园丁 · 监护人	· 参观者、朋友 · 偷采花草的人 · 大自然、市场

① 安东·卡马罗塔. 成就卓越领导：发现你的领导力[M]. 扈喜林，译. 北京：北京科技出版社，2008.

表 4-5(续)

把“领导力”比做	强化		淡化	领导者	其他人
打仗	· 不惜一切取得胜利 · 朋友和敌人 · 战略	· 级别与协调 · 指挥和控制 · 英雄	· 合作 · 缺少对策的参与 · 极端行为 · 需要成长和开发 · 高风险	· 将军 · 军官	· 士兵、俘虏 · 敌人、平民 · 上级、盟军 · 间谍、伤员 · 进攻目标
操持家庭	· 发展 · 纪律和界限 · 价值观和道德规范 · 教育	· 责任 · 稳定 · 缺少冒险精神	· 效率低 · 同级关系 · 不愿意参与其他个人和团体的活动 · 控制	· 父亲 · 母亲 · 监护人	· 儿童 · 亲戚 · 朋友 · 邻居
旅行	· 目的地 · 旅行/出行 · 探险	· 不确定情况 · 筹备 · 时间长度	· 缺少稳定性 · 途中状况的复杂性	· 开拓者 · 冒险家 · 向导	· 旅行者 · 经纪人 · 居民
操作机器	· 工程 · 理性的企业 · 目标 · 程序化行为	· 刻板的角色和职责 · 固定的思考模式 · 准确、高效	· 人的情绪、需求 · 应对环境变化的灵活性 · 专业化产生的绝对“近视”观点 · 高级主管之间的距离	· 设计师 · 操作员 · 官员	· 用户 · 客户 · 生产部门 · 工人
照顾动物(植物)	· 生存和进化 · 驯养 · 发展和学习 · 社区和股东 · 一致与和谐		· 可以创造自己的环境 · 个人选择贡献和独特性 · 权力和支持 · 为生存竞争	· 农民 · 动(植)物园管理员 · 农场工人	· 植物/动物 · 栖息地 · 助手
建立一个社会(社区)	· 社会结构和层次 · 共同价值观及含义 · 对未来采取主动应对的方法	· 相互独立和准则 · 潜在的价值观	· 强权、政治权力 · 自我创造的限制因素和局限性 · 思想控制和宣传	· 官员 · 政治家	· 社区、选民 · 社会、竞争对手 · 社会名流 · 普通人士
在马戏团或娱乐场所工作	· 娱乐、刺激 · 节目的多样性、选择和创造性 · 安全网起伏不定 · 开发和信息 · 朋友和观众		· 连续性 · 需要适应变化 · 缺少核心目标 · 实用性不足 · 发展和进步	· 演出指挥 · 节目策划 · 导演	· 朋友或同事 · 上台表演的合作者

二、了解你的领导目标

要成为自己，首先是要能够回答这个问题：我要成为什么样的人，即要知道方向在哪里，要有目的感。

个体要“看清楚自己是谁，看清楚自己想成为什么样子”，因为一旦确定了自己的目标，与这个目标相关的信息就会源源而来，个体就可以充分地利用这些信息，解决当前的困惑并找到前进的方向，发掘出引导自己前行的力量。因此，不难理解为什么即使面对同样一条新闻，领导者与普通员工想的也不一样；为什么一个真正的商人，即使在一片荒地，他看见的仍是遍地的金钱，因为他对于市场行情非常敏感；为什么想当元帅的人与不想当元帅的人的眼神有本质的区别；为什么一个体育爱好者看报纸杂志或上网，首先映入他眼帘的是有关体育和体育明星们的信息……为什么仁者见仁，智者见智？就是因为仁者想的是仁，智者想的是智。

传说《西游记》中唐僧前往西天取经之前，曾经到长安附近的一个村子选择坐骑，前来报名的有白马和黑驴。最后唐僧选择了白马。这一去就是16年。待唐僧返回东土大唐时，他已是名满天下的传奇英雄。这匹白马跟随唐僧过火焰山、打白骨精、斗妖魔、战鬼怪，也成了取经的功臣，被誉为白龙马。

白龙马衣锦还乡，来到昔日的村庄看望老朋友。很多儿时的同伴都无比崇拜地听他讲这些年的经历，只有黑驴很不服气。白龙马说："你能说出你的目标是什么吗?"这话问得黑驴目瞪口呆。

你能说出你的目标是什么吗？

许多想成为领导者的人想到的只是领导一个组织带来的权力、特权和金钱上的回报，他们从来没有想过这个问题，即"我要成为什么样的领导者"。因此他们永远只能是"想成为"。所以，乔治说领导者首先要问自己：为了什么目的而当领导？

而所谓领导目标其实就包含两个内容，即领导角色和角色职责。领导角色将体现个体的领导者特征，即"我是谁"；而角色职责将显出个体在领导活动中的另一个特征，即"我的任务是什么"。很明显，如果此刻，你能够了解你的领导目标，那么，通向领导地位的道路就会清晰地展现在你的面前，会为你的未来发展方向提供指导。

在了解自己的领导力比喻和领导力目标后，个体会明白应该怎样把比喻运用到现实社会中，知道领导活动的重要性在哪里，身边的其他人应该扮演什么角色，这样在领导力的竞争中会更有优势。

哈佛大学有一个非常著名的关于目标对人生影响的跟踪调查。

该项调查的对象是一群智力、学历、环境等条件都差不多的年轻人，调查结果显示：

27%的人，没有目标；

60%的人，目标模糊；

10%的人，有比较清晰的短期目标；

3%的人，有十分清晰的长期目标。

25年的跟踪调查显示，他们的生活状况十分有意思：

那3%的人，25年来几乎都不曾改变过自己的人生目标。他们始终朝着同一个方向不懈努力。25年后，他们几乎都成为了社会各界顶尖的成功人士。他们中不乏白手起家的创业者、行业领袖、社会精英。

那10%的人，大都生活在社会的中上层，他们的共同特点是，那些短期目标不断地被达到，生活质量稳步上升，他们成为各行业不可缺少的专业人士，如医生、律师、工程师、高级主管等。

那60%的人，几乎都生活在社会的中下层，他们能够稳定地工作与生活，但都没有什么特别的成绩。

剩下27%的人，他们几乎都生活在社会的最底层，他们的生活都过得很不如意，常常失业，靠社会救济，并且常常在抱怨他人、抱怨社会。

调查者因此得出结论：目标对人生有巨大的导向性作用。成功在一开始仅仅是一个选择，你选择什么样的目标，就会有什么样的成就，有什么样的人生。

三、做你自己

李开复给中国学生的第五封信的内容是“做个积极主动的你”。在很大程度上，我们是社会的产物，家庭、朋友、学校和社会告诉我们该如何行事，“但是，人们是在自己决定如何行事的那一刻开始成为领导者的。”因此，本尼斯说：“归根到底，成为领导者和成为你自己是同义词。就是那么简单，也就是那么困难。”本尼斯倡导自己塑造自己，成为自己的作者。“那么，成为领导者，你必须成为你自己，成为你自己生活的塑造者。”想想今天世界上的各行业领导者，有几个是唯唯诺诺、等人吩咐的人？因此，成为你自己，关键是：做你自己。

有位哲人说：社会是一锅沸腾的开水，关键看人用什么材料投入。第一种是生鸡蛋，第二种是胡萝卜，第三种是干茶叶。结果呢？

第一种被煮硬了，不再有梦想与鲜活。

第二种被煮软了，变成软塌塌的胡萝卜泥，随遇而安，迁就规则。

而第三种，干巴巴的茶叶渐渐舒展开来，一锅清水变成喷香的茶水。就是当人被世界改造时，他是一种滋润的、舒展的、找到自我的状态，同时他凭自己的力量又一次次改变世界。

所以，每个人在世界上终其一生的成功，不是成为偶像、楷模，而是最终成为自己。

罗杰斯在他的人格自我理论中对“自我”作了很有特色的界定：它是个体所有体验的总和。换句话说，“自我”就是对外部世界和内心世界的体验、了解以及互动。因而这是经验性而非存在性的，不是一成不变的，而是流动的。他强调，自我的成长应该是开放地按照当下的需要来选择自己的感受和行为，不以过去的经验和行为模式来限制自己。反过来说，如果“我”的感受和行为不是自己选择的结果，不是自己主动参与的，那么“我”就不是“我”了，“我”就没有在做自己。因为，这些生命体验是他人的选择，“我”是被动参加的。

美国明星“小甜甜”布兰妮·斯皮尔斯在演唱事业上获得了极大成功，按照通常的观点，布兰妮的妈妈林恩在教育布兰妮上是无比成功的，她用非凡的手腕和坚强的意志把女儿塑造成了超级明星。[①]

两三岁时，她的母亲一直带着她转战美国各地，用尽各种办法为她谋取演唱的空间。为此，她没有了童年，只在13~15岁期间，过了两年女孩的普通生活，还有了初恋男友。但林恩为了在女儿身上实现自己的野心，迫使这个男孩离开了布兰妮。这仅仅只是布兰妮母女关系的一个缩影，其实布兰妮的妈妈想操控女儿的一切。

① 武志红. 心灵成长的六个定律：七个心理寓言[M]. 北京：世界图书出版公司，2008.

因此，在精神近乎崩溃的时候，布兰妮在一家疗养中心不断对别人说：“我是骗子！我是冒牌货！”

这句话的意思其实很简单，意思就是：你们在我身上看到的所谓成功不是我的，而是我妈妈的，她通过我的身体实现了她的梦想。这看似很好，但布兰妮的意志却被剥夺了，她远远没有成为自己，而只是妈妈的“自己”的延伸。

你可曾考虑过在你的生活中，你是不是被选择、被决定了？哪些不是你自己想做而在做的？

如果说人本主义心理学将自我实现视为最高价值。相应的，“选择”是存在主义最具有特色的命题。简单地理解，存在与选择的关系就是：你选择，你才存在过；如果你总是被选择，那么你就是不曾活过。因此，我们不难理解罗杰斯的一句话，那就是：自由选择的能力和意愿本身意味着自我的存在。

做你自己还意味着坚持自己的特色。领导者各色各样，比尔·乔治以自身的经历说明：如果个体习惯模仿所谓的领导力特质，那么他很可能对其他人的欲望过于敏感，很可能会夹在对立的利益之间而动弹不得，或者轻易地偏离自己的轨道，或者因为怕冒犯他人而无法作出艰难决定，那么他注定是要失败的。

1888 年，巴黎科学院举办了一次科学论文有奖征文活动，征文规定作者除了提交科学论文之外，还需要提供一条人生的格言。俄国女数学家苏菲·柯瓦列夫斯卡娅在这次征文活动中获得了论文和格言的一等奖，她的格言也因此被世人广为传诵：“说你知道的话，干你应干的事，做你想做的人！”苏菲·柯瓦列夫斯卡娅通过自己的努力成为了数学史上的第一位女教授，她也用自己的行动和成就实践了“做你想做的人”这句格言。

最好的领导人独立自主、充满主见。因此，提升领导力的一个简单建议就是：做你自己。

视野拓展

过去不等于未来

承宫，字少子，琅琊郡姑幕县（今山东省安丘市）人，东汉官员，经学家，出生在一个穷苦贫寒之家。父母一年辛劳忙碌，全家人只能勉强糊口，过着饥寒交迫的生活，终日挣扎在温饱线上。承宫七岁那年，该读书了，但他只能眼巴巴望着左邻右舍的孩子欢天喜地进学堂——饭都吃不饱，父母哪来钱供他上学呢？不仅上不起学，小小年纪的他还要分担家计重担，去替人放猪。为这事，他不知偷偷哭过多少回。不久，同村的学者徐子盛先生开办了一所乡村学堂。承宫放猪每天都要从那里经过。起初，他每次路过学堂，只敢望几眼学堂大门，竖起耳朵偷听一会儿里面的读书声，然后就赶紧离开。

渐渐地，承宫在学堂附近停留的时间越来越长，最后竟不由自主地来到学堂门口，偷听先生讲课，听学童读书。常常听得入了神，把猪都忘了。终于有一天，承宫在学堂门口听讲，没有照看好猪，让猪跑散了几只。东家寻来，不由分说，一顿毒打，打得小承宫鼻青脸肿，哭叫不止。哭声委屈哀切。正在授课的徐子盛先生闻声跑了出来。当得知事情缘由后，先生便对东家说："怎么能这样对待一个爱读书的孩子，像对盗贼一样残酷无情呢！从今以后，他不再为你放猪了，你请另雇他人吧！"说完，将小承宫领进了学堂。

从此，承宫就被收留在徐先生门下。他一边帮老师做杂活，一边随课听讲，并抓紧一切空余时间读书。他的学习成绩总是名列前茅。数年后，承宫读遍了先生的所有藏书，并写得一手好文章，远近闻名。承宫最后成了一名在学术上有很深造诣的学者。

——选编自：李践《做自己想做的人》

进阶探索

以前我经常会因为别人的意见而怀疑自己，但现在，我不会再轻易动摇，因为我相信自己。每个人都是独特的，我要成为我自己。我给自己制订了这样的计划：

1. 我不会因为别人看起来不错，就不顾自己的条件去模仿别人。

提升心得：________________________________

2. 假如我对某种事物很感兴趣，但别人却认为那对我来说太难了，我不会轻易放弃。

提升心得：________________________________

3. 我要相信自己的能力，让自己抱有一份坚定的自信。

提升心得：________________________________

4. 我知道我想要什么。

提升心得：________________________________

——学习型·读书工程教研中心. 伴随小学生成长的情商故事 [M]. 哈尔滨：哈尔滨出版社，2009.

第四节　领导力的执行：跨越自我认知

每一个壮志在怀的打拼者都希望成长为一个完美的领导者。或许你天赋异禀，能够凭借自身能力成长为一个伟大的领导者，但是，如果有位大师比如约翰·麦克斯韦尔（John C. Maxwell）在你耳边不停地告诫："别只注意表象，你会忽略深藏海底的巨大冰山。"或许你会更快地成为一位卓越的领导者。麦克斯韦尔的招牌名言是："领导力就是影响力"，"能发展出领导力的领导者才是领导者的最高境界"。

这段话的核心很简单：提升领导力并发挥出领导力，领导者才能是真正的领导者而非仅仅是管理者。要成为一名"领导者"，必须跨越自我认知。

一、价值观最重要：领导力的种子

20世纪初，德国社会学家马克斯·韦伯（Max Weber）提出"charisma"，即"魅力"这一概念，意指领导者对下属的一种天然的吸引力、感染力和影响力。但从20世纪70年代后期开始，一些学者对这一概念作了重新解释和定义，进行了深入的研究，充实了新的内容。与政治学领域有关研究不同，组织理论学家都认为魅力本身不能单独存在于领导者身上或其个人品格中，而只能存在于领导者的性格与其追随者的需要、信仰、价值观等的相互作用之中。这意味着领导者要有吸引力、感染力，其前提是其内心的价值观和行为完全协调一致。

随着管理学界对文化价值认识的加深，以豪斯（R. J. House）教授为代表的学者对20世纪70年代以后的领导学理论和实验进行了高度的综合。20世纪90年代初，他们提出了"以价值为基础的领导学"理论：领导者与其下属之间是以价值观为基础的关系。以价值观为基础的领导者通过明确表达愿景，向组织和工作注入价值观，与跟随者所持有的价值观和情感发生共鸣，从而唤醒跟随者对集体和集体愿景的认同，使跟随者自我功效和自我价值得到提升。这一观点的核心内容是：被领导者对领导者所信奉的并已融入企业文化中的价值的共享和认同程度越高，领导行为就越有效。也就是说，持有明确价值观的领导者，通过明确表达愿景，向组织和工作注入自己的价值观，使之与被领导者所持有的价值观和情感发生共鸣，从而唤起被领导者对集体目标和集体愿景的认同，并使被领导者自我价值得到提升，进而更好地提高领导行为的有效性。

彼得·德鲁克（Peter F.Drucker）在研究了689家企业后发现：一个企业所能依赖的只有企业精神，而这种企业精神的实质往往受到企业领军人物核心价值观的影响。企业领袖的精神是企业生存、公司基业常青强有力的心理支撑，领袖精神影响到企业文化的形成发展和公司重大政策的制订落实，是企业的核心理念、经营哲学、管理方式、用人机制、绩效评估、职业发展以及行为准则的总和。

很明显，价值观是领导力的种子，这种说法一点都不夸张。

明白理论不难，难就难在如何实践——在领导活动中实现价值观领导，从而促使领导力发挥，提高领导行为高效性。图 4–3 展示了领导者价值观如何影响组织价值观，并最终影响组织内外部人员的过程。简单来说，这个过程就是：领导者形成了明确、崇高而又有驱动力的个人价值观后，影响组织成员、获得下属的认同和信任，激励下属；再由日常的管理行为和人际互动，注入组织；通过三个途径——愿景沟通、企业文化和管理制度，把核心价值观外化到组织的各个角落，最终形成下属和员工的自我管理；在此基础上，让组织承载优质价值观，独立于领导人而存在，并影响更多的内外部人士，从而最大化地发挥领导力的作用，推动领导行为的高效性。[①]

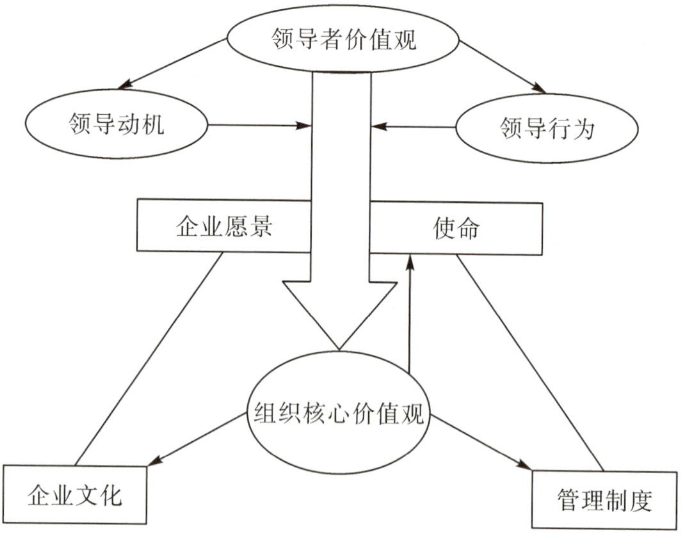

图 4–3　领导者价值观的影响过程

视野拓展

西点军校的核心价值观

西点军校在美国陆军领导力的培育中，尤其重视军人的核心价值观的形成、培育和发展。西点军校通过高标准的学术、体能和军事训练，帮助士官生形成自己的价值体系，并通过一系列不同的情境设计去提升西点军校士官生的领导力和执行力。西点军校美国陆军的核心价值观由以下七方面的因素构成。

(1) 忠诚：全心全意效忠宪法、陆军、部队和战友。

(2) 责任：履行义务和职责。

(3) 尊重：善待他人。

(4) 无私奉献：以国家、军队和部下的利益为己任。

① 富萍萍，刘军. 价值观：领导力的种子 [J]. 北大商业评论，2007 (7): 644-653.

(5) 荣誉：实践所有的陆军价值观。

(6) 正直：做合理合法的事情。

(7) 勇气：直面恐惧、危险和逆境（身体上或道德上的）。

从世界级卓越的领军人物的价值体系，到西点军校的使命和校规，我们得到的最大启迪是：卓越领导的动力来源于领导者本身的内在推动力——核心价值观。领导力并不是研究如何从技术层面做一名有效的领导者，而是探索什么是有效领导者的最重要的素质和品格，怎样才能成为优秀的、受欢迎的领军人物。因此，领导力的实现必须有领导者本人内在核心价值观的心理支撑。领导人要赢得下属的支持，首先必须身体力行、以身作则。西点军校前校长拉里杜尼高在《西点领导课》中是这样解释领导力的：

“许多人幼稚地认为，领导力就是领导用来施之于他人身上的一套技巧：怎样影响别人。但是以我们的经验来看，陆军的领导力并非始于以他人为中心，而是以自己为出发点。领导艺术就是关于怎样才能成为领导的问题，而不是怎样去做领导。只有一个人有率真本色，有一套强烈的价值观，所作所为都与这个价值观保持一致，并表现出自律精神的时候，这个人才能开始领导他人。”

——选编自《做一个有影响力的人》

进阶探索

价值观测试

为了帮助你计算出你的价值观，给你 8 万块钱（当然是假想的）以及 34 个购买项目。请你仔细地看一看这 34 个项目，然后在每一个项目后面，写下你愿意花多少钱。你可以在某一项目上花 200 元，而在另一项目上花 4 000 元。要是你对某个项目毫无兴趣，你可以一毛钱都不花；要是你愿意的话，你当然也可以把8 万块钱都花在某一个项目上。对怎么用这笔钱，你有着绝对的自由，愿意怎样花这 8 万块钱便怎么花，只是一定得把 8 万块都花光，不能多也不能少。

这个活动做起来很有意思、很好玩。当然，你还可以根据你的喜好加上另外一些项目（比如“热爱朋友、宗教信仰”等，毕竟一个测试价值观的方法而已）。

请记住这个表（表 4–6）所显出的价值观是你现在的价值观。五年前，你做的结果和现在做的结果可能大不相同，有时还会完全相反；五年后，你所填的表想必也和现在的不同，这正反映出这些年来你成长的情形。

表 4-6 测试价值观的表

购买的项目	花费的金额(自填)
1. 消除世界上现有的偏见	
2. 帮助病人与穷人	
3. 成为有名的人物(如电影明星、棒球明星、太空英雄)	
4. 一个能使你的公司多赚3倍钱的企划案	
5. 天天按摩并吃世界上最好的厨师烧的菜	
6. 了解生活的意义	
7. 一种能使大家不再贫穷或说谎的疫苗	
8. 布置你工作的环境	
9. 成为世界上最富有的人	
10. 当总统	
11. 一次最完美的恋爱	
12. 一栋房子,有着你喜爱的艺术品,室内室外有着全世界最美的风景	
13. 成为全世界最有吸引力的人	
14. 活到一百岁而不曾生病	
15. 接受一个天才精神分析家的精神分析	
16. 一个为你私人所用的、收集名作最完备的图书馆	
17. 送些礼物给父母、妻子、子女	
18. 消除世界上不公平的事	
19. 发现蕴藏100万盎司的金矿,把它送给你最关心的慈善机构	
20. 被选为今年的杰出人物,受全世界报纸的赞扬	
21. 精通你本行的事情	
22. 除了享受外,什么事都不必做,一切的需要和欲望都自动地会得到满足	
23. 成为世界上最聪明的人	
24. 一种把"真诚的血浆"渗入全世界每一个水源的设备	
25. 能轻轻松松地做你想做的事情,一点儿也不匆忙	
26. 一个充满着银元的大房子	
27. 控制50万人的命运	
28. 受到全世界人的热爱与崇拜	
29. 有着无限的车票、戏票,使你能观赏各地音乐、舞蹈和戏剧的演出	
30. 新的发型、任你选设计师裁制你的衣服,再给你两星期的时间到能使人变美丽的温泉去泡温泉	
31. 成为世界上最好的健康俱乐部的会员	
32. 能免除心理困扰的药物	
33. 拥有一台全能的电脑,要什么情报就有什么情报	
34. 和你的家人一块去旅游	

在你做完这个“预算”后，我们也就能来计算你的价值观了。

解释：

这34个项目中的每一个项目都和某一个价值观关联：

1和18——公平；

2和19——人道主义；

3和20——认可；

4和21——成就；

5和22——快乐；

6和23——智慧；

7和24——诚实；

8和25——自主；

9和26——经济；

10和27——权力；

11和28——爱；

12和29——美感；

13和30——外表的吸引力；

14和31——健康；

15和32——情绪方面的圆满；

16和33——知识；

17和34——热爱家庭。

假如你在项目8上花了最多的钱，那么你最重视的价值观为自主，假如在项目29你花了次多的钱，美感就是第二重要的价值观。

反思：罗克奇的价值体系很有意思。请你在做完这个测试后，联系刚才作的选择，认真地思考一下，你的价值体系究竟是怎么排列的。

——选编自：安东尼·罗宾《潜能成功学》

二、第五级领导力：执着＋谦卑

吉姆·柯林斯（Jim Collins）和他的研究小组耗费了10.5年，阅读并系统整理了6 000多篇文章，记录了2 000多项的专访内容，对1 435家企业进行了问卷调查，收集了28家公司过去50年甚至更早的信息，讨论并分析了一家企业或一位企业的领导者是如何从优秀（good）上升到卓越（great）的层次的。他提出了“第五级领导者”的概念。①

五个级别的领导者的特征②分别是：

第一级是能力强的个人，其通过才华、知识、技能和良好的工作习惯做出积极的贡献。

第二级是做出贡献的团队成员，其通过个人能力为取得团队目标做出贡献，在团队环境中和他人一起有效地共事。

第三级是有能力的经理人，他把人力和资源组织起来，既有效力，又有效率地实现既定目标。

① 李开复. 与未来同行：李开复文集[M]. 北京：人民出版社，2006.

② 刘澜. 管理十律[M]. 北京：中信出版社，2011.

第四级是有效力的领导者，他激发人们全身心地追求一个清晰和大胆的愿景，从而激发更高的业绩标准。

第五级领导同样具有前面四级领导者的能力与特征，但不同之处在于：他们集个人的谦卑和对职业的执着于一身，打造持久的伟大。一个简单的公式是：谦卑+执着=第五级领导者。即在第四级领导者的因素上，再加上谦卑和执着两个要素。

换句话说，优秀的公司和优秀的领导者很多，许多公司都可以在各自的行业里取得不俗的业绩。但如果以卓越的标准来衡量公司和个人的成绩，那么，能够保持持续健康增长的企业和能够不断取得事业成功的领导者都非常少。一位企业的领导者在成功的基础上，要想进一步提高自己，使自己的企业保持持续增长，使自己的个人能力从优秀向卓越迈进，就必须努力培养自己在“谦虚”“执着”和“勇气”这三个方面的品质，而尤以“执着”为最。

每个行为背后都有“动机”，它的心理学解释是：由特定需要引起的，欲满足各种需要的特殊心理状态和意愿。个体采取的某个行动是因为感觉值得这样做。个体的困难是怎样调节和保持斗志，使自己能够战胜实现目标过程中遇到的各种困难和挫折。要想做到这一点，你必须深刻了解自己，了解实现这一目标的真正意义。否则，如果只依赖别人的反馈信息来作决定的话，你很容易偏离自己的真实意图。一旦你的内心认同了这一目标，你的自信和动力就会逐渐增强，对心中既定目标就会不懈追求。而一个非常重要的领导力技巧是要具有不断努力、不达目的决不罢休的斗志，坚持正确的方向，保持矢志不移的决心和意志。

视野拓展

西游记与领导力

唐僧的故事在中国是家喻户晓的：主人公有唐僧、孙悟空、猪八戒和沙僧，还有一匹白龙马。徒弟3人保护师傅唐僧去西天取经。

那么，在西天取经项目组当中，谁最重要呢？孙悟空、猪八戒和沙僧，还是那匹白龙马？

在保护唐僧去西天取经的路上，孙悟空能72般变化、降妖除魔、冲锋陷阵，屡次被人用“宝贝”打伤、被师傅误解、被八戒吹风，最终修成正果，与师傅同一级别，位列斗战胜佛；猪悟能猪八戒虽然贪吃贪睡，好色懒惰，但打起仗来也能上天入海，36般变化，助猴哥一臂之力；沙悟净沙僧憨厚老实、任劳任怨，把大家的行李挑到了西天，每次都站在孙悟空一边，对妖魔鬼怪从来不姑息迁就，在师傅和师兄师弟之间起到了桥梁作用；白龙马一路上风餐露宿，无怨无悔，也曾变成美女和黄袍老怪大战几个回合。

唐僧最舒服，作为项目小组组长、师傅，不仅一路上有马骑、有饭吃，而且妖魔挡道也不用其动一根指头，自有徒儿们奋勇上阵。

从业绩来看，无疑是孙悟空最重要；从情商来看，无疑是猪八戒最受女孩子欢迎；从团队配合来看，无疑是沙和尚最有牺牲精神。可是从最终的效果来看，几个人都不是最不可或缺的，最重要的是唐僧，唐玄奘！

唐僧的伟大不在于降妖除魔，不在于兢兢业业，不在于迷途知返，也不在于任劳任怨，而在于发现生活中的积极一面——哪怕它是妖怪鬼怪和肉体凡胎，坚持到底不回头，这是西天取经成功的根本。否则，16 年的跋山涉水就不会圆满。

我们发现，最没有本事的就是唐僧。他做事不明真伪，总是慈悲为怀，动不动还要给孙猴子念上几句紧箍咒玩玩。这很像猪头上司，晕头晕脑，没心没肺。

但是，就是这个唐僧，在孙悟空一赌气回了花果山、坐骑被水怪吃掉的时候，自己独自走向西天；猪八戒一路上叫嚷着开小差跑回高老庄、结束两地分居的牛郎织女生活（尽管还没有领证，也没有圆房，女方高小姐还在犹抱琵琶半遮面、半推半就）；沙僧也有犹豫的时候，看到师傅的假尸体就一点没有底气。只有唐僧他毅然一个人奋勇向前，不达目的誓不罢休。因为，唐僧心里清楚地知道，他去西天的目的是要取回真经普度众生。

唐僧知道为什么要去西天，他知道他要什么；而 3 个徒弟，他们并不知道为什么要去西天，他们只知道保护好唐僧就行，至于为什么要保护好唐僧，他们也不用去考虑，他们知道的是怎样做，并且把它做好。

唐僧花了 16 年时间取经，其中很大部分时光，用来教育三个弟子和白龙马。最后白龙马也被感化，当黄袍老怪囚禁了师傅、捉住了沙和尚以后，白龙马咬住了八戒的衣襟，力劝二师兄去花果山请孙悟空。可见唐僧的教化很有效果，后来三界神灵都来助阵。

所以，因为心里有盏灯，无论路程多么艰险、无论多少妖魔挡道、无论多少鬼怪想吃其肉，唐僧都毫无畏惧、奋勇向前。最后，唐僧不仅取回了真经，而且还使曾经被称为妖精的 3 个徒弟，最终变身成佛。

一个领导者的伟大之处，就在于始终如一地坚持理想，以其感召力量凝聚团队，感化三界，实现伟大的愿景。

滴水穿石，力量就在于坚持。坚持是需要很大勇气的，甚至生命。梅尔·吉布森的电影《勇敢的心》里，安德森被推上断头台，在被砍头的一瞬间，脱口而出的是一个字：freedom（自由）。不自由，毋宁死。

——选编自《管理论道：执着与进退》

进阶探索

强化你的执着

第一步：描述一个你最近设定的目标。

提升心得：____

____

____

____

第二步：简单介绍你的计划以及实现这个计划的方案。

提升心得：____

____

____

____

第三步：这个目标是否对你非常重要？是否值得为它付出所有？

提升心得：____

____

____

____

第四步：这个目标是否能够实现？

提升心得：____

____

____

____

第五步：为实现这一目标采取的措施被别人理解和接受了吗？

提升心得：____

____

____

____

第六步：我的技巧和能力可以实现这一目标吗？

提升心得：____

____

____

____

第七步：我能取得这样的成就吗？我能够承担起这样的责任吗？

提升心得：____

____

____

____

第八步：评估第三步到第七步的答案，列出你最为担忧的问题，这些问题就是你的弱项。

提升心得：______________________________

____

____

____

第九步：寻求类似的经历，从朋友、同事获得相关的帮助，改变计划、寻求程序工具或类似理念来强化这种“执着”。你是怎样调整自己来强化它的？

提升心得：______________________________

____

____

____

要点回顾

1. 成为领导者首先要认识自己，这意味着“把你是谁和你想成为谁，跟周围的世界认为你是谁和想要你成为谁区分开来”。有人很早就开始了这一过程，有人也许刚刚开始，但是开始得早或者晚影响不大，因为自我认识和自我塑造是终生的过程。

2. 自我认知（self-cognition）也叫自我意识，或叫自我，是个体对自己存在的觉察，包括认识自己的长处与缺点，意识并调整自己的情绪、意向、动机、脾气和欲望，并对自己的行为进行自律和反省。

3. 文化、阶级、性别群体、城乡等差异使我们轻易注意到自己和其他人的不同，以及他人对这些差异的反应。

4. 在认识自己基础上“成为自己”以提升领导力，那么我们需要：通过对自己领导力比喻的认识来全面认识自己，明白成为自己的第一步是确定自己的目标，而关键是坚持自己的本色——做你自己。

5. 要成为真正的领导者，必须发展领导力，因此我们这次旅行的最关键的一步也是最后一步就是——跨越自我认知、修炼个人价值观、培养高情感智力，从根本上发挥领导力的作用，促使自己成为杰出的领导者。

思考题

1. 你在什么情况下会意识到“我”的存在？

2. 将家里或者周围邻居家的婴儿作为实验的对象来试一试，或者，将自己的小宠物（哺乳动物）来试试镜子实验吧！

3. 紧接“问我 20 问”的游戏，找好友、父母或你信任的人写写他们对你的评价，或找出你自我评价中有异议的项目，找出“他人眼中的我”和“自己眼中的我” 的差距；写出你理想中的自我，找出“理想自我”和“现实自我”的差距，尽可能缩小差距。

4. 你的“乔哈里窗”里出现了哪些“盲点”内容？这些“盲点”内容你自己能认可吗？或者是同学误解了你？或者这确实是你自己过去没有觉察到的一些内容？

5. 与你的同学完成下面的活动，活动中同学是一位访问者，你是被访问对象。

同学：“在你的领导经历中最有意义、你感觉最为成功的一件事是什么？”

我：____________________

同学：“这段经历对你有什么影响？”

我：____________________

同学：“领导力对你来说，意味着什么？”（给出领导力比喻）

我：____________________

同学：“在这个（比喻）中，你扮演了什么角色？”

我：____________________

同学：“你做了什么呢？”

我：____________________

同学：“刚刚老师讲解了领导角色和角色职责，那么你所说的这个角色应该实现的目标是什么？”

我：____________________

同学：“这个角色应该做什么？”

我：____________________

进一步探寻：我的领导目标是什么。

6. 强化你的执着

第一步：描述一个你最近设定的目标。

____

____

第二步：简单介绍你的计划以及实现这个计划的方案。

____

____

第三步：这个目标是否对你非常重要？是否值得为它付出所有？

____

____

第四步：这个目标是否能够实现？

____

____

第五步：为实现这一目标采取的措施被别人理解和接受了吗？

第六步：你的技巧和能力可以实现这一目标吗？

第七步：你能取得这样的成就吗？我能够承担起这样的责任吗？

第八步：评估第三步到第七步的答案，列出你最为担忧的问题，这些问题就是你的弱项。

第九步：寻求类似的经历，从朋友、同事获得相关的帮助，改变计划、寻求程序工具或类似理念来强化这种“执着”。你是怎样调整自己来强化它的？

知识拓展推荐

[1] 沃伦·本尼斯，伯特·纳努斯. 领导者（纪念版）[M].赵岑，徐琨，译. 杭州：浙江人民出版社，2016.

[2] 约翰·P 科特. 变革的力量[M]. 北京：中信出版社，2019.

[3] 岳晓东. 少年我心：一个心理学者对自我成长的回顾与分析[M]. 上海：上海人民出版社，2006.

[4] 安东·卡马罗塔. 成就卓越领导：发现你的领导力[M]. 扈喜林，译. 北京：北京科技出版社，2008.

[5] 亨利·米勒. 北回归线[M]. 袁洪庚，译.南京：译林出版社，2013.

[6] 斯图尔特·埃弗里·戈尔德. 寻找大池塘的青蛙 [M]. 黄聿君，译.沈阳：辽宁画报出版社，2007.

[7] 沃伦·巴菲特. 做你自己 [M]. 赵亚男，译. 北京：新世界出版社，2011.

[8] 毕淑敏. 心灵七游戏 [M]. 长沙：湖南文艺出版社，2021.

[9] 曼弗雷德·凯茨·德·弗里斯. 领导力童话：领导力的五个致命危险 [M]. 北京：东方出版社，2019.

[10] 刘澜. 领导力 [M]. 北京：北京大学出版社，2019.

[11] 刘澜. 领导力就是说对十句话（10 周年纪念版）[M]. 北京：机械工业出版社，2024.

[12] 李开复. 李开复给青少年的十二封信 [M]. 杭州：浙江少年儿童出版社，2020.

[13] 约翰·C 麦克斯维尔.领导力 21 法则：追随这些法则，人们就会追随你[M]. 路本福，译. 上海：文汇出版社，2017.

网络资源

[1] 自己的历程（*Journey Into Self*）（1968）

导演：比尔·麦克高　类型：纪录片　国家/地区：美国　语言：英语

[2] 画出你自己（*Draw Yourself*）（2010）

导演：吉尔斯·普特　类型：纪录片/家庭　国家/地区：法国　语言：英语

[3] 富豪谷底求翻身（*Undercover Billionaire*）（2019）

编剧: 丹·博文　类型: 真人秀　国家/地区: 美国　语言: 英语

[4] 巴顿将军（*Patton*）（1970）

导演：富兰克林·斯凡那　类型：剧情/战争/传记　国家/地区：美国　语言：阿拉伯语/英语/法语/德语/俄语

[5] 桂河大桥（*The Bridge on the River Kwai*）（1957）

导演：大卫·利恩.类型: 战争/史诗　国家/地区: 美 国/英国　语言: 英语

参考资料

[1] 安东·卡马罗塔. 成就卓越领导：发现你的领导力[M]. 扈喜林，译. 北京：北京科学技术出版社，2006.

[2] 比尔·乔治. 真诚领导力 [M]. 邱晓亮，译. 北京：东方出版社，2011.

[3] 比尔·乔治，彼德·西姆斯. 真北：125 位全球顶尖领袖的领导力报告[M]. 刘祥亚，译. 广州：广东经济出版社，2008.

[4] 刘澜. 领导力沉思录 [M]. 北京：中信出版社，2009.

[5] 沃伦·本尼斯. 成为领导者（纪念版）[M]. 徐冲，姜文波，译. 北京：浙江人民出版社，2016.

[6] 学习型·读书工程教研中心. 伴随小学生成长的情商故事 [M]. 哈尔滨：哈尔滨出版社，2009.

[7] 戴维·迈尔斯. 社会心理学[M]. 11 版. 北京：人民邮电出版社，2016.

[8] 托马斯·吉洛维奇，等. 社会心理学 [M]. 3 版. 侯玉波，等译. 北京：中国轻工业出版社，2016.

[9] 邹元欣. 我的执行力[M]. 厦门：鹭江出版社，2009.

[10] 毕淑敏. 心灵七游戏[M]. 长沙：湖南文艺出版社，2021.

[11] 王晋. 大学生心理健康[M]. 北京：北京大学出版社，2005.

[12] 加藤义明. 社会心理学[M]. 东京：有斐阁，1987.

[13] 中国科普博览. 儿童的妙想世界：十大儿童心理学经典实验 [EB/OL]. (2011-12-28) [2023-12-30]. http：//159.226.2.2：82/gate/big5/www.kepu.net.cn/gb/index.html.

[14] 沈之菲. 花季雨季 [J]. 中学生阅读（高中版），2009(2)：60-61.

[15] 陈会昌. 我是谁：关注自我意识的形成和发展 [J]. 河南教育（基教版），2008（11）：18-19.

[16] 金盛华. 自我概念及其发展[J]. 北京师范大学学报（社会科学版），1996（1）：30-36.

[17] 金盛华. 社会心理学 [M]. 北京：高等教育出版社，2005.

[18] 岳晓东. 少年我心：一个心理学者对自我成长的回顾与分析 [M]. 上海：上海人民出版社，2007.

[19] 六月星夜. 辅导课程二之谁是你的重要他人的感想 [EB/OL]. (2018-01-28) [2023-12-30]. http：//www.june.my/group-counselling-2-who-is-yoursignificant-others/.

[20] 陈书凯. 生存寓言 [M]. 哈尔滨：哈尔滨出版社，2004.

[21] 方广. 德育故事：受益一生的精神财富 [M]. 西安：西北大学出版社，2008.

[22] 武志红. 七个心理寓言 [M]. 北京：世界图书出版公司，2008.

[23] 李践. 做自己想做的人：行动成功学 [M]. 北京：中信出版社，2000.

[24] 艾伦·普莱斯. 随时准备做领导：新经理人上任必修 [M]. 李佩芫，译. 北京：中国社会科学出版社，2004.

[25] 富萍萍，刘军. 价值观：领导力的种子 [J]. 北大商业评论，2007(7)：644-653.

[26] 杨壮. 做一个有影响力的人 [M]. 北京：机械工业出版社，2008.

[27] 田缘. 安东尼·罗宾潜能成功学 [M]. 北京：经济日报出版社，1998.

[28] 李开复. 与未来同行：李开复文集 [M]. 北京：人民出版社，

2006.

［29］刘澜. 管理十律［M］. 北京：中信出版社，2011.

［30］刘澜. 领导力沉思录 2［M］. 北京：中信出版社，2011.

［31］戴维·迈尔斯，琼·特韦奇. 我是谁：心理学实证研究社会思维［M］. 侯玉波，廖江群，等译. 北京：人民邮电出版社，2020.

第五章
管好自己：做好自我管理

业精于勤而荒于嬉，行成于思而毁于随。

——韩愈

开卷有益

骆驼的方向

大象、狮子、骆驼决定一起进沙漠寻找其生存的空间。在进入沙漠前，天使告诉他们，进入沙漠后，只要一直向北走，就能找到水和食物。进入沙漠以后，他们蓦然发现沙漠比他们想象的大多了，也复杂多了。最为要命的是，他们不久就失去了方向。他们不知道哪个方向是北。

大象想，我如此强壮，失去方向也没有什么关系、只要我朝着一个方向走下去，肯定会找到水和食物。于是，他选定了他认为是北的方向，不停地前进。走了三天，大象惊呆了，他发现回到了原来出发的地方。三天的时间和力气就这样白费了。大象气得要死，他决定再走一次。他一再告诉自己不要转弯，要向正前方走。三天过后，他发现，他竟然又重复了上一次的错误。大象简直要发疯了，他不知道为什么会这样。此时，他又饿又渴，他决定休息后，再度出发。可是，接下去每一次都是相同的结果。不久，大象就精疲力竭而死。

狮子呢，他自恃奔跑得很快，便向自认为是北的方向奔去。他跑得很快，他想，凭我这样快的速度，再大的沙漠也能够穿越。可是，他跑了几天后却惊异地发现，他越是向前，越是草木稀少，最后，他已经看不到任何的绿色植物了。他害怕了，决定原路返回。可是，当他原路返回的时候，又一次迷失了方向。他越是向前，越是不毛之地。他左冲右突，但是都没找到目的地，最后绝望而死。

只有骆驼是一个智者。他走得很慢，他想，只要找到真正向北的方向，只要不迷路，用不了三天，一定会找到水和食物的。于是，它白天不急于赶路，而是休息。晚上，天空中挂满了亮晶晶的星星，骆驼很容易地找到了那颗耀眼的北斗星。每天夜里，骆驼向着北斗星的方向慢慢地行走。白天，当他看不清北斗星的时候，他就停下来休息。

三个夜晚过去了。一天早上，骆驼猛然发现，他已经来到了水草丰美的绿洲旁。从此，骆驼就在这里安了家，过上了丰衣足食的生活。这里，骆驼成功的秘诀，显然在于他找准了前进的方向，合理安排自己的时间，并坚持不懈地努力，很好地进行自我管理。

人的真正存在并不在于他是否已经是一个既定的、不变的实体，而在于他不断追求自己渴望的东西，并在这个过程中不断地自我更新，使自己成为想要成为的那种人。这种自我追求，只有在个体的自我管理中才有可能实现。自我管理是展现领导力的关键能力，它激发个人在工作中实现创新并获得高效成果，有效增强个人领导力，并带来深刻的精神满足。通过自我管理，我们可以避免在提升领导力的过程中走弯路，从而更快地迈向成功的巅峰。

本章要点

⊙ 时间管理：领导力提升的保障

认识时间：探索其重要性
合理管理时间：做时间的主宰者
第二象限时间管理：科学规划时间
时间管理的原则：提升领导力的小诀窍

⊙ 目标管理：领导力提升的航标

价值观：确定目标的前提
目标：指引领导力提升的方向
引领领导之路：如何给自己定目标

⊙ 健康管理：领导力提升的后盾

健康：领导力提升的必要前提
拖延：领导力提升的危险习惯
压力：领导力提升的机遇挑战

第一节 时间管理：领导力提升的保障

在这个世界上，有什么东西被分割成无数份，但永远不会减少；它被分享给每个人，却从不多给任何人；它总是向前走，却永远回不来；它对每个人都公平，却无法被储存；它无声无息，却能穿越一切，你看不到它，听不到它，却能感觉到它，它在你不留意时悄悄溜走；它不等人，也不休息，却能决定你一生的成败；它没有开始，也没有结束，却能衡量一切的长短。

这就是：时间。

一、认识时间：探索其重要性

人一出生，老天就给予了每个人两件相同且别人无法带走的礼物：时间和思想。我们拥有时间，却不能真正地握住它；只能感知它，看着它慢慢地消耗我们的生命。

小幽默：员工向老板请一天假，老板推心置腹地说："你想请一天假？你的要求合理吗？你看看，一年里有365天你可以工作。一年52个星期，你已经每星期休息2天，共104天，剩下261天工作。你每天有16小时不在工作，去掉174天，剩下87天。每天你至少花30分钟时间上网，加起来每年23天，剩下64天。每天午饭时间你花掉1小时，又用掉46天，还有18天。通常你每年会请2天病假，这样你的工作时间只有16天。每年有5个节假日公司休息不上班，你只干11天，每年公司还慷慨地给你10天假期，算下来你就工作1天，而你确定还要请这一天假吗？

逝者如斯夫，不舍昼夜。

——孔子

这虽然是一则领导PUA（精神控制）员工的小幽默，且计算方法有些问题，但它从另外一个角度说明：时间正残酷而又急迫地挤压着我们的生命。

相信许多人都看过这样一个例子：想象银行每天清晨向你的账户拨款8.64万元，你在这一天中可以任意支配，没有用途的规定，使用条件只有一个，即今天的钱不能留至明天再用。只要到零点，它会自动把给你的货币全部注销，而第二天你将又有了8.64万元。如果你面临这样的情况，想必你会想尽各种办法将每天的钱用光，用于购买最需要的东西或者用于投资从而得到更多的回报。

其实我们每个人终其一生都要在这家"时间银行"上班，时间老人从不偏袒，最为公平，每天给予我们同样的8.64万秒钟。时间是一种特殊的资源，一去不复返，虽然人们总是探索节约时间的秘诀，但实际上时间不可能真正像水一样节约存储起来供将来使用。寸金难买寸光阴，时间就是生命！遗憾的是许多人并未真正认识它，自然也没有好好去利用它、珍惜它。

视野拓展

时间的价值

一个小学生问：一年的价值是什么？——他是个留级生。

一个母亲问：一个月的价值是什么？——她的孩子早产了一个月。

一个总编问：一周的价值是什么？——他负责一份周刊的编辑工作。

一个打零工的人问：一天的价值是什么？——他要独自养活2个孩子。

一个小伙子问：一个小时的价值是什么？——他正在约会地等待心爱的姑娘。

一个不幸的人问：一分钟的价值是什么？——他刚错过回家的末班车。

一个幸运的人问：一秒钟的价值是什么？——他刚从一场事故中死里逃生。

一个运动员问：一毫秒的价值是什么？——他在奥运会上获得了短跑100米银牌。

时间不等人。

珍惜你拥有的每一秒吧！

——选编自《把时间留给最重要的事》

二、合理管理时间：做时间的主宰者

> 时间就是生命，时间就是速度，时间就是力量。
>
> ——郭沫若

这是不是你的日常？

· 每天都觉得自己很忙，但是想想又不知道自己忙了什么？

· 刷刷手机又过去1天，跌入“懊恼→立flag→继续刷”循环，正所谓晚上想想千条路，早上醒来走原路。

· 睡觉前想着看看短视频再说，一不小心又到了第二天，每天发最狠的誓，熬最深的夜。

· 本想查资料，却刷了半天手机；本想打开电脑收邮件，却浏览了半天网页；总是因为一些小事而忘记重要的事。

· 沉迷于内耗，总是花很长时间后悔该做的事没做或者复盘没有做好的事情，浪费双份时间。

· 过分关注别人，羡慕别人的成绩，议论别人的是非，而自己没有任何改变。

· 总是优先做不太重要的事，那些需要思考的事却拖到最后，最终，重要的事反而没做，主打一个“要是我有足够时间，其实是可以完成的”。

· 总是活在他人的看法里，自己还没有开始行动，就开始担心别人的看法，各种内心演绎纠结，浪费了时间。

·做事总想最快得到结果，刚开始努力，就希望能赶快看到结果，一旦没有看到想要的结果，就会立刻陷入焦虑之中。

·与人发生分歧，执着于让别人认可自己的想法，让自己陷入情绪怪圈，不仅情绪变糟了，还在浪费自己的时间。

这些行为的描述从侧面道出了现代人忙碌无序的工作及生活状态，也警醒我们该好好下定决心认真管理自己的时间，以免得到令人悔恨终生的“黄牌”甚至“红牌”。

彼得·德鲁克曾经说过：“时间是最宝贵而有限的资源，不能管理时间，便什么都不能管理。有效的管理者不是从他们的任务开始，而是从他们的时间开始，也不是从做计划开始，而似乎从发觉他们的时间实际花在什么地方开始。”因此，做好时间管理的前提是对时间进行科学的分析，这是提升领导力的基础。

领导者与被领导者的差别在于“会”与“不会”。领导者是一个“会”做事的人，懂得安排时间，是时间的主宰者，同时也十分清楚如何使下属最大限度地利用时间。而不会管理时间的人多为“time killer”，在每个礼拜终了时，哇哇叫：“哎呀，怎么还有这么多的事没有办？看来，又要加班了，周末又要取消了……”

> 利用时间是一个极其高级的规律。
>
> ——恩格斯

表 5-1 简要地通过不同年收入描述了时间的价值，我们可以大致计算出每天因为浪费时间而造成的损失。

表 5-1 估算时间损失表

年收入	一小时之单价	一分钟之单价	假若一天浪费一小时，那么一年的损失
5 万元	28.4 元	0.47 元	6 248 元
10 万元	56.8 元	0.95 元	12 500 元
15 万元	85.2 元	1.42 元	18 750 元
20 万元	113.6 元	1.89 元	25 000 元
25 万元	142.0 元	2.38 元	31 250 元
50 万元	284.1 元	4.73 元	62 500 元

注：假设一年工作 220 天，以一天工作 8 小时来估算，货币单位为人民币。

我们要想通过合理管理时间来有效提升领导力，要做到事前有规划，过程有反馈，结果有复盘，须从以下五个步骤入手：

(1) 做好时间清单。每个人对于自己时间的分配与管理，均有其独到的方法与模式。许多成功领导者的经验都有一个共同点：养成记录时间的习惯。以一个星期或者一天为一个目标单元是比较合适的，提前将下周或明天重要的事情用科学工具（许多手机 App 有此类功能）记录下来，帮助你组织和跟踪任务，如果顺利完成，则打个" √"，以示你已达成预期之目标。通过此步骤，你既可以对哪些事未完成一目了然，又可以提高效率和时间管理能力。这样也能帮助你发现自己时间管理上的漏洞，帮助你避免将宝贵的时间花费在无关紧要的事件上。因此，做好时间清单是确保自己学习工作卓有成效的前提和基础。清单就好比是一种贴在办公桌上的便利贴，提醒你还有什么事情要做。

（2）将时间可视化。因为时间看不见、摸不着，所以我们对它的感知比长度、面积等有形量的感知要困难得多。给自己每个任务适当的时间期限，这个时间是提醒自己避免做事拖拉，提高效率，在限定的时间内完成。这个时间要灵活，不能说很短，完全完不成，需要根据自己以往的经验来，也不能说很长，这样会让自己产生惰性和拖拉心理。通过将时间可视化，我们可以清楚自己时间到底浪费在哪儿，排除没有必要的事。每个人的时间都是有限的，领导者每天所要处理的事情多不胜数，如果每件事情都一一处理，那很快就会被累趴下。领导者做事效率高的秘诀是懂得量化和倒推。假设你 5 天要看完一本 300 页的书，那一天就要计划看 60 页。在周中课程满满的状况下，你的休闲时间就只有 2 小时，通过倒推和量化明确，即每小时要看 30 页才能完成。将时间可视化能让你有针对性地安排时间，确保自己在最重要的事情上投入足够的精力。

（3）合理分配时间。所谓“时间分配”，是指将一天有限的时间分配给每一件工作。有效利用时间的方法有两种：一种是极力抛开不值得做的工作；另一种是全力以赴做应该做的工作。而应该做的工作又可进一步分为紧急的和非紧急的。只有合理分配自己的时间，我们才能在最短的时间做最多的事。许多不成功的领导者往往受个人情感所羁绊，面对堆积如山的工作，总会一脚踢开那些必须紧急处理的工作，转而着手处理个人所喜好或容易处理的工作。这样的处理方式不会为其提升领导力提供任何帮助，只是徒然浪费宝贵的时间而已。

（4）充分利用时间。一天 24 小时，还可以创造更多的时间吗？答案是肯定的，因为时间管理可以帮助你在有限的时间里做更多、更好的事情。要想创造时间，一个重要的方法是告别拖沓的坏习惯，让自己立刻行动，变成有效率的人。重复利用好碎片化时间，如在等待、休息或上班通勤的时间，处理一些简单的工作，在散步、跑步或爬山时听听课听听书，把更多的时间掌握在自己手里，那么你一定就能够做比别人更多的事情。当然这里说的重复利用时间，并不是说把所有的事情同时做。不要想着多任务处理，人的注意力同一时间只能做一件事，而且“切换任务”非常耗费精力，这样来回几次，时间就过去了。另外一个重要的方法是利用好业余时间。爱因斯坦就曾提出：“人的差异在于业余时间。”哈佛有一个著名的理论：人的差别在于业余时间，而一个人的命运决定于晚上 8 点到 10 点之间。每晚坚持抽出 2 个小时的时间用来阅读、进修、思考或参加有意义的演讲、讨论，你会发现，你的人生正在发生改变，坚持数年之后，成功就会来到你身边。1903 年，在纽约的数学学会上，一位叫作科尔的科学家通过令人信服的运算论证，成功地证明了一道世界数学难题。人们在惊诧和赞许之余，向科尔问道：“您论证这个课题一共花了多少时间？”科尔回答：“3 年内的全部星期天。”

（5）定期复盘。我们既要低头走路，也要抬头看天。我们要定期留给自己反思和总结的时间，回顾自己的工作进度和计划执行情况，根据实际情况进行调整和优化。定期复盘审核的标准是，做每一件事情前，都问问自己："如果不做这件事，会给我带来什么麻烦？"如果答案是"没有影响"的话，此类事情就应该永远消失在时间表中。比如一些无休无止的会议、论坛等，如果已经明确判断其没有意义，那么再次遇到此类事情时，果断拒绝。定期复盘能够让你及时发现问题，吸取经验，并采取相应的措施，使你同样的错误犯得少了，或者能防患于未然；既能让我们看到自己的成就与进步，也省出来更多的有效时间，去做更有意义的事情。

认识自己的第一步，是先了解自己的时间是怎么使用的。不仅要清楚哪些事情应优先，更要确定哪些事情可以暂时不做。

——彼得·德鲁克

视野拓展

如何"获得更多的时间"

1. 把最重要的事留在精力最旺盛的时候。
2. 提早 10 分钟出门，以避免出行高峰期。
3. 坚持锻炼身体，持续蜕变。
4. 短暂的休息可增加工作效率，磨刀不误砍柴工。
5. 行动果断而迅速。
6. 善用科技工具，提高效率。
7. 尽量减少不必要的闲聊。
8. 告别社交媒体的诱惑。
9. 避免无意义的追剧和手游。
10 .减少无谓的担忧和焦虑。
11. 制造一个能专心工作的环境。
12. 保持顶级的专注力。
13. 懂得拒绝，专注于自己的核心工作。

把时间分给睡眠，分给书籍，分给运动，分给花鸟树木和山川湖海，分给你对这个世界的热爱，而不是将自己的时间浪费在无聊的人和事上。当你开始做时间的主人时，你会感受到平淡生活中喷涌而出的平静的力量，至于那些焦虑与不安，自然也会烟消云散。

普通人只想到如何度过时间，有才能的人设法利用时间。

——叔本华

三、第二象限时间管理：科学规划时间

视野拓展

生命中的大石头

一位名叫小杰的大学生，他总是忙忙碌碌，却常常感到迷茫和焦虑。一天，小杰找到了林峰教授，希望能得到一些关于时间管理的

建议。

林峰教授没有直接给出答案，而是邀请小杰参加一次特别的"时间之旅"。他们来到了一个安静的图书馆，教授拿出了一本厚厚的日记本和一支笔。

"小杰，"教授说，"这本日记本代表你的时间，每一页都代表一天。现在，我希望你写下你今天计划要做的事情。"

小杰写下了满满一页的任务，包括上课、做作业、参加社团活动、健身等。教授微笑着说："很好，现在，我希望你写下你真正想要完成的事情。"

小杰沉思了一会儿，然后写下了几件对他来说真正重要的事情：深入学习一门课程、与家人通电话、写一篇关于个人成长的反思日记。

林峰教授指着日记本说："你写下的任务和真正想要完成的事情，就像是生活中的'大石头'和'小石头'。大石头是我们的核心价值观和长远目标，而小石头则是日常琐事和短期目标。如果我们不先处理大石头，那么我们的生活就会被小石头填满，最终忘记了我们真正想要追求的东西。"

小杰恍然大悟，他开始重新审视自己的时间安排，决定每天先完成那些对他学习和个人成长最重要的任务。

几周后，小杰再次找到林峰教授，他的脸上洋溢着自信和满足。他告诉教授，自从开始优先处理"大石头"后，他不仅感到更加专注和高效，而且对自己的未来有了更清晰的规划。

当你在阅读这则故事时，你可曾试着问自己这个问题：我生命中的"大石头"是什么？如果找到了它们，请将其先放进你人生的瓶子。

成功领导的过人之处就在于：对所有的工作都有轻重缓急明确的区分。我们可以借鉴这样的维度差别，将生活学习工作中面临的事情归入表 5–2 所示的四大象限中，使我们在思考工作重要性的同时，也要思考目标的急迫性。

表 5–2　时间管理的四象限

	紧急	不紧急
重要	第一象限：又紧急又重要 ● 危机 ● 突发情况 ● 有期限压力的事情	第二象限：重要但不紧急 ● 自我提升、改善人脉 ● 改进流程、增加产出 ● 挖掘新机会、关注新变化
不重要	第三象限：紧急但不重要 ● 不速之客 ● 不受欢迎的活动 ● 必须出席的无关会议	第四象限：不重要又不紧急 ● 广告邮件和垃圾消息 ● 盲目地刷微博和朋友圈 ● 某些推销或闲聊的拜访或电话

时间管理的要点，一个叫选择，一个叫顺序。将时间投射到不同的象限，你就会选择不同的处理方式。

第一象限任务。此类任务往往是一些紧急状况、困难甚至危机，且大多数必须自己着手处理。比如你打算出国旅行，可是发现自己的护照过期了，你得马上去申请延长护照的有效期。偏重此象限事务的人是“救火员”式的高压人，整天都处于时间压力下，高负荷运转，但工作成效有时却微乎其微。

第二象限任务。此类任务很重要，但它不是很紧迫，因此我们可以暂时放一放。比如：学习新知识、新技能，建立人际关系，锻炼身体，此类任务是我们生命中的大石块，我们经常会将它们一拖再拖，直到有一天突然变得紧迫为止。职业经理人偏重此类任务。我们应对此类任务进行合理的规划，并及时为其规定具体的完成期限，比如关心家庭、孝顺父母、制订计划、坚持学习、提升能力等。

第三象限任务。此类任务重要性相对要低一些，但时间压力较大，你可以根据实际情况委托别人去完成，我们应尽量减少此类任务。偏重此类任务的人多为碌碌无为的人，处理该任务占据了他时间预算的绝大多数。比如定期协助学院老师将档案送往学校档案馆，社团临时开会的通知，家里突然到访的客人。

第四象限任务。此类任务既不重要也不急迫，你可以把它们丢在一边。比如说，刷短视频打发时间、无节制地追剧、浏览八卦网页等。

或许你会认为浏览八卦网页是非常重要的，那么你完全可以将它纳入你认为合适的类别。这说明我们在赋予各种任务何种意义时，是完全取决于我们个人的价值观。

对于以上四类象限任务，总的原则是：先做第一、第二象限任务，少做第三象限任务，不做第四象限任务。其中第一象限任务尽量节制，所占时间最好低于 50%，重点放在第二象限任务上，逐步舍弃第三、第四象限任务，把节省下来的时间投入第二象限。渐渐地，你就会发现你做事情越来越事半功倍，做领导越来越得心应手。

四、时间管理的原则：提升领导力的小诀窍

时间管理看似是个人的事情，但是对领导者来说，他的日常表现实际上就是他所在的组织资源分配的一个缩影，也是领导者工作状态的体现。我们可以通过掌握以下五个原则来实现真正的时间管理：

（1）遵循 20/80 法则。大多数管理者 80%的决定是在他们 20%的时间里作出的。因此，有效利用时间的领导者总是确保最关键的 20%的时间具有最高的优先级。

（2）了解你的产出周期。“百灵鸟”型的人最喜欢在早晨工作，因为这期间他的工作效率最高；而“猫头鹰”型的人则选择在半夜工作，因为这样他可以获得更多的灵感。清楚了解自己的产出周期且合理地将重要的事情安排在效率高的时段做的人，可以获得更高的收益。

（3）找到自己的时间颗粒度。时间颗粒度是一个人安排时间的基本单位，曾有人采访俞敏洪，发现他的时间颗粒度是 15 分钟，即他 15 分钟里就要集中完成一件事儿。这样他的颗粒度就要比以一天、半天、一小时为颗粒度的人多出了好几倍。当然，并不是说 15 分钟要换一个工作内容，有的工作是需要以小时为单位投入的，但是到了 15 分钟的节点，提醒一下自己，要比一个小时一直闷头来做效率高得多。

（4）制定奖励，培养成就感。每天完成任务签到打卡，每完成一个目标就在成就表上打上钩，或者贴上一颗星星。这些仪式感可以不断培养我们的成就感和自信心。我们需要让自己的身体和心理获得一定的成就感，从而持续而高效地去做一件事情。

即使慢，驰而不息，纵会落后，纵会失败，但一定可以达到他所向的目标。

——鲁迅

（5）相信坚持的力量。时间的力量其实就是积累的力量。有人说，世界上最厉害的东西是“时间+复利”。为什么这么说？因为每天进步 1%，一年之后的结果便是起初的 37.78 倍。一点点改变，一天天坚持，迟早会带来质的飞跃。

进阶探索

假如现在你个人的生命处于 0 到 100 岁之间，接下来我们来玩一个撕纸游戏。

请准备一张长条纸，用笔将它划成 10 份（一份代表生命中的 10 年，分别写上 10、20 等，代表我们的人生）。

下面我给大家出几个问题，请大家按我提的要求去做：

第一个问题：请问你现在几岁？（把相应的部分从前面撕掉）

过去的生命是再也回不来了！请撕彻底、撕干净！

第二个问题：请问你想活到几岁？（如果不想活到 100 岁的话就从后面把那部分撕掉）

第三个问题：请问你想几岁退休？（请把相应的退休以后的部分从后面撕下来，不用撕碎，放在桌子上）

就剩这么长了，这是你可以用来工作的时间。

第四个问题：请问一天 24 小时你会如何分配？

一般人通常是睡觉 8 小时（有人还不止呢！），占了三分之一，吃饭、休息、聊天、看电视、游玩等又占了三分之一，其实真正可以工作、有生产力的时间只有三分之一，约 8 小时。

所以请将剩下来的折成三等份。把其中三分之二撕下来，并放在桌子上。

第五个问题：比比看。

请用左手拿起剩下的三分之一，用右手把退休那一段和刚才撕下的三分之二加在一起，并思考一下您要用左手的三分之一工作赚钱，提供自己另外三分之二的吃喝玩乐及退休后的生活。

第六个问题：想一想。

你要赚多少钱、存多少钱才能养活自己上述的日子，这还不包括给父母、子女、配偶的哦！

第七个问题：请问你现在有何感想？

第八个问题：请问你会如何看待你的未来？

这个游戏，你按要求做完了吗？你有什么感想？

你珍惜生命吗？你想在有生之年有所作为吗？生命是由分分秒秒的时间所组成，时间管理的实质就是生命管理。拿起一支笔和几张纸随我一起开始吧。

进阶探索

掌握我的时间

1. 时间对于我来说是：

____

2. 在如何利用自己的时间方面，我总想：

(1) ______________________________

(2) ______________________________

(3) ______________________________

(4) ______________________________

3. 如果我______________就______________

4. 我其实可以______________________________

第二节 目标管理：领导力提升的航标

大学生领导力教育是一种培养青年一代领导能力的公民教育，其目的是培养学生有意识地参与领导过程。在整个培养过程中，大学生首先需要了解自己的归属和人生目标。这实质上是对自我人生目标的管理。一旦人们对自我目标实施管理，对机会有所准备，成功的事业就开始发展，因为他们知道自己的长处、自己的工作方法和自己的价值观念。知道一个人的归属是什么，这能使一个普通人变成一位真正的领袖。

视野拓展

假苹果

一天，苏格拉底上课时，从短袍中掏出一个苹果：“大家集中精力，嗅闻空气中的气味。”然后，他回到讲台，举着苹果问：“哪位同学闻到了苹果的味道？”

几位同学回答：“我闻到了，淡淡的苹果香味！”其他同学你望望我，我看看你，都不作声。苏格拉底再次举着苹果从学生丛中走过，“请务必集中精力，仔细嗅闻空气中的味道。”回到讲台，他问：

"大家闻到苹果的味道了吗?"学生们异口同声回答:"闻到了!"

苏格拉底说:"非常遗憾,这是一个假苹果。"

摇摆不定的决策

在中国古代,有一个名叫赵和的年轻书生,他才华横溢,却性格优柔寡断。赵和在家乡颇有声望,被选为村中的领袖,负责带领村民解决各种问题。

一年,村子遭遇了严重的干旱,庄稼歉收,村民们心急如焚。赵和作为领袖,召集村民商议对策。村民们议论纷纷,有的提议修建水渠引水,有的提议迁移寻找新水源,还有的提议举行祈雨仪式。赵和听着大家的意见,觉得每个提议都有道理,便没有表达自己的立场。他害怕自己的决定会引起不满,于是选择了随大流,同意了修建水渠的提议,但同时又不愿意完全放弃其他提议,便命令村民们在修建水渠的同时,也要准备祈雨仪式。结果,村民们在赵和的指示下,开始了混乱的准备工作。一部分村民开始修建水渠,另一部分村民则忙于准备祈雨仪式。由于资源和劳动力的分散,水渠的修建进度缓慢,祈雨仪式也没有得到应有的重视。时间一天天过去,干旱的情况没有得到缓解,村民们的情绪也越来越焦躁。赵和看到这种情况,心中焦急,但他仍然没有采取果断措施,反而开始绕圈子,试图寻找折中的方案,希望能够同时满足所有人的期望。

最终,由于缺乏明确的领导和有效的决策,村子的干旱问题没有得到解决,庄稼几乎全部枯死,村民们对赵和的领导能力失去了信心。赵和也因为自己的犹豫不决和随大流的态度,失去了村民的尊重和信任。

> 生活的可贵之处在于做你自己。
>
> ——坎伯

这两个故事反映出了我们很多人的现状——随大流,绕圈子,终生都在忙碌着,忙着迎合别人,忙着被别人认可,却始终没有问问自己为什么要这么忙,也从不问自己最终会走向何方。我们现在所体验的自己,完全是别人认为我们应该成为的人,活在别人的评价中,体味着"忙、盲、茫"的人生。偌大世界中,我们迷失了自己存在的意义,甚至忘却了自己。之所以会这么茫然,归根结底还是因为我们没有正确地认清自己,没有合理地制定自己的目标。

一、价值观:确定目标的前提

别林斯基说,世界上有两种人:一种人,虚度年华;另一种人,过有意义的生活。在第一种人的眼里,生活就是一场睡眠,如果这场睡眠在他看来是睡在既柔和又温暖的床铺上,那他便十分心满意足了;在第二种人眼里,生活就是建立功绩,人就是在实现这个功绩的过程中享受到自己的幸福。

不同的生活态度取决于不同的价值观。所谓价值观是指你对周围的人和事的看法和观点，用另一种表述，即你认为什么是有意义、有价值的，是值得去努力追求的，什么事是没有意义去做的。孩子们眼中美丽的蝴蝶可能在父母心目中一文不值，孩子们同样也不会明白父母为什么每天那么忙碌地挣钱。

视野拓展

什么是对？什么是错？

我认识的人中：

有的人 21 岁毕业，到 27 岁才找到工作；

有的人 25 岁才毕业，但一毕业就找到了工作；

有的人没有上过大学，却在 18 岁就找到了热爱的事；

有的人一毕业就找到了一份高薪的工作，却不喜欢自己做的事情；

有的人选择 gap years（空档年）去寻找自我；

有的人在 16 岁就清楚知道自己要什么，但在 26 岁改变了想法；

有的人毕业就有了孩子，却在 30 岁前恢复了单身；

有的人结了婚，却等了 8 到 10 年才要孩子。

我想说的是：

人生中做的每一件事都取决于我们自己的时间安排。

你身边有些朋友也许遥遥领先于你，

有些朋友也许落后于你，

但凡事都有它自己的节奏。

他们有他们的节奏，你有你的节奏。

即使 25 岁后才拿到文凭，也依然值得骄傲。

30 岁还没有结婚，但只要过得快乐，也就是一种幸福。

耐心一点，不要让任何人打扰你自己的时间表。

因为爱因斯坦曾经说过：

并不是每一件算得出来的事，都有意义，

也不是每一件有意义的事，都能够被算出来。

——《TED 演讲》

一个人的价值，应该看他贡献什么，而不是他取得什么。

——爱因斯坦

价值观就是你的人生目标的过滤器，不同的价值取向决定了不同的人生选择，不同的人生选择决定了不同的人生目标，不同的人生目标形成了不同的人生。看重学习和培训的人，会选择有较大发展空间的职业；看重创造性和挑战性的人，会选择有活力的新兴产业；而看重家庭和亲情的人，会选择有更多休闲时间和假期的工作。很多人相互不理解对方的选择，仅仅因为他们的价值观不同。

视野拓展

他们告诉我们的

青年的人生目标会有不同，职业选择也有差异，但只有把自己的小我融入祖国的大我、人民的大我之中，与时代同步伐、与人民共命运，才能更好实现人生价值、升华人生境界。离开了祖国需要、人民利益，任何孤芳自赏都会陷入越走越窄的狭小天地。

——习近平

青年的价值取向决定了未来整个社会的价值取向，而青年又处在价值观形成和确立的时期，抓好这一时期的价值观养成十分重要。这就像穿衣服扣扣子一样，如果第一粒扣子扣错了，剩余的扣子都会扣错。人生的扣子从一开始就要扣好。

——习近平

愿中国青年都摆脱冷气，只是向上走，不必听自暴自弃者流的话。能做事的做事，能发声的发声。有一分热，发一分光，就令萤火一般，也可以在黑暗里发一点光，不必等候炬火。

——鲁迅

每一个人都有自己的星星，但其中的含义却因人而异。

——《小王子》

青年恰处于一生中价值观养成、理想扬帆、事业起步的关键阶段，犹如人生的“拔节孕穗期”，最需要精心引导和呵护。当代青年有着探索未知劲头足，接受新生事物快，主体意识、参与意识强等青春天性；也存在阅历不广，容易从自身角度、从理想状态的角度来认识和理解世界等自身局限。

——《人民日报》

一个人如果不看书，那么他的价值观就会由他身边的人决定，因为他没有别的输入途径，只能模仿身边的人，或者慢慢被环境所改变，周围流行什么就跟随什么，永远找不到自己。

——《人民日报》

二、目标：指引领导力提升的方向

人只要活着，每天都会有各种各样的选择、计划、愿望、梦想等，这些都可以叫作“目标”。目标就是个人想达到的境界。有生命的地方就有希望，有希望的地方就有梦想，有梦想的地方就有“目标”。

拿破仑·希尔分析了16 000多名男女后，发现了一个惊人的事实：在这些被研究的人中，只有5%的人获得了成功，其余95%的人都失败了，原因在于他们没有确定目标。他们就如同失去方向舵的轮船，无论他们如何心态积极，无论他们如何努力工作，也只是徒劳，空耗此生。没有目标的生活，注定是一个失败的结局，更不会在世界上留下什么痕迹。

既然成功的基础在于设定目标，没有目标就永远见不到成功的身影，那为什么仍然有那么多的人终日无所事事呢？这主要是因为他们没有真正意识到目标与成功的关系。

我们通过设定目标，去追求目标，直至实现目标，都是按照我们自己所希望的样子去行动的，这样才会给我们带来快乐与成功。古人云：精诚所至，金石为开。我们无论是想成为年级第一，或是毕业后找一份好工作，或是想拥有一个幸福美满的家庭，或是想拥有更多的财富、过上幸福的生活，不管追求什么，我们都要高度集中注意力，关注目标。这样，我们就会不由自主地朝目标前进，忘掉身边的一切，相信目标一定会实现，那最终真的会实现。我们越关注目标，成功就越近，奇迹就越有可能发生。

（一）目标能激发潜能

有一位年轻的母亲，在家照顾她两岁多的儿子。孩子睡着后，母亲把儿子放在小床上，她趁儿子熟睡这段时间去附近的菜市场买菜。

这位母亲买完菜走到居住的楼群时，由于惦记着儿子，她不由得朝自己居住的方向望了一眼。这一望不得了，发现四楼阳台上有个黑点在蠕动。“糟了，我的儿子！”她大叫一声，疯狂地往前跑，边跑边喊，“不要往外爬！”但是孩子哪里听得懂呀，他看到妈妈朝他挥手，兴奋得乱蹬乱舞，拼命往外爬。

这时要跑到 8 楼阻止儿子，已经来不及了，这位母亲于是就拼命地跑，刚好在儿子掉下来的一刹那，跑过去伸出双臂稳稳地把儿子接住了。

更有意思的是，有人在此事件后，做了一次模拟试验：从 8 楼扔下一个同等重量的物体，让最优秀的消防队员从与这个母亲当时相同的距离飞身扑救，但经过多次试验，始终还差一大段距离。

为什么这位平凡而伟大的母亲可以办到呢？是因为这位母亲的目标十分明确，就是为了保护自己的宝宝，她拥有一副清晰的心灵图像来引导她的行为，从而顺利地接住了宝宝。

世界上有一种鱼每年逆流而上，历尽千辛万苦、长途跋涉到达某一段水域产卵，待鱼儿孵化成长之后又经历千辛万苦、漫漫长路一起回到大海。这样年年逆流而上，能顺利到达产卵地的鱼只占 10%。它们如此坚定地尝试，仅仅为了找到更合适的地方养育下一代。正如某位大师指出的：你成为什么样的人比你得到什么东西重要得多。

方向、目标比努力更重要。每个人的潜意识中都会有这样一个目标，只要一想到它，胸中就会燃起激情的火焰，内心就会受到光明的感召。这种巨大的力量能够时刻鼓励我们继续努力，实现目标、超越自我。目标就是成功之路上的里程碑，不仅仅界定了追求的最终结果，其在整个领袖生涯及人生旅途中都起着重要的作用。

（二）目标可以帮助你超越自己

目标既是你努力的依据，也是对你的鞭策。定好目标就是给了你一个视线可触及的靶，每当你努力实现这些目标后，成就感就油然而生。人生中并不是只有一个目标，随着你的发展，每个阶段你所定的目标都不同，随着这些目标的不断实现，你的思维方式和工作方式也会逐渐改变，你的人生将从此与众不同。

根据耶鲁大学的研究，只有3%的学生为自己定下了目标，而其他的学生则没有。耶鲁大学的教授们经过长时间的研究指出，当初定下目标的3%的学生所创造的成就远远超过其余97%的学生总和。其实他们的差别仅仅因为25年前这3%的学生已经明确自己的靶子在哪里，并为之而努力；而那97%的学生则没有。

(三) 梦想不等于目标

梦想不等于目标。人人都有梦想，但是只有极少数的人有明确而具体的人生目标。

没有目标的船，永远遇不上顺风；没有目标的船，永远靠不了岸。

——谚语

视野拓展

等等等等

我，李晓，一个充满梦想却总是犹豫不决的大学生。我梦想着通过一场慈善音乐会来帮助那些需要帮助的人，但我总是告诉自己："等等，等等等等，我还没有准备好。"

我梦想着组织一场慈善音乐会，用音乐的力量去帮助那些生活在贫困中的孩子们。然而，每当我尝试迈出第一步时，恐惧和自我怀疑就会将我牢牢束缚。我害怕失败，害怕被人嘲笑，害怕自己不够好。

在等待的过程中，我错失了许多宝贵的机会：学校每年都有文化节，我本可以利用这个平台来展示我的音乐会计划，吸引更多的关注和支持。但由于我总是在等待，这个机会一次又一次地从我身边溜走。我曾有机会加入学校的慈善社团，成为其中的一员，甚至有机会担任领导角色，通过社团的资源和网络来推动我的计划。然而，我担心自己不够资格，最终没有加入。学校举办了一场创业比赛，许多有创意的项目都得到了投资和支持。我的慈善音乐会完全符合比赛的主题，但我总觉得自己的计划不够完善，没有报名参加。有一次，学校与其他大学联合举办文化交流活动，我本可以作为代表之一，介绍我的慈善音乐会计划，吸引更多的合作伙伴。但我担心自己的英语不够流利，没有勇气站出来……

一天，我遇到了一位名叫老张的退休教授，他曾经是我们学校最负盛名的社会学教授。老张教授注意到了我，坐在了我的对面，微笑着问我："年轻人，你看起来有些心事，愿意和我分享吗?"

我向老张教授倾诉了我的梦想和恐惧。他听完后，从口袋里拿出了一枚旧硬币，放在了桌上。"李晓，这枚硬币的两面，就像是生活中的选择。一面是继续等待，另一面是勇敢行动。你可以选择继续等待，但那样你永远都不会知道硬币的另一面是什么。"

老张教授的话让我陷入了沉思。我开始反思自己的行为，我意识到，我一直在等待的"完美时机"，其实是一个逃避的借口。我需要的是行动，是勇气，是面对失败的准备。其实迈出第一步才是最关键的，因为只有行动，才能让梦想成为现实。

很多人都输在一个“等”字上：等不忙，等下次，等有钱，等有条件，等时机成熟，等变优秀。等来等去，等没了机会，等没了缘分，等没了青春，等没了选择。等到最后，只会等来后悔，等来遗憾，等来过尽千帆，等来岁月蹉跎。别让“以后”变成“永不”！

一心向着自己目标前进的人，整个世界都会给他让路。
——爱默生

有了梦想不等于确定了目标，没有真正规划的梦想只是一场空想，不够明确、具体的目标与幻想无异。只有将梦想具体地细分为一个个目标加以实现，那成功才能水到渠成。

成功并非想象中那么困难，只要你有勇气，充分发挥你的才能，一切都不是问题。成功其实是人生目标与梦想的自然延续，是一连串的动作组合。如果你现在拥有了自己的梦想和目标，那么你可以开始行动了；因为当你的双脚踏在坚实的大地上时，成功之路自然会在你的脚下延伸。

三、引领领导之路：如何给自己定目标

确定目标是目标实现的前提，任何策划都是从确定目标和分解目标开始的。我们可以打个比方：假设你从火车站出来，你的目标是回家，那么你可以有很多办法回家，打车，坐公车，或者走回家都可以。不管用哪种方法，也不管快或慢，你总是可以回到家吃上父母做好的美食。如果没有目标，你出了车站竟然还不知道要去哪里，那么你就只能看着别人急切而又带着幸福的笑脸匆匆而去，自己一个人在车站徘徊。所以，如果你不想在人生的车站徘徊，那么就给自己定一个目标吧。

进阶探索

目标搜索

道具：一张白纸、笔。

步骤：

1. 请在纸上写出你近期要完成的五件重要事情，可以是学习、交友、旅游、练字、购物、读完一本书或参加某方面活动，等等。

2. 假如你现在有特殊事情，必须在五件事中抹掉两项，体验一下你现在的心情如何。你会抹掉哪两项？

3. 现在又有特殊情况发生，你必须再抹掉一项，你的心情又如何？你又会抹掉哪一项呢？现在还要再抹掉一项，你又会作出怎样的决定呢？

4. 最后只剩下一件事了，这就是近期内你最想做的、对你来说最重要的一件大事，这就是你当前的奋斗目标。

思考：

1. 我是不是想要实现那个目标？我是不是一定要实现那个目标？

2. 我有没有实现目标的条件？我应怎样利用这些条件？

3. 实现目标的困难障碍难以克服吗？我要不要克服？我一定要克服吗？

（一）制定目标的SMART原则

1. 具体的（specific）

“我希望有一大笔钱”“我想有一个美满幸福的家庭”“我想身体健康一点”，这些都不能算目标，因为它们都很模糊，没有明确的行动指引，我们将其称之为想法。目标应是一件件具体可行的事情，可用数字描述，越具体、越形象越好；让你一睁眼就能看见，吸引你，给你动力。比如设定一个阅读目标，想在元旦之前把某某系列书籍看完，比起我要扩大自己阅读面，成为专业达人的目标具体得多。这样当你遇到困难时，你脑海中该系列书籍给你带来的阅读心流就会给你动力。具体的目标才能帮助你一步步将梦想变成现实。

2. 可衡量的（measurable）

目标应当可以量化或者行为化。它应该有一组数据、程度、时间等准确的表述，作为衡量是否达到目标的依据。我们要明确这件事计划要做到什么程度？完成的标准是什么？继续以阅读书籍为例，这个系列一共8本书，每本书20个章节，即要把160个章节看完；根据自己之前的阅读经验，每天最多可以看5个章节，那我至少需要阅读32天。

3. 可实现的（attainable）

好的目标应该是贴近现实、切合实际的，经过我们的努力是能达到的，是那种要努力才能达到的状态。我们制定目标的时候不妨将远大目标先降低或分解成可以“跳起来摘桃子”的多个“小目标”，然后一个一个实现，稳打稳扎、持之以恒，这样我们才能够更好地掌握进度，有阶段成就感和紧迫感，控制速度，最终真正实现。一个宏大的目标常常会让人感到无法下手而成为空中楼阁。正如管理大师稻盛和夫所言：每天都要比昨天更进一步，哪怕只是1厘米，也要向前推进。随着时间的推移，厚积而薄发，你必将实现人生从量变到质变的蜕变。比如，你可以利用碎片化时间阅读（如睡前阅读/坐地铁时阅读），阅读计划可调整为每周一本书，等等。

4. 相关的（relevant）

确保你的目标对你来说很重要，并且与其他相关的目标保持一致。你的计划能推动每个人前进，但你要为实现自己的目标负责。你还需要什么资源辅助，才能更好地完成目标？比如，你需要写相应的8篇读书笔记，将有感触的句子和自己的照悟，思考记录下来。这是为了帮助你把知识内化成自己的东西，避免囫囵吞枣式的阅读，使“阅读”这一行为更有质量。

5. 有时间限制（time-bound）

只有设定了时间期限的目标才是真正的目标，没有时间限制的目标不能称为目标。因为它的实现往往遥遥无期。定出目标实现的时间，包括总目标和阶段目标实现的时间，以及为完成目标制订的实施计划的具体实施时间。设定时间期限的目的并不完全是施加压力，而是为了给我们一个如何安排实施步骤的依据，一个关注和努力的截止日期。只有设定了时间期限才能给后面的行动定下速度及维持这个速度的资源，这有助于防止日常任务优先于长期目标。另外我们还可设置每周日作为追踪的时间节点，用于检查和复盘计划的执行情况。

除此之外，为了保质保量地完成任务，我们可以设置奖惩措施，若完不成，则要受到惩罚。无论是总目标还是阶段目标，只要没有完成就必须自己惩罚自己。找一个能监督自己的人更好，如惩罚自己两天不能点外卖或两天晚上不刷剧、只许看书，等等。当然完成也要有奖励。不管是总目标还是阶段目标，如果完成了就必须给予适当奖励。比如奖励自己看一场自己偶像的音乐会或奖励自己去心仪的景点旅游几天。

（二）设定目标的步骤

目标管理要求我们要很清楚地知道自己要实现的目标和实现目标需要进行哪些活动。目标设定包括以下五个步骤：

步骤一：按目标制定的五个原则列出清晰、切合实际的目标。

步骤二：按照重要性对目标进行排序。因为任务有时间限制，必须确保最重要的目标被优先处理。

步骤三：列出实现目标所必须进行的活动。明确我们必须做哪些事情去实现这些目标。

步骤四：对每个目标所需进行的各种活动分派优先级。我们可以按照第二象限时间管理的要求分配。

步骤五：按照我们分派的优先级安排活动的日程。最后一步就是制定日计划，列出今日必须完成的事情，并给出优先级。

现在来试试身手：就在今天，就从现在开始确定自己的人生目标。拿出一张纸，假设生命只剩下 3 个月了，写出自己最想干的 10 件事情和最感到遗憾的 10 件事情。在整理好这 20 件事情后，用一个目标将其概括起来，即只要实现了这一个目标，那 20 件事都可以实现。这个目标就是你的人生目标，实现它你就会获得幸福。

思考一下：人生目标如果完成了，会带给多少让你梦寐以求的事情？人生目标如果实现不了，会带给你多少遗憾和难题？

进阶探索

描绘你自己的地图

研究表明，如果你能将想要达到的目标写下来，并定期根据计划检查进展，那你实现自己这一目标的可能性将达到 80%。因此，为了提高自己的领导能力，你有必要制定一个学习和发展地图，以便使自己目标明确、坚持不懈。描绘这样一个发展地图可以参考以下三个方面：

（1）确定你想要重点改善的领导行为。

（2）将你的发展需求和工作目标结合起来。

（3）确定自己怎样创造机会进行学习。

第一步是整个过程中最重要的部分。当你思考真正想要改变的行为时，你一定要把注意力放在行为背后的驱动力上。问题的关键是找出行为的根源，而不能围绕一些外在的问题制订你的地图。

步骤1：确定以下内容

你想集中精力改善的主要领导行为	需要解决的问题（表述要具体，要把注意力放在根源上，而不是根源问题的外在表现上）	30天后打算取得什么进展？60天后呢？90天后呢？

步骤2：和工作联系起来

你想集中精力改善的主要领导行为（已在步骤1中得到确定）	你的工作目标（将自己工作中的目标和对领导行为问题的改善结合起来，这会让你更容易取得进展）	你的领导能力发展计划会给你工作目标的实现带来多大影响？

步骤3：让个人发展和工作产生协同作用

微软的一个思想是，70%的学习和发展都应该是在工作中进行的。因此，设计你的发展地图的最后一步应该确定以下问题：

(1) 在你的日常工作中有哪些机会可以用来发展你的领导能力。这些机会可能会多种多样：和下属会谈，和上级单独见面，报告会，跨部门组队等。要有创造性——如果没有机会，就创造机会！

描述发展机会，说明它怎样帮助你实现发展目标________________

____

(2) 要做到将工作实践和个人发展相结合。可以做的第二件事就是找出一些值得你观察和追踪的人。在你看来，这些人的优点和强项正是你想要改善的自己工作行为上弱点。

姓名________________

他在哪些方面可以给你借鉴和帮助________________

____

步骤4：致力于不断学习

(1) 有没有什么你想参加的培训课程（短期或者长期）？这些培训对你领导能力的发展有哪些好处？

课程名称________________

好处________________

____

(2) 有没有什么经历对你可能有所帮助？是什么样的经历？这些经历可以是一些身体上的经历，如爬山；也可以是一种情感上的经历，如接受心理辅导，和同事、密友或伴侣的一次重要谈话；也可以是一种学习或者思考的经历。

经历________________

好处________________

____

(3) 还有没有其他一些你想利用的资源，比如书、在线课程或顾问？

资源________________

____

第三节　健康管理：领导力提升的后盾

一、健康：领导力提升的必要前提

健康是人生的第一财富。有了健康，我们可以塑造美丽的心理；有了健康，我们可以构建进步的理念；有了健康，我们可以更自信；有了健康，我们可以实现美好的梦想。健康是生命的基础元素，是理想的动力和生命之本，是人类最希望拥有的最大财富。

食饮有节，起居有常，不妄劳作，故能形与神俱，而尽终其天年。

——《黄帝内经》

世界卫生组织明确指出："个人的健康和寿命，60%取决于自己，15%取决于遗传，10%取决于社会因素，8%取决于医疗条件，7%取决于气候的影响。"可见，大多数健康问题的根源在于不健康的生活方式。个体要提高健康，提高生命质量，主要是依靠自己，通过自我健康管理来培养健康的生活方式和习惯。

来看看以下的这些坏习惯，你有吗？

· 不吃早餐；
· 关灯玩手机；
· 缺乏运动，喜欢躺着；
· 坐电梯而不爬楼梯；
· 过度依赖社交媒体，沉迷电子设备；
· 生气的时候，却发泄不出来；
· 时常多疑、焦虑、恐惧；
· 熬夜，无节制熬夜；
· 把耳机音量调到最大；
· 跷二郎腿；
· 奶茶饮料不离手，摄入过多的糖；
· 饮食不规律，爱吃垃圾食品。

……

现实中你只有唯一的思想和唯一的身体。你不能在50岁的时候才开始照顾自己，如果你之前什么都不做的话，那时候你的身体早都生锈了。

——巴菲特

进阶探索

抑郁自评量表（SDS）

请仔细阅读抑制自评量表（表5–3）的每一条，把意思弄明白。然后根据您最近一星期的实际情况，选择最适合您的答案（1表示没有或很少时间；2表示小部分时间；3表示相当多时间；4表示绝大部分或全部时间）。

表 5-3　抑制自评量表

1. 我觉得闷闷不乐，情绪低沉	1　2　3　4
2. 我觉得一天之中早晨最好	1　2　3　4
3. 我一阵阵哭出来或觉得想哭	1　2　3　4
4. 我晚上睡眠不好	1　2　3　4
5. 我吃得跟平常一样多	1　2　3　4
6. 我与异性密切接触时和以往一样感到愉快	1　2　3　4
7. 我发觉我的体重下降	1　2　3　4
8. 我有便秘的苦恼	1　2　3　4
9. 我心跳比平时快	1　2　3　4
10. 我无缘无故地感到疲乏	1　2　3　4
11. 我的头脑跟平常一样清楚	1　2　3　4
12. 我觉得经常做的事情并没有困难	1　2　3　4
13. 我觉得不安而平静不下来	1　2　3　4
14. 我对将来抱有希望	1　2　3　4
15. 我比平常容易生气激动	1　2　3　4
16. 我觉得作出决定是容易的	1　2　3　4
17. 我觉得自己是个有用的人，有人需要我	1　2　3　4
18. 我的生活过得很有意思	1　2　3　4
19. 我认为如果我死了别人会生活得好些	1　2　3　4
20. 我平常感兴趣的事我仍然照样感兴趣	1　2　3　4

结果：

(1) 原始分：____________。

(2) 标准分：____________。

计分标准：

SDS 评定采用 1~4 制计分，评分时间为过去一周内。

正向题，依次评为粗分 1、2、3、4 分（1 3 4 7 8 9 10 13 15 19）；

反向题，依次评为粗分 4、3、2、1 分（2 5 6 11 12 14 16 17 18 20）；

20 项相加得到原始分，原始分乘以 1.25 以后取整，得到标准分。

结果解释：

(1) SDS 的评定结果以标准分来定：

标准分小于 50 分为无抑郁；

标准分大于等于 50 分且小于 60 分，为轻微至轻度抑郁；

标准分大于等于 60 分且小于 70 分，为中至重度抑郁；

标准分大于等于 70 分，为重度抑郁。

抑郁评定的临界值为 T 分 50，分值越高，抑郁倾向越明显。

(2) 抑郁严重度指数=各条目累计分/80（最高总分）。

指数范围为：0.25~1.0，指数越高，抑郁程度越重。

健康才是一切！很多人用多年的辛勤劳动换来一点点财富，等到年纪大了，又拱手送给医院，这时才悟到原来“健康高于财富”，这样的牺牲太大了。根据有关统计，世界上真正处于健康状态的人只占 5%，疾病状态的人占 20%，处于中间“亚健康状态”的人有 75%。如果你处于亚健康状态还不小心，你的身体状况就会向“红灯”方向滑行，患上疾病，甚至吊销你生命的通行证。

领导者的身心健康是一个组织健康的基础——你是组织战略目标的制定者和执行者，你的健康状况直接影响到组织健康状况。《病夫治国》就谈到了疾病通过操控 20 世纪具有世界影响的政治领袖们的个人生命、政治生涯进而对国家命运产生了不容忽视的作用。可见，领导的健康关乎组织的未来发展，甚至关乎组织的存亡！

视野拓展

管理好个人健康

《黄帝内经》[①] 中的“素问·上古天真论”

原文：

昔在黄帝，生而神灵，弱而能言，幼而徇齐，长而敦敏，成而登天。

乃问于天师曰：余闻上古之人，春秋皆度百岁，而动作不衰！今时之人，年半百而动作皆衰者。时世异耶？人将失之耶？

岐伯对曰：上古之人，其知道者，法于阴阳，和于术数，食饮有节，起居有常，不妄作劳，故能形与神俱，而尽终其天年，度百岁乃去。今时之人不然也，以酒为浆，以妄为常，醉以入房，以欲竭其精，以耗散其真。不知持满，不时御神，务快其心，逆于生乐，起居无节，故半百而衰也。

夫上古圣人之教下也，皆谓之虚邪贼风，避之有时，恬淡虚无，真气从之，精神内守，病安从来。是以志闲而少欲，心安而不惧，形劳而不倦，气从以顺，各从其欲，皆得所愿。故美其食，任其服，乐其俗，高下不相慕，其民故曰朴。是以嗜欲不能劳其目，淫邪不能惑其心，愚智贤不肖，不惧于物，故合于道。所以能年皆度百岁而动作不衰者，以其德全不危也。

文中提到古代人深懂养生之道，即心情要清净安闲，排除杂念

① 姚春鹏，译注.黄帝内经[M].北京：中华书局.2022.

妄想，以使真气顺畅，精神守持于内，这样，疾病就无从发生。人们要调整自己的爱好以适合世俗习惯，不因外界事物的变化而动心焦虑。行为不脱离世俗但举动又不仿效世俗而保有自己独特的风格。在外不使身体为事务所劳，在内不使思想有过重负担；以清静愉悦为本务，以悠然自得为目的。所以形体毫不衰老，精神也不耗散，年寿也可以达到百岁。

多思则神殆，多念则志散，多欲则损智，多事则劳形。

——孙思邈

为了更好、更健康地生活，我们来了解一下最近备受人关注的几种会影响健康生活的“坏习惯”：

· 拖延症；
· 过分追求完美；
· 永远生活在“超车道”上；
· 过度思考；
· 假努力；
· 做事三分钟热度；
· 太在意别人的看法；

……

杨绛先生说人生最重要的两件事：一是健康。如果说人生是一棵树，健康就是这棵树的根，根深才会叶茂。没有健康的身体，荣华富贵皆烟云。二是心态。人生的成败得失，只在一念之间。心态不同，人生的境遇便会天差地别。只有修炼出一颗淡泊宁静的心，人生才会风清月明。健康需要锻炼，心态需要修炼，命运只在自己！唯有身心陪我们始终，没有健康的身体，荣华富贵皆是烟云；没有宁静的心灵，幸福快乐皆是奢望。

人这一辈子，一定要照顾好自己，除了健康，什么都不是你的。

养生治性，行义求志。

——苏轼

二、拖延：领导力提升的危险习惯

“明明知道那么多事情堆在眼前，摊开的文件，散乱的衣橱，或者只是一个该打的电话，一封该发出去的邮件……还有自己焦急不安的小心脏，我们还是边咬着手指甲，边发呆地说，再待一会儿，就一下下……于是，天黑了又白了，看到别人勤奋就焦躁不安，自己行动时却总是明天再说，心情愈加沮丧并伴随偷来欢愉般的戏谑——我们都有拖延症……”

大家看到这里，是不是觉得很有共鸣呢？大学内许许多多的同学因为学业、恋爱、社团工作等事情烦恼，因为约会耽误社团工作，再因为社团工作耽误上课……许多人抱怨：“我太拖拉了！”有时候打败你的不是生活和磨难，而是“再等等”，总是“明天再看网课”“下次一定早睡”“改天开始背单词”，于是“以后再让你有好身体”“下次再让你过六级”“以后再让你上岸”。拖延已经给你的人生带来太多遗憾了。

常被人们忽视的还有被动型拖延和苛求型拖延：被动型拖延是想与每个人都融洽相处，不愿意得罪任何人，有时为了避免反对意见，在他人面前唯唯诺诺，放弃自己的观点和权利。这些做法，是被动型拖延症患者的一贯作风。比如，怕影响与同学的关系，给人留下不好的印象，明明自己的事情已经做不完了，却还要帮着别人。到最后，不是自己想拖延，却也被动地变成了拖延的人。苛求型拖延则是对很多事挑剔万分，总苛求达到最理想的状态，稍微有点瑕疵就忍受不了，全盘否定，卷土重来。结果，时间过去了一大半，事情才刚刚开个头。不得不说，这种拖延类型的人，完全是因为太较真、太追求完美了。努力做到最好无可厚非，但如果吹毛求疵，那就是跟自己过不去了。

人间桑海朝朝变，莫遣佳期更后期。

——李商隐

其实人人都有拖延的时候，我们对于开始的恐惧，远远超过了对失败的担忧。如果只是偶尔拖延一两次，那还算正常，可如果你总是找借口，内心确实不愿意做事，那你很可能患了拖延症。史铁生老师说，拖延的最大坏处还不是耽误，而是会使自己变得犹豫，甚至丧失信心。不管什么事，决定了就立刻去做，这本身就能使人生气勃勃，保持一种主动和快乐的心情。惯于拖延的人常常对自己“说谎”，如“我明天会更乐意做这件事”“我在压力下能更好地工作”，而实际上，第二天也没有工作的热情，在压力下也不见得工作出色。另外，他们还会保护这种自我感受，告诉自己“这不重要”。拖延者的另一大谎言是，认为时间的紧迫性会让他们更有创造性。时间是治疗心灵创伤的大师，但绝不是解决问题的高手。

（一）拖延症的成因

追根溯源就会发现，大多数人永远在想、永远不做的原因有以下几点：

(1) 目标设定出现问题。有些人拖延的原因是因为他们没有明确的目标，不知道自己想要什么，也不知道为什么要做这件事。这样的人很容易受到外界的干扰和诱惑，没有动力去完成任务。更多的拖延者在设定目标时就出现困难。他们的目标要么过于宏伟而无法下手，要么过于琐碎而迷失方向。现代社会中的我们安全感普遍比较低，工作越多、压力越大，越容易拖拉，还可能导致“有事做的人害怕没事做”，揽下很多自己根本不可能完成的工作。

用一年的时间，去冒一年的险，总比用一生的时间，去等待一年的机会强。

——巴勃鲁·聂鲁达

(2) 因追求完美，望而生畏。有的人太想把一件事情做好，一直都在想着各种各样的计划，结果一直都没有行动。拖延本质是一种逃避行为，害怕失败的想法让他宁愿拖拖拉拉，也不愿自己的表现被他人批评。其实今天完成得不完美的工作远远优于无限期拖延的完美的工作。

(3) 用拖延来保护、表达自我。有些人会因为对某件工作不感兴趣而拖拉；有些人可能因为不喜欢某个领导，就对他所布置的任务消极怠工，作为反抗的一种新形式。也有人希望能够做自己，当别人催促做一件事时，他会觉得如果顺从了别人很快做出来，就是没有自我的表现，那是一种可怕的“精神死亡”，所以从潜意识里表示抗拒，认为拖延就是宣示主权，就好像人在汽车尾部贴着“越催越慢，再熄火”！

(4) 心理效能低，不能延迟满足。容易被自己的欲望所左右，比如玩手机、看电视、睡觉等，没有一个固定的作息时间和工作习惯，总是随心所欲。大多数人对于使自己愉悦的事物总是无法克制，难以从休闲娱乐状态迅速有效地切换到工作状态。所以，我们生活的常态是一边拖延，一边焦虑，一边快乐。

(5) 对未知事物的畏惧。有些人拖延的原因是因为他们对未知的事物感到恐惧，不敢尝试新的挑战和机会。比如跳高，我们跳过了 1.4 米，那么下一目标就是 1.5 米、1.6 米，慢慢往上升，越来越难。但现代社会中的我们会拖延着跳过 1.4 米，因为害怕成功之后要面对更艰难的挑战。大多数人都宁愿待在自己的舒适区，也不愿意冒险和改变。

(6) 缺乏监督和反馈。如果你没有一个可以监督你和给你及时反馈的人或者机制，那么你可能会觉得自己的努力没有被认可，从而导致拖延。

其实，拖延症是一种疾病，不仅会耽误工作或学业，还会影响情绪，甚至破坏团队协作和人际关系。更重要的是，它甚至会拖垮你的身体，因为它暗示着潜在的心理及生理紊乱。患拖延症的人自律性不强，每当真正决定要做某件事时，都很难迈出实质性的一步。

> 种一棵树最好的时间是十年前，其次是现在！
> ——丹比萨·莫约

(二) 改掉拖延的习惯

(1) 用乐观的心态看待开始。面对一个新点子或者一个新机会，正确的打开方式是把它们视作激发你想象力的契机，试着先降低你的期望值，停止内耗，乐观地开始。要知道，该自己做的事情永远都在那儿等着你，逃是逃不掉的，不可能利用仙女棒让其永远消失在自己面前。先开始再完善，别总盯着自己现在的位置，多看看开始后，自己进步的速度。

(2) 消除所有干扰，立刻行动。关掉各种社交软件，关掉音乐，关掉电视……将一切会影响你工作效率的东西统统关掉，全心全力地去做事情。有要做的事，请从知晓的那一刻开始，100%利用你的时间去完成，永远不要以来得及作为理由拖延，行动力永远是第一解决方法，一直拖只会让自己更加焦虑。人生不是做菜，不是要等所有材料准备齐全才下锅。跳出完美的陷阱，凡事先行动，当你做的时候你已经成功了一半。

(3) 学会对自己的工作进行分类。我们可以按照第二象限时间管理的办法将把所有工作分成急切并重要、重要但不急切、急切但不重要、不急切也不重要四类，依次完成。你也可以在自己的办公桌放上一块小白板，把需要做的事情写在上面，以达到较好的提醒效果。

(4) 尝试“3+2+5”法则。首先写下一天中最重要、最困难但又不得不做的3件事，找出自己精力最旺盛的3个时间段，然后集中精力保持专注，去做这3件难且重要的事情，即我们要去做有价值的事情，避免被琐碎小事浪费时间。然后，用“A+B”状态恢复能量，比如专注完成第一件重要的事之后，可以选择看10页自己喜欢的书来放松，恢复能量。另外，在遇到一个很长、很大的任务时，我们可以告诉自己：先做5分钟，5分钟后如果还是很难，想停随时可以停下。做5分钟这种难度相对简单的任务会让我们很容易开始一件事情，而我当我们开始了这件事情后会发现：这件事情好像并没有这么难呀！

(5) 营造适合的学习环境。营造一个有利于专注学习的环境，试着让社交媒体、手机和娱乐远离自己，排除干扰源，让专注力保持在任务上。在开始行为前，进行几分钟正面冥想，适度地冥想一下完成任务后的喜悦场面。这种正面学习环境和预期可以帮助你调动起内心的动力，克制那个想要立即满足的小怪物。

(6) 互相监督。找一个可以和你一起学习或者工作的伙伴，或者加入一个可以互相鼓励和督促的社群，在别人的监督下，再拖延的事情也能加快一点进度。哈佛有一个博士论文不拖延小组，大家每天在里面互相交流论文进度、交换想法，最后论文很顺利地就完成了。可见拖拉可以传染，不拖拉也是可以“传染”的，找些意志坚定的朋友一起克服这个坏习惯，比单打独斗容易成功得多。

及时当勉励，岁月不待人。

——陶渊明

视野拓展

学生领袖的“加减乘除”

“我加你等于整片完美天空，我减你等于随着星光漫步，相乘相除，等于永恒的彩虹。”

当你感到很空虚，没有事情可以做的时候，你应该去给自己找点事做，这就是“加”。加入社团、学生组织就是一个例证。

当你手头的事情堆积成山，无法在规定的时间内完成时，你应该果断放弃，这就是“减”。你为了锻炼自己同时在三四个学生组织中工作，且不说劳累，耽误学业也是必然的。

当你的事情并不多，你却无法按时完成时，你或许应该改变方法，提高效率，是为“乘”。如果念书特别用功，成绩却又不够好的话，你或许要反思一下自己的学习方法哦！而当你担任的职务让你无法独自完成所有事情时，你应该学会分担，把事情交一些给其他人做，是为“除”。

至于要加要减该乘该除，这就要看你的了！

——选编自新华网

三、压力：领导力提升的机遇挑战

“我的压力太大了！” “我 EMO 了”，我们时常可以从朋友圈或者微博上听到这样的呐喊。如今过大的社会压力已经给许多人带来了那种快要在压力中窒息的痛苦感。每当我们睁开眼睛，麻烦就事一件接一件，压力和疲劳逐渐在我们的体内积累，然后引发各种各样的生理和心理上的慢性病。如果我们连自己的身体都不能管理好，怎么还顾得上提升自己的领导力呢？

进阶探索

冥想松弛训练

冥想松弛练习：帮助自我放松，在冥想的情景中感受放松的心情。

操作程序：

首先，在一块安静的地方躺下或静坐，将双眼轻轻地闭上。

其次，检查你的身体，看看是否有哪些肌肉紧张。如果有，请让它们放松。

接着，清除杂念，内心勾画出一个你向往的场景，从内心感应所有感官涉及的印象：视觉、听觉、嗅觉、触觉和味觉。比如你想象自己此时此刻正在海滩上漫步，蔚蓝的大海一望无际，你可以听到海的波涛，闻到海的气息，感受到微风吹拂着你的皮肤……

最后，重复着简短、积极的短语来肯定你现在的放松能力：

紧张正从我的体内释放出来。

我可以随心所欲地放松。

我和我的生活是协调的。

我的心境很平和……

冥想是一种自我松弛的方法。冥想的时候，人会集中注意力，身体以及心灵同时获得松弛，整个人进入平和与安静的意境。我们可以利用内心想象有意识地完善自我，改善生活。

（一）认识压力

压力是一种感受，是只可意会却不能言传的一种自身体验，是当我们认知到威胁或者无法应对的情况时所产生的复杂心理和生理状况。每当我们意识到威胁和挑战的时候，我们的身体就会感受到压力。

压力会给个体施加影响，使个人在心理、生理和人际关系上发生改变。如果不加以限制，这些驱动力量会导致病态结果。面对压力，我们首先应冷静分析：我们体验到的这种压力的诱因是什么？

撇开外部的普遍压力源（噪音、污染、天气变化等），大学生面临的主要是内部的一些压力源，弄清了诱因，我们就能找到有效的减压方法。

1. 感受型压力

此类压力极为普遍，主要是由人际交往而产生的，特别是在担任了学生干部的大学生领导者中更明显。在学习和工作中，我们常常会面临三大冲突：角色冲突——团队成员担任的角色不相容；问题冲突——团队成员对如何完成团队目标意见不一致；交往冲突——因为当前大学生都有鲜明的自我特征，在团队中不能很好相处。这三大冲突会使得初为领导者的大学生干部心力交瘁，感受到巨大的压力。

2. 时间型压力

时间型压力产生的原因通常是要做的事情太多而时间太少。时间型压力是初为领导的大学生干部最常遇到的压力。大学是一个通往社会的培养站，在这里，大学生们的生活与高中相比，不再仅仅是读书学习，更多的是要学会与人交往、参加大学中各种各样有意义的社团及各类活动比赛。因此，由于时间的分割而产生的紧张、威胁会给大学生领导者带来了更多的压力。

3. 情境型压力

这种压力是因为环境的变化而产生的。大学的新环境和周围环境的快速变化导致大学生领导者感受到了比以往更多的压力。

4. 预期型压力

这种压力包括受到潜在的、令人不愉快的事件有可能发生的威胁，压力来自对事件的预感和恐惧。此类压力常在大学生领导者中产生，因为大学生常常活在“别人认为我是怎么样的”“我这样做，别人会怎么样”的思考中，所以此类压力会造成一定的恐惧。

5. 内耗型压力

产生这种压力其实就是因为自己心里的戏太多了，过度反思。言未出，结局已演千百遍；身未动，心中已过万重山；行未果，假想苦难愁不展；事已毕，过往仍在脑中演。一个人，最可怕的就是内耗。过度的自我消耗，过度的分析、思考、自我否定，只会让自己变得很累。无处不在的对比焦虑、就业焦虑、容貌焦虑使得当代大学生在精神上的消耗，往往比身体消耗更煎熬。

并不是说，所有的压力都是不好的。我们每个人都会有这样的感受，适度的压力可以促使我们积极努力，保持一定的警觉，对自身的健康和效率都是有益的。不要祈祷生活变得更简单，要祈祷自己变得更强大。每次遇到压力都是让自己变得更强大的机会，生活是不会因为一个人变得容易的，但至少在压力这个怪圈中，我们能成为自己的主导者。

> 仅此一生，竭尽全力。生活不可能像你想象的那么好，但也不会像你想象的那么糟。人的脆弱和坚强都超乎自己的想象。有时，我可能脆弱得一句话就泪流满面；有时，我也发现自己咬着牙走了很长的路。
>
> ——莫泊桑

视野拓展

45°青年：躺不平又卷不赢

继小镇做题家、孔乙己之后，大学生又被戏谑成为“45°青年”，45°是什么意思呢，就是0°意味着彻底躺平，90°代表拼命内卷，那45°前倾就是既没有拧紧发条，也没有颓废懒散。似乎在人生姿态上达成了某种平衡。当下的年轻人被认为已经陷入了“躺又躺不平，

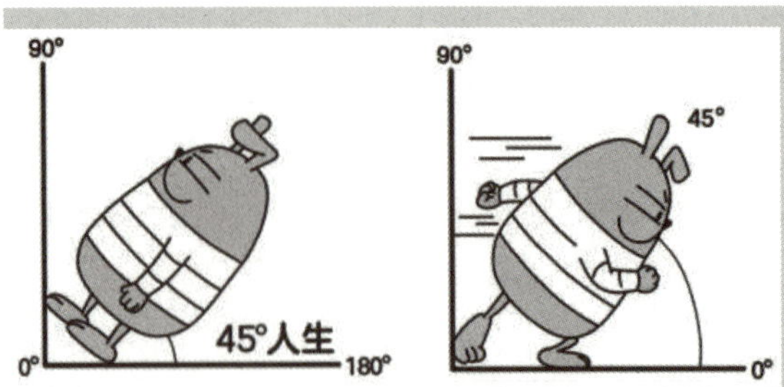

卷也卷不赢”的尴尬境地，于是“45°青年”“45°人生”等词汇应运而生。

这虽是自我调侃，却反映出面对“白热化”的竞争压力，部分年轻人陷入了一种弥漫性焦虑与无助的状态——卷不动、躺不平。一些年轻人深陷“内卷”焦虑，丧失了斗志，怕吃苦受累，将“45°人生”当作止步不前的借口，选择了放纵和消极的人生方式，在该努力的时候没有全身心投入，在该放松的时候又没有真正放松，导致工作、生活变得一地鸡毛。

其实，这也是将压力变为动力的最好例子。正向理解，45°人生也可以是蓄势待发的起跑状态，也是一种内心余裕平衡的状态，更是一种谦逊好学的人生姿态。大学生们只要调试好属于自己的人生角度，定义好自身边界，也能活出不一样的45°人生。大学生作为新时代的“赶考人”，并不需要马不停蹄地埋头全力往前冲，一窝蜂地去争取存量。找准自己“蓄势点”的我们，以45°作为蹲踞式起跑姿势，更像是人蓄势待发、奋起追梦的状态。有如越王勾践忍下为吴王鞍前马后之耻，卧薪尝胆十年、不断集聚能量，最终打败吴王。

45°人生的提出，其实给当代大学生带来了更多的思考。45°人生也好比一个相对稳定的平衡点，它既不“随波逐流”地盲目激进，也不追逐“一躺了之”转瞬即逝的快乐，而是在复杂的环境中理性地去探索世界、认识自我，是一种刚好余裕平衡的人生状态。作为国家的希望，大学生们既要保持“时不待我，只争朝夕”的永久奋斗，又要自信从容，合理规划人生目标，保持清晰的自我认知，找到自己的节奏；在以后步入社会后，要解好作为职业人、社会人、生活人三种角色的不等式，找到学习、工作和生活的平衡点，在不同角色间合理支配精力，寻找快乐；要在理想和现实的落差中找到平衡点，保持豁达、从容的人生态度。这样才能克服心理焦虑，蹄疾步稳地走到更远。

——《半月谈》

（二）如何应对压力

当我们的身心都处于压力之中时，我们就退步到了深深植入我们头脑中的幼稚或无意识的思维习惯，这些思维习惯与我们对生存的惧怕有关。所以当我们承受更多的压力时，我们就会变得喜怒无常或者怯懦。当压力来临时，我们只有选择理性分析，才能保持一份平常的心态。

我们要学会使用凯利魔术方程式缓解压力。

当压力事件来临的时候，理性分析往往会帮助我们保持平常心态。

要克服压力事件的负面影响，我们还可以借助由凯利空调的创始人——凯利先生发明的“凯利魔术方程式”：第一，问问你自己可能发生的最坏状况是什么；第二，准备接受最坏的状况；第三，设法改善最坏的状况。在不能够迅速摆脱负面情绪对我们影响的时候，应用该方程式，可帮助我们合理利用理性来解决问题。

1. “3R”减压原则

该原则即将放松、重新调整要求或期望值三者结合起来，在已有的正面压力、自发压力与过度压力之间寻求一个平衡。在日常生活中，我们可以从日常之事着手来消除紧张情绪，缓解压力，如积极思考、坚持运动、注意饮食、扩大交往、适当放松。

如果你的压力必须要通过放松才能释放，那么你可以尝试下给自己放个小假，选择离开熟悉的环境一段时间，呼吸下新鲜空气。偶尔放纵一回又何妨，这如同拔掉压力的气门，彻底释放压力。但必须记住，放纵是需要付出代价的，只要做出了放纵的事，就要勇于承担因此而带来的责任。

你可以抛开已困扰你好几天的大小论文，周末约几位好朋友，到KTV大吼一晚上直到筋疲力尽、嗓子发哑，关掉手机，回家呼呼睡一觉。买一套自己特别想买的书或者心仪已久的礼物，豁出去，买就完事！然后看着好书、给礼物拍拍照，即使啃着馒头，畅快！

2. 理解焦虑

许多困难都是自己想象出来了，不要给苦难加滤镜，它本不可怕，想多了才可怕。过度焦虑会影响到人们的健康，而适度的焦虑对人们是有帮助的，它会给人们带来动力。我们可以以游戏闯关的心态去解决眼前的焦虑，通过了解它去控制它，而不是一味地害怕它。

3. 学会说“不”

适当地说“不”，从而学会支配自己的时间，避免由于拒绝别人而产生的压力。拒绝别人是件有压力的事情，这就意味着你要考虑如何处理可能发生的冲突。有数据表明，许多寿命长、活得很开心的人都不会太在意别人对自己的看法，因为他们是为自己而活的。

4. 找到自己的放松方式

在长期规律的培养之下，音乐、运动等很容易达到移情的作用。学习新东西也是一种好的方法，会给人一种成就感，使人忘却烦恼。或是找到一两个“对的人”疯狂输出。发生问题的时候，你可以找他倾诉一下，他会骂你一顿，给你指点迷津；或者你对他一阵咆哮后，他仍然选择好好倾听，这样问题往往也就解决了一半了。你还可以通过冥想，想象自己置身于一个环境优美、令人愉悦放松的情境中来帮助自己深度放松。

5. 相信“相信的力量”

这个时候，你的“天生反骨”就应该跳出来，相信“相信的力量”。你要清楚地认识到，无论多么痛苦和棘手的问题，唯一的答案都在自己

> 如果一个人影响到你的情绪，你的焦点应该是放到控制自己情绪上，而不是影响你的那个人。
>
> ——马克·吐温

> 聪明的人，永远不会把美好的时光留给焦虑，他们知道，所有想要的东西都不会凭空而来。唯有让自己先行动起来，步履不停，美好才会逐渐靠拢。
>
> ——《人民日报》

的手上。如果逃避或回避，到头来问题还会再次回来找你，不如果断解决，长痛不如短痛。有信念的人，更容易治疗自己的心灵创伤。请你务必，一而再，再而三，三而不竭，千次万次地深耕自己的专业、深耕自己的认知，深耕自己的专注度。

世上无难事，只要肯登攀。

——毛泽东

视野拓展

一门传授幸福的公开课

人们衡量商业成就时，几乎统一的标准都是钱——用钱去评估资产和债务、利润和亏损，所有与钱无关的都不会被考虑进去，金钱是最高的财富。但是我认为，人生与商业一样，也有盈利和亏损。

具体地说，在看待自己的生命时，我们可以把负面情绪当作支出，把正面情绪当作收入。当正面情绪多于负面情绪时，我们在幸福这一“至高财富”上就盈利了。

长期的抑郁，可以被看成一种“情感破产”。整个社会，也有可能面临这种问题，如果个体的问题不断增长，焦虑和压力的问题越来越多，社会就正在走向幸福的“大萧条”。一项有关“幸福”的研究表明，人的幸福感主要取决于三个因素：“遗传基因、与幸福有关的环境因素以及能够帮助我们获得幸福的行动。而积极心理学专家，可以帮助人们把艰深的积极心理学学术成果简约化、实用化，教学生懂得如何自我帮助。这是本·沙哈尔开设“幸福课”的初衷。为了更好地记住“幸福课”的要点，本·沙哈尔还为学生简化出10条小贴士：

(1) 遵从你内心的热情。选择对你有意义并且能让你快乐的课，不要只是为了轻松地拿一个A的选课，或选你朋友上的课，或是别人认为你应该上的课。

(2) 多和朋友们在一起。不要被日常琐碎缠身，亲密的人际关系是你幸福感的信号，最有可能为你带来幸福。

(3) 学会接受失败。成功没有捷径，历史上有成就的人，总是敢于行动，也会经常失败。不要让你对失败的恐惧，绊住你尝试新事物的脚步。

(4) 接受自己。失望、烦乱、悲伤是人性的一部分。接纳这些，并把它们当成自然之事，允许自己偶尔的失落和伤感。然后问问自己，能做些什么来让自己感觉好过一点。

(5) 简化生活。更多并不总代表更好，好事多了，也不一定有利。你选了太多的课吗？参加了太多的活动吗？应求精而不在多。

(6) 有规律地锻炼。体育运动是你生活中最重要的事情之一。每周只要3次，每次只要30分钟，就能大大改善你的身心健康。

(7) 睡眠。虽然有时“熬通宵”是不可避免的，但每天7~9小时的睡眠是一笔非常棒的投资。这样，在醒着的时候，你会更有效率、更有创造力，也会更开心。

(8) 慷慨。现在，你的钱包里可能没有太多钱，你也没有太多时间。但这并不意味着你无法助人。“给予”和“接受”是一件事的两个面。当我们帮助别人时，我们也在帮助自己；当我们帮助自己时，也是在间接地帮助他人。

(9) 勇敢。勇气并不是不恐惧，而是心怀恐惧，仍依然向前。

(10) 表达感激。生活中，不要把你的家人、朋友、健康、教育等这一切当成理所当然的。它们都是你回味无穷的礼物。记录他人的点滴恩惠，始终保持感恩之心。每天或至少每周一次，请你把它们记下来。

这门课并不会帮学生拿攻读学位的学分，但比起其他课程，学生更喜欢做这门课的作业。有学生说：“它改变了我的生命，给了我一种看问题的不同视角。对幸福的理解，也改变了。”

——选编自《哈佛大学公开课：幸福课》

视野拓展

健康小贴士

· 你可以听听音乐、看看电影，舒缓压力；
· 面临重压时小憩一会；
· 努力做好工作，但不是固执地追求完美；
· 优化作息时间，提高睡眠质量；
· 外出郊游、亲近大自然；
· 与朋友、亲人聊天，向他人寻求帮助；
· 找一个安静的地方放空自己；
· 经常让自己笑；
· 车到山前必有路，不要太过于逼自己；
· 学会适当地说“不”，毕竟没有人是万能的；
· 培养换位思考、多方位思考的能力；
· 允许自己犯错，减低自己的目标或转移参照物，吸取教训远比一味自责重要。

——选编自健康网

进阶探索

30 天改善计划

时常听一些同学说：“我真的很明白自我管理的重要性，但是具体实施过程中经常因种种原因扰乱原有的计划，最后往往是不了了之。”确实，许多未知的因素是存在的，且影响着具体的执行步骤。所以，我们无法一下子成功，只能一步步走向成功。所谓切实可行的计划，就是自行确定的每个月的配额活清单。马上建立一个“30天改善计划”，它能使你提高效率，充实你担任大任的能耐、条件与实力，让你更好地管理自己的时间、目标以及情绪。

目的：建立新的良好习惯，控制和消除旧的消极性习惯。

操作程序：

在下列五个方面填入你一个月内必须做到的事情，一个月后再检查一下进度，并重新建立新的目标。

1. 从现在起要改掉这些习惯：

(1) 不按时完成各种事情的习惯，比如______

(2) 消极性的词语常挂在嘴边的习惯，比如______

(3) 作息时间无规律的习惯，比如______

2. 从现在起要养成这些习惯：

(1) 每天早上醒来都对自己说些激励的话，比如______

(2) 睡前就把第二天的事计划好，比如______

(3) 任何场合尽量赞美别人，比如______

3. 用这些方法来提升自己的学习工作效率：

(1) 在最高效的时间干最重要的事情，比如______

(2) 每天都安排一定的运动、休闲或机动时间，比如______

(3) 经常静静思考，包括改善学习和工作的方式方法，比如______

______

4. 用这些方法来增进同学之间的和谐：

(1) 尊敬自己周围的每一个人，比如______

(2) 认真聆听他人的意见，努力了解他人的观点及其支撑的理由，比如______

(3) 对他人为自己做的哪怕是小事也表示更大的谢意，比如______

______

5. 用一些途径来修养自己的个性：

(1) 阅读一本励志书籍，比如______

(2) 每周花两小时阅读本专业的杂志，比如______

(3) 结交几个新朋友，比如______

总结：管理自我，完善自我，便是塑造自我生存的能力。当你看到一个处处都高人一筹的风云人物时，立刻提醒自己，那不是天生的，是由许许多多严格的自我控制和修养所造成的。建立新的积极性习惯，同时根除旧的消极性习惯，就是这种修养过程。而在这一修养过程中，计划目标起着调控的作用。

要点回顾

1. 自我管理要使人辨明自己必须做什么、应该做什么和能够做什么。

2. 领导者与被领导者的差别在于“会”与“不会”。

3. 通过合理管理时间来有效提升领导力的五个步骤：做好时间清单；将时间可视化；合理分配时间；充分利用时间；定期复盘。

4. 做好四类象限任务总的原则是：先做第一、第二象限任务，少做第三象限任务，不做第四象限任务。

5. 时间管理原则：遵循 20/80 法则；了解你的产出周期；找到自己的时间颗粒度；制定奖励，培养成就感；相信坚持的力量。

6. 目标是成功的根本：目标能激发潜能，目标可以帮助你超越自己，目标不等于梦想。

7. 制定目标的原则：明确性的、可衡量的、可实现的、相关的、有时效性的。

8. 改掉拖延这个坏习惯：用乐观的心态看待开始；消除所有干扰，立刻行动；学会对自己的工作进行分类；尝试“3+2+5”法则；专注且正面地开始；互相监督。

9. 如何应对压力：“3R”减压原则；理解焦虑；学会说“不”；找到自己的放松方式；相信“相信的力量”。

思考题

1. 一位出色的领导者，应如何合理安排时间？

2. 阅读时间管理第三小节的故事，思考一下你生命中的大石头是什么？

3. 你如何为自己制定目标？

4. 你如何理解拖延症，如何应对它？

知识拓展推荐

[1] 陈国权. 时空领导力[M]. 北京：清华大学出版社，2022.

[2] 吴维库. 阳光心态 [M]. 北京：机械工业出版社，2022.

[3] 稻盛和夫. 活法 [M]. 北京：东方出版社，2019.

[4] 王辉. 组织中的领导行为 [M]. 北京：北京大学出版社，2018.

[5] 张燕燕. 自我管理能力训练 [M]. 北京：北京师范大学出版社，2013.

网络资源

[1] TED《别让任何人打乱你人生的节奏》

[2]《哈佛大学公开课：幸福课》

参考资料

[1] 丛龙峰，张伟俊. 自我觉察领导力提升的起点与终点 [M]. 北京：机械工业出版社，2022.

[2] 姚春鹏，译注. 黄帝内经 [M]. 北京：中华书局，2022.

[3] 樊登. 可复制的领导力 [M]. 北京：中信出版社，2022.

[4] 陈玮. 深度领导力：重塑自我、终身成长的行动指南 [M]. 北京：机械工业出版社，2020.

[5] DK. 自我管理之书 [M]. 魏思遥，译. 北京：电子工业出版社，2019.

[6] 黄东斌，黄琳. 大学生职业生涯规划与自我管理 [M]. 北京：人民邮电出版社，2017.

[7] 斯图尔特·弗里德曼. 沃顿商学院自我管理课 [M]. 北京：北京联合出版公司，2016.

第六章
锤炼思维：领略决策艺术

管理即决策。

——西蒙

开卷有益

决策：成败的关键

第二次世界大战后期，德国统帅部一致认为，盟军会在欧洲登陆，但对登陆的地点却不确定。根据德军情报部门侦察的分析，盟军极有可能在诺曼底、加来海峡、荷兰这三个地点中的一个登陆，然而德军始终无法侦察到确切的登陆地点。

1944 年 4 月，希特勒召集了一次讨论盟军登陆地点的军事会议。在会上，隆美尔元帅和伦斯德元帅一致认为，盟军会在最狭窄的加来海峡登陆，那里易攻难守，且易于空降部队降落。但希特勒反对这个推测。他坚持认为，盟军一定会在诺曼底登陆，因为那里虽然看似易守难攻，但后面却一马平川，易于地面部队挺进。于是希特勒命令增兵诺曼底。

盟军的情报部门获悉希特勒增兵诺曼底的消息大为震惊，此时盟军登陆诺曼底的计划已全面铺开，无法再改变了。为了让希特勒改变主意，盟军统帅部命令情报部门不惜一切代价来欺骗希特勒，以让他确信盟军会在加来海峡登陆。几经努力，希特勒终于否定了自己的军事直觉，重新将重兵部署在加来海峡一带。

1944 年 12 月 6 日，当盟军以雷霆万钧之势在诺曼底登陆之际，希特勒曾一度以为这只是诈兵，所以没有及时增援。但当盟军突破了诺曼底防线向纵深挺进时，德军才相信盟军真的在诺曼底登陆了。此时战机已误，德军完全陷入被动。而正是由于盟军在诺曼底成功登陆，他们才扭转了局势，反法西斯战争才取得了最终的胜利。

想一想，希特勒为什么会决策失误？盟军统帅部为什么决策能成功？他们的思维方式有什么不同？一个决策能改变世界人民的命运。同样，一个决策也能改变一个人的命运。本章将带领你了解思维和决策的重要性。

——选编自《决策中的心理学》

本章要点

⊙ 决策：知与行的转折点

什么是决策

成长心态：决策行动的根本

决策的把握

⊙ 当心！决策陷阱

为什么选错的总是我？

小心：过度自信

三个和尚没水吃

⊙ 思维品质：科学决策的基础

什么是思维

思路决定出路：思维对决策的作用

思维品质：决策质量的决定因素

⊙ 思维品质提升的策略

多维综合分析：戴上六顶思考帽

高度决定视野

再造“心智模式”

⊙ 善用思维及决策工具

积极和消极方面思考

决策树

SWOT 分析

决策是一种重要的领导行为。领导者对组织发展的贡献，体现在关系全局和长远发展的重大决策上。决策是一种指向行动、以有效性为目的的行为。在影响决策有效性的因素中，思考力和执行力是非常重要的两个方面。而只有科学的思维过程，才能为决策的有效执行奠定良好的基础。因此，本章将介绍决策行为的基本知识，并从思维的角度探讨决策的科学化问题。

第一节　决策：知与行的转折点

决策不仅仅是一次讨论、一种思想认同或者一个命令，决策牵涉到的是行动。行动是决策的核心部分。例如当我们对选择哪一条职业道路有所决定并作了决策之后，伴随的是一系列的行动。假如选择自主创业，那么随即将要着手创业的项目、团队的组建、项目的可行性分析、资金的筹备、经验的积累等。没有行动的决策，是一场空想，不会对事情产生任何影响，它仍然是头脑中的画面，与现实无关。因此，真正的决策是行动导向的。它落实于行动，通过执行对事情产生影响。决策的制定实际上是为了执行，行动的实施不仅需要决策者的信念、意志，也需要决策相关人员调动资源、分配资源，通过一系列的行动达到当初的目标。

论事不可趋一时之轻重，当思其久而远者。

——陈弘谋

《从政遗规·薛文清公要语》

一、什么是决策

决策并不是一个陌生的字眼。在生活中，我们会作出成千上万的决策：吃宫保鸡丁还是鱼香肉丝，喝可乐还是纯净水，看新闻还是球赛……有些决策很简单，不需要花费什么时间和精力，而是凭着我们的下意识快速进行。

每天我们也要作出一些重要的决策。“重要”意味着决策会带来重大收获或隐含较大成本。例如：是选修西方艺术史还是报考托福培训班？是将股票继续持有还是抛售？在作这些决策时我们需要三思，没有那么容易决定。

还有一些决策可能会给我们的生活带来深远的影响。选择出国深造还是留校读博？结婚还是继续享受单身的自由？听从父母安排或者遵照内心意愿选择工作？有所选择的同时，也意味着有所放弃。有些选择影响深远，几乎改变了人生的命运。美国著名诗人弗罗斯特（1874—1963）曾经写过一首诗，名为《未来的路》，这首诗就很妙地诠释了决策对人类命运的影响：

Two roads diverged in a yellow wood	黄树林中有个岔路口
And sorry I would not travel both	我不可能同时都走过
And be one traveler, long I stood	我伫立在岔路口
And looked down one as far as I could	尽可能地往前看

To where it bent in the undergrowth　　直到我看不见路为止
I shall be telling this with a sign　　我叹口气告诉大家
Somewhere ages and ages hence　　很久很久以前
Two roads diverge in a wood　　树林中有个岔路口
And I, I took the one that was less traveled by　　我选择了那条没人走的路
And that has made all the difference　　它改变了我的人生

比利时的《老人》杂志社曾在全国范围内对 60 岁以上的老人开展了一次题为“你最后悔的是什么”的专题调查。这个调查的结果很有意思：72%的老人后悔年轻时努力不够，以致事业无成。67%的老人后悔年轻时错误地选择了职业。63%的老人后悔对子女教育不够或方法不当。看来人类都难免会作出错误的决策，而错误的决策除了带来后悔的情绪以外，也改变了生活的轨迹。

在一个组织中，决策不再仅仅事关个人，而是事关组织内的他人，会对其他人以及整个组织产生重大影响。美国兰德公司的分析家认为，世界上每 100 家破产倒闭的大企业中，85%是由企业管理者的决策不当造成的。通用公司前首席执行官杰克·韦尔奇告诫企业管理者说，任何级别的管理者都必须时刻准备着应对“棘手的决策”。那些具有重大影响力的领导者，往往是善于解决问题的人，他们能够作出明确、干脆、及时的决策。在企业界，一个好的决策会让企业转危为安，将企业推向盈利的高潮，而一个失误的决策可能导致企业资源的浪费、最佳商机的错失；在某些重要的组织中，决策带来的影响更为巨大，例如医院、消防队、地震救援队、警察局、部队等。在重要情境下的决策，有时甚至会攸关性命或组织的存亡。

可见，在个人决策中，决策质量关系到个人及其家庭的发展和幸福。在企业、学校等社会组织以至更大范围的国家，决策的影响范围更广。因此，对决策行为承担责任的领导者个人或领导集体，其决策水平的高低深刻地影响着一个单位或社会组织的发展，甚至是一个国家、一个民族的兴衰沉浮。这也是西蒙指出“管理即决策”的根本原因。

视野拓展

领导者日记

请完成下列句子：
我作过的最好的决策是____________________
我作过的最糟糕的决策是____________________
我认为，一个好的决策应该____________________
我认为，一个糟糕的决策应该____________________
为了改进我的决策，我需要____________________
这些句子能够帮助你整理自己所作过的决策，回忆这个过程可

以鼓励你积极思考和分析自我的决策过程。你对自己决策的过程认识得越清晰，就越可能改善它。你可以用任意长度的篇幅来完成上述句子。

——选编自《决策与判断》

二、成长心态：决策行动的根本

一个能够果断制定决策、坚定执行决策的人，并非先天如此。制定果断、有效的决策，是思维不断完善、意志逐渐坚定的最终表现。一个年轻人在生活中培养决策能力的过程，实际上也是其逐渐成长，为自己负起生活、工作责任的过程。起初是为自己作出小的决策，譬如报考什么专业，选修什么课程；然后是选择职业，选择伴侣，更复杂的还有工作、生活中各种关系的处理和难题解决。可以说，人的成长过程就是一部决策史，每一个选择都成就了现在的自己。领导力中所谓决策能力的培养，更关乎一种应对生活中的挫折、挑战的心态的培养。因为没有一个人能够制定万无一失的决策，大多数决策都有预测的成分，包含着不确定性和风险。而为自己作的决定所带来的后果负责，容忍决策过程的焦虑和不安，并从失败中汲取经验教训，在下一次决策中吸取经验，是一个决策者必修的功课。

斯坦福大学的心理学家卡罗·德威克在研究人如何面对失败时提出了“成长心态”的概念。这种心态的核心是：能力是可以培养和发展的。通过学习、努力，随着时间的推移，你可以变得更优秀。努力可以让你更聪明、更擅长于做某件事。在这种心态看来，擅长做某件事并不是立刻必须马上具备的。做一些自己不擅长的事情，反而更能够激发自己，拓展自己，并从中学习。失败虽然会让人伤心和失望，但并不决定个人的好坏，反而是自己加倍努力的理由。这里还需要有一种正视和承担决策失误的勇气，这是成长必须付出的一种代价。

与成长心态相对应的，还有另一种心态：固定心态。固定心态认为，才能和智力是与生俱来的，是固定不变的。成功不过就是要证明你的能力，证明你是聪明、有才干的。每一次的表现都是个人的定论性证明，假如你失败了，就是你这个人不聪明，没有才干。因此失败会成为个人无法承受的一次判决。

成长心态对于培养决策能力来说至关重要。因为决策意味着行动，行动将带来变化，变化的结果无论好与坏，都会对作出决策的个人以及与决策相关的人、事带来持续的影响。如果一个人畏惧决策带来的影响，恐惧结果的不确定性，那么这个人将选择封闭自己，尽量避免作出重要的决策。反之，我们如果将自己调整为“成长心态”，则更能够面对不尽如人意的所谓“失败”，把每一次“失败”看做对成功的接近。在不断的挫折和历练中，逐渐发展出健全的思维、坚强的意志品质，这是一个出色的决策者所必备的素质。

心态的培养与每个人深层的信念体系相关。一个人作出决策、行为表现的活动与此人的自我价值紧密地联系在一起。如果个人作出了错误的决策，或者行为表现不那么出色，在固定心态的人眼里，这就是一个失败的、无价值的人。正因为存在这种观念，所以很多人不愿意面对需要作决定的问题，回避生活中必须要面对的困难和挑战。例如，明明快要考试了，却还是无法自制地打电子游戏；报告马上就要到截止日期了，却迟迟不动笔，直到最后一刻。有些人甚至放弃了，宣告自己不想做某项任务，或再也不会做某些工作。相反，拥有成长心态的人会以一种积极的态度去面对挑战，敢于果断地作出决策。

进阶探索

培养成长心态

试着回顾你过去所定义的成功和失败，尤其是那些失败的决策。

虽然让你沮丧难过、丧失信心，但请仔细想想，它是否也馈赠了些什么给你？是否让你懂得了些什么？或者让你意识到自己缺乏些什么？

三、决策的把握

所有的决策都由四部分构成：明确目标、确定可选方案、挑选最终方案、行动。假设赶了一天的路，你迫切希望来点儿食物填饱肚子。于是你走进一家餐馆，迅速点了一碗牛肉面。这个简单的过程也包含着决策的四个部分：你以充饥为目标，有很多选择方案，有牛肉面、米饭、粥等作为选择。在很短的时间内你衡量每种方案的效益，米饭需要点菜，花钱较多；喝粥不管饱，过一段时间就会饿；牛肉面有汤有肉有面，好吃又便宜。你将牛肉面作为了最终目标。于是你点了牛肉面来解决饥饿问题。

这是一个简单的例子。这个例子的决策过程非常迅速，不需要进行过多的信息搜集和比较，几乎是下意识地就作出了选择。痴情迅速的原因一部分是依赖我们的直觉；另一部分是由于这个决策所影响到的范围比较小，就算餐馆里没有牛肉面，米饭和粥也可以作为替代品。

较为复杂的决策就没有那么容易和简单了。决策的四个部分都显得有些难以确定。而其他一些因素也会诱使我们偏离正确的选择。

（一）评估基础价值，找出目标

我们在进行决策时，总是会对决策的结果进行一番评估，然后选择最能够满足自身目标的行动，这是一个价值评估的过程。先请大家来看这样一个例子：

一家银行在某处开设了分行。由于每天来办理业务的人数太多，以至于客服人员应接不暇。顾客投诉说至少要等候半个小时才能得到帮助和服务。负责该支行的经理召开部门会议，就如何有效地解决问题展开讨论。在会议室里，经理的开场白是这样的："我们的客户服务遇到了一个严重的问题：客户等候服务的时间过长。我们必须解决这一问题。"

请思考片刻。你认为这位经理的开场白有什么样的问题吗？

我们可以再来思考另一个例子。因为家里出了些事情，所以菲力没有时间准备考试。为了通过六级英语考试，他冒险作出了请枪手的决策。这样的决策有问题吗？没错，通过考试并不是菲力的真正目标，真正的目标应该是通过备考增加知识、提高技能。考试仅仅是检验知识水平的手段，并非目标。这就涉及途径和目标的关系问题。在菲力进行决策的过程中，他对"通过考试"这一途径的关注，超过了对"提升本领"这一基础价值的关注，结果导致了他作出了无效的决策。这个决策并不能实现他的基础价值——提升本领。

我们在对事物进行评估时，要考虑其基础价值和途径价值。基础价值代表了我们最为关注的方面的价值，途径价值通过一些信念与基础价值有关。在某种程度上，我们对途径价值的满足，会使得基础价值得到满足。① 如果人们无法确定事物途径价值和基础价值之间的关系，其就很容易迷失，从而导致作出无效的决策。

回顾上面的例子，客户等候服务的时间过长，是真正的问题所在吗？实际上，更为重要的基础价值是为客户提供优质的服务；客户等候服务时间过长，是现阶段表现出的一种现象。当明白了更为重要的基础价值的所在，客户经理的决策方案才更有效。这时客户经理需要讨论，如何为客户提供优质的服务，其主要决策就由缩短服务时间转向了优化服务程序。

视野拓展

赛事之外，没有硝烟的品牌战场

在品牌历史上，可口可乐和百事可乐之间的竞争为世人所闻，为行业人所称奇。而在中国奥运赞助史上，也有这么一对"冤家"，在这没有硝烟的赛场背后竞争了数十年，那就是伊利和蒙牛。

① Jonathan Baron. 思维与决策[M]. 李妤，梁竹苑，译. 北京：轻工业出版社，2012：304.

自2001年北京申奥成功以来，伊利击败蒙牛成功竞标为北京奥组委官方合作伙伴，在此后的时间里，伊利在奥运赞助商争夺战中一路顺风顺水，先后陪伴中国奥组委走过伦敦奥运会、索契冬奥会、里约奥运会、平昌冬奥会等多场大型体育赛事。拥有如此强大的官方背书，伊利在奥运营销中的胜利理应成定局，然而，近些年来，无论是从活动声量还是品牌效益上来看，伊利似乎总是隐隐约约被老对手蒙牛“压着一头”。一个是“官方持证者”，一个是“民间野路子”，伊利和蒙牛之间的奥运营销竞争究竟胜负何如？我们不妨从2022年刚刚举办的北京冬奥会说起。

首先是代言人押宝能力。本届冬奥会，蒙牛仅签约了谷爱凌一位运动员代言人。早在2019年，蒙牛就选择与其展开合作，那时的谷爱凌只有15岁，虽未及如今的热度，却已开始在赛场上初露锋芒，频频拿牌，加之赛场下的讨喜性格和特殊的成长背景，都成为未来助推其“爆红”的潜在话题点，可见蒙牛在“养成系”代言人方面的深谋远虑。伊利的代言人阵容要比蒙牛“豪华”得多，甚至在苏翊鸣夺冠后，伊利也迅速将其“收入囊中”。然而，从声量上来看，除了官宣苏翊鸣给品牌带来了较为活跃的用户互动，其他几组代言人的品牌反响并不大，或许这也与团队代言难以彰显个人特质有关。

以小博大，以少胜多，以“养成系”签约低成本抢占市场先机的蒙牛显然更胜一筹。

其次是热点把控力。一个品牌对于热点是否及时跟进和反应，不仅可以展现其在事前筹划的完备程度，也彰显了其对营销触点的敏锐性。在谷爱凌夺得第一金后，蒙牛迅速对社交平台的舆论热情作出反应，在微信朋友圈投放代言人品牌TVC；当日中午，蒙牛独家冠名的纪录片《谷爱凌：我，18》在腾讯视频上线，并在微博平台进行预热和广告投放；在此后两天的热度发酵期内，蒙牛又接连上线了谷爱凌限定包装礼盒和微信红包封面；紧接着，在第二项赛事开始前，蒙牛趁势发起了“有奖征集谷爱凌超燃创意文案”活动，三天内引发了近三千位网友投稿。一系列营销节奏稳中带快，可见蒙牛极强的热点把控能力。

在本轮冬奥营销之战中，蒙牛以敏锐的触觉抓住机遇，“弯道超车”；伊利则相对保守，在拥有官方背书的利好条件下，似乎并未围绕运动员本身展开太多，而是按部就班沿用了往常娱乐明星造势的规则，这使得运动员还停留在“形象代言人”层面，没有深入热点展开营销宣传，难以引起受众共鸣。随着媒介碎片化时代的到来，“大媒体+大事件”的策略也已黯然退场。从上文蒙牛与伊利在今年冬奥会上的表现来看，二者的不同路线背后同样勾勒出这个年代体育营销的标志性特点：“社交媒体+内容共创”。这也意味着，虽然赞助商的权益依然重要，但内容创作、社媒发酵和传播、热点的实时把控也成为体育营销能力的关键要素。在这方面，蒙牛押中谷爱凌，并做了充分的准备，对其热度的把控也十分精准，可谓“四两拨千斤”。

——节选自36氪网

目标的设定不仅要有明确的指向性，还要有明确的范围和视角。目标应是具有清晰定义标准的，否则目标是否达成就无从检验。比如，成为一名优秀的大学生这一目标，听起来很动人，但优秀的定义为何？优秀是和谁比较？范围需要有多大？要在多久时间内达到？目标不清晰，决策的行动必将变得模糊不清，最终目标也会被丢失。

视野拓展

跑步的智慧

1984年，在东京国际马拉松邀请赛中，名不见经传的日本选手山田本一出人意外地夺得了世界冠军。当记者问他凭什么取得如此惊人的成绩时，他说了这么一句话：凭智慧战胜对手。

当时许多人都认为这个偶然跑到前面的矮个子选手是在故弄玄虚。马拉松赛是体力和耐力的运动，只要身体素质好又有耐性就有望夺冠，爆发力和速度都还在其次，说用智慧取胜确实有点勉强。

两年后，意大利国际马拉松邀请赛在意大利北部城市米兰举行，山田本一代表日本参加比赛。这一次，他又获得了世界冠军。记者又请他谈经验。山田本一性情木讷、不善言谈，回答的仍是上次那句话：用智慧战胜对手。这回记者在报纸上没再挖苦他，但对他所谓的智慧仍迷惑不解。

10年后，这个谜终于被解开了，他在他的自传中是这么说的：每次比赛之前，我都要乘车把比赛的线路仔细地看一遍，并把沿途比较醒目的标志画下来，比如第一个标志是银行，第二个标志是一棵大树，第三个标志是一座红房子……这样一直画到赛程的终点。比赛开始后，我就以百米的速度奋力地向第一个目标冲去，等到达第一个目标后，我又以同样的速度向第二个目标冲去。40多公里的赛程，就被我分解成这么几个小目标轻松地跑完了。起初，我并不懂这样的道理，我把我的目标定在40多公里外终点线上的那面旗帜上，结果我跑到十几公里时就疲惫不堪了，我被前面那段遥远的路程给吓倒了。

——选编自中华心理学网

进阶探索

发现价值的方法

1. 做一个愿望列表。问自己，如果没有任何限制，你的目标将是什么。

2. 考虑各备选项的优劣利弊。
3. 寻找当前选项的困难之处。
4. 想一想因果关系，思考它们是好是坏，可接受或不可接受。
5. 考虑一下其他人对问题的不同观点。
6. 思考自己的战略目标。
7. 思考通用目标，即任何人都有而不是你独有的目标。
8. 构建你的目标。
9. 量化目标。

（二）抓大放小：永远先做重要的事

人是角色的集合体。在社会生活中每个人需扮演多种角色。学生阶段的角色的种类还比较少：学生、公民、社团成员或负责人、朋友、儿女等。步入社会后，角色变得丰富多元：员工、领导、同事、伴侣、父母等。承担各种角色赋予个人的责任，处理角色要求的各项事务，是对个人生活的重大挑战。角色越是多样，角色要求就越多，角色间也越有可能产生冲突。要完全胜任每个角色的要求是不太可能完成的任务，人所拥有的时间和资源也是有限的。在处理和分配自己的资源和精力上，最好的方法是分清主次，抓大放小，先做那些最重要的事情。有些事情对我们而言是重要的，不做的话很可能会威胁到个人长远利益；有些事情则无足轻重，做不做关系都不大。区分出对我们更重要的事情，就意味着投入更多的资源在其上，在未来收获更多的利益。例如，小白的身体不是很好，但因为工作忙碌，他始终没有时间进行锻炼或去医院检查。即使有些空闲的时间，小白也会耗在酒吧、KTV，他认为那对他而言是最好的放松。久而久之，小白的健康状况每况愈下，某天终于查出他患上了萎缩性胃炎，需要住院治疗。健康也许是最容易被忽略的最重要的事情之一。没有了健康，金钱、财富、地位、荣誉将无从谈起。

具体到工作当中，当一个人无法区分事物的优先级，不清楚什么事情对自己更重要时，就容易导致许多需要提前着手准备的事情没有准备，等到它变成不得不做的事情时，其就会被逼得立刻放下手头其他重要的事情，处理这件重要又紧急的事件。因此原有的计划不得不被打乱，其时间和资源完全被紧急的事情所占用，而长远目标永远都无法达成。例如 2015 年发生的天津港“8·12”重大火灾爆炸事故，就是由于相关方未能正确识别和处理危险品的安全管理问题。事前相关企业和管理部门在危险化学品的存储和管理上没有充分的准备，忽视了安全隐患的严重性和优先级，所以在危机发生时无法及时有效地控制局势，最终导致了悲剧的发生。

视野拓展

天津港危化品仓库爆炸事故

2015年8月12日，天津港的爆炸案成为中国近年来最严重的工业事故之一。这场巨大的爆炸不仅震惊了全国，更暴露出瑞海公司在危险品存储上的严重管理失误。

瑞海公司专门从事危险化学品的存储和运输，其仓库储存着大量的硝酸铵等易燃易爆化学品。尽管公司对这些危险品的特性有深刻了解，但其在管理和优先级上的决策却极为疏忽。首先，瑞海公司在危险品的存储上没有将安全放在首位，而是优先考虑了仓库的运营效率和经济利益。公司未能严格遵守危险品储存的安全规定，导致了仓库内堆放的化学品没有得到适当的安全隔离和防护。

这一管理失误的根源在于其对安全优先级的严重误判。瑞海公司及其管理层在面对潜在的安全隐患时选择了忽视，而将降低成本和提升效率作为主要目标。即使在爆炸前已有多次警示，但瑞海公司却未能及时采取有效的措施来预防灾难的发生。爆炸发生当天，虽然有关部门曾要求暂停危险品存储操作，但瑞海公司未能在第一时间做出响应，未能优先处理安全问题。

更为严重的是，事故发生后的应急响应也暴露出优先级管理上的缺陷。尽管爆炸发生后，救援队伍和专家们迅速到达现场，瑞海公司和地方政府在初期的应对中却出现了协调不畅的问题。其对事故的重视不够，导致了救援工作进展缓慢，事态在缺乏有效管理的情况下进一步恶化。

瑞海公司的爆炸案清楚地表明，优先级的错位可能导致灾难性的后果。无论是在平时的危险品管理，还是在突发事件的应急响应中，将安全放在首位始终是最为关键的。管理层的短视和对安全隐患的忽视，最终将酿成难以挽回的悲剧。

——改编自维基百科

第二节　当心决策陷阱

人们在决策过程中，有时会遇到一些认识误区和决策陷阱，影响决策的质量和水平。下面介绍几种决策陷阱。

一、为什么选错的总是我：“有限理性”

请先看下面一个例子，作出选择：

今天是你期盼已久的陈奕迅演唱会，你花了2 000块钱提前买了前排座位。兴奋不已的你正准备出门，突然发现门票不见了。你找遍了所有可能的地方还是没有找到。你估计门票可能是在路上被弄丢了。如果要去听陈奕迅的演唱会，你只能再花 1 500 块钱买票了，你做着激烈的思想斗争，最后你会：

A. 买

B. 不买

再看下面的例子作出选择：

今天晚上是陈奕迅的演唱会，你打算和朋友一起去听，由于你没有提前订票，只能到音乐厅门口买，但只剩下前排 2 000 元的门票了。你急匆匆地赶到音乐厅，结果发现包里少了 2 000 元现金，你估计可能是被人偷走了。这时你会选择花 2 000 元钱听演唱会吗？

A. 会

B. 不会

你的选择是什么呢？仔细观察这两个例子你会发现，两个例子的损失都是 2 000 元，需要进行决策的是：在已经损失了 2 000 元的情况下，是否继续购买门票欣赏音乐会？然而，研究人员发现，大多数人都会在第二种情况下选择买门票听演唱会，在第一种情况下会选择放弃听演唱会。

再来看另一个例子：

假设有一个赌博游戏是掷一枚均匀的硬币，正面为赢，反面为输。如果赢了可以获得 1 000 元，输了就要付给对方 900 元。请问你会：

A. 选择赌博

B. 不愿意赌博

大多数人在这个问题上的答案是：不愿意赌博。然而这个游戏从概率上分析其结果期望值是正值，即有利可图。但为什么人们却不愿意参加这样的赌博呢？

现代意义上的管理科学，是以泰罗科学管理思想及其经济人和理性人假设为基础发展而来的。理性人假设认为，人好比一部机器，是按照理性的标准执行每一个行为。人的行为动机是经济诱因，所有人都追求利益最大化。基于经济人和理性人假设的管理学和经济学，一直将人看做是被理性及利益驱动的，人类的决策也被认为遵循最佳原则，追求着利益最大化。

经济人和理性人的假设极少受到怀疑，直到 2002 年，诺贝尔经济学奖获得者美国普林斯顿大学心理学教授丹尼尔·卡尼曼教授与另一位杰出的教授西蒙同时研究了人类的决策和判断，他们的研究第一次证明了，决策和判断是人类的思维活动，它并不是建立在数学和逻辑的基础知识上的，而是建立在人的感情、理念和经验的基础之上。人类决策的原则不是利益最大化，而是第一满意原则。上面的两个例子就是最好的说明：如果完全按照理性分析，听音乐会的例子里，两种情形下人们的选择应一致，赌博的例子中人们应选择赌博。但在现实生活中的决策，远远不能够仅用经济人和理性人的假设来解释。西蒙教授提出了“有限理性”的概念，即人类的思维和决策，广泛地受到其他非理性因素的影响。完全理性只是人类一种完美的幻想罢了。

经验的局限、情感因素、认知的偏差，会诱使我们偏离方向，甚至作出错误的决策。决策根本不像人类自以为的那样，总是有理可循的。

视野拓展

1950 年 3 月 1 日，在内布拉斯加州的比阿特丽斯，15 位 West Side Baptist 教堂唱诗班成员定于下午的 7 点 15 分进行排练。但是由于各种原因，这 15 位成员都迟到了。主持一家迟到是因为他的妻子在临出发的最后一刻熨坏了女儿的礼服；一些成员迟到是因为他们没有办法发动自己的汽车；而钢琴伴奏原本打算提前半个小时到达教堂，但是他吃过晚饭后就睡着了。总之，大约有 10 种各不相干的理由造成了这次集体迟到。

但是事后证明，对于每一位迟到的人来说，他们都是非常幸运的。在下午 7 点 25 分，喊叫声充斥了阿特丽斯的每一个角落，West Side Baptist 教堂发生了爆炸。教堂的墙体向外倒塌，沉重的木屋顶被炸得四分五裂。消防队员说，爆炸是由天然气泄漏引起的。这些唱诗班成员开始庆幸，正如其中一位所说，这是上帝的杰作。

——选编自《决策与判断》

二、小心：过度自信

先完成下面的测试，选择你的答案，然后估计一下你对自己答对的把握有多大：

1. 上海到芝加哥的航线里程
超过 15 000 公里
不到 15 000 公里　　估计一下答对的概率（50%~100%）______

2. 尼罗河的长度
不到 6 000 公里
超过 6 000 公里　　估计一下答对的概率（50%~100%）______

3. 印度甘地总理去世时的年龄
大于 65 岁
小于 65 岁　　估计一下答对的概率（50%~100%）______

4. 一头亚洲象的妊娠时间
超过 500 天
不到 500 天　　估计一下答对的概率（50%~100%）______

5. 2009 年中国人的平均寿命
超过 71 岁
不到 71 岁　　估计一下答对的概率（50%~100%）______

6. 泰坦尼克号失事事件发生在哪一年
早于 1901 年
晚于 1901 年　　估计一下答对的概率（50%~100%）______

7. 李大钊于何年东渡日本留学？
早于 1914 年
晚于 1914 年　　　　　估计一下答对的概率（50%~100%）______
8. 蜂鸟的飞行速度
超过 90 公里/小时
低于 90 公里/小时　　　估计一下答对的概率（50%~100%）______
9. 银杏最早出现于多少亿年以前？
小于 2 亿年
大于 2 亿年　　　　　　估计一下答对的概率（50%~100%）______
10. 世界上超过 5000 万人以上使用的语言有多少种：
大于 15 种
小于 15 种　　　　　　估计一下答对的概率（50%~100%）______

计算一下你估计上述题目答对的概率的平均值，并进行四舍五入。

如果你有自知之明，你估计答对的平均概率和你答对的题目数是一样的。

过度自信大概是人类决策中最普遍的问题了。乌克兰能源与电气大臣在切尔诺贝利核泄漏事件发生前自信地说，这里发生泄漏的几率是一万年都难遇的，结果两个月后切尔诺贝利核电站就发生了 7 级核泄漏事故，核泄漏事故后产生的放射污染相当于日本广岛原子弹爆炸产生的放射污染的 100 倍。爆炸使机组被完全损坏，8 吨多强辐射物质泄露，尘埃随风飘散，致使俄罗斯、白俄罗斯和乌克兰许多地区遭到核辐射的污染。事故后前 3 个月内有 31 人死亡，之后 15 年内有 6 万~8 万人死亡，13.4 万人遭受各种程度的辐射疾病折磨，方圆 30 千米地区的 11.5 万多民众被迫疏散。美国人的过度自信也导致了日本人偷袭珍珠港的成功，美国挑战号航天飞机的失事也与航天局官员的过度自信分不开。虽然小概率事件发生的可能性微乎其微，但小概率事件并不代表不发生。人类的过度自信，常常是众多悲剧的根源。

过度自信是人类的一种普遍现象。比如醉酒驾驶的司机们，通常都以为自己喝了酒开车都不会出什么危险，自己可以控制得了。然而当问他们醉酒驾驶是否危险时，他们也都认为醉酒驾驶很危险。

视野拓展

有些商品的营销活动就是根据人类过于自信的特点设计的。比如在美国，买一台打印机原价 100 美元。商家有两种优惠活动，第一种是现场打 5%的折扣，即 95 元购得；另一种是以邮购返券的方式，先以 100 美元购得打印机，在收到打印机后在几个月的时间内将相关购买凭证寄回公司，就能够得到 25%的现金返券，实际以 75 元购得打印机。大多数人都会选择第二种方式。然而对公司来说，最赚钱的方式也是第二种。为什么呢？因为大多数人虽然选择了邮购返券的方式，但实际上只有7%的人会在购买后将凭证寄给公司。大家一回去都会觉得有的是时间做寄回凭证的工作，不妨先放一下，然后就再也想不起来了。

——选编自《为什么选错的总是我》

过于自信的一个重要原因是证实偏见。人类有这样一种倾向：为了给自己的观点找依据，人类会只关注与自己观点一致的证据，而不关注、不收集与观点相反的证据。人们只看到对自己有利的信息，众多信息的聚合会让人们越发相信自己的判断，而忽略了真实到底是什么。譬如，你如果喜欢刘翔，就会关注他所有的比赛，即使他退出比赛，都不会改变你对他的喜爱。对于反对的言论，你会找出各种证据反击。

要克服过度自信的毛病，最简单有效的方式是：你需要明白，你绝对有可能犯错误，小概率的事件不等于永远不发生。不要让自信、骄傲冲昏了头脑，冷静下来好好思考。

还有一个有效的方式是去听反面意见。当然这需要一定的勇气和宽容度。由于我们的头脑有一种选择性收集信息的倾向，因此我们有必要在作重要决策的时候听一听完全相反的意见。譬如你打算购买一套房子，销售小姐向你介绍选择这个小区的房子是如何如何美妙，你也陶醉在购买属于自己的新房的美梦之中。然而还是请停下来去听听别人的意见，问问那些本来想选择住在这里的人为何最后又没有购买。有哪些因素是过于自信的你没有考虑到的？你在做证实检验的时候，也要记得做证伪检验。

答案：

1. 上海到芝加哥的航线里程为 12 000 公里。
2. 尼罗河长度为 6 770 公里。
3. 印度甘地总理去世时 79 岁。
4. 一头亚洲象的妊娠时间为 645 天。
5. 2009 年联合国统计中国人的平均寿命为 73.5 岁。
6. 泰坦尼克号失事事件发生在 1912 年。
7. 李大钊于 1913 年东渡日本留学。
8. 蜂鸟的飞行速度为 58 英里/小时。
9. 银杏最早出现于 3.45 亿年以前。
10. 世界上超过 5 000 万人口以上使用的语言有 13 种。

三、三个和尚没水吃：责任扩散

1964 年 3 月 13 日凌晨，纽约火车站旁的停车场。吉蒂开车下班回家，停好车走出停车场，向公寓走去。这时吉蒂突然发现停车场旁边有一个男人。吉蒂感到害怕，掉头向一个报警亭跑去，而这时那个男人飞快地追了过来，还没等到她跑到那里就用一把锋利的匕首刺向她。

吉蒂尖叫一声，马路对面一幢 10 层高的公寓楼里亮起来一些灯，吉蒂趁机大喊："救命！救命！"

其中有一间公寓的男人往下喊："放开那个女孩！"

那男人见状有些畏缩，扔下吉蒂跑了。吉蒂流着血，想尽力回到自己的公寓。可是那个男人再次出现，刺了吉蒂一刀！吉蒂又一次发出惨叫，公寓楼里又有些市民打开了窗户，那个男人吓得躲进了自己的汽车。

过了一会，吉蒂站了起来，挣扎着走到了她的公寓门口，却也昏倒在那里。此时，那个男人又出现了。这一次，吉蒂再也没有站起来。

警方调查发现，不少于38名市民目睹了此次谋杀，可是没有一个人在目睹袭击过程中打电话报警。令人悲哀的事实是，吉蒂在遇袭的30分钟内，38名观看其遇袭的市民，没有一个人帮助她，或者打电话报警。

人们也许会抨击在场人员的冷漠和道德缺失，面对生死危难的关头都不会伸出援手，听起来这真令人发指。无独有偶，在中国也上演了一幕极其类似的悲剧：2011年10月13日广东佛山南海黄岐镇广佛五金城内，两岁的悦悦被迎面驶来的面包车撞倒。两名路人先后路过，均对倒地的悦悦不理睬，接着悦悦被小型货柜车再次碾压。之后往来的十余个路人均见死不救，直到一位拾荒阿姨看到并救起悦悦。在与死神抗争9天后，小悦悦因全脑功能衰竭、多个脏器衰竭，抢救无效，离开了这个世界。

这些悲剧是该谴责社会的冷漠，还是另有原因？其实，学者们早就发现，在相对较大的群体里，当人们面临是否干预某件事的决策时，他人在场会影响到他们如何决策。人们经常从他人身上直接获取行动的线索，而且非常关注他人对自己的看法。当人们作为群体的一员做一件事情时，其就不会像自己独立完成时那么努力。因为处于社会群体中的人们不会像单独行动时那样直接感觉到自己的努力和最终结果之间的关系。责任分散会对决策和判断产生强有力的影响。这也和中国古代经典的三个和尚的故事相吻合：一个和尚挑水吃，两个和尚抬水吃，三个和尚没水吃。随着人数的增加，事情的责任被人数平分，最后的结果是每个个体承担的责任下降，事情的情况比一个人单独时更糟糕。

责任扩散是集体决策的陷阱之一。另外一个常见的集体决策陷阱是从众。当所有人都意见一致时，你是否还会坚持自己的不同意见？有心理学家做过这样一个实验：告诉前来参加试验的学生要做一个关于视觉测试的试验，然后他让被试验的学生坐在一张有七到九个人的桌子旁，每次向他们呈现一组卡片，一张卡片有一条线条，称为标准线条；另一张卡片上有三条不同长度的线条，其中有一条很明显的是和标准线条的长度相同。所有正常的人都能够非常容易地作出正确的判断。

试验开始，呈现第一组卡片后，所有人依次大声地回答自己的判断，所有人的意见都一致，也都是正确，然后重复。正当这个无聊的测试使学生感到无聊乏味时，情况发生了变化。

第一个人仔细看了看后，郑重地得出了显然错误的答案，接着第

二、三、四位学生也作了同样错误的判断。轮到最后一位被试验的学生做判断时，他明显感到左右为难，因为他的眼睛明显地告诉他别人的答案是错误的，但最终他还是小声地说出了和其他人一样的错误答案。

其实，真正的被试验的学生只有一个，其他的几个人都是为配合实验而故意安排的“托儿”。实验者在观察当其他人明显作出错误决策时，会引发个人怎样的行为。

当几个人在一起决策时，大家很容易彼此妥协，出现“一致通过”的假象。或者我们更喜欢以“少数服从多数”作为决策的一种手段。参与的人们会认为，任何反对大多数人意见的人会被看做对团体不忠诚。尤其是当团队凝聚力非常强的时候，持不同意见的少数人，会因为与大多数人意见的相左，感到自己被孤立和排斥；为了避免与他人意见不合，人会放弃自己原本可能正确的意见，转而跟从别人的看法。

视野拓展

疯狂的抢购——失去理性的“从众效应”

在郑州市遭遇暴雨危机之后，热心的企业及个人随即迅速开始了捐款捐物。在所有捐款企业之中，中国品牌鸿星尔克在自身经济效益并不好的情况下，低调、及时的向郑州捐款5 000万元。之后，其被迅速推上热搜，受到全民关注。

此时，部分网民们带着一股拯救好心人的热情，涌入到了鸿星尔克的直播间、专卖店，疯狂的抢购一切能够抢购的东西。为什么呢？估计很多人都不清楚鸿星尔克是一家怎样的企业，只是大家都说这样的企业是好样的，它全力帮助救灾，大家就通过买买买来支持它。再说一双鞋也就百十块钱，买了也不了吃亏，也算是间接支持公益事业。

大家互相支持公益事业是好的，但是疯狂的抢购就是失去理性的“从众效应”。

——选自壹心理网

集体决策不一定比独立思考更有效。通过集体决策找到的解决方案往往受到参与者平均水平的影响，而且集体的氛围和团体的压力，有可能会造成陷阱。在群体中，群体一致性压力是非常巨大的，作为领导者要对此有充分认识。

为了避免集体决策的弊端，跨越集体决策的陷阱，在进行集体决策时，我们可以采取以下预防措施：

引入新成员，保证集体不会陷入思维的固定模式中；

领导者应该避免在开始时就表明个人观点；

鼓励参与决策的人们在决策前进行一对一的讨论和沟通；

创造出一种鼓励反对意见、包容不同见解的团体氛围。

第三节　思维品质：科学决策的基础

领导决策是一个复杂的行为，受到利益、权力、责任、勇气等诸多因素的影响，是各种主体进行互动和博弈的政治过程。然而，无论决策行为受到多少复杂因素的影响，无论最终的决策是一个怎样复杂的政治过程，决策活动都是一个进行分析、综合、推理、判断等认识活动的思维过程。决策有时会面临各种误区和陷阱，就是因为思维方式落后。只有能够清晰、周全、具有预见性和变通性地进行思考，领导者才能在思维地图的指引和辅助下，作出科学、可行的决策。

一、什么是思维

思维是一种特殊的人类大脑活动现象。由于其是一种大脑活动或内心里的想法，所以中文中的“思维”也写做“思惟”。思维活动，通常也叫做“思考”。思维可以从哲学认识论、逻辑学、神经生理学、语言学、控制论和信息论以及心理学等多学科角度加以研究。不同的学科，对思维可以进行不同的定义。比如：从心理学的角度看，思维是人脑对客观事物的一种概括的、间接的反映。[①]其实，无论从哪个学科角度分析，思维活动都是极其普遍而且意义重大的，以至于恩格斯说思维是“地球上的最美的花朵”[②]。

我们要分析领导者的思维活动及其特征，就需要先了解和掌握两个层面的基本知识。第一，领导者思维活动的本质，是对事物或现象之间的因果关系及其发展趋势和应对策略进行的分析、综合、推理、判断等认识活动。这说明，决策是行动导向的。具体来说，它涉及三类问题：①“为什么”的问题。这是寻找事物发展变化或现象发生、发展的原因。比如：企业某类商品为什么滞销？学生考试成绩为什么不理想？为什么要出台住房限购政策？②“会怎么样”的问题。这是预测事物的发展趋势。比如：商品一直滞销会带来什么后果？学生考试分数上不去会怎样？如果不出台住房限购政策会发生什么？③“怎么办”的问题。这是寻找问题解决的措施和对策。比如：如何解决商品销售难的问题？采取什么措施来提高学生考试成绩？住房限购政策出台后，在本地没有户口的人该怎样解决个人住房问题？综合起来，“为什么”“会怎样”“怎么办”三个问题构成了领导者思维活动的基本体系。

第二，领导者的思维活动分为个人思维和集体思维。个人思维是领导者自己独立进行的思维活动。集体思维是领导班子甚至更广的参与群体进行的思维活动，比如开会、讨论等，目的是集思广益，在差异中寻求共识。在重大决策中，主要领导的个人思维和领导班子的集体思维共同影响着决策的质量。

① 朱智贤，林崇德. 思维发展心理学[M]. 北京：北京师范大学出版社，2002：1-6.

② 中共中央编译局. 马克思恩格斯选集：第3卷[M]. 北京：人民出版社，1972：462.

二、思路决定出路：思维对决策的重要作用

我们会注意到一个现象，我们平常考虑自己思维方式的时间并不多，但有时却会发出这样的叹息：哎，当时怎么就没考虑到呢？当时怎么会那样去想呢？这说明，想不到、考虑不正确、考虑不清楚等，都会带来失误。领导者由于思考不当带来的决策失误，负面影响就更大。

思维是行动前的头脑风暴，对科学决策起着基础性作用。如果说，思维是对事物或现象因果关系的分析和推理过程，决策则是根据因果关系分析结果来选择问题解决方案的过程。上述思维活动涉及的三类问题中，决策行为往往发生在“怎么办”的问题上。经过“为什么”的原因分析和“会怎么样”的趋势分析，决策者最后要作出“怎么办”的选择和决定，这是一种对策分析。很显然，没有思考的“源头活水”，便不会有行动的“甘甜清泉”；没有思维过程的张力，并不会有行动翅膀的腾飞；没有弄清“为什么”和“会怎么样”，“怎么办”就没有针对性和有效性。这就是人们常说“思路决定出路”的原因。

关于思维与决策行为之间的密切联系，一位MBA前全球副总裁作了如下论述：决策思维，强调的是思维的方法。想要改变我们的做法，首先要改变我们的想法。想要熟练地掌握一种决策的方法，首先要以绝佳的思维来思考每一个决策。思维方法是做好每一件事最重要的起点。① 在任何领导者进行决策的活动中，思维水平都是决策能力的基础，是领导艺术的重要体现。一件事情，往往在想正确、想清楚后才能做得成功。再复杂、再困难的事情，只要思路正确，也能逐步加以解决；再简单、再容易的事情，如果思路不对，都会南辕北辙，越努力越出问题。在这个意义上，方向比努力更重要。而方向如何确定，关键就要靠思维。对个人是如此，对集体和组织更是如此。

许多领导学专家都关注思维对决策能力和领导艺术的重要作用，其中一个经典的论述是保罗·迈尔作出的。他认为，领导力的核心在于透过群体的力量，获得一个特定的、有益的成果。在实现这一目标之前，领导人面临一些鸿沟，比如：领导者与团队成员间逐渐加大的裂痕；很多领导者及团队成员在工作生活上不断增加的不满意程度；在你为了组织的成长而挣扎着面对挑战的同时，你探索着更深层的意义及目标。要跨越这些领导鸿沟，你必须搭建起一座沟通、协作的桥梁，而搭建这座桥梁需要有五大支柱作为支撑，即具体化的思考、拟订一个书面的行动计划、创造热情和渴望、建立自信与信任、培养持之以恒的精神及责任感。②

保罗·迈尔之所以把“具体化的思考”作为领导力的第一大支柱，是因为它涉及对组织发展目标和未来前进方向的战略选择。所谓“具体化的思考”，保罗·迈尔指的是通过清晰的思考过程来制订一个有价值及具体可行的目标，或者说是确定希望取得的特定结果。这是一个帮助领导人作决定的过程。这一过程通常要思考如下问题：我们想要什么？为什么我们想要？为什么我们还没有达到？我们能得到它吗？我们如何权

① 王嘉陵．决策思维[M]．北京：东方出版社，2009．

② 保罗·迈尔，等．领导力的五大支柱：如何跨越领导的鸿沟[M]．汉祺，译．上海：上海社会科学院出版社，2005：6-7、30-37．

衡它？受影响的人是谁？受益者是谁？引导我们往何处去？①这种具体化思考能力的首要地位，充分说明了思维对决策的重要作用。

担负着带领组织成员谋求进步和发展使命的领导者，可以用很多因素来引领组织成员，比如：价值观、思维方式、工作方法、以身作则、人格魅力等，但其中影响力最深远而持久的是价值观和思维方式。一个被人们拥护和支持的领导者，必定是一个能够为大家指出代表希望和光明的奋斗方向的人。而唯有形成良好的思维习惯、掌握科学的思维方法，领导者才会善于勾画清晰、科学的决策地图，并在其协助和指引下作出正确的决策。反之，思维方式上的落后和陈旧，会对决策水平产生很大的消极影响。具体到每一个决策，我们也可以说，决策失误的根本原因，是陈旧、落后甚至错误的思维方式。事实上，正、反两个方面的许多事实都可以说明，思维方式、思维习惯对决策质量有重要的影响。这也是本书从思维角度探讨决策科学化问题的重要原因。

进阶探索

决策模拟——沙漠求生

一架飞机偏离航线，在8月里的某日上午10点，坠落于撒哈拉沙漠，飞行员遇难，机身严重撞毁，但未起火。机上5名男性和3名女性幸存，其中有些人受轻伤，并无大碍。飞行员遇难前，告诉了大家关于飞机坠落地区的三个信息，并鼓励大家积极求生。这三个信息为：①飞机偏离预定航线205公里，但不知道偏向哪个方向；②飞机迫降地点的东北105公里有个煤矿，煤矿上有人和食物；③沙漠地区上午的空气温度为45度。在坠落于地的物品中，有15种可以用于这些幸存者求生：手电筒、匕首、坠落区地图、塑料雨衣（大号）、大衣、救护箱、手枪（含子弹）、降落伞（3种颜色）、装有盐的瓶子、每人一升水、太阳镜、指南针、烈性酒2升、化妆镜、1本名为“沙漠里能吃的动物”的书。

假设你是此次空难的幸存者之一，请提出一个求生方案，并将该方案所需的前6项物品按重要次序排列。如果和同学一起做此活动，大家可以先独立思考，再集体讨论和提出一个求生方案。决策模拟步骤为：

（1） 每个人思考并提出一个求生方案，将打算使用的6种物品按对你求生成功的重要程度排序。相互之间不讨论。（3分钟）

（2） 相互交流和讨论，小组提出一个共同或大多数人同意的求生方案，并把拟使用的6种物品按照重要性排序。（10分钟）

做完决策模拟后，把你们的方案写下来放一边，继续阅读本章内容，你会在后面读到对此次模拟活动中思维方式的分析。

① 保罗·迈尔，等. 领导力的五大支柱：如何跨越领导的鸿沟[M]. 汉祺，译. 上海：上海社会科学院出版社，2005：38-42.

三、思维品质：决策质量的决定因素

我们有时会赞赏一个人：这个人能这样看问题，真棒！或者批评一个人：那个人怎么会那样去想问题，真差劲！这里反映的就是思维品质的高低和差异问题。所谓思维品质，指的是思维发生、发展中所表现出来的个性差异。[①] 换句话说，它是个体在思维方式上所表现出来的相对稳定的倾向和习惯。这既包括一个人看问题时习惯性的思考角度、基本假设和认识逻辑，也包括喜欢使用的具体的思维工具和思考方法。

良好的思维品质和科学的思维方式是促进科学决策的基础。就一般人来说，思维品质主要包括“敏捷性”“灵活性”“深刻性”“独创性”和“批判性”五个方面[②]。但对领导者来说，其既要具备常规思维的基本素养，又要形成高于常人的特殊思维能力。结合近年来对干部进行思维培训的体会，我们尝试把领导者的思维品质概括为清晰性、周全性、预见性、变通性四个方面。

（一）清晰性：科学决策的基本要求

思维最大的敌人是混乱。[③] 个人思维的混乱，表现在概念模糊、逻辑混乱、思路不清等方面。集体思维的混乱，不止有概念模糊、逻辑混乱等问题，更主要的表现是大家认识角度不一样，相互争论，各执一端。

清晰地进行思考是人们应具备的基本思维能力，对领导者来说就更是如此。清晰的思维可以为决策行为提供一幅地图，明确行走的目标和路线。首先，思维清晰程度影响决策质量。科学决策需要一个清晰的思维过程作为基础。诚然，光是思维清晰不一定就能作出科学决策，但思维不清晰却绝对不可能作出科学决策。其次，思维清晰程度还影响政策宣传和沟通的效果。领导者作出决策后，需要向下属和全体成员解释、宣传、沟通决策的内容，以便让大家理解之后去贯彻执行。显然，领导者只有想清楚才能说明白；只有领导者讲清楚，组织成员才能听进去。这是领导者获得下属支持和群众信任的前提。如果一位领导人连大家要努力的方向、为什么去努力、怎么去努力等这些问题都想不清楚、道不清楚，人们就会怀疑他的领导水平，从而降低对他的信任感和支持程度。事实上，并不是每位领导者考虑问题、作决策、宣传沟通都能足够清晰。

那么，决策思维的清晰性具体表现在哪些方面呢？思维的清晰性一般指概念、逻辑和思路的清晰。但在决策活动中，思维的清晰性可以具体化为四个方面：

一是目标清晰。领导者提出一种理念、一个目标，该目标首先要有明确的内涵和外延。特别是对组织发展的目标来说，更是要尽可能具体。有的目标甚至要符合“SMARTER”条件：Specific（具体）；Measurable（可测量）；Achievable（可完成）；Realistic and relevant（真实、联系实际）；Timed（确定时限）；Evaluated（可以评价）；Reviewed（可以检查）。现实中，有的领导者使用的概念比较空泛，提出的目标比较

① 朱智贤，林崇德. 思维发展心理学[M]. 北京：北京师范大学出版社，2002:516.

② 朱智贤，林崇德. 思维发展心理学[M]. 北京：北京师范大学出版社，2002:516-521.

③ 爱德华·德·博诺. 六顶思考帽[M]. 冯扬，译. 太原：山西人民出版社，2008:13.

抽象和宏大，这会影响思维的清晰性。在内涵明确的同时，目标还必须是相对稳定的。只有这样，组织成员才能朝一个具体的目标去努力。

二是依据充分。领导者要提出一个目标，作出一个决定，应有必要且清晰的依据，而不能是凭着感觉、经验和激情作决定。在决策中，这体现为信息基础的扎实程度。很多时候，如果信息不充分，论据不充足，是无法作出正确决策的。在作紧急决策时，或许没有时间收集足够的信息，但领导者也需要尽快判断出决策的关键依据。

三是思路清晰。这体现在实现目标的工作路线是清晰的，各项措施是具体的，有针对性和可行性。存在的问题、计划实现的目标、采取的措施之间有前后一致的内在逻辑。

四是轻重缓急有序。在实际工作中，决策思维的清晰性还体现在对决策目标轻重缓急的判断和把握上。有的领导刚到一个新岗位或新环境，眉毛胡子一把抓，工作很忙乱；有的领导却很沉稳，轻重有序、缓急分明。这就与对事物重要性、紧急性等方面的准确判断与合理选择有关。

（二）周全性：负责任决策的基本保障

对一个组织的健康发展来说，一些重大决策至关重要，比如确定长远的发展目标、捕捉稍纵即逝的机遇、规避潜在的致命风险等。这实际是思维周全性的体现。

领导者不同于一般管理者和普通员工，因为他所决定的行为将影响整个组织和全体人员，甚至于社会。领导者既要提出新的目标和思路，又要关注这一目标和思路的周全性。这体现出领导者与其他人思维要求的差异性。比如发明原子弹的科学家更多是考虑技术的创新程度，但使用原子弹的政治家却还要考虑原子弹爆炸所带来的灾难性后果；普通员工可能只考虑到改革会损失的个人眼前利益，但企业家却要考虑不改革可能带来的侵害集体长远利益的严重后果。总之，负责任地进行思考，是领导者的一种使命和义务。在组织发展环境复杂、决策后果影响大的情况下，决策思维的周全性更加重要。

具体来说，所谓决策思维的周全性，主要指三个方面：一是指要同时考虑决策可能带来的消极后果和错失的机遇。有的决策可能带来消极后果，比如挫伤团队成员积极性、为组织和社会带来负面影响等；有的决策可能错失重要的发展机遇，使组织未来发展受到影响。这就要求领导者作决策时，既不能盲目自信，低估可能遇到的风险和困难，也不能疏忽大意、谨小慎微，与宝贵的发展机遇失之交臂。

二是指要综合考虑所有利益相关者的看法和态度。每一项决策，影响到的人员都很多，既有决策行为的执行机构和人员，也有决策行为所涉及的对象，这些人都决策行为的利益相关者。对同一个决策，不同的人基于各自的立场和追求，看法和态度存在差异并不足为奇。关键是要在决策前梳理出利益相关者究竟是哪些人，这些人估计会有什么样的想法，他们的想法会在决策行为执行时产生什么作用（积极或消极）。当领导者把这些人的看法和态度预先了解或估计后，其就可以进行一些沟通、协商、劝说，然后尽量形成更多的共识。同时，还可以提前做好预案，以在决策行为实施时应对可能出现的阻力和困难。一旦遗漏某些利益相关者，在决策行为实施实施时，就会遇到意想不到的阻力。

三是要提出具有一定力度和可行性的措施。领导者要充分考虑决策执行所需要的经费、人员、设施等资源条件和配套制度，并提前进行计划和配置；否则，再好的目标也不能实现。

（三）预见性：引领组织发展的核心思维特质

一个组织要在同行的竞争中获得竞争优势和可持续发展，一个重要的途径是比别人更早地寻找到发展目标、捕捉到发展机遇、规避掉潜在风险。而要做到这种优先决策，关键在于领导者决策的预见性。

所谓预见性，指的是领导人能比其他人提前想到组织的发展目标、发展机遇和潜在风险。比如，在貌似毫无前景的地方预先看到希望，在看起来一片太平的地方提前发现潜在危险。这种预见性影响着一位卓越领导和普通领导之间在绩效和贡献上的差异，也决定了一个组织在同行中的竞争优势和发展空间。国内外许多领导实践都证明，一些优秀的企业或高校，总有几个关系全局发展的重大决策做得比同行早。之所以决策做得早，是因为这些组织的领导在关键时刻比其他同行和本单位成员提前发现了机遇或风险。预见性必须是科学的，领导者要通过科学的思维方法、清晰的思考过程来发现机遇或风险，而不是单凭感觉和经验的猜想。

对于青年大学生来说，有一句关于认知能力和人生境界的形象话语或许道出了预见性的内涵和重要性，即“该知道时还不知道，是庸才；该知道的时候确实就知道了，是聪明人；提前就知道，则是智者。”所谓“该知道时还不知道”，就比如 40 岁时不知道 40 岁的人该有的人生态度、在事情发生了还不知道该怎么看待和解决。所谓“该知道时确实知道”，就比如 40 岁时知道 40 岁的人该有的人生态度、在事情发生时知道该怎么看待和解决。所谓“提前就知道”，就比如 30 岁就知道 40 岁的人该有的人生态度、在事情发生之前就知道会发生什么从而提前作好准备。在三种人生境界中，领导者应该做的是“提前就知道”的智者，能在事物发展还没到那个阶段的时候，就提前知道将会出现的情形或得到的结果，这就是一种预见性。

具体来说，预见性思维有两种类型：一种是短期的预见。这指的是在一些重大事件发生的时候，领导人能看到转瞬即逝的机遇或即将发生的危机。比如，在遇到危机事件的时候，有的政府部门或企业能发现危机背后的机遇，通过系列公关应对措施，使危机变转机，危机化商机。另一种是长远的预见。这指的是一种战略思维，是领导人超越现实、着眼未来和全局，对组织未来长远发展目标和道路所持有的一种远见卓识。这种战略远见对组织的长远发展有着重要的价值。

领导者预见性思维的重要性，在于领导者对组织发展所起的根本性的引领作用。对此，毛泽东有一段形象而深刻的话："没有预见就没有领导，没有领导就没有胜利。因此，可以说没有预见就没有一切。坐在指挥台上，如果什么也看不见，就不能叫领导。坐在指挥台上，只看见地平线上已经出现的大量的普遍的东西，那是平平常常的，也不能算领导。只有当还没有出现大量的明显的东西的时候，当桅杆顶刚刚露出的时候，就能看出这是要发展成为大量的普遍的东西，并能掌握住它，这才叫领导。"[①] 毛泽东既有在危急关头提前发现机遇并化险为夷的短期预见能力，更有穿透现实看到 10 年、20 年甚至更长时间后发展趋势的战略远见。正因具有战略远见，毛泽东才能在第一次大革命失败后第三个年头的 1930 年、在井冈山和湘赣根据地的艰苦斗争中，预见到了红色政权能够长期存在和发展，得出"星星之火"很快"可以燎原"的结论，从而制定了中国革命"农村包围城市，武装夺取政权"道路的长远战略。这种基于科学分析的战略远见，是"站在海岸遥望海中已经看得见桅杆尖头了的一只航船"，是"立于高山之巅远看东方已见光芒四射喷薄欲出的一轮红日"。而那只"航船"、那轮"红日"，当时的许多指战员其实还没有看见，有人甚至还提出"红旗到底能打多久"的疑问。毛泽东利用超凡的预见能力，指明了 1927 年大革命失败后中国革命发展的正确道路，这对江西中央红军的发展壮大乃至今后中国革命的发展，都具有重大的历史意义。

预见能力是领导干部应具备的重要思维素养。然而，有些领导干部往往不注意提高预见能力，对事物的发展趋势心中无数，工作没有长远计划和打算，整天忙忙碌碌而又不得要领。尤其是一旦出现新情况、新问题，拿不出有效的办法和措施，导致工作上总是处于被动，难有作为。[②] 作为一个有梦想要承担领导责任的年轻大学生，我们要认识到预见性的重要性，有意识地培养预见思维能力，比如学会在似乎希望不大的地方寻找未来发展机会，在就业形势似乎很好的时候看到今后求职可能面临的挑战。这种思维习惯会有助于大家进入社会、走上领导岗位后，比其他人特别是同行看得更远、做得更好。

（四）变通性：应对新环境的特殊思维要求

如果说，领导者的预见性思维是帮助人们提前发现机遇和风险，那么如何捕捉机遇和规避风险，就需要变通性思维。因为新的重大机遇或潜在的重大风险，往往不仅意味着它与现有的环境和形势的不一致，还意味着组织中的大多数成员还没有意识到这些机遇或风险。在这种情形下，要成功捕捉机遇或规避风险，过去的思维方式已经不适应新的环境和形势，我们必须按照新的价值观和思维方式去认识问题、分析问题和解决问题。这就需要我们对过去的思维方式进行调整和改进，甚至作出根本性的转变，以适应新环境对组织变革所提出的要求。在这种情形下，思维方式的调整和变通往往是剧烈的、外显的，因为它意味着创新，意味着改革。

在商业领域有不少涉及思维变通的经典案例。比如 IBM 公司的前

①同道. 向毛泽东学战略［M］. 北京：当代中国出版社，2010：79.

② 赵磊. 领导干部必备的三大思维能力：战略思维 创新思维 辨证思维［M］. 北京：中共中央党校出版社，2011：102.

CEO 郭士纳就通过改变思维模式，来使濒临破产的 IBM 公司转变成为世界最领先的科技公司。

视野拓展

雷军的变革之路：小米逆境中的崛起与重生

当小米在 2015 年陷入低谷时，雷军发现公司正面临着前所未有的挑战。在高速增长的背后，小米的内部问题逐渐暴露出来，尤其是公司内部的创新能力不足和组织管理的滞后。市场的变化使小米难以应对：智能手机市场已趋于饱和，电商销售遇到了瓶颈，而激烈的行业竞争更是让小米陷入了"死亡螺旋"。

雷军意识到，若不从根本上调整公司战略，小米将面临被市场淘汰的风险。他果断采取了系列举措，亲自接管手机部门，强调"交付、创新、质量"作为补课重点。通过重新组建管理团队，强化供应链和核心技术的投入，小米逐步恢复了市场信心。2017 年，小米手机销量实现了"V"型反弹，成功摆脱了困境。

这种转型的关键在于小米对自身文化和价值观的深刻反思与坚持。无论环境如何变化，小米始终坚持"感动人心、价格厚道"的理念，这不仅赢得了用户的忠诚，更使得小米在最艰难的时刻仍然具备了东山再起的基础。通过对创新的坚持和对市场变化的敏锐反应，小米最终成功突破了低谷，再次站在了行业前列。

——改编自雷军：《小米创业思考》

实际上，思维的变通性还不止是捕捉重大机遇或应对重大挑战时的思维方式调整，还有一种相对常规的现象，即岗位调整，比如从政府部门调到学校、从副处长提到处长、从分管人事工作到分管教学工作等。这时，领导者的工作对象和环境发生了变化，过去习惯性的、经验性的思维方式会遇到与新环境不符合、不适应的问题。

（五）领导者思维品质的内在联系

归纳起来，上述四个方面的思维品质可以综合成一句话：领导者良好的思维品质体现在善于进行清晰、周全而富有预见性的思考，并能根据环境和形势要求及时调整和转变思维方式上。进一步分析，这四个思维品质是一种逐级提升的关系：清晰为基础，周全作保障，预见是引领，变通促改革。这可以用一个形象的金字塔来表示，如图 6–1 所示。

所谓清晰为基础，指科学决策的前提是清晰地进行思考。所谓周全作保障，指只有综合考虑机遇、风险以及利益相关者的态度、执行条件等，才能保证作出的是对组织和成员负责任的决策。所谓预见是引领，指组织要保持发展优势和促进可持续发展，关键在于领导者通过科学的预见性来指引组织发展的方向。所谓变通促改革，指组织要实现新的跨越发展或解决面临的重大问题，就必须改变传统思维方式、建立新的思维方式，以适应新的环境和形势要求。可见，要做一个善于思考的领导者，就必须使自己的思维过程是清晰有序的。以此为基础，善于思考的领导者考虑问题是周全的，他既能发现和捕捉发展机遇，又能发现和规避风险；既能看到决策涉及的主要群体的偏好和意见，也能看到广大民众的诉求和反映；既能提出具有号召力的目标，也能提出可行性的措施。重要的是，这些周全性的考虑往往是一种先于他人、先于同行的瞬间预知和战略远见。面对这些提前预见的机遇和风险，善于思考的领导者能够使用或创建一种新的价值观和思维方式，从根本上改变组织成员的认识水平，去成功地把握机遇或安全地规避风险。

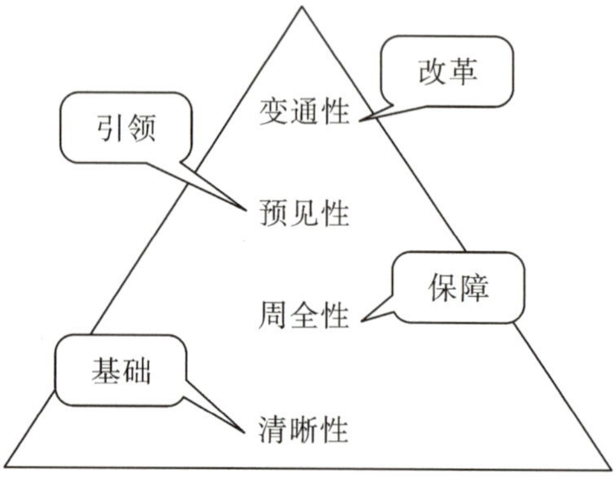

图 6-1　领导者需具备的基本思维品质

这里要特别指出的是，强调旨在保证决策安全的周全性要求，隐含了领导者的一种思维伦理和价值选择，即领导者的决策行为要追求和维护的是组织的公共利益，而非个人私利或小团体利益。换言之，领导者良好的思维品质不只是方法和技术层面的问题，而是涉及善恶、是非等深层的伦理精神和道德原则。这种思维伦理根本上决定着领导者思想的魅力和决策行为的境界。

领导者的四种思维品质中，清晰性和周全性相对容易理解和把握，而预见性和变通性把握的难度更大一些。应当说，变通思维能力是以预见为前提的。如果没有预先看到新环境、新形势挑战下组织发展的未来方向，思维的变通就没有必要，即使变通也会成为无“的”之“矢”，没有方向。如果没有变通性，预见性就会成为空中楼阁、水中之花。因为变通性比预见性更贴近现实，更富有行动价值，它以直接引领和促进组织变革为目的。或者说，变通思维的关键，在于把领导者预见到的发展机遇和发展目标转化为一种集体的价值观和行动路线。

第四节　提升思维品质的策略

上面谈到的做一个善于思考的领导者应当具备的思维品质，是一种理想的追求。现实果真如此吗？其实并不见得。我们在对校长、教育局领导等干部进行思维培训时，根据他们的培训结果，有的领导者存在着一些不良的思维倾向和习惯。比如：思考过程混乱的“无序思维”、根据个人直觉经验作决策的“经验思维”、重视目标规划轻视执行细节的“宏大思维”、根据是非标准简单作出非此即彼判断的“二元对立”思维、重视外在数量指标而非内在品质的“量化思维”以及偏重个人和团体利益的“本位思维”，等等。产生这些思维定势和障碍的原因很复杂，可能与个人的价值观和思维习惯有关，也可能与学校教育和干部培训缺少专门的思维教育有关，还可能与“抽象思维能力薄弱”“思维方法混乱而僵化”的传统思维模式有关。[①]对于这些问题，我们已经进行过一些探讨[②]，限于篇幅，这里不展开讨论。但需要认识到的是，如果注意使用正确的思维方式，我们就能够提前预防这些问题，逐步培养清晰性、周全性、预见性、变通性等良好的思维品质。这是一个需要不断学习和积累经验的过程。下面探讨一些基本的策略和方法。

一、多维综合分析：提高思维的清晰性和周全性

爱德华·德·博诺认为，思考最大的敌人就是混乱，而克服混乱的重要方法是一个时间只做一件事情，或者说一个时间只从一个角度思考问题，即平行思考。这就像四个人一起绕房子一周，分别看到房子前后左右四个面，而不是四个人各自看不同的角度，然后争论自己看到的那一面是正确的一面。[③] 这一理念对我们提高思维的清晰性和周全性有很大的启发。

> 参考要有路径，思索要有方法。
>
> ——叶圣陶

视野拓展

平行思考与对立思考

平行思考是针对对立思考提出来的。A 与 B 基于不同角度而互相争论，希望说服对方同意自己观点，这就是对立思考。对立思考是决策思维的一种重要方式。“真理越辩越明”，人们可以在争论和辩论中逐步加深认识。但同时，对立思考也存在不足，比如会出现如下情形：双方都对，但角度不同，各执一面，盲人摸象般在片面思维中作无益的争论；双方都错误，南辕北辙，越辩越糊涂；双方故意隐藏正确但有利于对方的观点和信息；不利于换位思考，影响团结；产生激烈冲突而不利于决策，或者决策的过程太长，贻误战机，等等。

平行思考强调大家一个时间只从一个角度看问题。做个形象的比喻，一群人先集中在一起，同时先摸大象的头，再摸耳朵，然后依次摸身子、腿、尾巴等，然后一起讨论大象整体形象是什么。就如“盲人摸象”，是每个人同时各摸各的一个部分，然后每个人从自己所摸的那一角度来回答“大象长什么样”的问题，当然就会出现相互之间的争执。可见，相比对立思考来说，平行思考的优点，是通过要求大家一个时间只从一个角度看问题，来避免各执一端的现象。这可以

① 楚渔. 中国人的思维批判［M］. 北京：人民出版社，2011：18-56.
② 茶世俊. 跨越你的思维障碍［J］. 中国教育报，2011-09-20.
③ 爱德华·德·博诺. 六项思考帽[M]. 冯扬，译. 太原：山西人民出版社，2008.

让人们有机会从原来较少考虑的新角度来看问题，就是所谓“角度转变观念”。比如，在一个争议性的决策中，支持方和反对方通常只注重分别强调支持和反对的理由。利用平行思考时，支持方被要求从“反对”的角度看问题，从而发现方案存在的问题和改进意见；反对方也被要求从“支持”的角度看问题，从而对方案的价值、可行性等多一些认识。如果说，对立思考是“针锋相对求输赢”，那么平行思考就是“换位理解求认同”。

某种意义上，思维可以看成是沿着一定角度、按照一定次序进行的思考。思考活动就像建造大厦，每一根柱子都是稳固的，但一两根柱子很难支撑起一座大厦；思考的过程也像驾驶汽车，四个轮子每个都是结实的，但是单个轮子不可能单独拉动汽车。那么，思考的大厦需要几根柱子？思考的车子需要几个轮子？德·博诺经过长期的理论研究和培训实践，把思维活动分为六个认识角度。① 为了方便记忆和使用，德·博诺把思考的六个基本角度分别用6顶有颜色的帽子来代表：

白帽——中性、客观—事实、数据、信息

绿帽——生命、生长—新想法、新方案、可能性

黄帽——希望、光明—价值、利益、可行性

黑帽——冷静、严肃—谨慎、风险、问题

红帽——火焰、温暖—情绪、直觉和感情

蓝帽——威严、包容—对思考过程的控制、协调

具体来说，这些思考角度的内涵如下：

(1) 信息搜寻（白帽）。思维活动的一项基础性工作，是尽可能中立、全面地收集与思考对象有关的基本信息，并判断其客观性。这些信息至少可以分为两类：第一类是事件的参与者，事件发生的环境、原因、过程、结果及相关的数据支持等，这是第一手信息；第二类是有关人士对这些情况的看法和评论，这是第二手资料。收集信息时，我们要做好两项工作：一是评判这些信息的客观性，看它们与事实的符合程度。我们要通过多来源的信息互相验证等方式，把一些虚假的信息剔除掉。比如，把感觉上似乎是“真实”的或一些人声称是“真实”的但实际是虚假的信息排除掉，尽可能还原事实的真相。二是要注意还有哪些信息被遗漏，并寻找获得新信息的途径和渠道，以便进一步补充收集相关信息。当然，信息也不一定是越多越好，需要有个提炼信息的过程。然而面临比较紧急的重大决策时，尽管信息有限但也要果断作决定。正如鲍威尔曾经讲过的：在作决策的时候需要在掌握40%~70%信息的时候作出你的决策。信息过少，风险太大，不好决策；信息充分了，你的对手已经行动了，你就出局了。②

(2) 创新思维（绿帽）。创新是思考活动中又一个非常重要的角度，指的是针对现实的情形和问题，提出不同于常规的新想法、新思路和其

① 爱德华·德·博诺. 六顶思考帽[M]. 冯扬，译. 太原：山西人民出版社，2008.

② 金建民. 青少年成功做事的思维方式[M]. 北京：石油工业出版社，2008.

他可能性。对于一个决策事件来说，这也指提出多种问题解决方案。这一思考角度是建立在信息搜寻基础上的。它的运用需要遵循“3P”原则：一是鼓励提出大量的想法（prolific）；二是鼓励提出一些趣味性的想法（playful）；三是提出的想法应是积极的和建设性的，并且这些想法都应该得到同等的肯定（positive）。即使是对那些看似异想天开的想法和建议，也要给予肯定和保护。只有这样，才能最大限度地开启智慧，激发思想火花。

（3）感性看法（红帽）。认识可以分为感性与理性两个角度。从感性认识角度来说，我们要认识情绪、直觉和预感等对思考过程的作用和影响。在思考过程中，通常存在两种感性的认识和看法：一种是普通的情绪和情感，比如喜欢与厌恶、平静与焦虑等。为了清晰地进行思考，我们要学会对情绪进行控制，先处理情绪再处理问题，避免负面情绪对思考过程的干扰和影响。另一种是较高级的直觉与预感。直觉与预感有两面性，既可能带来好的思路，也可能会囿于个人经验，产生错误的判断。从感性角度看问题时，强调的是一种感觉，不用作出解释。

（4）积极思维（黄帽）。理性认识可以分两个方向，一种是积极思维，一种是风险评估。积极思维的核心是进行价值分析，要从优点和光明的方面来分析问题和出路。这一角度关注两个基本的方面：一是判断能带来什么好处、利益和机会，包括从一些看起来异想天开的想法中获得启发。这里有一个时间要求，即要能够从眼前、短期、中期、长期等不同的时间维度来思考价值和利益问题，这反映了一种战略性的思维要求。特别是要能从短期不利的局面中看到可能带来的长远价值和根本利益，比如毛泽东对中国革命“星星之火，可以燎原”的判断，就是一种战略性的价值分析。二是分析获得这些好处、利益和机会的可行性，包括具备的条件、阻力、行动步骤等。与感性看法不需要理由不同，积极思维一定要给出恰当、准确的理由。为什么有好处、为什么可以实现目标，都需要作出合理、可信服的解释。

（5）风险评估（黑帽）。做事情不可能是一帆风顺的，可能会遇到困难、阻力、隐患等。这就需要我们对新想法、新方案存在的不足和可能带来的风险等进行分析和评估。与积极思维属于正向的积极思考不同，这是一种负向的批评性思考。但要注意的是，这里不是作简单的否定，而是经过科学的分析来发现新想法、新方案存在的问题和风险，提出加以改进的建设性意见。这里与价值分析一样，也有一个时间要求，即要能够从眼前、短期、中期、长期等不同的时间维度来思考困难和风险。比如：有的事情现在看起来很好，但 5 年、10 年后就会出现大问题。与积极思维一样，这一角度的分析必须给出理由和解释。比如，如果认为会遇到问题，要说明为什么会遇到这种问题。

视野拓展

风险对我们到底有多大影响？

如果我和你玩掷硬币的游戏，如果是正面，我给你1000元，如果是反面，你给我500元。你愿意接受这种赌博吗？

你的选择是什么？

绝大多数人的选择是：不会。虽然赔率对人们有利，但多数人还是会拒绝玩这类游戏。普林斯顿大学的心理学家丹尼尔·卡尼曼通过研究发现，人类有一种基本的损失规避倾向。相对于成功来说，人们总是更关心失败，因为人们经历失败所承受的痛苦是经历成功所得喜悦的两倍。

——选编自《决策与判断》

(6) 思维管理（蓝帽）。这是指对思维过程进行预先的合理设计和灵活的过程控制，是上述五个思考角度得到合理运用的重要保证。这包括把握好思考焦点（问题）、掌握使用的思考方法和控制时间等，这是思维质量的重要保证。

那么，如何使用这六顶思考帽呢？其理念基础是平行思考，即一个时间只思考一个角度，使人们的思考更加清晰、有序、高效。这有助于改变只从一个角度看问题的片面情形，或各种角度混杂、各种观点对立的无序状态。具体来说，六顶思考帽法可从以下四个方面来保证思维过程的清晰性和周全性：

一是始终思考要解决的问题。要使思考的问题和目标具体明确，并将其始终贯穿于思考过程，这是思考清晰的前提。这是带上蓝帽后进行统筹管理的思维要求。这一要求看似简单，但也考验了领导者对问题认识的深度和解决问题的决心。领导者工作繁忙，各种各样的琐事纷纷扰扰，有的人漫无目的地跟着感觉走，有的人盲目追随别人，有的人心中的目标会发生漂移，这些都不利于针对性地解决问题。

二是善于设计和控制思考角度的使用序列。我们思考复杂问题时，要从信息、可能性、价值、风险等多种角度进行思考，但各个角度的使用不能混乱。要使思考过程清晰，我们可以将思考过程进行切分，即一个时间段里只思考一个角度。比如，先集中搜集相关信息，摸清相关事实，然后集思广益提出多种解决方案，然后对主要方案的优点和缺点进行分析，最后再作决定。这种平行思维强调的是转换角度看问题，特别是在集体讨论决策时，每一个参与者都要从各个角度来看问题，最后再综合形成意见，以避免“盲人摸象”的无序争论和片面思维。

在实际的思考过程中，不同角度之间的先后顺序可以根据需要来排列，但一定要把握其中的技巧和艺术。比如，某位企业总经理组织领导班子成员讨论一项他个人很想推进的改革，但他不是先讨论改革的好处而是先提出改革的问题和阻力，结果把大家的注意力吸引到了问题和阻力上，改革设想遭到反对。在这种情况下，该总经理实际应该先进行积极思维，畅谈改革带来的好处，再分析改革的阻力，并提出对策。同时，我们要把握运用思考角度时的力度，既不能缺乏必要的角度，也不能过度依赖某一角度。比如，缺乏风险预测会带来决策的失误，而过于关注风险又会谨小慎微，错失宝贵的发展机遇。这种思考角度的使用能力，需要长期的积累和培养。而这些思考角度的序列设计和控制，都是由蓝帽思维来实现的。

三是从积极思维和风险评估两个角度进行综合分析。积极思维就是从黄色帽子所代表的正面角度，分析价值、机遇、可行性等。风险评估则是从黑色帽子的角度，分析消极后果、问题、阻力和不可行性等。这种双向综合分析能使领导者既考虑到机遇，又提前发现风险，从而作出负责任、周全的决策。

视野拓展

高考志愿选择的思考过程

王林同学的高考分数超过本省重点线38分，为全校第一名。他对新闻专业有很大兴趣，特别是对中国人民大学的新闻专业神往已久（感性看法）。那么，这个分数是否可以报中国人民大学呢？还有哪些学校可以报？他开始查询开办有新闻专业的重点高校，看这些高校往年在本省的录取分数线、新闻专业人才培养的基本情况、就业去向等（信息搜寻）。经过一番比较，确定了中国人民大学、中国传媒大学、武汉大学等三个学校（多方案）。

为保险起见，王林对被录取的可能性作了认真的分析。相比下来，中国人民大学可以作为第一志愿，理由有二：一是该校往年在该省录取线超过重点线33分，而他已经超过38分；二是该校与王林所在中学有良好的关系，该校老师对他们学校学生的评价比较高，过去每年都有学生就读该校（积极思维）。但他也考虑到，今年本省考分普遍比去年提高，实际录取线也必然提高，加上新闻专业比较热门，估计竞争比较激烈。如果报第一志愿可能会录不上，而且还可能影响其他志愿的录取（风险预测）。

正在犹豫时，王林在中国人民大学工作的一个亲戚告诉他，或许可以考虑另一种更保险的思路，即先上其他学校的新闻专业，今后再考中国人民大学的研究生。王林觉得一下就豁然开朗了，他想到了厦门大学（创新思维）。厦门是个很漂亮的城市，厦门大学也是很好的一所高校。对于去厦门大学上新闻专业，王林还是喜欢的（感性看法）。因此，他第一志愿报了厦门大学新闻专业（决策）。最终，王林被厦门大学录取。经过刻苦努力，四年后他考上了中国人民大学的新闻研究生，如愿以偿地实现了人大新闻梦。

上述故事中，王林首先面对的是自己的分数，这是事实基础。然后要看自己喜欢什么专业和学校，这是一种感性的认识。接着要调查相关学校的基本数据和信息，这是进一步收集事实方面的信息。再根据了解的情况拿出不同的报志愿方案，最终采取了先上录取可能性较大的学校、今后再考中国人民大学研究生的报考策略，这就是一种创新思维。王林的这一思考过程是有序、清晰的，也是考虑周全的。这使他最终选择了自己能接受也是可行的报志愿方案。

二、高度决定视野：提高思维的预见性

相比清晰和周全来说，思维的预见性是比较难培养的。要提升思维的预见性，就要站得比别人高，用更开阔的视野来看问题。特别是对于长时段的预见来说，只有从事物发展全局和历史趋势的角度进行科学分析，而不是从一时一事上看问题，才能具有开阔的视野。毛泽东之所以能预言“星星之火，可以燎原”和“新民主主义革命一定胜利”，那是从革命斗争的全国大局乃至世界和平全局，以及“正义必将战胜邪恶”的历史发展趋势进行综合分析的结果，而不是简单从某次战役胜利、某个时期的阶段性发展形势来作分析的结果。要提升认识的高度和科学的预见性，我们可以从以下三个方面进行学习和实践：

一是学习历史。我们要通过阅读和学习，了解历史上类似事件发生、发展的规律；同时，要注意了解自己与同行的发展历程、经验和教训，来审视自身所处的历史方位。

二是培养洞察力。这是一种由表及里、删繁就简、去伪存真，透过现象抓住事物发展规律的能力。这种能力既包括对事物现象的敏感性，也包括通过表面现象洞悉内在本质的能力。“一叶知秋”说的就是这种能力。这种洞察力，无论对短期预见还是长期预见，都很重要。

三是掌握必要的思维工具。预见能力既可以在实践中积累和提升，也可以通过思维工具来训练。比如上面所说的六顶思考帽法中，在黄色帽子分析价值、利益和机遇时，可以按照即时、短期、中期、长期等时间段分析不同时期的价值和利益。相类似的，用黑色帽子分析不利后果时，也可以分阶段来分析。在不同的时期，决策结果会发生变化，比如短期有利的决策长期看来却不利，短期不利的事情长远看来却很好。这种分析会让领导者提前看到决策可能带来的长远后果，从而提前作出选择和预防。

三、再造“心智模式”：提高思维的变通性

一个领导者或广大组织成员在长期的实践中，会形成一些特有的思维习惯和思维方式。有的时候，人们的价值观和思维方式已经不能适应新的环境、困难或机遇。这就需要领导者引导人们及时对传统价值观、习惯和思维方式进行修正、完善，甚至作出根本性的改变。这里的关键，是改变传统的思维模式或心智模式。

1. 什么是心智模式

长期在一种环境中工作或按照一种思维方式思考后，人们会形成某些较为稳定的价值观和思维习惯。理查德·L 达夫特把这叫做“思维模式”，它可被看做影响领导者行为与他人关系的内在地图，是人们对世界上的特定系统和对其期待行为所持的理论。[①] 国际组织学习协会创始人彼得·圣吉则把人们习惯性的价值观和思维方式称之为“心智模式”。他认为，“心智模式”是根深蒂固于心中，影响我们如何了解这个世界，以及如何采取行动的许多假设、成见，或者是图像、印象。我们通常不易察觉自己的心智模式，以及它对行为的影响。在管理的许多决策模式中，决定什么可以做或不可以做，也常是一种根深蒂固的心智模式。[②] 换言之，心智模式是一个人对“事物为何如此发生”“如何才能解决”等问题的一种相对稳定的简单假设，它自觉或不自觉地影响甚至决定着人们的行为。比如，一个人如果认为“唯有竞争才能发展”，他就不会去帮助别人和进行合作，更不会分享他的成功经验。一个校长如果认为“教师为主教学才有效”，他就不会推进以学生参与为主的课堂教学改革，更不可能掀起像“杜郎口（中学）旋风”那样的大改革、大发展。

视野拓展

老农的小牛

一天，有位城市青年在乡下看到一位老农把一头大水牛拴在一个小木桩上，就走上前，对老农说：“大伯，它会跑掉的。”老农呵呵一笑，语气十分肯定地说：“它不会跑掉的，从来都是这样的。”这位城市青年有些迷惑地问：“为什么会这样呢？这么一个小小的木桩，牛只要稍稍用点力，不就拔出来了吗？”老农靠近他说：“小伙子，我告诉你，当这头牛还是小牛的时候，就给拴在这个木桩上了。刚开始，它不是那么老实，有时想从木桩上挣脱，但是，那时它的力气小，折腾了一阵子还是在原地打转，见没法子，它就蔫了。后来，它长大了，却再也没有心思跟这个木桩斗了。有一次，我拿着草料来喂它，故意把草料放在它脖子伸不到的地方，我想它肯定会挣脱木桩去吃草的。可是，它没有，只是叫了两声，就站在原地望着草料了。”听完这个故事，城市青年顿悟。原来，约束这头牛的并不是那个小小的木桩，而是它多年的习惯。

2. 简单化假设：心智模式的实质

彼德·圣吉进一步指出，心智模式的问题不在于它的对或错，而在于不了解它是一种简化了的假设，以及它常隐藏在人们的心中不易被察觉与检视。[③] 理查德·L 达夫特也关注思维模式背后的假设，讨论了领导者对下属的两种截然不同的态度和假设，即 X 理论和 Y 理论，以及

① 理查德·L. 达夫特. 领导学：原理与实践[M]. 杨斌，译. 北京：电子工业出版社，2010：113.

② 彼得·圣吉. 第五项修炼：学习型组织的艺术与实务[M]. 郭进隆，译. 上海：上海三联书店，1998：9.

③ 彼得·圣吉. 第五项修炼：学习型组织的艺术与实务 [M]. 郭进隆，译. 上海：上海三联书店，1998：204.

这些假设是如何影响领导者行为的。他认为，那些假设不可以信任他人的人与那些假设人们可以基本相互信任的人在行动上会有很大的差别。[①] 心智模式或思维模式背后的简单化假设具有情境性、经验性和自动化等特点。它形成于特定环境下的领导者个体认知或集体共识，遇到类似情境就会自动地作出相似的行为反应。

对心智模式或思维模式，我们不能简单地说它是对还是错，而应正视它的双重性：一方面，它反映的是一种思考问题的特有方式，在针对某类问题、某些情境时是适用的，甚至是高效率的，能够驾轻就熟、得心应手；另一方面，当遇到已经发生变化的新问题、新环境时，已经变为隐性习惯的思维模式会变得僵化，缺乏灵活的灵活性，变成思维枷锁，阻碍变化，制约创新。此时，我们如果仍按传统思维方式来分析问题，就会得到错误的结论。

斯腾伯格也有类似的观点，但他使用的是思维风格这一概念，即指人们进行思考的偏好方式。斯腾伯格认为，思维风格不是一种能力，而是运用一种或几种能力进行思考的方式。思维风格不能反映思维能力的高低，仅仅反映个体运用自己思维能力的方式和特点。因此思维风格没有好坏之分，我们不能说哪种思维风格更好，哪一种思维风格是普遍有效的，只能说哪一种思维风格对解决哪一类问题更加有效。一个人的身上往往会同时存在多种思维风格，而且一个人的思维风格也不是一成不变的，会随着不同的工作和学习任务发生改变。[②]

对于个人或群体成员内部，心智模式或思维风格有相对稳定性，但在不同的个体和群体之间，则具有差异性。不过，相对稳定不等于不能发生改变，相互差异不等于不能借鉴和互补。可以改变和迁移的特点，正是增强思维方式变通能力的基础。

3. 改变心智模式的方法

思维方式适应上的困难，是简单化假设的相对稳定性与问题情境的变动性相矛盾的结果。持有某种思维模式的人习惯于把问题思考和解决方式简化成一种简单的假设，认为所有的事情都可以按照这种假设来分析和处理。实际上，世界是复杂的，一旦遇到新的决策情境，就会发生思维适应的困难，使领导者无法作出创新性的决策。那么，如何提高思维模式的变通性呢？我们主要可以从以下方面进行努力：

一是注意查找自身的思维缺陷。我们要反思自己习惯性的思维方式，特别是注意查找针对新情况、新问题已经不适应的思维缺陷或障碍。比如以六个思考角度来说，不少人可能会在某一个或几个方面的思考角度上存在欠缺：有的人过于乐观，有的人过于谨慎，有的人过于感性，有的人缺乏创新等。同时，在思维缺陷背后，我们要注意发现自己内在的、相对稳定的简单化假设。这种缺陷是个人思维方式的“短板”，在某些关键时候会影响思维和决策的科学性。

二是学习新环境所需的思维方式。当遇到新的问题和环境时，我们要认真思考和学习新问题、新环境对思维的特定要求。当工作岗位和环

① 理查德·L. 达夫特. 领导学：原理与实践[M]. 杨斌，译. 北京：电子工业出版社，2010：113.

② 戴晓阳. 常用心理评估量表手册[M]. 北京：人民军医出版社，2011：285.

境发生变化时，我们要迅速学习和掌握新的思维要求，对自己的思维方式作必要的调整，以适应新的形势和任务。

三是反思简单化假设并加以更新。我们要在习惯性的思维方式背后发现其隐藏着的简单化假设，然后分析这种假设与新环境、新形势的匹配程度。如果差异比较大，就必须建立新的假设。

四是善于向他人“借脑”。作为长期形成的思维习惯，有时我们即使意识到了它的局限性，也难以在具体情境下迅速改善。这就需要请其他人提醒自己，从他人身上取长补短。比如：一个团队中，有的人思维活跃，点子多；有的人较为乐观，会发现别人未注意到的机遇；有的人相对谨慎，会更关注可行性。不同思维风格的人在一起工作，可以相互学习和补充，发挥集体的思维合力。

进阶探索

“沙漠求生”中的思维陷阱

这里先提供专家的意见，即原地待援，原因是一般人特别是没有沙漠生存知识和技能的人，是不可能走出那片沙漠的。可以参考的物品排序是：①化妆镜，白天反射太阳光来发射求救信号；②降落伞，铺地上，白天以颜色做求救信号；③每人一升水，以补充水分；④大衣，晚上保暖；⑤手电筒，晚上发信号。

值得注意的是，近几年笔者在高校管理干部和教育局长研修班上做过多次这一游戏，发现了以下几种决策失误或思维陷阱：

(1) 关注细节，忽视根本目标。有的参与者一开始就被物品所吸引，上来就挑选物品，甚至引起激烈争论，其背后逻辑则是以“走出去”为目标的求生方案。实际上，决策时应首先确立原则和标准，这是应该花较多时间讨论的。比如该游戏中，“获救”是首要目标，而获救有几种方法首先要讨论，不外乎是原地待援、步行求救或二者结合。然后才能考虑用哪些物品的问题。本游戏中，物品其实起着某种干扰的作用，而有的参与者刚好掉进了陷阱。

(2) 单一决策，缺乏多方案比较。只想到一个方向（如步行求救），而不去思考其他可能性（如原地待援）。这就缺乏多方案的比较，特别是缺少反对意见的批判。这种现象在现实中也不少见，比如领导拍板要做某些事情，一般很少有人再会去强调做这件事会带来的问题。

(3) 关注利益，忽略风险。很多人赞成走出去，是因为被煤矿上的人们所吸引，但没有去考虑行走路上可能遇到的危险。现实中人们有时也会被某一明显的利益所诱惑，却忽视要付出的成本或面临的困难和风险。在第二轮游戏时，要求作机会、风险的综合分析，结果有的最初主张走出去的小组会修正决策，转而选择留下来等待救援。这就体现了周全性的思维要求。

(4) 简单否定少数人意见。有的人认为走不出去，但他的意见被忽略，因为大多数同意走出去。其实，被忽略或否定的个别人观点也有可能是正确的，而集体一致（“大数通过”）的结论却未必一定正确。

(5) 依赖经验，不重视环境变化。许多人认为可以走出去，是以陆地行走的经验来判断沙漠行走。实际上，沙漠的环境比一般的陆地要复杂得多。在沙漠里行走要是没有经验，即使再强壮的人也要被困在里面。一般人连方向都摸不明白，即使带着指南针和地图（这是主张走出去的人常选的物品），也不容易找到准确的方向。可惜，在多次模拟活动中，主张走出去的小组几乎没有人询问陆地行走和沙漠行走速度和难度的差异。

进阶探索

思考我的“思考”

每个人都有自己的思维方式和思考习惯，但我们平常很少去有意识地关注它。这里提供一个很简单的自我反思方法：写思维日记。想想下面这些问题，最好是用笔记录下来：

1. 我在什么情况下思考得最清楚？
2. 我比较好的思考习惯是什么？
3. 我存在不足的思考方式是什么？
4. 今后如何改进？

进阶探索

思维风格量表

思维风格量表（表 6–1）是斯腾伯格根据自己的理论编制的一套用于个体思维风格的问卷，包括思维的功能、形式、水平、范围和倾向 5 个维度，并将思维风格分为 13 个类型。每个类型含有 8 个条目，共有 104 个条目。记分方法是七分制，即完全不符合=1 分，相当不符合=2 分，比较不符合=3 分，说不清=4 分，比较符合=5 分，相当符合=6 分，完全符合=7 分。[①]

此问卷比较长，这里仅针对大学生的特点，选择其中 6 类思维分格的量表，有兴趣的同学可以试着做。需要注意的是，为了计分方便，条目顺序直接按类型排列。请根据条目与你实际情况的符合程度，在合适的答案处画“√”。

表 6–1 思维风格量表

题号	候选条目	完全不符合	相当不符合	比较不符合	说不清	比较符合	相当符合	完全符合
1	当需要作决策时，我倾向于按自己的想法和方法去办	①	②	③	④	⑤	⑥	⑦

① 戴晓阳. 常用心理评估量表手册[M]. 北京：人民军医出版社，2011：285–293.

表 6-1(续)

题号	候选条目	完全不符合	相当不符合	比较不符合	说不清	比较符合	相当符合	完全符合
2	当遇到问题时，我采用自己的想法和策略去解决它	①	②	③	④	⑤	⑥	⑦
3	我喜欢尝试自己的各种想法，并且力图了解这些想法的可行性	①	②	③	④	⑤	⑥	⑦
4	我喜欢那些可以尝试用自己的方法去解决的问题	①	②	③	④	⑤	⑥	⑦
5	当做一项工作时，我喜欢先试着按照自己的想法去完成	①	②	③	④	⑤	⑥	⑦
6	在开始一项工作之前，我喜欢先弄明白自己将怎样开展这项工作	①	②	③	④	⑤	⑥	⑦
7	对于一项工作，如果我能自己决定做什么和怎样去做时，我就觉得很高兴	①	②	③	④	⑤	⑥	⑦
8	我喜欢那些能用自己的方式和方法做事情的工作场合	①	②	③	④	⑤	⑥	⑦
9	我喜欢在开始工作之前，先确定各种工作的轻重缓急	①	②	③	④	⑤	⑥	⑦
10	在谈论或书面表达各种想法时，我喜欢将各项要点按照其重要性程度排列好	①	②	③	④	⑤	⑥	⑦
11	在开始一项工作之前，我喜欢先了解必须要做哪些事情以及完成它们的先后顺序	①	②	③	④	⑤	⑥	⑦
12	在处理一堆难题时，我能很好地判断出每个难题的重要性程度，以及处理这些难题的先后顺序	①	②	③	④	⑤	⑥	⑦
13	当有许多事情要做时，我能明确判断出先做什么后做什么	①	②	③	④	⑤	⑥	⑦
14	在开始做事情之前，我喜欢将要做的各种事情先列成一个清单，并根据事情的重要性程度将它们排序	①	②	③	④	⑤	⑥	⑦
15	当正在完成一项任务时，我知道各部分工作与该项任务的总目标是如何联系在一起的	①	②	③	④	⑤	⑥	⑦
16	在谈论或书面表达各种想法时，我着重强调其中的主要想法以及主要想法与其他各种想法是如何联系在一起的	①	②	③	④	⑤	⑥	⑦
17	我喜欢做那些不需考虑细节的工作	①	②	③	④	⑤	⑥	⑦
18	我比较关心我必须完成的工作的总体要求，而不太关心该项工作的细节	①	②	③	④	⑤	⑥	⑦
19	当进行一项工作时，我喜欢考虑一下我所做的事情将如何满足该项工作的总体要求	①	②	③	④	⑤	⑥	⑦
20	我倾向于强调问题的总体方面或工作的总体要求	①	②	③	④	⑤	⑥	⑦
21	我比较喜欢那些只需关注总体问题的工作场合，而不喜欢那些需要注意细节问题的工作场合	①	②	③	④	⑤	⑥	⑦
22	在谈论或书面表达各种想法时，我喜欢先陈述我的各种想法的来龙去脉和适用范围	①	②	③	④	⑤	⑥	⑦
23	我倾向于忽略细节问题	①	②	③	④	⑤	⑥	⑦
24	我喜欢从事那些只需处理总体问题，而不需要顾及复杂细节工作的问题	①	②	③	④	⑤	⑥	⑦
25	我喜欢自己控制一项工作的全过程，而无需向他人请教	①	②	③	④	⑤	⑥	⑦

表 6-1(续)

题号	候选条目	完全不符合	相当不符合	比较不符合	说不清	比较符合	相当符合	完全符合
26	当试图作出一项决策时，我依赖于自己对当前情形的判断	①	②	③	④	⑤	⑥	⑦
27	我比较喜欢可以实施自己的想法而无需依赖他人的工作场合	①	②	③	④	⑤	⑥	⑦
28	在谈论或书面表达各种想法时，我只喜欢采用自己的想法	①	②	③	④	⑤	⑥	⑦
29	我喜欢那些完全能够自己独立完成的工作	①	②	③	④	⑤	⑥	⑦
30	我比较喜欢通过阅读有关的资料得到自己所需的信息，而不喜欢请教他人	①	②	③	④	⑤	⑥	⑦
31	当遇到问题时，我喜欢自己独立解决	①	②	③	④	⑤	⑥	⑦
32	我喜欢独自一个人工作	①	②	③	④	⑤	⑥	⑦
33	我喜欢从事那些能允许自己尝试新方法的工作	①	②	③	④	⑤	⑥	⑦
34	我喜欢那些可以自己尝试用新方法做事的工作场合	①	②	③	④	⑤	⑥	⑦
35	我喜欢打破常规，以便改进工作方法	①	②	③	④	⑤	⑥	⑦
36	我喜欢挑战陈旧的工作观念和工作方法，并且寻求更好的观念和方法	①	②	③	④	⑤	⑥	⑦
37	当遇到问题时，我比较喜欢尝试新的解决问题的策略和方法	①	②	③	④	⑤	⑥	⑦
38	我喜欢那些能允许自己从新的角度来看待问题的工作	①	②	③	④	⑤	⑥	⑦
39	我喜欢寻找解决问题的新方法	①	②	③	④	⑤	⑥	⑦
40	我喜欢采用未被他人使用过的方法做事情	①	②	③	④	⑤	⑥	⑦

结果分析：

计分标准：

将每个分量表中8个项目的得分（答案数字）相加，然后除以8，得到分量表平均分。被试者在某个分量表上的得分越高，说明他在处理问题和思考时这种风格的特征越突出。得分越低，则可能更接近相对的另一种思维风格。在原量表中，相对的思维风格也都有一组问题来测量，但限于篇幅这里不作测量，只提供简单的参考性描述。

思维风格的解释：

(1) 立法型风格（1~8分）：喜欢创造性地解决问题，喜欢创造和提出规则，依照自己的方式做事，善于推陈出新，引导社会潮流。平均分越低，则可能越倾向于“执法型风格”，即喜欢按照既定的规则、程序解决问题，喜欢已经建构好的活动，喜欢从事结构、程序和规则相对固定的工作。

(2) 等级型风格（9~16分）：可以同时面对多项任务，有很好的秩序感，明确它们的轻重缓急，做事有条不紊。平均分越低，则可能越倾向于“平等竞争型风格”，即能同时面对多项任务，但不能根据事情的轻重缓急作出明确的安排，认为多个目标都同等重要。

(3) 全局型风格（17~24分）：喜欢面对全局，处理整体的、抽象的事物，喜欢概念化、观念化的任务。平均分越低，则可能越倾向于“局部型风格”，即喜欢处理具体的任务，做事情倾向于关注细节，完成任务能够深思熟虑。

(4) 内倾型风格 (25~32分)：喜欢单独工作。平均分越低，则可能越倾向于“外倾型风格”，即喜欢与他人一起做事，或在团体中工作。

(5) 激进型风格 (33~40分)：喜欢有新意的、不确定的情景，不喜欢一成不变的任务，喜欢尝试新鲜事物。平均分越低，则可能越倾向于“保守型风格”，即喜欢熟悉的生活和遵循传统，喜欢提出想法，只不过这些思想来源于现存的并为人们接受的习俗。

第五节　善用思维及决策工具

人们的思维活动发生于头脑中，是有意识、潜在的一种智力活动，但在借助语言、图像等外在手段和工具时，思维活动会更加有效。特别是面对思维和决策陷阱时，使用思维工具就非常有必要。不过，我们发现了一个有趣的现象，即一些用形象化语言、图形等来协助人们思考的思维工具，大都产生于西方国家。为什么会出现这种现象呢？或许，这与中西方思维方式的差异有关。在我国，古人创造了许多寓言故事来探讨思维质量问题。比如：用“盲人摸象”来提醒人们避免以偏概全的片面思维，但怎么避免这种片面思维，古人并没有提供操作性的思维工具。相反，只能靠个人去体验、去感悟，而偏感性、重经验正好是中国人传统思维的重要特点。

西方人则不同，他们大多喜欢进行具体的分析，创造出了许多简单、有效的思维工具，这些工具对克服常见的思维定势、提高领导者的思维品质有良好的作用。爱德华·德·博诺创造的系列思维工具就值得我们借鉴，比如用“六顶思考帽”[①]进行全面、深入的思考，这恰好是避免“盲人摸象”的最佳思维工具；用AGO（方向、目的和目标）来使决策目标清晰和具体化；用OPV（关注其他人的观点）来分析决策活动利益相关者的看法和态度；用C&S（思考的结果与结局）预测决策行为的未来结果和影响等。[②]在必要时，我们可以借助西方的思维工具来提高自身的思维质量和决策水平。除了前面介绍的六顶思考帽，下面再介绍其他几种思维与决策工具。

一、进行积极和消极方面的思考

生活中我们总要不断作出选择和决定。要不要参加话剧团？要不要报考托福？要不要提前毕业？要不要参加实习？要不要接受这份工作？要不要出国读书？搜集足够的信息是进行决策的第一部分，但在超载的信息面前，有时会失去头绪，情绪也会干扰一个人作出适当的决定。

富兰克林在写给英国化学家约瑟夫·普利斯特里的一封信中，提到了自己是如何作决定的[③]：

① 爱德华·德·博诺. 六顶思考帽[M]. 冯扬，译. 太原：山西人民出版社，2008.
② 爱德华·德·博诺. 六顶思考帽[M]. 冯扬，译. 太原：山西人民出版社，2008：107、93、96.
③ 道森. 赢在决策力[M]. 刘祥亚，译. 重庆：重庆出版社，2010.

我的方式是在一张纸上画出两栏，一边写赞成的理由，另一边写反对的理由。考虑了三四天之后，我会在不同栏目里写下自己在不同时间里对这些理由的思考。然后把它们综合到一起，估计出它们各自的分量。当我发现栏目两边有分量相当的理由时，我就把它们都删掉。如果发现 1 个赞同的理由可以抵消 2 个反对的理由，我就把这 3 个都删掉。如果发现 2 个反对的理由可以抵消 3 个赞同的理由，我就把这 5 个都删掉，然后接着判断。就这样又考虑了一两天，当我实在想不出新的理由时，我就会根据自己得到的结果作出决定。

其实，最简单的决策工具往往比想象的更有威力。对于正在考虑的问题，我们一般都会从积极和消极两个层面分别加以考虑，稍作调整便成为一种很棒的决策工具：首先，在一张纸上尽量列出你能想到的所有积极方面，然后给每一项打分，从 0 分到 10 分。分数越高，表示这一项对你越重要。

参与者的决策并非基于客观的条件本身，而是基于对条件的解释。

——索罗斯

再拿一张纸，在上面列出所有的消极方面，然后一一打分，还是从 0 分到 10 分，不过这里的 10 分表示这一项是最主要的缺点。比如，你正考虑买房子，并且找到了一套价位合适的房子，但这套房子的地理位置欠佳，离你上班的地方有 40 分钟的车程。你如果非常厌恶挤公交车，也还没有学会开车，那么就给地理位置欠佳打 10 分。如果你认为地理位置对你没那么重要，那么你可以打 2 分或 3 分。

最后将两张纸的分数分别相加。如果积极方面的得分是消极方面得分的 2 倍以上，你就应当放手去做；但如果积极得分比消极得分只高一点点的话，你就应该三思了。

下面举一个例子：丽华该不该选择保研到外地。假设丽华在大四接到了两个好消息，一是本校保研读经济学的名额，二是复旦大学保研读审计学的名额。复旦大学审计学的课程是首次开设。丽华根据自身情况，思考积极和消极方面的内容，见表 6–2。

表 6–2　丽华是否应保研外地的选择

积极方面	得分	消极方面	得分
1. 从未到外地学习或工作过，去一个新的地方能够拓展生活技能	8	1. 复旦大学的学费较高	8
2. 没有爱情的牵绊	5	2. 复旦大学的审计学是新开设学科，还没有前人的经验，就业前景未知	7
3. 复旦大学的知名度很高	7	3. 已与本校一些老师建立了良好的合作关系，能够迅速地找到团队	5
4. 从小对上海有莫名的好感，渴望在那样的城市生活	4		
积极方面合计得分	24	消极方面合计得分	20

由此可见，积极方面得分不够高，它仅比留下来在本校保研高出了 4 分。这个工具将迫使你思考每一个优缺点对你而言的重要程度，防止你只关注一两个因素，而忽视了其他。

二、面对太多选择：决策树

我们面临多重选择时，一般存在以下这样几种情况：

1. 双趋冲突

双趋冲突是指两种选择都对个人有利，但由于时间、精力或金钱的限制，必须要进行选择。

2. 双避冲突

双避冲突是指个人对两种选择都不倾向于选择，但不得不选择损害较小的一种。所谓两害相权取其轻，就是这种情况。

3. 趋—避冲突

趋—避冲突是指一种选择对个人有利，对另一种选择回避。对于这种情况，个人相对而言比较容易作出选择。

在上述几种冲突选择中，趋—避冲突相对容易作出决策。但双趋冲突和双避冲突常常会让当事人举棋不定。当面临众多选择举棋不定的时候，决策树这种决策工具可以帮助人们分析利弊，作出理性决策。

> 反复研究，慎之又慎；一旦做出决策，必须坚决执行。真正人才是在寻找实现自我的机遇。
>
> ——张瑞敏

决策树其实是将每一个备选方案都可能产生的后果，用一种图式和数字形式表示出来，以便决策者能够清晰地纵观整个决策过程，用量化的数字来帮助自己判断每一个方案的成功可能。决策分析树可以对我们每一个决策可能导致的结果进行分析，并对每一个方案可能导致的结果进行风险衡量、价值评估。

下面的例子将说明决策树的使用：

方明在报社工作了两年。他一直希望能够考取公务员，实现职业转换。因此方明一直投入大量精力复习公务员考试。就在方明正准备报名参加考试时，单位传出消息说，将选派三名年轻记者驻外实习，但要经过选拔和考核。实习将在法国路透社工作1年，回国后将会成为报社的中坚力量，职业发展的前途肯定会因此而拓宽。方明一下子变得犹豫起来。

我们可以利用决策树工具来帮助方明权衡利弊：

首先，明确需要作的决策，并在纸的左面画一个小方框来代表这个决策。从这个方框开始向右画线来并在延长线写上各解决方案。每条线的终点是考虑到的会发生的结果。如果执行这个决策得到的结果是不确定的，那就画小圈表示。如果要得到这个结果是需要作的另一个决策，那就再画一个方框。方框代表决策，圆圈代表不确定的结果，将决策或不确定的结果写在方框和圆圈的上面（图6–2）。

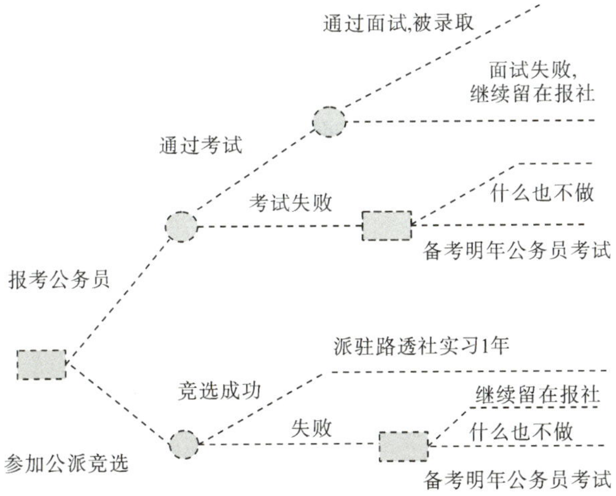

图6–2 决策树示例1

其次，评估决策树。我们要给每种可能的结果分配相应的价值或评分，然后估计出如果达到这种结果可以带来多少价值。我们先要明确方明对这几种选择的合意程度，用–6 至+6 来表示对方案的合意程度（表 6–3）。

表 6–3 决策分析 1

选 择	合意程度
通过笔试和面试，成为公务员	+6
派驻法国报社实习	+5
备考明年公务员考试	–1
继续留在报社，什么都不做	–6

再次，对每一个圆圈（代表一个不确定的节点）评估每个结果产生的可能性。如果使用分数表示，它们加起来必须等于 1（表 6–4）。

表 6–4 决策分析 2

选择	可能性		合计
	成功	失败	
报考公务员	0.6	0.4	1
参加出国公派竞争	0.5	0.5	1

如果上面所有方案失败，要转向其他方案时，对可能出现的结果的估计值列出下面这个二次选择的表格（表 6–5）。其中每个方案的成功、失败之和也都是 1。

表 6–5 决策分析 3

二次选择	可能性	合计
继续留在报社，什么也不做	0.2	1
备考明年公务员考试	0.8	

最后，计算不确定结果节点的值，如图 6–3 和图 6–4 所示。

计算出不确定结果的数值的地方（图上的圈），将所赋予的合意程度值乘以它发生可能性的百分比。树的节点的总价值就是这些值的总和。

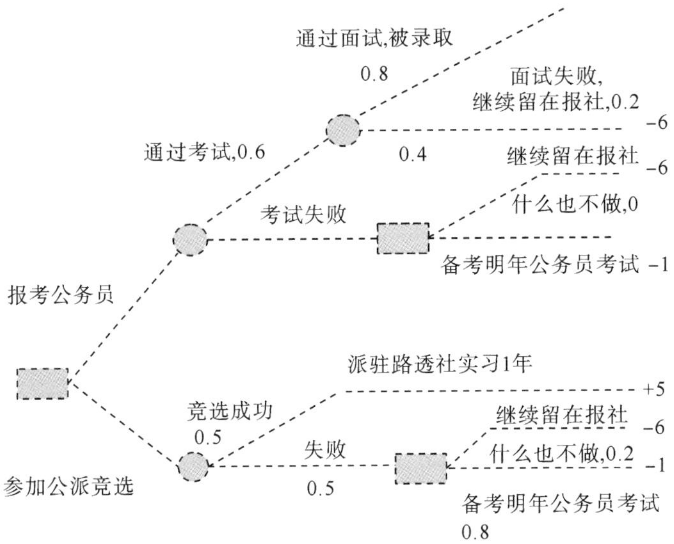

图 6–3 决策树示例 2

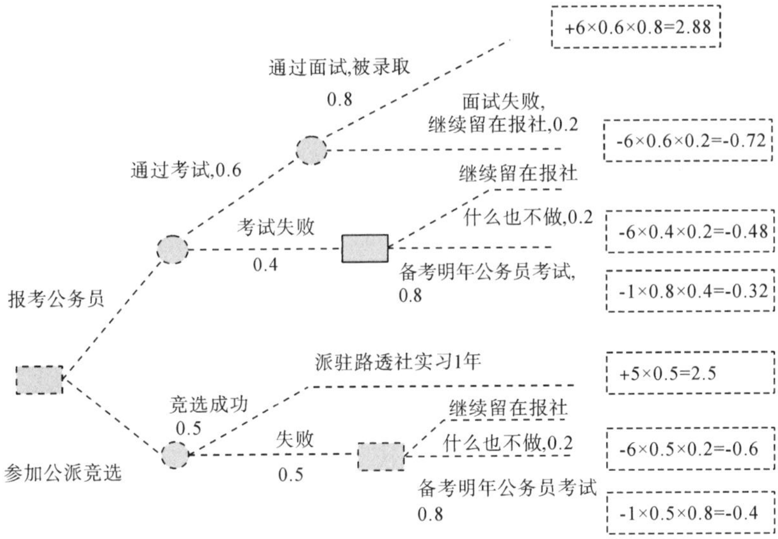

图 6–4 决策树示例 3

报考公务员的决策，最后的效用值为：

2.88+（−0.72）+（−0.48）+（−0.32）=1.36

参加公派竞选的决策，最后的效用值为：

2.5+（−0.6）+（−0.4）=1.5

可见，方明选择参加公派竞选的决策所带来的效用值大于报考公务员决策的效用值。经过决策树分析，参加公派竞选对方明的发展更为有利。

决策树为我们作出决策提供了一个有效的工具，因为它：

清楚地罗列所有的问题，可以挑战每个选择；

能全面地分析每个决策的可能后果；

给我们提供了一个量化结果和达成可能性的一个框架；

帮助我们在已有的信息和严谨的猜测下作出最好的选择。

和所有的决策工具一样，决策树分析使用时要基于常识，同时，决策树只是决策工具中的一个重要的工具而已。在进行决策时，工具只是使用的方法和技巧，更关键的因素是思维的开阔性和合理性。因此，各位大学生朋友在使用决策工具时，要更加注重个人思维能力的培养。

三、重大战略抉择：SWOT 分析

SWOT 分析法又称为态势分析法，常被用于制定集团发展战略和分析竞争对手情况。S 代表 strength（优势），W 代表 weakness（劣势），O 代表 opportunity（机会），T 代表 threat（威胁或挑战）。S、W 是内部因素，O、T 是外部因素。按照竞争战略的完整概念，战略应该是一个企业“能够做的”（组织的强项和弱项）和“可能做的”（环境的机会和威胁）之间的有机组合。因此，所谓 SWOT 分析，就是综合分析组织面临的优势、劣势、机会和挑战，经过一定的排列组合形成备选战略，然后从中选择一种主导战略。它的基本步骤如下：

1. 明确所要决策的问题和目标

2. 充分讨论组织内部的优势、劣势和外部的机遇、挑战

运用头脑风暴法，对组织内部有关解决这一问题的优势、劣势和外部的机会、挑战进行充分的讨论。讨论中应充分发表意见，不允许相互之间否定或轻视。

3. 对优势、劣势和机遇、挑战的讨论结果进行分类排序

将调查和讨论得出的各种因素根据轻重缓急或影响程度等进行分类和排序。我们可以运用鱼骨刺图法（图 6–5）对头脑风暴产生出来的各种意见进行分类分层处理，并找出核心的因素。在此过程中，将那些对组织发展有直接的、重要的、大量的、迫切的、久远的影响因素优先排列出来，而将那些间接的、次要的、少许的、不急的、短暂的影响因素排列在后面。因素的排序需要讨论甚至争论。

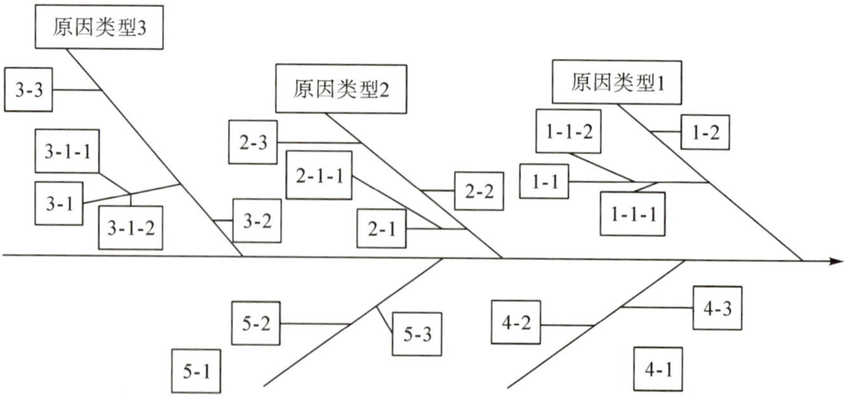

图 6–5　鱼骨刺图法

4. 构造 SWOT 矩阵

第一步是将优势、劣势和机遇、挑战等四种因素组成矩阵分析表，对其进行交叉分析。比如：如何利用某些外部机遇来发挥和扩大内部优

势，或利用外部机遇来克服内部弱势。下面是笔者在开展某高校中层干部培训时，该校学员自己做出的分析表（表6–6）：

表6–6 某高校SWOT战略分析矩阵

	优势S	劣势W
	(1) 发展意识强； (2) 发展前景广阔； (3) 办学潜力深厚	(1) 管理机制不适应学校发展要求； (2) 办学条件差、底子薄； (3) 学科、科研实力不强
机遇O 1. 宏观政策环境改善 2. 本科教学水平评估 3. 教育国际化	O1S1 抓住机遇，明确目标，加快发展； O1S2 顺势而上，做大做强； O1S3 加强学科建设， O2S1 发挥区域优势，打好西部牌； O2S2 加快国际交流与合作向纵深发展 O2S3 以评估为锲机，提升学校办学层次 O3S1 扩大国际化教育的学科领域 O3S2 提升国际交流与合作的水平； O3S3 突出优势学科，促进专业协调发展	O1W1 调整完善学校内部管理机制，不断适应学校发展要求； O1W2 多渠道筹措经费，不断改善办学条件； O1W3 实施人才强校和科研强校战略； O2W1 以评估促管理； O2W2 以评估促条件建设； O2W3 以评估为导向，加大学科建设和科研的激励力度； O3W1 借鉴国外先进管理经验，提高校管理水平； O3W2 加强国际交流与合作，不断拓展海外教育市场； O3W3 积极推进人才交流、学术交流和科研合作
挑战T 1. 资源竞争 2. 办学环境复杂 3. 就业形势严峻	T1S1 解放思想，加快发展，形成核心竞争力； T1S2 发挥学科优势，打造东南亚品牌； T1S3 加强学科建设，努力培养高水平师资； T2S1 锐意进取，开拓创新； T2S2 强化国际合作与交流； T2S3 多渠道筹措资金，加大软硬件投入； T3S1 加强就业引导，提升就业层次； T3S2 提升办学层次，培养高素质人才； T3S3 强化就业培训，拓宽就业渠道	T1W1 理顺管理关系，提高管理效率； T1W2 增加政府投入，改善办学条件； T1W3 强化科研成果，提高科研水平； T2W1 更新办学观念，突出自主办学； T2W2 加强师资队伍建设； T2W3 注重学科建设，加强资金投入； T3W1 加强毕业生就业指导工作，提高就业率； T3W2 重视学生技能培训，拓宽就业渠道； T3W3 提升大学生科研水平

第二步，将4个方框内的分析条目分别综合分析得出相应的备选战略（表6–7），得到4个备选战略：SO代表增长性战略、WO代表扭转性战略、ST代表多元性战略、WT代表防御性战略。这些备选战略的内涵及其一般原则为：

表 6-7 SWOT 矩阵分析图

内部条件 / 外部环境	优势 Strengths	劣势 Weakness
机会 Opportunities	SO(增长性战略)	WO(扭转性战略)
威胁 Threats	ST(多元化战略)	WT(防御性战略)

(1) SO 战略：组织拥有强大的内部优势和众多的外部机会，因此应采取充分发挥优势、利用机遇、积极进取的增长性战略，如增加企业投资、扩大生产、提高生产占有率。这可形象地称之为“锦上添花”。

(2) ST 战略：组织尽管具有较大的内部优势，但面临严峻的外部挑战，特别是同行的竞争压力。应采取发挥优势、应对挑战、稳中有进的多元化措施。如，企业应利用自身优势，开展多元化经营，避免或降低外部威胁的打击，分散风险，寻找新的发展机会。这是一种“迂回出击”的战略。

(3) WO 战略：组织面临外部机会，但自身内部缺乏条件。应采取利用外部机会克服内部不利条件的扭转性举措。这可以形象地比喻为“借船出海”。

(4) WT 战略：这是一种“雪上加霜”的被动处境，组织既面临外部挑战，自身条件也存在不足。对此，应采取保守的防御性战略，避开威胁，消除劣势。

5. 从矩阵图中选择发展战略

SWOT 分析图提供了 4 种战略选择，需要以民主和集中结合的方式，根据组织所处的不同位置，选择一种发展战略或以某一战略为主导的战略组合。

当然，要注意的是，SWOT 是一种严谨的逻辑分析。而在实际中，主要领导人的气质、偏好、影响力等因素都会影响到战略的选择。比如，在外部机遇好、内部优势明显的时候，一个谨慎、传统的领导人或领导集体不一定选择积极的增长性战略；相反，一个富有挑战精神和坚定意志的领导人或领导集体，在内外交困的危急情境中，也有可能反常规地选择增长性战略而不是防御性战略。电视剧《亮剑》中，李云龙率部队正面突破日军包围圈，而不是按上级的要求从一个敌人比较薄弱的地带突围，就是一个典型的例子。

6. 撰写战略规划

根据所选择的战略，写作战略规划的方案。制订方案的基本思路是：发挥优势因素，克服弱点因素，利用机会因素，化解威胁因素；考虑过去，立足当前，着眼未来。战略规划或决策的四个主要部分为战略目标、战略方针、战略重点、行动计划。

视野拓展

思维导图——让决策更清晰

思维导图是用图形、色彩和关键文字等构成的可视化工具来表达发散性思维的一种方式。思维导图是一种非常有用的图形技术，根据它改进后的学习能力和清晰的思维方式会改善人的行为表现。用思维导图来表示发散性思维过程时，具有四个基本的特征：①注意的焦点清晰地集中在中央图像上；②主题作为分支从中央图像向四周扩散；③分支由一个关键图像或者印在相关线条上的关键词构成，比较不重要的话题也以分支形式表现出来，附在较高层次的分支上；④各分支形成一个相互连接的节点结构。思维导图可以用色彩、图画、代码和多维度来加以修饰，增强效果，以便使其显得更有趣味，更美，更有特性。

相对于线性方法来说，用思维导图来制作笔记和记笔记有一些特别的益处。比如：只记相关的词可以节约50%~95%的时间；集中精力于真正的主题；重要的关键词并列在时空之中，改造创造力和记忆力；大脑更易于接受和记忆视觉刺激，多重色彩、多维度的思维导图，而不是简单烦人的线性笔记。

——选编自《思维导图》

进阶探索

记反思笔记

你可以建立一个文档，按照日期排序，把你遇到的有关思考故事记录下来，并分析得失。记录内容主要是：

1. 你遇到或亲历了什么事情？你作出了什么决策？
2. 这一决策的目标是什么？还有没有隐含在目标之后的更深的价值？
3. 这一事情涉及哪种思维方式？
4. 这一思维方式有什么优点和缺点？
5. 这一决策的后果有哪些？
6. 你有什么收获？
7. 你有哪些损失？
8. 今后怎么改进或加强？

要点回顾

1. 决策行为是一种分析过程。决策思维，强调的是思维的方法。想要熟练地掌握一种决策的方法，首先要以绝佳的思维来思考每一个决策。

2. 思维是从多个角度对事物因果关系进行分析的过程。看问题可以分为六个认识角度：信息搜集、创新思维、感性看法、价值分析、风险预测、思维管理。根据这六个认识角度提出的“六顶思考帽”，是非常有用的思维工具。

3. 领导者良好的思维品质体现在善于进行清晰、周全且富有预见性的思考，并能适应形势要求及时调整思维方式。

4. 领导者的思维品质是可以改善和提高的，比如：从多个思考角度综合分析，可以提高思维的清晰度和周全性；从战略高度来分析问题，可以提高思维的预见性；根据新环境再造心智模式，可以增强思维的适应性。

5. 在练习、培养决策能力之前，先要培养起成长心态。

6. 决策时要始终牢记目标，不要被问题所困。

7. 学习区分事物优先级，永远先做重要的事情。

8. 决策树是面对多重选择时的有效决策工具。

9. 人是有限理性的，要避免过度自信和各种决策陷阱。

知识拓展推荐

[1] 爱德华·德·博诺. 六顶思考帽 [M]. 冯扬，译. 太原：山西人民出版社，2008.

[2] 爱德华·德·博诺. 教你的孩子如何思考 [M]. 冯扬，译. 太原：山西人民出版社，2008.

[3] 东尼·博赞，巴利·博赞. 思维导图 [M]. 叶刚，译. 北京：中信出版社，2009.

[4] 斯科特·普劳斯. 决策与判断 [M]. 施俊琦，王星，译. 北京：人民邮电出版社，2004.

[5] 楚渔. 中国人的思维批判 [M]. 北京：人民出版社，2011.

网络资源

[1] http：//www.yiiway.com/HGDMIntro.aspx

[2] http：//www.debonochina.com/templates/consulting0071/index.aspx?

参考资料

[1] 爱德华·德·博诺. 六顶思考帽［M］. 冯扬，译. 太原：山西人民出版社，2008.

[2] 戴晓阳. 常用心理评估量表手册［M］. 北京：人民军医出版社，2011.

[3] 楚渔. 中国人的思维批判［M］. 北京：人民出版社，2011.

[4] 爱德华·德·博诺. 教你的孩子如何思考［M］. 冯扬，译. 太原：山西人民出版社，2008.

[5] 迪恩·威廉姆斯. 向领袖学习领导力［M］. 曹灵娟，译. 北京：中国人民大学出版社，2009.

[6] 彼得·圣吉. 第五项修炼：学习型组织的艺术与实务［M］. 郭进隆，译. 上海：上海三联书店，1998.

[7] 同道. 向毛泽东学战略［M］. 北京：当代中国出版社，2010.

[8] 保罗·迈尔，兰迪·思列塔. 领导力的五大支柱：如何跨越领导的鸿沟［M］. 汉祺，译. 上海：上海科学院出版社，2005.

[9] 朱智贤. 思维发展心理学［M］. 北京：北京师范大学出版社，2002.

[10] 王嘉陵. 决策思维［M］. 上海：东方出版社，2009.

[11] 斯科特·普劳斯. 决策与判断［M］. 施俊琦，王星，译. 北京：人民邮电出版社，2004.

[12] 东尼·博赞，巴利·博赞. 思维导图［M］. 叶刚，译. 北京：中信出版社，2009.

[13] 赵磊. 领导干部必备的三大思维能力：战略思维、创新思维、辩证思维［M］. 北京：中共中央党校出版社，2011.

[14] 理查德·L. 达夫特. 领导学：原理与实践［M］. 杨斌，译. 北京：电子工业出版社，2010.

[15] JONATHAN BARON. 思维与决策［M］. 4 版. 李纾，梁竹苑，译. 北京：轻工业出版社，2009.

[16] 钟谷兰，杨开. 大学生职业生涯发展与规划［M］. 上海：华东师范大学出版社，2008.

[17] 保罗·纳特. 决策之难：15 个重大决策失误案例分析［M］. 刘寅龙，译. 北京：新华出版社，2004.

[18] 大卫·韦尔奇. 为什么选错的总是我［M］. 粟志敏，译. 北京：中国人民大学出版社，2009.

[19] 济科·豪瑟. 领袖的决策：21 位领导大师公认最有效的 6 条决策原则［M］. 叶盛龙，译. 北京：中国人民大学出版社，2010.

[20] 潘天群. 博弈思维：逻辑使你决策制胜［M］. 北京：北京大学

出版社，2005.

[21] 罗杰·道森. 赢在决策力 [M]. 刘祥亚，译. 重庆：重庆出版社，2010.

[22] 詹姆斯·库泽斯，巴里·波斯纳. 领导力 [M]. 徐中，周政，王俊杰，译. 北京：电子工业出版社，2004.

[23] 岳晓东. 决策中的心理学 [M]. 北京：机械工业出版社，2010.

[24] R. A. 罗宾斯. 决策的陷阱：对美国著名决策理念和技巧的阐释 [M]. 袁汝涛，译. 长春：吉林文史出版社，2004.

[25] 奚恺元. 别做正常的傻瓜 [M]. 北京：机械工业出版社，2006.

第七章
与人相处：培养良好的人际关系

领导力就是影响力。人际关系是影响力的基础。

——约翰·C. 麦斯维尔

开卷有益

德意志银行的“咖啡与讨论”

在德国法兰克福的一家德意志银行分行，员工们经常因为忙碌的工作而缺乏交流，工作氛围变得冷漠和沉闷。一天，一位新入职的员工汉斯（Hans）决定尝试打破这种沉闷的局面。他带来了一瓶新鲜的咖啡，并将它放在办公室的公共区域，配上了一张简短的便条：“请随意享用，如果您有时间，也欢迎聊天。”

刚开始，许多员工对这瓶咖啡持观望态度。但当一位老员工玛丽亚（Maria）看到这瓶咖啡后，微笑着主动去倒了一杯，然后和旁边的同事开始聊天。她的话语亲切而友善，鼓励大家也来尝试这个小小的社交活动。

随着时间的推移，咖啡桌成为了员工们交流的一个重要场所。每天下班前，大家会聚集在咖啡桌旁，分享各自的工作进展和生活趣事，讨论公司的新项目和发展方向。通过这种方式，员工们的隔阂逐渐消除，团队合作变得更加顺畅。

两周后，办公室的氛围明显改变了，工作效率提高了，员工之间的关系也变得更加亲近。尽管最初的咖啡活动只是一个简单的举措，但它打破了人与人之间的隔阂，建立了更加融洽的工作环境。

在一场告别聚会上，汉斯提到，他开始时并没有特别的意图，只是想通过一个小小的行动改善办公室的氛围。大家会心地笑了，表示这瓶咖啡不仅让他们享受了一杯好饮品，也让他们找回了工作中的乐趣和团队精神。

人际关系中的隔膜其实很脆弱，人们只需要一个真诚的举动和主动的交流，就能有效地打破隔阂，建立良好的人际关系。本章将带你一起去探寻建立良好人际关系的秘诀。

本章要点

⊙ 人际关系是领导力的最直接体现

人际关系，为领导力奠基的第一块砖

认清人际关系的类别，修炼领导力

发展人际关系，攀上领导艺术巅峰

⊙ 人际交往原则：扫清交际障碍利剑

交互原则与人际吸引增减原则

对等原则

自我价值保护原则

⊙ 克服人际关系障碍，打造顶尖领导力

织造自己的人际关系之网

维护良好人脉，做自己的命运舵手

快速改善人际关系，加固领导力

第一节　人际关系是领导力的最直接体现

对大学生来说，人际交往的能力欠缺是使得人际关系变得恶劣的最主要原因。有的人在日常生活中已经体会到：想与别人融洽相处，却又不知从何做起；想赞美别人却不知从何开口；想协调人际关系却越协调越复杂；想与人为善却总因为无法控制情绪而引起语言冲撞。法国诗人雅克·普列维尔有这样的诗句："巴黎是地上一座城，地球是天上一颗星。"作为个体的人，如何在浩瀚如宇宙般的人际关系网络中找到最适合自己的位置，这无疑是生命中最重要的问题之一（图 7–1）。

图 7–1　雅克的诗句的意境

一个生活在社会之中却不同人发生关系的人，不是动物就是神。

——亚里士多德

一、人际关系，为领导力奠基的第一块砖

（一）人际关系讲什么

从狭义来讲，人际关系就是人们在生产或生活活动过程中所建立的一种社会关系，属于社会学的范畴。具体说来，人际关系包括亲属关系、朋友关系、学友关系、师生关系、雇佣关系、战友关系、职场关系等。

人是具有社会性的动物，每个独立的人都有着其独特的思想、背景、态度、个性、行为模式及价值观。然而人际关系对每个人的情绪、生活、工作有很大的影响，甚至对组织气氛、组织沟通、组织运作、组织效率及个人与组织之关系均有极大的影响。

更广义的人际关系包含文化制度模式与过程，也是社会关系。在现实社会里，我们每一个人都生活在各种关系之中，人与人之间相互联系、相互影响、相互作用。所以人际关系可说是人与人之间，在一段过程中，彼此借由思想、感情、行为所表现的吸引、排拒、合作、竞争、领导、服从等互动关系。

（二）有人的地方就有人际关系

早在三千多年以前，《诗经》中就有"嘤其鸣矣，求其友声。相彼鸟矣，犹求友声；矧伊人兮，不求友声"的诗句，表达了人类渴望交往的愿望。

从原始社会到现代社会，人与人之间若没有沟通，人是无法存在与发展的。在原始社会，人生活在蛮荒落后的时代，为了与险恶的自然环境作斗争，他们只能用彼此熟悉的呼叫与手势来互相呼应，彼此沟通，共同抵御猛兽的袭击，围猎获取食物，适应生活环境。

巴比伦人在修建通天塔时触怒上帝，而被上帝制造出了不同的语言，因而工程没有得以完成。人与人之间如果无法沟通理解，那就会像巴比伦人最终没有建成通天塔一样，人类社会将不复存在，作为个体的人也将不复存在。同时，人是群体动物，如果一个人生存在一个完全封闭的状态下，过着与世隔绝的生活，那该是何种情形？没有语言，没有信息的传播与交流，绝对的孤独，人的神经是很难承受这种折磨的。

美国心理学家沙赫特曾做过这样的实验：他先后聘请了 5 位志愿者进入一个与外界完全隔绝的小屋，屋里除提供必要的物质生活条件外，没有任何信息进入，以观察人在与世隔绝时的反应。结果，其中 1 个人在屋里只待了两小时就出来了，另 3 个人待了两天，最后的那个人待了 8 天。最后这位勇士出来时叫苦道：“如果让我再在这里面待 1 分钟，我就要疯了。”实验证明，没有一个人愿意与其他人隔绝，人们都不喜欢孤独，害怕与他人隔绝。据统计，人们在日常生活中，除 8 小时的睡眠时间以外，其余 16 小时中约 70% 的时间都在进行着人际交往。

2021 年，哈佛大学心理学系进行了一项大型研究——《人际关系对幸福感和生活意义的影响》，对来自全球不同背景的 5 000 名受访者进行了深入分析。研究结果表明，在受访者回答“什么因素对您的生活意义最为重要？”时，其主要强调了人际关系的核心地位。研究发现，无论是家庭关系、友谊还是社会联系，人际关系在个体的生活满意度和幸福感中扮演了至关重要的角色。特别是在家庭和亲密关系的重视程度上，受访者普遍将这些人际关系视为生活意义的根本来源，远超职业成就或物质财富的影响。此研究结果进一步验证了人际关系在塑造个人幸福和生活意义中的核心作用。

可见，人际交往能力就是在一个团体、群体内与他人和谐相处的能力。人是社会的人，很难想象，离开了社会，离开了与其他人的交往，一个人的生活将会怎样。有人存在，必须与人交往。由此可见，人际关系对人类的整个发展历程都是至关重要的。

二、认清人际关系的类别，修炼领导力

现代社会人际交往与人际关系错综复杂，而对人际关系的分类已有众多的研究。国内外学者都有着自己独创的、不同的分类标准和方法，基本类型有：血缘关系，指因血缘联系和婚姻联系而形成的人际关系；地缘关系，指以地理位置为联结纽带，即由于在一定的地理范围内共同生活、活动而交往产生的人际关系；趣缘关系，指人们在社会生活中出于情趣相投交往而建立的人际关系；业缘关系，指以职业、行业、专业或事业为纽带而结成的人际关系。

这里介绍的是中山大学的杨中芳教授根据人际关系联结的纽带来划分的人际关系分类（表 7–1），这是目前最新、最直观也最符合中国人生活习惯的一种人际关系分类法。

表 7–1　杨中芳教授对人际关系所作的分类

	先赋性既定联系			
经验性既定联系	血缘	姻缘	地缘	业缘
	亲子、手足、亲族	夫妻、亲家	同乡、邻居、街坊	同事、同学、同行、师生
情感交流	拟亲化	干亲家、义父母	自己人化、自己(家)人、熟人、陌生人、铁哥们、莫逆之交、好朋友、普通朋友	
工具交换	有用的人、伙伴、提拔之恩			

三、发展人际关系，攀上领导艺术巅峰

（一）让你的人际关系“动”起来

人际关系的状态，存在动态与静态之分。动态的人际关系指的是人与人之间的信息沟通和物品的交换；静态的人际关系则指人与人之间相互关联的状态从无关到关系密切，要经过一系列的变化过程。

当两个人彼此没有意识到对方存在的时候，双方关系处于零接触状态。此时双方是完全无关的，谈不上任何个人意义的情感联系。如果一方开始注意到对方，或双方彼此产生了相互注意，则人与人之间的相互作用就已经开始。一方开始形成对另一方的初步印象，或彼此都获得了关于对方的印象。不过，在双方直接的、更充分的语言沟通开始之前，彼此对于对方都还处于旁观者的立场，没有相互的情感卷入。

从交往双方开始直接谈话的那一刻起，彼此就产生了直接接触。不过，在通常情况下，最初的直接接触是表面的，彼此之间几乎没有情感卷入。直接接触是双方情感关系发展的起始点。

随着双方沟通的深入和扩展，双方共同的心理领域也逐渐被发现。发现的共同心理领域的多少，与情感融合的程度是相适应的。一般情况下，心理学家按照情感融合的相对程度，将人际关系分为轻度卷入、中度卷入和深度卷入三种。轻度卷入的人际关系，交往双方所发现的共同心理领域较小，双方的心理世界只有小部分重合；也仅仅在这一范围内，双方的情感是融合的。中度卷入的人际关系，交往双方已发现较大的共同心理领域；同样，双方的心理世界也有较大的重合，彼此的情感融合范围也相应较大。在深度卷入的情况下，双方已发现的共同心理领域大于相异的心理领域，彼此的心理世界高度（但不是完全）重合，情感融合的范围也覆盖了大多数的生活内容。不过，在通常情况下，人们只同极少数人能够达到这种人际关系深度，有些人则从来没有与任何人达到这种深度的关联，还有一些人终其一生与别人关系都只处于比较肤浅的水平（表 7–2）。

表 7-2　人际关系状态图解

图解	人际关系状态	相互作用水平
	零接触	低
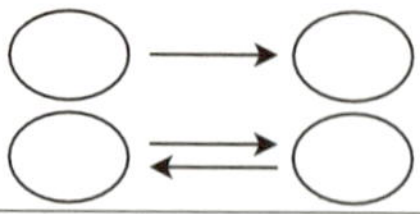	单向注意 双向注意	↓
	表面接触	↓
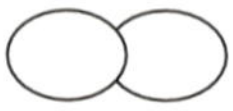	轻度卷入	↓
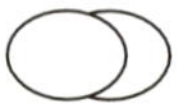	中度卷入	↓
	深度卷入	高

需要特别指出的是，表 7–2 还表示了一个十分重要的概念，即不存在人际关系双方心理世界完全重合的情况。无论人们的关系多么密切，情感多么融洽，也无论人们主观上怎样感受彼此之间的完全拥有，关系的卷入者都不可能在心理上取得完全一致。两个人是两个世界，两个理解的基点，两种情感的基点，两种利益的基点。人与人之间只存在多大程度上相一致的问题，而不存在完全相一致的情况。

（二）人际关系的前世今生

美国社会心理学家奥尔特曼和泰勒对人际关系进行系统研究后提出，人际关系的形成和发展一般要经过以下四个阶段：

1. 定向阶段

在这个阶段，人们主要是初步确定要交往并建立关系的对象，包含对交往对象的注意、抉择和初步沟通等。人们对人际关系具有高度的选择性。生活中，人们会自然而然地特别关注那些在某些方面能够吸引自己兴趣的人。但究竟把谁作为自己人际关系的对象，人们常常还要根据自己的价值观作理性的抉择。选定交往对象后，人们就会利用各种机会和途径去接触对方，了解对方。通过初步沟通，人们可以明确双方进一步交往并建立关系的可能与方向。定向阶段通常是个渐进的过程，但也不缺乏戏剧性的发展。比如两个邂逅相遇却一见如故的人，其关系的定向阶段一次就完成了。

2. 情感探索阶段

在这个阶段，双方主要是探索彼此在哪些方面可以建立真实的情感联系。此时，尽管双方已经有了一定的情感卷入，但还是会避免触及私密性领域，表露出的自我信息比较表面，因此双方的人际关系仍然具有很大的正式性。

3. 情感交流阶段

在此阶段，双方的人际关系开始出现由正式交往转向非正式交往的实质性变化。表现在彼此形成了相当程度的信任感、安全感、依赖感，可以在私密性领域进行交流，能够相互提供诸如赞赏、批评、建议等真实的互动信息，情感卷入较深。

4. 稳定交往阶段

这是人际关系发展的最高水平。双方在心理上高度相容，彼此允许对方进入自己绝大部分的私密性的领域，分享自己的生活，成为“生死之交”。但是实际上，能够达到这一层次的人际关系的人很少，人们在与自己的亲朋好友的关系上大多都处于第三阶段的水平。

（三）人际关系的深度

随着我们对一个人的接纳性和信任感越来越高，我们也会越来越多地暴露自我，同时我们也要求别人越来越多地暴露他们自己。因此，我们要想知道自己同别人的关系深度如何，要想知道别人对我们有多高的接纳性，只需要了解别人对我们的自我暴露深度。

1. 自我暴露的广度与深度

社会心理学领域的大量研究发现，我们对于陌生人，对熟人和亲密朋友，在自我暴露的广度和深度上是明显不同的(图 7–2)。对于陌生的人，自我暴露的深度和广度都极为有限，交流只涉及非亲密性的话题。对于熟悉的人，自我暴露的深度和广度会增加，但只在小范围内涉及亲密话题。而对于亲密朋友，交流最为广泛充分，所涉及的亲密话题和非亲密话题都很广泛。但是必须注意，对于任何人，无论关系多么亲密，我们都有不愿意暴露的领域。因此，我们没有理由因为关系亲密或者是情侣、夫妻、亲子关系而要求对方完全敞开心扉，更不能任意侵犯对方所不愿暴露的领域。否则，对方会产生强烈的排斥情绪，从而导致对你的接纳性大大降低。

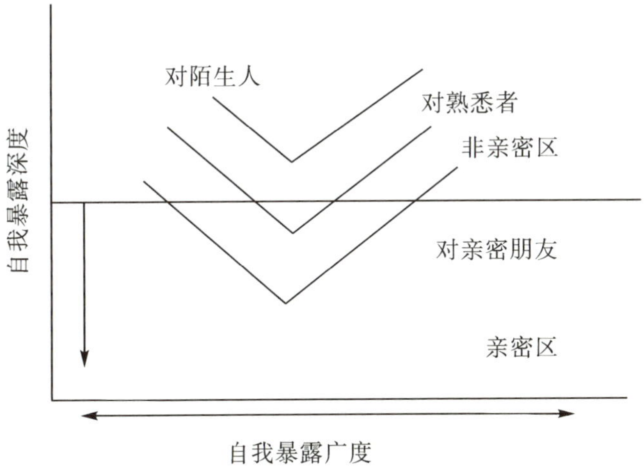

图 7–2　自我暴露的深度与广度

2. 自我的分层

由图 7–2 可以引申出这样一个问题：究竟哪些方面属于自我的浅层，哪些方面属于自我的深层呢？经过研究发现，人们的情感兴趣爱好，如饮食、偏好、日常情趣、消遣活动的选择等属于自我的最表面水平。属于第二层次的是我们的态度，如对某一个人的看法、对时事政治的观点。对某一课程教师的评价、对改革开放的看法等都属于第二层次。属于自我的第三层次的是自我的人际关系与自我概念状况。如我们同父母的关系、自己的夫妻关系、亲子关系状况，或者是自己的担心、自卑情绪，等等，都属于自我的第三层次。对属于这一层次的问题，我们有很高的自我卷入程度，轻易不向别人暴露。

属于自我最深层次的，是我们通常称为隐私的方面，如自己的某些不能为社会一般观念所接受的经验、念头、行为等。如我们曾经产生过的偷窃念头、冲动或自己的第一次性经验等，都属于自我最深层的方面。有关这些方面的信息，我们可能一辈子也不会对任何人暴露。如果别人向我们暴露了他们的这些方面，那说明他对你有了超乎寻常的信任和依赖。对于别人这些方面的事情，我们应当从保护别人的角度考虑，不应对其他任何人提及。通过了解别人在怎样的层次上对我们暴露自己，我们可以很好地了解别人对于我们的信任和接纳的程度，了解我们同别人关系的状况。当然，我们自己对别人的信任和接纳程度如何，也可以通过我们是否有顾虑地对别人暴露某一层次的自我信息来了解。自我暴露的层次越深，说明我们在一种关系上卷入的程度也越深。

视野拓展

数字化时代的人际关系变迁

随着我国互联网普及率的持续上升，尤其是移动互联网的快速发展，社交媒体成为人们日常生活的重要组成部分。微信、微博、抖音等平台使人们能够随时随地与他人保持联系，这种数字化的社交方式带来了人际关系网络的扩展和重构，引起了相关研究者的关注。

(1) 社交网络的拓展与虚拟化。在数字化时代，尤其是年轻一代，社交媒体不仅仅是交流工具，还成为构建人际网络的主要平台。研究表明，数字化平台上，人们的社交圈子得到了极大的扩展，打破了地域限制，使得跨地区甚至跨国的社交互动变得更加便捷。然而，这种虚拟化的社交关系往往是浅层次的，缺乏面对面交往所带来的深度情感连接。虽然社交网络的规模扩大了，但人们真正深入、信任的关系并没有显著增加。相反，由于时间碎片化和注意力分散，许多在线互动变得浮浅和短暂。

(2) “虚拟疏离”现象。数字化社交虽然增强了信息的传递速度和频率，但也带来了“虚拟疏离”的问题。研究发现，在线上频繁互动的同时，人们的孤独感并未减少，反而在某些情况下有所增加。这种现象在年轻人中尤为明显，他们虽然拥有广泛的“朋友圈”，但在现实生活中却可能感到孤独和缺乏支持。

(3) 社交疲劳与心理健康。过度依赖社交媒体的互动方式还导致了“社交疲劳”的问题。研究发现，频繁的消息提示、点赞和评论使得人们的心理压力增加，部分用户甚至出现了焦虑和抑郁的症状。长期沉迷于社交媒体的使用还会影响个体在现实中的社交能力，导致面对面交流的减少，进一步加剧了社会疏离感。

对于上述现象，相关研究建议：

(1) 平衡线上与线下的社交。虽然数字化社交不可避免，但应提倡平衡线上与线下的互动。社会和教育机构应鼓励人们多参与面对面的社交活动，增强现实中的人际关系深度。

(2) 提高社交平台的设计与管理。社交平台的设计者可以考虑如何在技术上减少社交疲劳，如优化通知功能、限制使用时间等。此外，平台也可以增加促进深度交流的功能模块，帮助用户建立更为紧密的关系。

(3) 心理健康支持。针对因过度使用社交媒体而产生心理问题的人群，社会应提供更多的心理健康支持服务，如心理咨询、压力管理课程等，帮助人们正确使用社交媒体，保持良好的心理状态。

第二节　人际交往原则：扫清交际障碍的利剑

每个人都希望有一个美好的人际关系世界，希望在自己的人际关系实践上得到心理学上有益的指导。虽然，人与人之间的关系纷繁复杂，不同的人对别人的要求、期望各不相同，每个人的交往动机也有着巨大差别。但是，心理学家仍然从最一般的方面总结出了帮助人们赢得别人信任、保持真挚的情谊、避免人际关系不幸的心理学原则。这些原则可以帮助人们更成功地建立并维持自己期望的人际关系。

一、交互原则与人际吸引增减原则

(一) 交互原则

在日常生活中，我们有一个共同的倾向，那就是都希望别人能够承认自己的价值，支持自己、接纳自己、喜欢自己。由于这种寻求自我价值被确认和情绪安全感的倾向，我们在社会交往中往往更注意自己的自我表现，注重吸引别人的注意，处处期待别人首先接纳自己、喜欢自己。这种以自我为中心，而不是以他人为中心的倾向，恰恰是我们在人际关系上常常遇到困难的最根本原因之一。人们通过大量的实验研究发现，人际关系的基础是人与人之间的相互重视、相互支持。任何人都不会无缘无故地接纳我们、喜欢我们。别人喜欢我们是有前提的，那就是我们也要喜欢他们，承认他们的价值，对他们起支持作用。人际交往当中喜欢与厌恶、接近与疏远是相互的。在一般情况下，喜欢我们的人，我们才去喜欢他们；愿意接近我们的人，我们才愿意接近。而对于疏远我们、厌恶我们的人，我们的反应也是相同的，对他们也会疏远或厌恶。

同声自相应，同心自相知。

——《何当行》

（二）由交互原则引出的人际吸引增减原则

社会心理学家阿伦森与林德所做的一项著名实验，揭示了人际吸引的增减原则。

该实验运用了巧妙的安排，让参与者每次都可以听到合作伙伴怎样评价自己。其中有四种不同的实验情境，即①肯定——被试始终得到好的评价；②否定——评价始终是否定的；③提高——前几次评价是否定的，后几次则由否定逐渐转向肯定，并最终达到第一种情况的肯定水平；④降低——前几次评价是肯定的，后几次则从肯定水平逐渐下降，最后降到第二种情况的否定水平。实验最后让被测试者评价自己喜欢的合作伙伴的水平。最后的结果见表7–3。

表 7–3　喜欢水平的增降趋势

条件	喜欢水平
肯定——否定	+0.87
否定——肯定	+7.67
否定——否定	+2.52
肯定——肯定	+6.42

注：表中得分是在–10~+10 等级评定量表上的得分。–10 为最厌恶，+10 为最喜欢。

在拥挤的公共汽车上，聪明的售票员先将抱小孩的人引到一位坐着的年轻小伙或姑娘面前，引导孩子先说“谢谢叔叔”或“谢谢阿姨”，紧接着再说“请您给这位抱孩子的让个座，谢谢。”结果这位售票员的方式竟然屡试不爽。而另一些售票员看到抱小孩的人上车后同情地大声喊：“请哪位乘客给抱小孩的让个座。”可真正得到让座的机会却不多。

为什么两种请求方式效果如此大相径庭呢？

任何人都有着保护自己心理平衡的稳定倾向，都要求自身同他人的关系保持某种适当性、合理性，并根据这种适当性、合理性使自己的行为、与别人的关系得到解释。这样，当别人对我们作出一个友好的行动，对我们表示接纳和支持，我们也会感到“应该”对别人报以相应的友好回答。这种“应该”的意识会使我们产生一种心理压力，迫使我们对别人也表示相应的接纳。否则，我们的行为就是不合理、不适当的，就会妨碍自己以某种观念为基础的心理平衡。如上述让座的例子，当人们接受了一声别人诚恳的“谢谢”，特别是这声“谢谢”来自小孩子，这种情况造成的心理压力就更大，暗示就更明显。在这种情况下，人们就会心甘情愿地作出让座的回报。

我们对于行为合理性和适当性的理解也会投射到与发生相互联系的人身上。当对别人作出一个友好的行为、对别人表示接纳以后，我们也会产生一种要求别人作出相应回答的期望。如果别人的行动偏离了我们的期望，我们会认为别人不通情理，认为对方不值得我们报以友好，从而产生一种不愉快的情绪体验，对对方产生排斥情绪。同样的道理，对于排斥、拒绝我们的人，其排斥与拒绝对我们是一种否定。因此我们也必须报之以相应的排斥和拒绝才是合理的、适当的。如果我们对这样的人反而报之接纳与喜爱，那我们的行为就得不到合理的解释，我们就难以达到心理上的平衡。所以，在实际生活中，对于排斥、拒绝的人，我们的反应也是相应的，对他们也会采取排斥、拒绝的行为方式。

由此可见，我们在人际关系的建立与维持当中，必须首先遵循交互原则。对于发生交往的人，我们应首先接纳、肯定、支持、喜爱他们，保持在人际关系的主动地位。不然，我们在人际关系上就会困难重重，甚至屡屡碰壁。在这个意义上说，中国的古训“己所不欲，勿施于人”是有其心理学依据的。

二、对等原则

在日常生活中，人与人之间的交往更多的时候不仅需要倾向的相互一致，而且还需要保持交换的对等。

人是理性的动物，要求自己的一切行动都有符合心理逻辑的充足理由。只有当一种关系对人们来说是值得的，人们的交往行为才出现，人际关系才可以建立和维持。

人与人之间的交往本质上是一个社会交换过程。虽然这种交换与市场上在买卖关系中发生的交换不完全一样，它不仅有物质品的交换，同时还包括非物质品，如情感、信息、服务等各方面的交换；但是，发生在人际交往当中的交换与发生在市场上的交换所遵循的原则都是一样的，也就是人们都希望交换对于自己来说是值得的，希望在交换过程中得大于或至少等于失。不值得的交换是没有理由去实施的，不值得的交互关系也没有理由去维持，不然我们就无法保持自己心理的平衡。所以，人们的一切交往行动及一切人际关系的建立与维持，都是人们根据一定的价值观进行选择的结果。对于那些对自己来说是值得的或得大于失的人际关系，人们就倾向于建立和保持；而对于那些对自己来说不值得或失要大于得的人际关系，人们就倾向于逃避、疏远或终止。

人是有机体。无论是谁，都有一定的需求，因而也有着一定的价值观，以及从这些价值观派生出来的得失观念。因此，人际关系的功利原则适合于我们每一个人。我们要想自己被别人所接纳，与别人建立和维持良好的人际关系，就必须了解人们在人际关系方面的价值倾向，并在与人们的交往当中始终保持人们得大于或等于失，从而使人们感到同我们交往是值得的。也只有这样，我们同别人的关系才能够建立、维持和发展。心理学家强调，按照人际关系的功利原则，我们在同别人交往时必须时时注意人际关系的维护。无论怎样亲密的关系，我们都不能一味地只利用而不投资，否则，原本亲密的、有价值的关系也会转化为不值得的、疏远的关系，使我们面临人际关系的困难。

> 投我以木桃，报之以琼瑶。
>
> ——《诗经·木瓜》

应当注意的是，我们强调在同别人进行交往时要注意关系维护，强调使别人在同我们交往中得大于或至少等于失，但并不意味着我们一定要吃亏，多投资、少收益。心理学家所做的大量研究证实，人们在人际关系交往中会自然地选择给双方带来最大满足的行为。因此，我们实际上可与更多的人保持真正平等、合理的交往或关系。

视野拓展

使别人喜欢你的6项基本原则

1. 真实诚恳地对别人产生兴趣；
2. 对人微笑；
3. 善于记住别人的名字；
4. 做一个善于倾听的人，鼓励别人谈论他自己；
5. 就别人的兴趣进行发言；
6. 使别人感觉到他对于你的重要性——并真诚地这样做。

三、自我价值保护原则

所谓自我价值，就是指个人对自身价值的意识与评判；而自我价值保护原则，是指人为了保持自我价值的确立，心理活动的各个方面都有一种防止自我价值遭到否定的自我支持倾向。

大量的社会心理学研究表明，任何人的心理活动的各个方面，从知觉信息的选择到内心信息的加工，从对行为的解释到人际交往，都具有明显的自我价值保护倾向。

我们看本国球队与外国球队对抗时，往往会感到裁判对本国队不公平。而事实上，不可能每一个裁判都会刻意刁难我们本国人。这里显然只有一种解释，那就是我们所看到的现象已不是事物的本来面目，而是在其中已经融入了自己的愿望。由于高度希望与自身荣辱相联系的一方队员获胜，我们对己方的犯规动作高度宽容，而对对方队员的犯规却很苛刻，有时甚至希望对方犯规。这说明，我们的知觉是自我支持的。

在对行为的解释上，自我价值保护的倾向更加明显。当我们自己获得成功时，我们会倾向于将成功的原因归因于自身，以显示自己优于别人。而当别人取得成功、我们在社会比较上处于不利地位时，我们会将别人的成绩归因于外部条件，以说明他们自身条件并不比我们优越。

在人际关系方面，我们已经提到，人际交往中的接纳和拒绝是相互的。人们只接纳那些喜欢自己、支持自己的人，而对否定自己的人则倾向于排斥。这里同样可以看到明显的自我价值保护倾向。

视野拓展

员工的绩效评估

在许多公司中，绩效评估是员工工作表现的重要衡量标准。2013年，哈佛商学院的研究发现，员工在绩效评估过程中常常表现出自我价值保护的心理倾向。这项研究通过对300名员工进行调查和访谈，分析了他们如何解释自己的工作表现以及如何回应负面的反馈。

在研究中，很多员工在绩效评估中面对负面反馈时，倾向于将问题归因于外部因素。例如，一位员工在面对关于其项目未按时完成的反馈时，解释道："项目延迟是因为供应商未能按时交付关键材料。"而不是承认自己在项目管理中的不足。

同样，这些员工在收到积极反馈时，往往将成功归功于自己的努力和能力，而忽视了团队的贡献或外部环境的影响。例如，员工可能会将项目成功的归因于自己的杰出领导力，而忽略了团队成员的支持和公司资源的帮助。

这个研究表明，员工在绩效评估过程中往往会表现出明显的自我价值保护倾向，从而影响他们对自己工作表现的真实评估和改进。这种倾向体现在他们如何解释自己的行为和结果，并试图维护自己的自我价值和职业形象。这一现象在许多职场中都很常见，说明了人们在面对评价时如何利用心理机制来保护自己的自我价值。

进阶探索

自我评估

请您根据自己的实际情况，逐一对每个问题作"是"或"否"的回答。为了保证测验的准确性，请认真作答。

1. 关于自己的烦恼有口难开。
2. 和生人见面感觉不自然。
3. 过分地羡慕和忌妒别人。
4. 与异性交往太少。
5. 对连续不断的会谈感到困难。
6. 在社交场合，感到紧张。
7. 时常伤害别人。
8. 与异性来往感觉不自然。
9. 与一大群朋友在一起，常感到孤寂或失落。
10. 极易受窘。
11. 与别人不能和睦相处。
12. 不知道与异性如何适可而止。
13. 当不熟悉的人对自己倾诉他（她）的生平遭遇以求同情时，自己常感到不自在。
14. 担心别人对自己有什么坏印象。
15. 总是尽力使别人赏识自己。
16. 暗自思慕异性。
17. 时常避免表达自己的感受。
18. 对自己的仪表（容貌）缺乏信心。
19. 讨厌某人或被某人所讨厌。
20. 瞧不起异性。
21. 不能专注地倾听。

22. 自己的烦恼无人可申诉。
23. 受别人排斥，感到冷漠。
24. 被异性瞧不起。
25. 不能广泛地听取各种意见和看法。
26. 自己常因受伤害而暗自伤心。
27. 常被别人谈论、愚弄。
28. 与异性交往时不知如何更好地相处。

计分标准：选择“是”的加1分，选择“否”的给0分。

如果你的总分在是0~8分，那么说明你在与朋友相处上的困扰较少。你善于交谈，性格比较开朗，主动，关心别人。你对周围的朋友都比较好，愿意和他们在一 起，他们也都喜欢你，你们相处得不错。而且，你能从与朋友的相处中，得到许多乐趣。你的生活是比较充实而且丰富多彩，你与异性朋友也相处得很好。总之，你不存在或较少存在交友方面的困扰，你善于与朋友相处，人缘很好，能获得许多人的好感与赞同。

如果你的总分是9~14分，那么，你与朋友相处存在一定程度的困扰。你的人缘一般，换句话说，你和朋友的关系并不牢固，时好时坏，经常处在一种起伏之中。

如果你的总分是15~28分，那就表明你同朋友相处的行为困扰比较严重，分数超过20分，则表明你的人际关系行为困扰程度很严重，而且在心理上出现较为明显的障碍。你可能不善于交谈，也可能是一个性格孤僻的人你为人不开朗，或者有明显的自高自大、讨人嫌的行为。

第三节　克服人际关系障碍，打造顶尖领导力

爱人者，人恒爱之；敬人者，人恒敬之。

——《孟子》

大学生进入学校的那一刻就已决定了其交往的需要。良好的人际交往能力以及良好的人际关系是生存和发展的必要条件。大学生在大学校园里建立良好的人际关系，形成一种团结友爱、朝气蓬勃的环境，将有利于其形成和发展健康的个性品质。在生活节奏不断加快、竞争激烈的当今社会中，更是如此。

一、织造自己的人际关系之网

（一）人际沟通必须掌握的基本技巧

1. 真诚的赞赏

在人类的天性中，最深层的本性是渴望得到别人的重视。这种欲望推动着人类不断奋进。这种欲望促使年轻人渴望更大的车子、房子，更美的衣服、更高的职务。有些人为了得到这种价值感，甚至不惜以扭曲的方式获取。我们在生活中能够给予周围的朋友、同学、亲人、恋人最

好的礼物莫过于真诚的赞赏。因为这种发自内心的赞赏，能够让人们感到自己的价值，感到自己被他人重视。

2. 不要批评指责他人

“我将我一生中最美好的时光都奉献给了别人，我一直都在帮助别人获得轻松的娱乐、帮助他们享受快乐。然而我所得到的只是耻辱，一种被捕者的生活。”① 这句话出自美国有史以来最凶狠的匪徒之口。此人的自我感觉令人咋舌，似乎他从未意识到自己曾带给别人怎样的伤害，而自认为都是别人在伤害自己。虽然我们感到不可思议，但这却反映出了人际交往中的一个重要事实：我们每一个人都倾向于认为别人对事情负有更多的责任。

> 人性最美好的品质，犹如果实上的粉霜，只有轻手轻脚，才能得以保存。然而，人与人相处，缺乏的就是这种柔情。
>
> ——亨利·戴维·梭罗

这是人性的一个基本事实。认识到这一个事实对人际沟通却有莫大的作用。那就是在人际交往中没有人希望自己被别人指责或批评。在与人交往时，一定要切记，对方和自己一样，是有感情、有尊严，同时也有偏见、爱虚荣的普通人。批评他人并不能显示自己的优越，反而会给人际关系造成致命的伤害。我们在和别人交往时，先不要去批评和指责别人，而是去了解他为什么会这么做，为什么会这么想，这比批评更有益，同时能够对别人产生宽容和理解。

（二）给大学生交往障碍问题把把脉

1. 自我中心型

这种类型的人，在与别人交往时，“我”字优先，只顾及自己的需要和利益，强调自己的感受，而不考虑别人。在与他人相处时，不顾场合，不考虑别人的情绪。自己高兴时，就高谈阔论，眉飞色舞，手舞足蹈；不高兴时，就郁郁寡欢，谁都不理，或是乱发脾气，根本不尊重他人，漠视他人的处境和利益。

2. 自我封闭型

这种类型有两种情况：一种是不愿让别人了解自己，总喜欢把自己的真实思想、情感和需要掩盖起来，往往持一种孤傲处世的态度，只注重自己的内心体验，在心理上人为地建立屏障，故意把自我封闭起来；另一种情况是虽然愿意与他人交往，但由于性格原因却无法让别人了解自己。这样的人一般性格内向孤僻，陷入了自我封闭的状态，喜欢一个人独来独往，不喜欢与他人接触，做什么都一个人，很难融合到大集体中，显得极不和谐。

3. 社会功利型

任何人在交往过程中都有这样那样的目的、想法，都有使自己通过交往得到提高、进步的愿望，这些都是好的。但如果过多过重地考虑交往中的个人愿望，利益是否能够实现和达成，实现的可能性有多大等，就很容易被拜金主义、功利主义等错误思想腐蚀，使交往蒙上极其浓厚的功利色彩。在大学生中，也有部分同学把市场经济社会中通行的“等价交换原则”用于人际交往，靠吃吃喝喝建立感情，靠拉拉扯扯、吹吹

① 戴尔·卡耐基. 沟通的艺术［M］. 北京：中国城市出版社，2007.

拍拍以实现个人目的；或唯利是图，大利多交、小利少交、无利不交，冷落不能给自己“实惠”的人，滥交乱捧能给自己“实惠”的人。

视野拓展

叶慈夫人的重生

叶慈夫人生病躺在床上已经有一年多了。她得的是心脏病，一天要躺在床上22个小时。她走过的最长的路就是去花园晒太阳。即使在那时候，她也需要一个佣人来搀扶自己。她告诉我，她当时以为她这一辈子就是个废人了。“要不是日本人轰炸珍珠港，把我从这种不良情绪中惊醒过来，我绝不可能再有真正的生活”。

“这件事情发生的时候，”叶慈夫人告诉我，“一切都陷入混乱状态。一颗炸弹就落在我家附近，爆炸把我从床上震了下来。军队的卡车赶到基地附近，把陆军和海军的家属接到公立学校里。然后红十字会给那些有多余房间的人打电话，请求收容他们。红十字会的人知道我有一个电话正好放在床边，因此要求我为他们记录所有的资料。于是我记下所有陆军和海军家属的名字，以及孩子们被送到了哪里。红十字会也通知所有的海军和陆军人员给我打电话，问我他们的家人安顿在何处。

我很快发现，我的丈夫罗勃·叶慈上校安然无恙。我尽量想办法让那些不知道他们丈夫音讯的女人们高兴，我试着去安慰那些丈夫牺牲的寡妇。伤亡的人真不少，海军陆战队里就有2 117个军官和士兵阵亡了，还有960人失踪。

我刚开始一直躺在床上接听所有的电话。然后我坐在床上接听电话。最后我忙坏了，完全忘记了自己的虚弱，走下床坐在桌子旁边。在帮助那些情况比我还要糟的人时，我完全忘记了自己。以后每天晚上，我除了正常的8小时睡眠之外，再没有回到床上去。我现在知道，如果日本人没有轰炸珍珠港，我也许终生都是一个半残疾者。那次可怕的危机让我产生了力量，而这种力量是我不可能想到的。它让我不再只关注我自己，而让我开始关注别人。它给了我一些非常重要而且不可缺失的东西，并成为我的生活目标，我不再有时间去想我自己，或只为我自己担忧。”

——选编自：戴尔·卡耐基. 沟通的艺术 [M]. 北京：中国城市出版社，2007.

4. 猜疑妒忌型

猜疑心理在交往中，一般表现是，以一种假想目标为出发点进行封闭性思考，对人缺乏信任，胡乱猜忌，说风就是雨，很容易被暗示。猜疑是人际关系和谐的蛀虫。另外，心理学认为，任何人都有不同程度的嫉妒心，这是常事。一定的嫉妒心，可以激发人奋发向上的积极性。而一旦这种嫉妒心超出限度就会走向反面，就会影响人与人之间正常的关系。在我们平时的交往中，嫉妒心主要表现为对他人的成绩、进步不予承认甚至贬低；自己取得了成绩，获得了荣誉就沾沾自喜，但同时又焦虑不安，对他人过分堤防，害怕他人赶上；有的人甚至因此怨恨他人的所作所为，嫉贤妒能。如果自己不能够很好地调整心态，发展到极端就会产生同归于尽的心理，自己得不到的东西，别人也别想得到；自己不成功，他人也休想成功。大家都是通过高考这拥挤的羊肠小道的幸运者，一帆风顺，优越感自然而然会滋生。但进入大学校园情况就不一样了，中学的优秀者云集在一起，有的学员不能够保持优秀，由于学业上优越地位的失落，很容易产生忌妒心理，轻者会显得自卑内向、逃避现实，重者出现妄想、自杀甚至犯罪等现象。

5. 江湖义气型

有些学生热衷于江湖义气，对所谓的江湖好汉、侠客义士崇拜得五体投地，与其他同学称兄道弟，拜把子，不惜为哥们两肋插刀，大有豪气冲天的勇者风范。

6. 迷茫型

这是很多大学生的心灵写照，熟悉了周围的环境，认识了周围的同学，才发现校园的生活并不像自己想象的那么简单，人们的想法也不再像高中那样单纯了。大学校园汇集着来自五湖四海、四面八方的同学，大家的风俗习惯、观点看法难免不一样。正是这些风俗习惯和观点看法的不同，使我们的生活总是充满着小摩擦，总是不能风平浪静。调查显示，有 78.8%在校同学都反映人际关系复杂难处，其中宿舍关系就占45%。

7. 爱面子问题

大学生的许多人际冲突，都是发生在没有什么原则问题的小事情上，往往是一次无意的碰撞、不经意的言语伤害或区区小利等，本来只要打个招呼、说声道歉，也就没事了；但双方都赌气，不道歉，且出言不逊，结果争吵起来。更有甚者，一个出拳相向，头破血流，事后懊悔不迭。双方都在用不适当的方法维护自尊，即典型的面子心理，仿佛谁先道歉就失了面子，谁在威胁面前低了头谁就是孬种。于是冲突层层升级，以悲剧而告终。

（三）什么是大学生人际交往的路障？

1. 家庭教育的原因

现在大多数家庭都是独生子女，所以在家里父母总是怕孩子吃亏，慢慢地就养成孩子自私的心理。并且有些家长本身人际关系就不好，在长期的影响下，孩子也反感与人交往。正所谓父母是孩子的第一任教师，很多事情孩子都是从父母那里学来的。所以有时候，做家长的应当让孩子接受一些挫折教育和吃亏教育，这样才会让他们独立地去了解社会、感知社会。

2. 学校教育的原因

在很多中小学校，包括有的大学，都把学习成绩放在第一位，忽略甚至根本就没有注重培养学生的人际交往能力。还有很多时候，有的学校把学生的思想品德教育形式化，致使很多学生在面试的时候面红耳赤、羞羞答答，这是学校教育的失误。事实上，学校应当注重培养学生如何做人，以及怎么面对和接触社会，时刻让同学们明白，虽然他们不能改变一个社会，但他们一定要适应这个社会。

3. 自私自利的个人思想

如今的大学生，大多是独生子女。家长们对子女“望子成龙”的期盼、对自家“独苗”的呵护，成为培育自我主义的温床。当进入大学校园，独立地过集体生活，与同学相处时，一些同学自小养成的自私心理就暴露无遗。

4. 素质教育的匮乏

我国目前的教育现状仍处于应试教育向素质教育深度转型阶段，应试教育带来的负面效应就是一些家长、学生、老师更多关心的是学生的考试分数，却忽视了无法用分数衡量的内在素质的培养。这其中，就包括人际交往与沟通能力这个作为社会人必须具备的素质。

二、维护良好人脉，做自己的命运舵手

（一）别让不良情绪毁了年轻的你

处于青年期的大学生，思想活跃、感情丰富，人际交往的需要极为强烈，人人都渴望真诚友爱的人际关系，大家都力图通过人际交往获得友谊，满足自己物质和精神上的需要。但面对新的环境、新的对象和紧张的学习生活，一部分学生的心理矛盾加剧。此时，积极的人际交往、良好的人际关系，可以使人精神愉快、情绪饱满、充满信心，保持乐观的人生态度。一般说来，具有良好人际关系的学生，大都能保持开朗的性格、热情乐观的品质，从而正确认识、对待各种现实问题，化解学习、生活中的各种矛盾，形成积极向上的优秀品质，迅速适应大学生活。相反，如果缺乏积极的人际交往，不能正确地对待自己和别人，心胸狭隘、目光短浅，则容易形成精神上、心理上的巨大压力，难以化解心理矛盾，严重的还可能导致病态心理。如果得不到及时的疏导，可能形成恶性循环而严重影响身心健康。

进阶探索

你意识到非语言沟通了吗？

非语言沟通比语言沟通传递了更多的信息。非语言沟通一般是连续的，通过多种渠道传送，绝大多数是习惯性和无意识的，并且可以通过模仿学到。非语言沟通具有重要的功能，它能补充、调整、代替或强调

语言信息。你在多大程度上意识到了自己的非语言沟通？对下面的因素进行评估，选择最适合你对非语言沟通意识情况的分值。7=显著；6=极好；5=非常好；4=平均好；3=比较好；2=不足；1=最低限度的能力；0=已证明无能力。

1. 在与他人沟通时，我直视他们的眼睛。
2. 沟通时我利用手和胳膊做出手势。
3. 我转过身正对着跟我说话的人。
4. 跟其他人说话时，我尽量用愉快和合适的声调。
5. 跟其他人说话时，我用合适的音量。
6. 听其他人说话时，我注意到他们传递的非语言信号并作出回应——他们的音调、眼神接触、面部表情、姿势、手势和形体修饰。
7. 听其他人说话时，我保持安静，在他们表达自己的观点时不打断他们。
8. 听其他人说话时，如果他们很幽默，我会微笑，并在适当的时候点点头。
9. 听其他人说话时，我通过非语言暗示表示我的支持和关注。
10. 在我说话或对其他人的话作出反应时，我用非语言暗示表示我作为有效沟通者的舒适、镇定和信心。

——选编自：桑德拉·黑贝尔斯. 有效沟通［M］. 7版. 北京：华夏出版社，2005.

处于青年发展期的大学生，正处在人生的黄金时代，在心理、生理和社会化方面逐步走向成熟。但在这个过程中，他们一旦遇到不良因素的影响，就容易产生焦虑、紧张、恐惧、愤怒等不良情绪，影响学习和生活。实践证明，友好、和谐、协调的人际交往，有利于大学生对不良情绪和情感的控制和发泄。

（二）自我表达绝不是罪

大学生情感丰富，在紧张的学习之余，需要进行彼此之间的情感交流，讨论理想、人生，诉说喜怒哀乐。人际交往正是实现这一愿望的最好方式。人际交往可以满足大学生对友谊、归属、安全的需要，可以使大学生更深刻、更生动地体会到自己在集体中的价值，并产生对集体和他人的亲密感和依恋之情，从而获得充实的、愉快的精神生活，促进身心健康。

> 独学而无友，则孤陋而寡闻。
>
> ——孔子

（三）通达方能知天下

现代社会是信息社会，信息量之大，信息价值之高，是前所未有的。人们对拥有各种信息和利用信息的要求，随着信息量的扩大，也在不断地增长。建立良好的人际关系，可以相互传递、交流信息和成果，使自己丰富经验，增长见识，开阔视野，活跃思维，启迪思想。

（四）人际关系是最好的镜子

人际交往，可以帮助我们提高对自己的认识，以及自己对别人的认识。在人际交往的过程中，彼此可以从对方的言谈举止中认识对方，同时，又从对方对自己的反应和评价中认识自己。交往面越宽，交往越深，对对方的认识越完整，对自己的认识也就越深刻。只有对他人的认识全面，对自己认识深刻，才能得到别人的理解、同情、关怀和帮助，自我完善才可能实现。

三、快速改善人际关系，加固领导力

（一）走出心理偏差的泥沼

知人者智，自知者明，能否正确地认识和了解他人，同样关系到人际交往能否顺利进行。我们要走出对他人认知的心理误区，要注意以下几个方面：

1. 晕轮效应

晕轮效应又叫成见效应，或概面效应。这是指当一个人对某人产生了良好印象或不良印象后便以偏概全，以点概面，认为这个人一切都很好或一切都很差，形成了某种成见，好像月晕一样，把月亮的光扩大化了。

在我们的头脑中，总有一些潜在的、得之于各种途径的观念，我们常常以此来评价和判断他人，因为这样做所耗费的心理能量最少。也就是说，它最省事。但是，省事往往会造成一些认知偏差，如美国人开放，英国人保守，商人精于世故，农民老实本分，等等。这些说法虽与某些人的特征相吻合，但绝不是个个如此，还要“具体问题具体对待”。人如其面，个个不同，不能用概念来衡量人，把人简单化。比如，某人的一种优点、优势被放大变成了笼罩全身的“光环”，甚至他原来的缺点也被掩盖或者蒙上了一层夺目的光彩。这种对他人认知的最大失误就在于以偏概全。“一叶知秋”这个说法，并不总是适合于一切人和事，个别和局部并不一定能反映全部和整体。在人的诸多行为或性格特征中抓住某个好的或不好的，就断定他是好人或坏人，无疑是幼稚的。恰当地、全面地认知他人，就要克服说好全好、说坏全坏的绝对化方法。

2. 首应效应

人们初次见面时产生的印象称为第一印象，往往会影响对人以后一系列行为的解释，有先入为主的作用。社会心理学中，由于第一印象的形成使最初获得的信息比后来获得的信息影响更大的现象，称为首应效应（primary effect），也称为最初印象。

人们初次相遇，总要首先观察对方的衣着、相貌、举止及其他可察觉到的动作反应，然后根据观察到的印象对对方作出一个初步的评价。虽然第一印象是在很短的时间内根据有限的、表面的观察资料所得出来的，但由于它的新异性和双方鲜明的情绪色彩，却能在人的脑海中留下深刻的烙印。第一印象有时和一个人的气质相吻合，有时和一个人的气质大相径庭。不同的人会对同一个人产生不同的第一印象，如对一个蓄长发留胡须的男青年，有的人认为他流里流气，有的人却觉得他很时髦。因此，我们在交往中要尽量避免受第一印象的影响，要把第一印象作为一种信息储存在脑子里，且慢对一个人作出结论。要想对一个人理解得准确，需要交往的进一步深化。“路遥知马力，日久见人心”仍不失为一个真理。

同时，我们在人际交往过程中，应该努力给人留下一个良好的第一印象。美国学者伦纳德·曾宁博士指出，结交新认识的人时，头 4 分钟至关重要。为了给对方好的第一印象，他认为结交新朋友时，起码要高度集中精神 4 分钟，而不应一面与对方交谈，一面东张西望，或另有所思，或不断匆匆改变话题，致使对方不悦。

比如一位大学生刚入大学，出色的自我介绍会在同学的头脑中留下强有力的第一印象，那么即使以后他的表现不如以前，大家也会认为那不是能力问题，而是不够尽力；相反，有的同学在寻求职业时留下很不称职的第一印象，那么要转变需要很长时间。人们已习惯于用先入为主的最初印象解释一些心理问题。

视野拓展

交往中的“SOLER”技术

在这里，S（SIT）代表“坐要面对着别人”，O（OPEN）表示“姿势要自然开放”，L（LEAN）的意思为“身体微微前倾”，E（EYES）代表“目光接触”，R（RELAX）表示“放松”。在社交场合，人们有意识地运用“SOLER”技术，可以有效地增加给别人的好感，让别人更好地接纳你，给人留下良好的第一印象。

3. 近因效应

某人刚犯了一个大错误，于是就有人发现，他从来就不是好人。这是近因效应在作怪。在较为长期的交往中，最近的印象比最初的印象更占优势，这是一种心理惯性。由于这种惯性的作用，人们往往会以最近的印象来评价人。与首应效应相比，在总的印象形成上，最新获得的信息比最早获得的信息影响更大。

4. 刻板效应

有些人习惯于机械地将交往对象归于某一类人，不管他是否表现出该类人的特征，都认为他是该类人的代表，而总是将对该类人的评价强加于他，从而影响正确认知。特别是当这类评价带有偏见时，就会损害人际关系。如有的大学生认为南方人小气、自私，家庭社会地位高的学生傲气、不好相处等，这种刻板印象容易形成先入为主的定势效应，妨碍大学生正常人际关系的形成。

苏联社会心理学家包达列夫曾做过这样的实验：将一个人的照片分别给两组被试看，照片中人物的特征是眼睛深凹、下巴外翘。向两组被试分别介绍情况，给甲组介绍情况时说“此人是个罪犯”，给乙组介绍情况时说“此人是位著名学者”。然后，请两组被试分别对此人的照片特征进行评价。

评价的结果，甲组被试认为：此人眼睛深凹表明他凶狠、狡猾，下巴外翘反映着其顽固不化的性格；乙组被试认为：此人眼睛深凹，表明他具有深邃的思想，下巴外翘反映他具有探索真理的顽强精神。

为什么两组被试对同一照片的面部特征所作出的评价竟有如此大的差异?原因很简单，人们对社会各类的人有着一定的定型认知。把他当罪犯来看时，自然就把其眼睛、下巴的特征归类为凶狠、狡猾和顽固不化；而把他当学者来看时，便把相同的特征归为思想的深邃性和意志的坚韧性。刻板效应实际就是一种心理定势。

5. 定势效应

定势效应是指人们头脑中存在的某种固定化的意识，会影响人们对人和事物的认知和评价。当我们与他人接触时，我们常常会不自觉地产生一种有准备的心理状态，用一种固定了的观念或倾向进行评判。

美国科幻小说大师阿西莫夫曾经讲过一个关于自己的故事①。

阿西莫夫智商高达160，属于“天赋极高者”之列，他一直为此洋洋得意。有一次，他遇到一位汽车修理工，是他的老熟人。修理工对阿西莫夫说：“嗨，博士！我来考考你的智力，出一道思考题，看你能不能回答正确。”

阿西莫夫点头同意。修理工便开始说思考题：“有一位既聋又哑的人，想买几根钉子，来到五金商店，对售货员做了这样一个手势：左手两个指头立在柜台上，右手握成拳头做出敲击状的样子。售货员见状，先给他拿来一把锤子；聋哑人摇摇头，指了指立着的那两根指头。于是售货员就明白了，聋哑人想买的是钉子。聋哑人买好钉子，刚走出商店，接着进来一位盲人。这位盲人想买一把剪刀，请问：盲人将会怎样做?”阿西莫夫顺口答道：“盲人肯定会这样。”说着，伸出食指和中指，做出剪刀的形状。汽车修理工一听就笑了：“哈哈，你答错了吧！盲人想买剪刀，只需要开口说‘我买剪刀’就行了，他何需做手势呢?”

智商160的阿西莫夫，这时不得不承认自己确实是个笨蛋。而那位汽车修理工人却继续用教训的口吻说：“在考你之前，我就料定你肯定要答错，因为，你所受的教育太多了，不可能很聪明。”

实际上，修理工所说的受教育多与不可能聪明之间的关系，并不是因为学的知识多了，人反而变笨了，而是因为人的知识和经验多，会在头脑中形成较多的思维定势。这种思维定势会束缚人的思维，使思维按照固有的路径展开。

6. 投射效应

人际关系中的投射效应，指与人交往时把自己具有的某些不讨人喜欢、不为人接受的观念、性格、态度或欲望转移到别人身上，认为别人也是如此，以掩盖自己不受人欢迎的特征。如自私的人总认为别人也很

① 艾萨克·阿西莫夫. 人生舞台·阿西莫夫自传[M]. 上海:上海世纪出版集团,2009.

自私，而那些慷慨大方的人认为别人对自己也应不小气。由于投射作用的影响，人际交往中很容易产生误解。

《庄子》中有这样一个故事：尧到华山视察，华封人祝他“长寿、富贵、多男子”，尧都辞谢了。华封人说：“寿、福、多男子，人之所欲也；汝独不欲，何邪?”尧说：“多男子则多惧，富则多事，寿则多辱。是三者，非所以美德也，故辞。”由此可见，就算是你自己心中认为的最好的东西，也不要基于投射效应，强加给别人，而是应该真正关注对方所需。

（二）塑造魅力四射的自己

1. 健谈，提升领导力的利器

作为一个优秀的健谈者，运用你在交流沟通这一领域中非同凡响的技巧，就足以引起别人的兴趣，吸引他们的注意力，并使得他们自然而然地聚集到你周围，开始聆听。

这个技巧具有无法比拟的重要性：它不但可以使你在陌生人心中留下富有魅力的第一印象，同时也可以助你广交好友、友谊遍天下；它打开了人心之间的沟通之门，使双方的心灵变得亲近；它可以使人在各式各样的人际关系之中如鱼得水，使人在交往中游刃有余。一旦真正掌握了这样的非凡本领，那么自然财源滚滚来。哪怕你目前是一贫如洗，只要能拥有优秀的交谈能力，那么，成功依然会向你招手。

如果一个人口才良好，掌握了用生动有趣的方式来论述事物的艺术，并能口若悬河地迅速打动他人，那么与那些知识远比他渊博却难以和他一样轻松自如地表达思想的人相比，他便拥有了明显的优势。

不管你在其他的艺术和技能方面的专业造诣有多么深厚，达到了怎么的炉火纯青的地步，而你却不可能像运用谈话技巧一样，随时随地地表现专业才华，那么你也不一定能成功。

如果你是一位画师，师从画坛名家们刻苦学习了多年，但是，除非你具备惊人天赋，并且运气足够好，才有可能在著名的艺术博物馆里高悬你的画作，供人鉴赏，受人艳羡。即便如此，有幸观摩你画作的人数与芸芸众生相比，仍是寥寥无几。更大的可能则是，你终生默默无闻。但是，如果你是一位具备谈话的高超技巧的语言大师，任何一个与你有所接触的人都会对你活生生的生命画卷产生兴趣。从你开口说话，这幅画卷就被充分展示出来。通过交谈，任何人都会知道你到底是一位高明的艺术家，还是一个经验不足的拙劣人物。事实上，你可能拥有很多人们只是偶尔看到或者欣赏到的技艺，你可能有一个温馨幸福的家庭，财产数不胜数，但是，所有的这些都只有少数的一部分与你的生活相当靠近的人才能了解到；然而，如果你是一个健谈的人，那么任何一个与你交谈过的人都将强烈地领略到你的谈话艺术，同时感受到你的人格魅力。

如果你把训练谈话技巧作为一种自我教育的手段，那你就肯定可以开发出蕴藏在人身上的巨大能量。但是值得注意的是，如果你在谈话时，对交谈内容并不经过大脑的缜密分析，表达的自我观点一片混乱，做不到吐字清晰、简单明了、趣味十足，而是仅仅停留在毫无内涵的闲聊上，那么你将永远无法展示出自己身上最宝贵的品质和才华。

真正深邃的思想，远远不是那些肤浅的泛泛而谈所能触及的。

在这个世界上，无数的年轻人对那些事业上远比自己发展迅速的同伴们投以羡慕的眼光，但是，在实际行动上，他们却一直在继续浪费着宝贵的时间，整天喋喋不休地聊着一些最肤浅、最空洞、最无实际意义的话题——这些话题充其量仅仅是愚蠢无聊的闲扯。而这样的做法，最容易在不经意间消磨人的雄心壮志，降低理想追求以及生活标准的各个方面。其原因在于，这样容易使人养成浅薄的思考习惯和思维方式。在街头上、列车中以及各种公共场所，我们随时随地都可以听到漫不经心并且夹杂着粗俗俚语的闲扯："你真是胡说八道！""我怎么知道？""我要烦死了！那小子真是太讨厌了！"还有许许多多诸如此类的无聊对话。

与其他方式相比，谈话几乎是最能迅速反映出一个人的文化修养底蕴的——是高雅还是粗俗，是温文尔雅还是缺乏教养。从一个人的谈话中，人们还可以窥知此人的生活全貌。你说话的内容和方式将揭示出你所有的秘密，并且向大家展示出你最真实的一面。

同样，与其他任何技能相比，高超的交谈技巧使用频率最高，其效果也最为明显，也更能给周遭的人们带来欢愉。毫无疑问，高超的谈话技巧是一门重要的艺术，但是目前绝大多数人并没有真正掌握这门技术。因此，在这一领域，你还大有潜力可挖。

其实，我们中的大多数人在谈话方面都可以说是拙劣的生手，因为我们并没有把谈话当做一门艺术来看待；从高水准的谈话技巧的要求来看，我们在这一领域所投入的精力还远远不够，我们的阅读量也远远不够，更不用说浅薄的思考过程了。大多数人都习惯于用浮皮潦草、漫不经心的方式来表达自己的思想。为何大多数人都习惯于此呢？道理显而易见，因为在开口说话之前，先进行认真的思考并且努力用优雅的、富于感染力的词句来表达，这个过程是需要付出大量时间和精力才能达到的境界；相比之下，粗鄙草率的谈话方式则更为容易。

进阶探索

语言沟通的自我评价

你的语言沟通有多有效呢？为了对下面六个因素给出一个量的评价，圈出每一个因素后能代表你的语言沟通的得分。在最近做演讲或演示时，选择一个事件、一种情况，通过使用下面的标准来为自己提供一个自我分析。

7=显著；6=极好；5=非常好；4=平均好；3=比较好；2=不足；1=最低限度的能力；0=已证明无能力。

1. 你使用了扩展的会话吗？也就是说，你不是用非常正式的，而是用自己易于使用（不牵强附会）的语言，像一般的谈话那样，显得自然、轻松，不拘束于词汇和方式。

2. 你选的词语清楚吗？你的词语有直接含义吗？它们的含义具体、明确吗？出现了含混或混淆吗？

3. 你选的词语简单吗？你的词汇能让人立刻明白吗？你用的词语模糊、混乱吗？你对听众的知识和背景敏感吗？

4. 你选的词语确切吗？你的词语确切传达了你的意思吗？你给了听众足够而不是太多的信息吗？在你举出的例子里，你给出了完整的细节吗？当你使用不常用的或技术词汇时，你为听者进行了确切的定义吗？

5. 你的语言沟通恰当吗？你选的词语与你的听众有直接联系吗？你所有的事实、例子、说明、观点和个人经历与你的听众有直接联系吗？你向听众提问了吗？或者使用了不需要回答但会使听众产生直接联系的带修辞色彩的提问了吗？

6. 你的词语选得有活力吗？你的语言生动吗？它令人印象深刻吗？你的语言显得有计划和有准备吗？你的语言显示了你的个人特征吗？

——选编自桑德拉·黑贝尔斯《有效沟通》

2. 做最好的倾听者

倾听的目的一方面是给对方创作表达的机会，另一方面是让自己能更好地了解对方，以便进一步与其交往和沟通。学会倾听的艺术，首先要静听他人的谈话，不要贸然打断对方的话题，也不要时时插话，影响他人的谈话思路，或弄不清谈话的所指就断然下结论。其次，要鼓励对方讲下去，可以用简单的赞同、复述、评论接话等方法引导他人讲下去。最后，不要表现出心不在焉、东张西望、不甚耐烦、不时看表、目光游离不定等。这些既影响对方讲话的兴趣，又是一种非常无礼的行为。记住，鼓励他人谈论他们自己、他们的感受、他们的成就，是赢得友谊的有力品质。

怎样才算是好的倾听呢？

倾听要能够听到对方的感觉。对方所说的话语里包含着什么样的情绪？能听到对方的情绪，就表明你能够设身处地地站在对方的立场上感受对方，然后用你的语言将你听到的重复给对方，这是一种同理心的表现。这会极大地拉近你与对方的距离。好的倾听意味着你不单听到了对方传达的语言，还听到了他背后的感受、情感。这样的倾听才能够缩短人与人之间的距离。人本主义心理学家罗杰斯认为，好的倾听要建立在尊重、无条件接纳的基础上。对方和你一样，是有尊严、有生命的人，要对对方保持高度的接纳和肯定。如果在你的人际关系中你能够做到这种尊重和接纳前提下的倾听，你一定会赢得良好的人际关系。

视野拓展

经理的烤肉

某个企业，曾因管理混乱而差点倒闭。后来总公司派去了一位很能干的人物。在他到任后的第三天，他就发现了问题的症结：诺大的厂房里，一道道流水线如同一道道屏障隔断了工人们之间的直接交流；机器的轰鸣声、试车线上滚动轴发出的噪音使人们关于工作的信息交流越发难以实现。

由于工厂濒临倒闭，过去的领导一个劲地要生产任务，而将大家一同聚餐、厂外共同娱乐的时间压缩到了最低限。所有这些，使得员工们彼此谈心、交往的机会微乎其微，工厂的凄凉景象很快使他们工作的热情大减，人际关系的冷漠也使员工本来很坏的心情雪上加霜。组织内出现了混乱，人们口角不断，不必要的争议也开始增多，有的人还干脆破罐子破摔，工厂的情势每况愈下，原工厂领导这才到总部去搬来救兵。

这位新任的管理者在敏锐地觉察到这一问题之后，果断地决定以后员工的午餐费由厂里负担，希望所有的人都能留下来聚餐，共渡难关。在员工看来，工厂可能到了最后关头，需要大干一番了，所以心甘情愿地努力工作。其实这位经理的真实意图就在于给员工们一个互相沟通了解的机会，以建立信任空间，使组织的人际关系有所改观。

在每天中午大家就餐时，经理还亲自在食堂的一角架起了烤肉架，免费为每位员工烤肉。这一番辛苦没有白费，在那段日子，员工们餐桌上谈论的话题都是有关组织未来的走向的问题，大家纷纷献计献策，并就工作中的问题主动拿出来讨论，寻求最佳的解决途径。

这位经理的决定是有相当大风险的。他冒着成本增加的危险拯救了企业不良的人际关系，使所有的成员又都回到了一个和谐的氛围中。尽管机器的噪音还是很大，但已经挡不住人们内心深处的交流了。两个月后，企业业绩回升，5 个月后，企业奇迹般地开始赢利了。因此这个企业至今还保持着这一传统：中午的午餐大家欢聚一堂，由经理亲自派送烤肉。

就这样，通过经理真诚的人际交往方法和卓越的领导力，看似不可调和的矛盾就迎刃而解了。

——选编自《目标：有效的常识管理》

要点回顾

1. 人际关系就是人们在生产或生活活动过程中所建立的一种社会关系。

2. 人际交往的基本原则、有效原则、人际吸引增减原则等。

3. 大学生人际交往与沟通中存在的主要类型。

4. 快速改善人际关系的最佳途径是首先提高自己的倾听能力。

思考题

1. 人际关系对于大学生成长乃至领导力的培养有着怎样的作用？

2. 以你成功的经验或失败的教训谈谈人际交往中应遵循的原则。

3. 你认为自己在哪些方面需要加强锻炼以提高人际交往的能力？

知识拓展推荐

[1] 叔本华. 人生为何不同［M］. 梁波，译. 西安：陕西师范大学出版社，2008.

[2] 卡耐基. 人性的弱点全集［M］. 袁玲，译. 北京：中国发展出版社，2008.

[3] 奥里森·马登. 思考与成功［M］. 吴群芳，译. 北京：中国档案出版社，2004.

[4] 金正昆. 商务礼仪［M］. 西安：陕西师范大学出版社，2007.

参考资料

[1] 杨中芳. 这才是心理学［M］. 台北：远流出版公司，2005.

[2] 彭贤. 人际关系心理学［M］. 北京：清华大学出版社，2008.

[3] 陆卫明. 人际关系心理学［M］. 西安：西安交通大学出版社，2006.

[4] 杜布林. 心理学与人际关系［M］. 王佳艺，译. 北京：中国人民大学出版社，2010.

[5] 艾萨克·阿西莫夫. 人生舞台·阿西莫夫自传［M］. 黄群，许关强，译. 上海：上海世纪出版集团，2009.

[6] 艾利·高德拉特. 目标：简单而有效的常识管理［M］. 齐若兰，译. 北京：电子工业出版社，2006.

[7] 戴尔·卡耐基. 沟通的艺术［M］. 刘祜，译. 北京：中国城市出版社，2007.

[8] 桑德拉·黑贝尔斯. 有效沟通［M］. 李业昆，何辉，译. 北京：华夏出版社，2005.

第八章
与人合作：凝聚高效团队

能用众力，则无敌于天下矣；能用众智，则无畏于圣人矣。

——孙权

开卷有益

团队的力量

在非洲的大草原上，三只看起来非常弱小的小狗与一只高大的斑马，进行一场激烈的生死搏斗。

看起来，这三只小狗不是斑马的对手。但实际情况是，一只小狗咬住了斑马的尾巴，任凭斑马的尾巴如何甩动，也死死咬住不放；一只小狗咬斑马的耳朵，斑马使劲摇头晃脑，也决不松口；一只稍微强壮的小狗咬住斑马的一条腿，任凭斑马如何踢弹，一点也不敢懈息。

结果在三只小狗齐心协力之下，“庞然大物”的斑马终于体力不支而倒地，成为三只小狗的盘中餐。

本章要点

⊙ 领导力提升的载体：建设团队

团队与群体

优秀团队的构成要素

⊙ 挑选胜利之师

挑选不同类型的团队角色成员

团队发展

⊙ 团队凝聚力管理

提升团队凝聚力

调停团队冲突

第一节　领导力提升的载体：建设团队

美国《财富》杂志曾经做过一项统计，发现在世界500强的公司中，80%以上的公司都提倡团队工作方式。作为大学生的你，也许喜欢在群体中学习、共同完成事情，也许并不喜欢。的确，有时候团队协作极为有效，令人激情澎湃，有时则拖沓混乱，不尽如人意。但无论怎样，身为社会的一分子，你就必须在各种群体、团队中工作、学习，和不同性格、背景的人完成共同的目标。

有一个刚毕业的大学女生参加某公司的招聘。她的履历和表现都很突出，一路过关斩将，一直冲到最后一关。最后一关的题目是小组面试，这个女生伶牙俐齿、抢着发言。在她咄咄逼人的气势下，这个小组的其他成员几乎连说话的机会都没有。她认为自己在面试的时候表现得很抢眼，被录取是十拿九稳的。然而，结果是她落选了。该公司的人力资源经理认为，尽管这个女生拥有很强的个人能力，但是很明显，她缺乏团队合作精神，招这样的人对公司的长远发展有害无益。

人心齐，泰山移。

一个篱笆三个桩，一个好汉三个帮。

——中国古语

在今天，无论你从事什么工作、处于什么环境，你都无法脱离其他人对你的支持而一个人去完成所有的事情。因此，在职业生涯中，你经常会听到一个词：团队。可以说，随着竞争的日趋激烈，团队的力量已经越来越为企业和个人所重视，因为这是一个团队的时代。

比尔·盖茨说：“在社会上做事情，如果只是单枪匹马地战斗，不靠集体或团队的力量，是不可能获得真正的成功的。这毕竟是一个竞争的时代，如果我们懂得用大家的能力和知识的汇合来面对任何一项工作，我们将无往而不胜。”通用电气前任CEO韦尔奇说，“我在任CEO的时候，75%的时间都花在挑选、评估、鼓励团队上”，还说，“我不会设计，也不会制造，我全要靠他们”。这说明了团队在企业发展变革中的关键作用。实际上，中国传统的管理哲学也非常重视团队的构建，所谓“贤主劳于求贤，而逸于治事”就是典型的描述。张瑞敏的“赛马机制”、任正非的“轮值CEO制度”都是对团队重视的表现。

一堆沙子是松散的，可是它和水泥、石子、水混合后，比花岗岩还坚韧。

——王杰

一、团队与群体

（一）什么是群体

从你出生那天起，你便生活在群体当中——你出生的家庭，所在的街道社区、学校，你和志同道合的朋友组成的围棋俱乐部，或者是你临时参加的项目小组。群体是相对于个体而言的。群体是指两个或两个以上的人，为了达到共同的目标，以一定的方式联系在一起进行活动的人群。

（二）什么是团队

团队的概念比群体的要丰富许多。管理学家罗宾斯认为：团队就是由两个或者两个以上的相互作用、相互依赖的个体，为了特定目标而按照一定规则结合在一起的组织（表 8–1）。

表 8–1　团队定义的理解

少量成员	· 一般是 3~25 人 · 8~12 个为最佳
互补技能	· 技术和功能方面的特长 · 解决问题和决策技能 · 人际技能
对一个共同的绩效目标做出承诺	· 绩效的分离单元 · 管理层通过在公司绩效需求之内定义权限的界限和范围来指明方向。一个共同的目的能使团队成为一个整体，使团队总体力量大于单个个体力量之和 · 团队将各种指标转换为具体而可衡量的绩效目标 · 具体的绩效目标有助于团队跟踪进步
共同的方法	· 成员间的社会契约与他们的目的相关联并指导他们如何一起工作 · 参照目的与目标不断调整
彼此负责	· 在实现团队目的、绩效目标和方法的过程中，团队成员逐步形成默契的配合 · 彼此承诺和信任

英文：Team
T：Target / Togetherness
E：Efficient / Effect Equal
A：Attitude / Abilities
M：Motivation / Management
Communication

中国文字之“团队”
团=口+才
队=耳+人
团队=口+才+耳+人
口=沟通　耳=聆听
才=知识　人=基本因素

视野拓展

卓越的施乐团队

1984 年以来，施乐公司通过设立正式管理制度确立了团队在企业经营中的重要地位。所设立的团队杰出奖包括正式的颁奖仪式以及在团队成员之间平均分发奖金。符合这一奖项的团队必须是：由 3~12 位施乐的员工组成；他们都很清楚共同目标，并能并肩使用各种高质量的手段或流程，以实现目标。施乐总裁阿莱尔先生指出，我们坚信团队协作的力量。施乐公司 75%的员工积极参与各种质量改进和解决问题的项目小组。

——选编自《群体与团队沟通》

（三）团队与群体的区别

团队始于群体，但团队却能够达到更高的绩效目标。在工作中，工作群体的绩效主要依赖于成员的个人贡献，而团队的绩效则基于每个人的不同决策和能力而产生的乘数效应。

团队和群体经常容易被混为一谈，但它们之间有根本性的区别，表现为以下六个方面（图 8–1）。

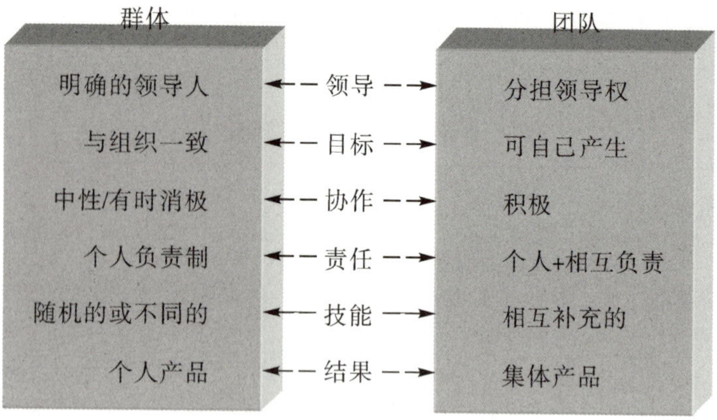

图 8-1　团队和群体的比较

（1）领导方面。群体应该有明确的领导人；团队可能就不一样，尤其团队发展到成熟阶段，成员可共享决策权。

（2）目标方面。群体的目标必须跟组织保持一致，但团队中除了这一点之外，还可以产生自己的目标。

（3）协作方面。协作性是群体和团队最根本的差异。群体的协作性可能是中等程度的，有时成员还有些消极，有些对立，但团队中是一种齐心协力的气氛。

（4）责任方面。群体是责任个体化，领导者要负很大责任；而团队中的责任既可能是个体的，也可能是共同的，除了领导者要负责之外，每一个团队的成员也要负责，甚至要一起相互作用、共同负责。

群体（group）：1+1=2（分工、松散合作）

团队（team）：1+1>2

（5）技能方面。群体成员的技能可能是不同的，也可能是相同的；而团队成员的技能是相互补充的，团队把不同知识、技能和经验的人综合在一起，形成角色互补，从而达到“1+1>2”的效果。

（6）结果方面。群体强调的是信息共享，绩效是每一个个体的绩效相加之和；团队强调的是集体绩效，是由大家共同合作完成结果或绩效。

二、优秀团队的构成要素

（一）目标

一个有效率的团队是由一个共同的、令人信服的目标联系在一起的，这个目标是基于共同的价值观。在一个真正的团队中，成员之间的联系是如此强大，以至于他们能够真诚地相信，整个团队会一起成功或失败——如果团队输了，没有人会赢。

自然界中有一种昆虫很喜欢吃三叶草。这种昆虫在吃食物的时候都是成群结队的，由一只昆虫带队去寻找食物，第一个趴在第二个的身上，第二个趴在第三个的身上，这些昆虫连接起来就像一节一节的火车车厢。管理学家做了一个实验，把这些像火车车厢一样的昆虫连在一起，组成一个圆圈，然后在圆圈中放了它们喜欢吃的三叶草。结果它们爬得精疲力竭也吃不到这些草。

这个例子说明在团队失去目标后，团队成员就不知道上何处去，最后的结果可能是饿死，这个团队存在的价值就要打折扣。

团队的目标必须跟组织的目标一致，此外团队还可以把大目标分成小目标再具体分到各个团队成员身上，大家合力实现这个共同的目标。同时，目标还应该有效地向大众传播，让团队内外的成员都知道这些目标，有时甚至可以把目标贴在团队成员的办公桌上、会议室里，以此激励所有的人为这个目标去工作。

在制定目标之前，团队人员必须先弄清是谁为了什么目的组建了团队。一般来说，组建团队的目标有以下几个：收集信息、分析问题、作出决策、完成项目。

接下来要做的工作是确立明确的目标。假如你的上司将任务描述成“加强与企业界的联系”，你则必须去明确这句话的真正含义：“联系”指什么？是沟通还是协作？如果是其中一种的话，又是怎样的一种沟通和协作呢？“企业界”的范围在哪里？有什么标准？

去问尽量多的问题来逐渐明确目标。同时你还可以对结果进行设想。最后团队将获得怎样的最终结果？也许是需要产出一份有实践价值的报告，也许是了解企业界和学校有哪些可以相互联系的领域，也有可能是对学校的发展提出具体建议。总之，尽可能详细地去设想可能的最终结果。

在设定目标后要做的另一件重要的事情是确立衡量效果的标准。这一点让团队的绩效能得以评估，也能够起到激励大家朝目标共同迈进的信心和勇气。

（二）人

人是构成团队最核心的力量。3个（包含3个）以上的人就可以构成团队。不同的人基于不同的动机加入团队。不同的个体所带来的多元性有可能成为团队的优势所在，也有可能成为团队发展的障碍。起决定作用的是团队中的每个人是否能够意识到我们每个人看待事物的方式都是不同的，我们眼中的世界是多元的。如果团队中的每个成员都可以意识到人与人之间的差异，并认为这些差异也仍然可以凝聚成一个整体，那么团队就很容易快速地形成。

具体而言，不同的人在以下两个主要方面存在差异，这些差异会极大地影响团队这个整体的情况：

1. 知觉的方式

你是否遇到过这样的情况：你和一群人看同一个娱乐节目，你认为主持人很恶俗，而有些人却看得津津有味。你和你班级里的某个成员总是相处不好，你认为他不喜欢你；而你听到别人说，他认为是因为你不喜欢他在先，所以他才不喜欢你。

心理学家用黑匣子来形容人类的大脑。人类由于不同的动机、需求、愿望、经历、思维特点等，会有选择地从外界提取、加工信息，自然，每个人所输出的内容也就大同。人类的知觉是很有趣的现象，每个人有不同的知觉方式，而一个人所处的背景也会影响到知觉的内容。如两可图就是人类知觉差异性的典型例证，见图8–2。你看到的究竟是两个耄耋老人，还是欢乐的乐手？

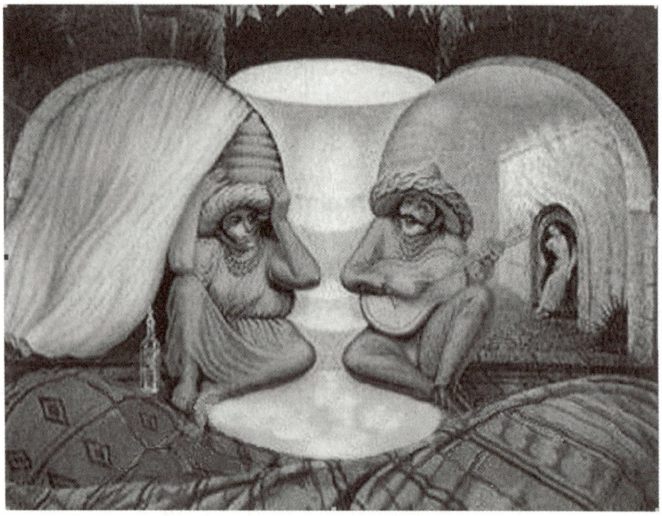

图 8–2　两可图

2. 能力和背景

回想你的家庭对你的教育。你的父母是怎样理解成功的？他们如何看待失败？他们在工作中有哪些基本的信条？他们是否认为只要坚持努力工作，总会有回报？或者他们认为人的成功多半靠运气？

请再回顾一下你们家庭中出现冲突时一般都是如何解决的？你是否会在家庭中表达自己的看法？你的家庭成员之间会相互协作完成任务（比如家务）吗？

在一个团队中，每个成员都来自不同的家庭，以他们习惯的在家庭中惯用的方式与团队成员相处。回顾这些问题会帮助你重新认识自己。一个人的成长背景，将会影响到他的工作方式。

能力的差异也是显而易见的。有些成员非常善于表达，他们有着丰富的词汇和想象力，能够恰如其分地形容、总结、描述。而另一些成员则吝于言辞，他们似乎更擅长思考、分析和推理。不同的能力差异，会为团队带来宝贵的资源。

人员的选择是团队中非常重要的一个部分。一个团队，需要有人出主意，有人制订计划，有人实施，有人协调不同的人一起去工作，还需要有人去监督团队工作的进展，评价团队最终的贡献。不同的人通过分工来共同完成团队的目标。所以团队在人员选择方面要考虑人员的能力如何、技能是否互补、经验如何等。

（三）团队规范

团队规范是指团队成员彼此行为的约定方式。它或许是明文规定的，但更多的情况是指那些并没有被明文规定，但却被成员共同遵守的行为规范特征。有时虽然团队有明文规定，但成员却按照心照不宣的方式背离规定行事。例如，有意见却不当面表达，而是和其他成员抱怨。如果一个团队形成这样的团队规范，那么良好的团队协作是绝对没有可能的。形成积极有建设性的团队规范对团队有相当重大的意义。具体而言，一个团队应形成具有以下特点的团队规范：

(1) 正面、可预期的行为，也就是团队成员之间具有信任感。例如，成员会准时出席会议、完成分内的工作，有意见当面指出。

(2) 尊重。每名成员都感到被尊重。例如，开会时每个人都能自在地发表意见，甚至对那些没有发表看法的成员也保持同样的尊重。在团队里每个人都能感受到自己的价值。

(3) 一起全力投入目前正在做的事情。例如，如果现在团队正在开会，则所有的成员都应该专心参与会议。团队有共同的目标时，团队成员都能够尽力发挥自己的能力帮助目标的达成。

(4) 贡献。每位成员都知道自己身在团队的原因、自己能够提供给团队什么。每个人都相信自己的价值，团队也认可每个人的价值和贡献。

进阶探索

分析团队性质

为了帮助你了解团队的性质，请仔细回顾你所参与的某个团队，试着完成下面的内容（表 8–2）。

原因：为什么这些成员被选进团队？对于其他人来说，他们和团队的关系是什么？

目标：每个团队成员想从团队协作中得到什么？其他人希望团队产出什么？

资源：每个团队成员的贡献区域是什么（才能、技能、资源等）？其他人或相关组织能为团队协作提供什么？

限制条件：团队成员的限制条件是什么（时间资源等）？有哪些因素妨碍团队以外的人或组织帮助团队？

表 8–2　回顾团队相关内容

	原因	目标	资源	限制条件
成员				
创立者				
相关的团队或单位				

第二节　挑选胜利之师

一群差不多的人是组建不了团队的，为什么？因为你想到的，他也会想到，你擅长的，他也擅长，最后你发现他们只是在跟随你。事实上，团队成员之间能力要有互补技能，才可以成为好的团队。《西游记》的故事在中国家喻户晓。唐僧、孙悟空、猪八戒、沙和尚和白龙马一道去西天取经。这几个在各方面差异如此之大的人竟能同在一个群体中，而且能相处得很融洽，甚至做出了去西天取经这样的大事情来。你对这几个人如何评价?他们身上各自有什么特点？

一个完整的团队是由众多的角色构成的，英国剑桥大学雷蒙德·梅瑞狄斯·贝尔宾博士（Raymond Meredith Belbin）通过对上千家企业、数千个团队数十年的研究，在 1981 年出版的《团队管理：他们为什么成功或失败》（*Management Teams–Why They Succeed or Fail*）一书中首次提出了团队角色理论（Belbin team roles）。他认为，每一个优秀的团队应具有以下各种角色（图 8–3）。

图 8–3　贝尔宾团队角色

一、挑选不同类型的团队角色成员

（一）实干者（Implementor，Doer / IMP）

1. 实干者的角色描述

实干者非常现实、传统甚至有些保守，他们崇尚努力，计划性强，喜欢用系统的方法解决问题，这种系统性的方法也是计划性的一面；实干者有很好的自控力和纪律性，对公司的忠诚度高，为公司整体利益着想而较少考虑个人利益。实干者就是好的执行者，能够可靠地执行一个既定的计划，但未必擅长制订一个新的计划。

2. 实干者的典型特征

实干者性格相对内向，比较保守，但对工作有一种责任感，效率很高，守纪律。

3. 实干者的优、缺点

(1) 优点：其最大的优点是组织能力强、非常务实，他们对于那些漂在空中的想法、不切实际的言论不感兴趣；他们通常会把一个主意转化成一个实际的行动，并且具体去实施，工作努力，有良好的自律性。

(2) 缺点：缺乏灵活性，对未被证实的想法不感兴趣，容易阻碍变革。

(二) 协调者 (Coordinator / CO)

1. 协调者的角色描述

协调者在非权力性的影响力方面表现非常突出。协调者能够引导一群不同技能和个性的人向着共同的目标努力。他们代表成熟、自信和信任；办事客观，不带个人偏见；除权威之外，更有一种个性的感召力，在人际交往中能很快发现每个人的优势，并在实现目标的过程中妥善运用，协调者因其开阔的视野而广受尊敬。

通常在一个团队当中，即便这个协调者没有担当什么领导角色，也往往会成为一种民间的领导，大家更容易团结在他的周围，听这个协调者的判断和感觉。

2. 协调者的典型特征

协调者较为冷静，不会高度情绪化，不会大发雷霆，他们相信自己代表这个团队中的公众势力，有很好的自控力。

3. 协调者的优缺点

(1) 优点：目标性非常强，能够整合各种人，同时兼顾人和目标两个方面，待人相对公平。

(2) 缺点：大部分情况下个人智力和创造力属中等，很难在其他方面表现出特别出众的优点和成绩。

当团队目标实现的时候，协调者容易把团队的成果据为己有。

(三) 推进者 (Shapper / SH)

1. 推进者的角色描述

推进者是一个说干就干、办事效率非常高的人，他们的自发性非常强，目的非常明确，有高度的工作热情和成就感；在推进过程中，如果遇到问题和困难，总能找到解决问题的办法。推进者大多性格比较外向，干劲十足，在人际关系方面比较喜欢挑战别人，喜欢争辩，而且在争论中不赢不罢休。推进者往往以自我为中心，缺乏相互理解。

在一个团队当中，推进者是一个高度竞争性的角色：一方面，意志坚定，很自信，能够积极地把任务推向实施；另一方面，在遇到问题或挫折时情绪表现得非常强烈，他的热情不容有任何冷水去浇泼。

2. 推进者的典型特征

推进者的典型特征是挑战性。喜欢挑战别人，没有结果誓不罢休；喜欢交际，对新观点接受更快，富有激情，工作中总可以看到他们风风火火的劲头。

3. 推进者的优缺点

(1) 优点：随时愿意挑战传统，厌恶低效率，厌恶慢吞吞地做事。反对自满和欺骗行为，有什么说什么，不管会不会得罪别人。

(2) 缺点：喜欢挑衅，容易发火，耐心不够；明知自己犯了错误，自己的做法不对，也不会用幽默和道歉的方式来缓和局势。

(四) 创新者 (Plant / PL)

1. 创新者的角色描述

创新者拥有高度的创造力，思路开阔，观念新，富有想象力，是"点子型的人才"；他们爱出主意，是否高明则另当别论，其想法往往十分偏激和缺乏实际感；他们不受条条框框约束，不拘小节，难守规则；他们大多性格内向，以奇异的方式工作，与人打交道是他们的弱项。

2. 创新者的典型特征

他们有创造力，可以不断出新点子，但有时比较个人主义，总是从自己的想法、个人的思维出发，不太考虑周围人的感受，也不太考虑这个点子是否适合企业、适合团队。

3. 创新者的优缺点

(1) 优点：有天分，富有想象力，通常代表智慧、博学。

(2) 缺点：往往好高骛远，有时他们的主意和想法会无视实际工作中的细节和计划；不太关心工作细节如何实施，常常点子多，成效少。对于创新者来说，最困难的是跟别人合作，过分强调自己的观点，反而会降低推进速度。

(五) 信息者 (Resource Investigator / RI)

1. 信息者的角色描述

信息者是一个对外界信息非常敏感的人，最早知道外界的变化；他们通常在自己的座位上坐不住，要不断到别的地方去看看，他只是想收集一下团队、组织中的信息；他们的手机、座机响的频率比较高；他们经常表现出高度的热忱，是一个反应非常敏捷、性格相对外向的人；他们是天生的交流家，喜欢聚会和交友，在交往中获取信息，并不断加深朋友间的友谊。

创新者和信息者的区别在于：创新者的想法大都是自己原创的，信息者则更可能是因为喜欢接受新鲜事物，所以擅长整合外界新鲜信息。

2. 信息者的典型特征

信息者外向、热情，对什么事儿都好奇，都想了解，善于人际交往。

3. 信息者的优点缺点

（1）优点：与别人交往时，有一种发现新事物的能力，通常能够跟创新者成为好朋友，善于迎接新的挑战。

（2）缺点：当最初的兴奋消失以后，容易对工作失去兴趣，注意力容易转移到新事物上；信息者还有一个缺点，就是喜新厌旧。

（六）监督者（Monitor，Evaluator / ME）

1. 监督者的角色描述

监督者通常比较严肃、严谨、理智，他们很冷静，常常具有冷血气质，天生就不会过分热情。他很少表扬下属，并不是不认可，只是从外表表现出一种冷冰冰的感觉，这是个性使然。监督者不太容易情绪化，常常跟同类之间保持一定的距离，别人做什么他总是退守到一角，开会的时候他坐在离主持人最远的地方，培训的时候总是坐在一个角落不声不响，也很少参与。如果一个人讲一段笑话，所有的人都笑得前仰后合，监督者顶多会抿嘴一笑，而不会和别人一样高兴得跳起来。

基本上监督者就是那种特别喜欢给别人泼冷水的人。监督者们靠着其强大的分析判断能力，敢于直言不讳地提出和坚持异议。监督者有很强的批判性，凡事都能找出一点问题。他们作决定的时候非常谨慎，思前想后，综合考虑各方面的因素，一个好的监督者很少出错。

2. 监督者的典型特征

他冷静，不会头脑发热，不太容易激动，每做一件事情都要谨慎思考和判断，能够精确判断，有时比较喜欢挑刺，喜欢找毛病，批判色彩很浓。

3. 监督者的优缺点

（1）优点：冷静，判断、辨别能力非常强。

（2）缺点：缺乏鼓舞他人的能力和热情，有时会毫无逻辑地挖苦和讽刺别人。

（七）凝聚者（Team Worker / TW）

1. 凝聚者的角色描述

凝聚者是团队中很积极的一个成员，他们温文尔雅，善于跟别人打交道，最可贵的地方是善解人意，总能够关心、理解、同情和支持别人。凝聚者通常处事非常灵活，他把自己同化到群体中去，让自己去适应别人的观念和想法。也有人说凝聚者是自我牺牲型的人，他们通常在团队当中是最听话的，不会发表对于同类不利的观点和想法。通常凝聚者在团队中不会对任何人构成危险，因而凝聚者在团队中广受欢迎，是团队的润滑剂。当团队有问题、有矛盾，关系复杂，冲突比较多的时候凝聚者的作用就非常重要。

2. 凝聚者的典型特征

他合作性非常强，信守“和为贵”；性情温和，敏感，对于任何人提出的建议他都会很在意，同样也很在意自己的行为给别人带来什么样的影响。

3. 凝集者的优缺点

(1) 优点：随机应变，善于化解各种矛盾，促进团队精神。

(2) 缺点：在危机的时刻往往显得优柔寡断，作决定的时候往往果断性不够；把作决定看做一件冒风险的事、可能影响人际关系的事；有时不愿意承担工作的压力，有推卸责任的嫌疑。

(八) 完美者 (Completer, Finisher / FI)

1. 完美者的角色描述

完美者具有一种持之以恒的毅力，做事非常注重细节，力求完美，追求卓越。完美者通常性格内向，工作动力源于内心的渴望，他们几乎不需要外界的刺激就能主动、自发地去做事情，他们不太可能去做没有把握的事情。完美者有 120%的把握后才会说："这事儿咱们可以实施了。"他们不打无把握之仗。

完美者对工作的要求很高，对下属也是同样。通常下属跟他一起工作的时候觉得很辛苦。完美者非常细致，对于工作的标准要求很高，总是担心授权下属去完成任务会做不到他所期望的结果，喜欢事必躬亲，不太愿意授权。他们无法忍受那些做事随随便便的人，很难跟这种人在一起配合。

2. 完美者的典型特征

他善于埋头苦干，守秩序，尽职尽责，有的时候比较容易焦虑，事事精益求精，对任何小的缺点都不放过。

3. 完美者的优缺点

(1) 优点：坚持不懈、精益求精。

(2) 缺点：容易为小事焦虑，不太愿意放手，有时吹毛求疵。

(九) 技术专家 (Expert)

1. 技术专家的角色描述

技术专家对团队来说是奉献的人，他们热衷于自己的本职专业，甘心奉献，他们为自己所拥有的专业和技能自豪。他们的工作就是要维护一种标准，而不能降低这个标准；他们陶醉在自己的专业中，一般对别人不太容易感兴趣。最终技术专家也会变成一个在狭窄领域里绝对的权威。

2. 技术专家的典型特征

他们诚心诚意、主动性很强、甘心奉献。

3. 技术专家的优缺点

(1) 优点：有奉献精神，有丰富的专业技能和知识，致力于维护专业的标准。

(2) 缺点：局限于狭窄的领导，专注于技术而忽略整个大局；容易忽视能力之外的一些因素。

进阶探索

贝尔宾团队角色测试

说明：对下列问题的回答，可能在不同程度上描绘了你的行为。每题有八句话，请将10分分配给这8个句子。分配的原则是：最能体现你行为的句子分值最高，依此类推。最极端的情况也可能是10分全部分配给其中的某一句话。请根据您的实际情况把分数填入后面的表中(表8-3)。

一、我认为我能为团队作出的贡献是：

A. 我能很快地发现并把握住新的机遇。

B. 我能与各种类型的人一起合作共事。

C. 我生来就爱出主意。

D. 我的能力在于，一旦发现某些对实现集体目标很有价值的人，我就及时把他们推荐出来。

E. 我能把事情办成，这主要靠我个人的实力。

F. 如果最终能导致有益的结果，我愿面对暂时的冷遇。

G. 我通常能意识到什么是现实的，什么是可能的。

H. 在选择行动方案时，我能不带倾向性也不带偏见地提出一个合理的替代方案。

二、在团队中，我可能的弱点有：

A. 如果会议没有得到很好的组织、控制和主持，我会感到不痛快。

B. 我容易对那些有高见而又没有适当地发表出来的人表现得过于宽容。

C. 只要集体在讨论新的观点，我总是说得太多。

D. 我的客观看法，使我很难与同事们打成一片。

E. 在一定要把事情办成的情况下，我有时使人感到特别强硬甚至专断。

F. 可能由于我过分重视集体的气氛，我发现自己很难与众不同。

G. 我易于陷入突发的想象中，而忘了正在进行的事情。

H. 我的同事认为我过分注意细节，总有不必要的担心，怕把事情搞糟。

三、当我与其他人共同进行一项工作时：

A. 我有在不施加任何压力的情况下去影响其他人的能力。

B. 我随时注意防止粗心和工作中的疏忽。

C. 我愿意施加压力以换取行动，确保会议不是在浪费时间或离题太远。

D. 在提出独到的见解方面，我是数一数二的。

E. 对于与大家共同利益有关的积极建议我总是乐于支持的。

F. 我热衷寻求最新的思想和新的发展。

G. 我相信我的判断能力有助于我作出正确的选择。

H. 我能使人放心的是，对那些最基本的工作，我都能组织得井井有条。

四、我在工作团队中的特征是：

A. 我有兴趣更多地了解我的同事。

B. 我经常向别人的见解进行挑战或坚持自己的意见。

C. 在辩论中，我通常能找到论据去推翻那些不甚有理的主张。

D. 我认为，只要计划必须开始执行，我有推动工作运转的才能。

E. 我不在意使自己太突出或出人意料。

F. 对承担的任何工作，我都能做到尽善尽美。

G. 我乐于与工作团队以外的人进行联系。

H. 尽管我对所有的观点都感兴趣，但这并不影响我在必要的时候下决心。

五、在工作中我得到满足，因为：

A. 我喜欢分析情况，权衡所有可能的选择。

B. 我对寻找解决问题的可行方案感兴趣。

C. 我感到，我在促进良好的工作关系。

D. 我能对决策有强烈的影响。

E. 我能适应那些有新意的人。

F. 我能使人们在某项必要的行动上达成一致的意见。

G. 我感到我的身上有一种能使我全身心地投入到工作中去的气质。

H. 我很高兴能找到一块可以发挥我想象力的天地。

六、如果突然给我一件困难的工作，而且时间有限，人员不熟：

A. 在有新方案之前，我宁愿先躲进角落，拟定出一个解脱困境的方案。

B. 我比较愿意与那些表现出积极态度的人一道工作。

C. 我会设想通过用人所长的方法来减轻工作负担。

D. 我天生的紧迫感，将有助于我们不会落在计划后面。

E. 我认为我能保持头脑冷静，富有条理地思考问题。

F. 尽管困难重重，我也能保证目标始终如一。

G. 如果集体工作没有进展，我会采取积极措施去加以推动。

H. 我愿意展开广泛的讨论，意在激发新思想，推动工作。

七、对于那些在团队工作中或与周围人共事时所遇到的问题：

A. 我很容易对那些阻碍前进的人表现出不耐烦。

B. 别人可能批评我太重分析而缺少自觉。

C. 我有做好工作的愿望，能确保工作的持续进展。

D. 我常常容易产生厌烦感，需要一两个有激情的人使我振作起来。

E. 如果目标不明确，我起步就会很困难。

F. 对于我遇到的复杂问题，我有时不善于加以解释和澄清。

G. 对于那些我不能做的事，我有意识地求助他人。

H. 当我与真正的对立面发生冲突时，我没有把握使对方理解我的观点。

表 8-3 自我评价分析表

题号	IMP		CO		SH		PL		RI		ME		TW		FI	
一	G		D		F		C		A		H		B		E	
二	A		B		E		G		C		D		F		H	
三	H		A		C		D		F		G		E		B	
四	D		H		B		E		G		C		A		F	
五	B		F		D		H		E		A		C		G	
六	F		C		G		A		H		E		B		D	
七	E		G		A		F		D		B		H		C	
总计																

——http：//www.apesk.com/belbin/.

在一个团队中每一种角色都很重要。一个团队既需要具有技术专长的成员如实干者、专家，也需要具有解决问题能力和决策技能，能够发现问题，提出解决问题的建议，并权衡这些建议，然后作出有效选择的成员，如创新者、完美者、信息者、推进者、监督者，当然也少不了协调者和凝聚者这类善于倾听、反馈、解决冲突及其他人际关系问题的成员。各种角色类型在团队中的作用见表 8-4。

表 8-4 各种角色类型在团队中的作用

角色类型	在团队中的作用
实干者 IMP	· 把谈话与建议转换为实际步骤 · 考虑什么是行得通的，什么是行不通的 · 整理建议，使之与已经取得一致意见的计划和已有的系统相配合
协调者 CO	· 时刻想着团队的大目标，明确团队的目标和方向 · 选择需要决策的问题，并明确它们的先后顺序 · 帮助确定团队中的角色分工、责任和工作界限 · 总结团队的感受和成就，综合团队的建议
推进者 SH	· 寻找和发现团队讨论中可能的方案 · 使团队内的任务和目标成形 · 推动团队达成一致意见，并朝向决策行动。经常自觉不自觉地在团队中扮演一个二领导的角色，即推进者可能不是名义上的领导（协调者一般是领导），但推进者却给人二老板的感觉
创新者 PL	· 提供建议 · 提出批评并有助于引出相反意见
信息者 RI	· 提出建议，并引入外部信息 · 接触持有其他观点的个体或群体 · 参加磋商性质的活动
监督者 ME	· 团队的守门员 · 分析问题和情景 · 对繁杂的材料予以简化，并澄清模糊不清的问题 · 对他人的判断和作用作出评价

创新者首先提出观点；
信息者及时提供炮弹；
实干者开始运筹计划；
推进者希望散会后赶紧实施；
协调者在想谁干合适；
监督者开始泼冷水；
完美者吹毛求疵；
凝聚者润滑调适。

表 8-4(续)

角色类型	在团队中的作用
凝聚者 TW	· 给予他人支持,并帮助别人 · 打破讨论中的沉默 · 采取行动扭转或克服团队中的分歧
完美者 FI	· 强调任务的目标要求和活动日程表 · 在方案中寻找并指出错误、遗漏和被忽视的内容 · 刺激其他人参加活动,并促使团队成员产生时间紧迫的感觉
技术专家 Expert	· 为团队的产品和服务提供专业的支持

一个人不可能完美，但团队可以。一个人不可能具有九个角色特征，所以一个人不可能承担团队中的全部角色，但团队可以通过不同角色的组合而达到完满。团队可以通过招聘、训练、角色分配等方法来完善团队功能。团队中的每一个角色都是优点、缺点共存的，团队领导要善于用人之长，容人之短，尊重角色差异，发挥个性特征。角色并无好坏之分，关键是要找到与角色特征相契合的工作，各尽其能。

三个臭皮匠赛过诸葛亮。

——民谚

尊重团队角色差异。每个人的角色特征是长期养成的，不能断言哪一种角色类型就是绝对好或绝对坏。领导者应该允许不同角色特征的存在，接受人与人不同的事实，并尊重别人的不同。

团队的构成实际上就是一个平衡的问题。团队需要的不是一个个平衡的个体，而是组合起来以后平衡的群体。团队中的每个人都是既能够满足特定需要而又不与其他的角色重复的人。这样，人类的弱点才能被克服，优点也就能充分释放。

视野拓展

天堂和地狱

天堂就是：厨师是法国人，警察是英国人，修车技师是德国人，公共行政人员是瑞士人，夫人是热情如火的意大利人。

地狱就是：厨师是英国人，警察是德国人，修车技师是法国人，公共行政人员是意大利人，夫人是冷若冰霜的瑞士人。

适才适所方能形成卓越团队！

二、团队发展

根据团队发展阶段模型（Tuckman Stages of Team Development Model），一个团队在成长、迎接挑战、处理问题、发现方案、规划、处置结果等经历过程中必然要经过以下四个阶段，见表 8-5。

表 8-5 团队发展阶段模型

3. 规范期(Normalizing) 凝聚力形成 • 加强互助合作技巧，形成默契，达到自动自发 • 清楚明白职责 • 了解彼此行事风格 • 目标明确 • 任务为先，目标第一	2. 风暴动荡期(Storming) 冲突产生 • 具有基本合作技巧的团队，能达成简易任务 • 各有想法及意见 • 个性相异产生冲突 • 意见分歧 • 权力运用
4. 绩效表现期(Performing) 彼此信赖相互依靠 • 着眼于各项任务的完成 • 厘清角色扮演与职责所在 • 能吸收、吸引新成员 • 各方面皆有良好互动技巧	1. 形成期(Forming) 依赖，依靠 • 提出问题 • 界定角色 • 了解目标及任务 • 彼此了解有限

(一) 形成期 (Forming)

1. 形成期的特点

当一个团队正在形成时，团队成员通常会很谨慎地观察及试探团队能接受的行为程度。如不太会游泳的人在池边试探性地将脚趾头伸入池内的状况即是如此。这个阶段正是由个人自我转换成为团队成员的阶段，同时也是正式及非正式测试领导者的领导方式的阶段。

形成期阶段团队成员的行为是较为礼貌和客气的。这种礼貌和客气含有一种试探的成分，因为团队成员不知道团队将会在一起做些什么，而自己周围的成员又会是什么样的人。大家最初聚集在一起，对彼此都有着好奇，也乐于敞开自己的一部分让别人了解和认识，以身为团队的一分子为骄傲。在这个阶段，成员也有可能会尝试着做出某种行为，来测试团队成员对这种行为的接受度。总而言之，在形成期，所有的成员都在尝试和试探，试图摸索和找到自己合适的位置。

形成期对团队的发展至关重要。因为形成期会极大地影响团体成员形成共同遵守的规范。团队在形成期如果可以形成团体成员都认可的团队规范，且这些规范能够确保团队在冲突或矛盾之时仍能保持沟通和对话，那么团队组建就算成功了一半。

2. 如何帮助团队度过形成期

(1) 宣布你对团队的期望是什么。明确希望通过团队建设，在若干时间后，取得什么样的成就，达到什么样的规模。明确愿景，告诉团队成员，我们的愿景目标是什么，向何处去。

(2) 为团队提供明确的方向和目标。在跟团队成员分享这个目标的时候，要展现出自信心。因为你如果自己都觉得这个目标高不可攀，那么团队成员就不会有信心。

(3) 提供团队所需要的一些资讯、信息。比如要一个小组的成员到东北成立一个分公司，就必须给他们足够的资讯，包括竞争对手在这个商圈中的分布，市场占有率分别是多少，计划在这个区域投入多少资本。

(4) 帮助团队成员形成积极的行为团队规范。

首先，帮助成员彼此认识。初识阶段大家还不知道你是谁、我是谁，自己有一些特长，还不好意思介绍出来，所以这个时候有必要让团队的成员彼此认识。你要告诉他们，哪位成员身上怀有什么样的绝技，这样容易让彼此形成对对方的尊重，为以后的团队合作奠定良好的基础。

进阶探索

破冰游戏：认识你真好

在组建团队的初期不妨通过“破冰”游戏来打破团队成员由于生疏所产生的隔阂和疏远，促进每一个团队成员通过彼此的认识，形成良好的印象和感觉，初步建立一种比较融洽的气氛，为后面团队精神的培养、合作气氛的营建奠定基础。常用的破冰游戏有：

1. 车轮式个人介绍：

(1) 小组成员围成一圈，任意提名一位成员自我介绍兴趣爱好、姓名，如：我是喜欢打篮球的张三。

(2) 第二名成员轮流介绍，但是要说：我是坐在喜欢打篮球的张三旁边的喜欢看小说的李四。

(3) 第三名成员说：我是坐在喜欢打篮球的张三旁边的喜欢看小说的李四旁边的喜欢玩极限运动的王五。

(4) 依次下去，最后介绍的一名成员要将前面所有成员的兴趣爱好、名字复述一遍。

2. 面对面介绍

游戏规则：将所有人排成两个同心圆，随着音乐声作同心圆转动，歌声一停，面对面的两人要相互自我介绍。

(1) 排成相对的两个同心圆，边唱边转，内外圈的旋转方向相反。

(2) 音乐声告一段落时停止转动，面对面的人彼此握手寒暄并相互自我介绍。音乐声再起时，游戏继续进行。

此外，常用的破冰游戏还有大树与松树、猜猜我是谁、代号接龙、交换名字，等等。

其次，形成积极倾听及发问的团队规范。我们都经历过这样的画面：开会时大家议论纷纷，却无人倾听。每个人都对自己所说的更感兴趣。这种情况下的团队绝不可能良好运作。在这种氛围下，团队成员之间并非在对话和沟通——既无人倾听也无人提问。倾听和发问是团队形成期要建立的重要规范。形成积极倾听和发问的团队规范是良好团队决策的基础。

积极倾听时，团队将处于这样的氛围：每个人都在努力达成共识。在积极倾听的氛围下，人们形成自己的看法和见解并进行交换、解释、提问、添加、变化，最终得到共识。这时团队成员是彼此信任和开放的。在工作中，好的倾听也能够带来更高的绩效水平。

视野拓展

怎样在团队中实现有效沟通

有效的倾听在团队中特别难以实现。在一对一的对话中，你可能有一半时间在倾听；而在团队中，你倾听的时间可能会达到65%~90%。如此多的人在交流，倾听就变得较为困难，而让别人倾听却较为容易。这就是为什么团队需要形成一些清楚的沟通管理制度，以便让团队成员在交流时遵循。这些惯例包括：

(1) 轮流发言。要注意团队其他成员用非语言方式表达出来的想要发言的要求，而且要帮助他们获得发言机会；要提醒大家关注他们的发言，要请别人发言，某人发言被忽略时要提醒团队成员注意听。

(2) 倾听。不要打断别人。带着开放的思维和支持的立场去倾听。好的倾听者是那些能包容别人，并会用语言或非语言方式作出反应来鼓励别人进行有效沟通的人。

(3) 提一些问题来帮助他人厘清想法和信息。以支持的立场提出问题。提问时要注意内容、思想和分析，而不是把注意力集中于个体身上。在评价好的倾听者时，人们会将支持和准确列于首位。

遵循这些管理制度你就可以创造一个有益的沟通氛围。而作为一名团队成员，在这样的氛围里，你会受到鼓励，愿意把你的想法和感受与大家分享，因为团队中其他人确实在倾听并且他们真的想要理解你。

(二) 风暴动荡期 (Storming)

随着时间的推移，一系列的问题都开始暴露出来，团队成员从一开始的彬彬有礼、互相比较尊重，慢慢地发现了每个人身上所隐藏的缺点，慢慢会看到团队当中一些不尽如人意的地方，比如团队的领导朝令夕改，比如团队运行的效率低下，等等。此时团队进入到了第二个阶段——风暴动荡期。

1. 风暴动荡期的特点

团队的风暴动荡期的特点体现在以下方面：人们遇到了新观念的挑战，成员间、领导者与成员间发生了一些冲突；在其他团队和传统的组织结构中没有碰到的新技术以及一些人们觉得不适应的、过去在组织中没有的新规范会带来挑战。

这一时期对团队而言是最难渡过的一关，就像人落水后快要溺水，挣扎活命的情形一样，大家开始真正体认到任务的困难远超过想象，团队开始互相试探甚至责难，或是过分热忱以博取他人好感。就好像谈恋爱的两个人，经过浪漫的阶段后，开始了解到彼此的缺点、不足，产生出挫折和焦虑感。团队也存在这样一个阶段。这个阶段团队会出现内部的分裂，成员表现出真实的自我，有些人会表现得很强势，有些则很弱势。有些人表现出让另一些人不满的做法，团队充满了火药味。成员们会把注意力和焦点过多地放在人际关系上，而忽略团队的共同目标。

2. 如何帮助团队度过第二阶段

风暴期看起来让人沮丧，但它是团队发展不可避免的阶段，是一个充满危机和转机的阶段。这个阶段人们才开始逐渐意识到彼此的特点和差异性，体会到彼此真实的存在。这个阶段也会发生各种让领导者倍感棘手的冲突、矛盾和问题。但化解这些困难，能够帮助团队凝聚人心，朝高绩效的团队目标努力。

(1) 这一时期最关键的问题在于如何安抚人心。团队领导者要认识并处理各种矛盾和冲突。例如某一派或某一个人的力量绝对强大，那么作为团队领导者要适时地化解这些权威和权力，绝对不允许以一个人的权力打压其他人的贡献。同时也要注意鼓励团队成员针对有争议的问题发表自己的看法。

进阶探索

在团队中如何让会议开得更有效？

观察一次你参与的团队会议，记下每次观察到的下列障碍以及排除障碍的过程（表 8–6）。

表 8–6 记录表

障碍	
讲话时挖苦、贬低别人	
唐突地打断别人	
忽视别人的发言机会	
提的问题别有用心	
对发言者抱有成见并依此对其作出评价	
对人而非问题品头论足	
老打岔	
对别有用心的言辞作出反应	
不是在倾听，而是在反驳别人	
注意细节而丢了主题思想	
排除障碍的对话过程	
帮助团队某一成员获得发言权	
提一些显示你在积极倾听的问题	
给予发言者无声的支持	
复述并确认	
提旨在弄清意思的问题	
提一些测试对方的推理和依据的问题，但不攻击别人	
提一些旨在探究信息的问题	
向发言者提一些有关内容背景方面的问题	
以剖析自我的方式支持发言者	
检测团队沟通过程的道德规范	

(2) 建立工作规范。没有工作规范、工作标准约束，就会造成一种不均衡，这种均衡也就会产生冲突。此外，一个团队中如果某一个人老是付出而另外一个人老是获得，这就是鞭打快牛，不公平，这种情形下也可能会产生冲突。因此，团队领导者要在这一时期用规范的管理制度来约束团队成员，订立一个普遍认同的合作规范，采取一种公平的管理原则。

进阶探索

团队分析练习

假设有以下一个例子，请帮助分析这个团队所存在的问题，并提出解决方案。

一个非营利组织有自己的一些雇员，同时有大量的志愿者与非营利组织的雇员共同组建团队开展工作。其中有一个团队由六名社区志愿者和三名全职雇员组成。他们负责起草并实施一些社区扩展计划。在3个月内，他们每周碰一次头，有很多很妙的想法当时都记录了下来，最后却一事无成。团队存在以下困难：

(1) 每次开会都有不同的面孔。

(2) 拿薪水的雇员永远不清楚哪些志愿者会在哪次会上露面。

(3) 团队成员总是无法知道一名志愿者何时会退出，另一名志愿者何时会顶上。

(4) 与会者中只有一半人员知道会议的来龙去脉以及团队的目标。

(5) 没有凝聚力或团队认同感。

假设你是拿薪水的雇员，你有责任改进这种状况。请分析一下，这个团队存在的问题是什么？该如何应对这些问题？

(三) 规范期 (Normalizing)

随着时间的推移、技能的提升，团队会进入稳定期，这是团队发展的第三个阶段。在此阶段中，人际关系开始解冻，由敌对情绪转向相互合作，成员言归于好，人们开始互相沟通，寻求解决问题的办法，达成共识，产生对团队的责任心及效忠态度。大家不但接受团队基本规范(或标准)，以及彼此在团队中所扮演的角色，而且包容每位伙伴的独特性；同时因为先前彼此较劲的紧张关系也演变成为更合群的合作关系，因此情绪上的不愉快和冲突也就减少了许多。通过第二个阶段的磨合，进入规范期以后，成员的工作技能开始慢慢提升，新的技术慢慢被掌握。

1. 团队在规范期的表现

在规范期时，团队开始形成良性的沟通氛围，成员的信任感增强。人际关系由敌对走向合作，成员间彼此更加友善，可以分享自己的想法和情感。团队成员感受到了团队的凝聚力，开始建立工作规范和流程，团队特色逐渐形成。

2. 怎样帮团队度过第三个阶段（图 8-4）

图 8-4 规范期的要素

这一阶段最危险的状况就是团队成员因为害怕冲突，不敢提一些正面的建议，生怕得罪他人。团队精神、凝聚力、合作意识能不能形成，关键就在这一阶段。团队要顺利地度过第三个阶段，最重要的是形成团队的文化和氛围。团队文化不可能通过移植实现，但可以借鉴、参考，形成自己的文化。

（1）打造团队愿景——让目标引航。人因梦想而伟大，团队亦然。愿景是勾画团队未来的一幅蓝图，是明日的美梦与机会。它告诉团队“将来会怎么样”。具有挑战性的愿景可能永远也无法实现，但它会激起团队成员勇往直前的斗志。建立团队文化首要的任务就是确立目标，目标是团队存在的理由，也是团队运作的核心动力。没有目标的团队只会走一步看一步，处于投机和侥幸的不确定状态中，风险系数加大；就像汪洋中的一条船，不仅会迷失方向，也难免触礁。目标是发展团队合作的一面旗帜。团队目标的实现关系到全体成员的利益，自然也是鼓舞大家斗志、协调大家行动的关键因素。

（2）培养团队合作

团队领导者首先要带头鼓励合作而不是竞争。肯迪尼曾说，前进的最佳方式是与别人一道前进。很多团队领导者热衷于竞争，嫉妒他人的业绩和才能，生怕下属的成就超过自己，而事实上没有一个领导者会因为自己的下属做得好、表现优秀而吃尽苦头。成功的领导者总是力求通过合作来消除分歧、达成共识，建立一种互信的领导模式。其次，要建立长久的互动关系，就要创造一些持续的机会让团队成员融为一体，例如一起培训，一起搞竞赛，举行团队的会议、激励的活动，等等。最后，要强调长远的利益，要使团队成员拥有共同的未来前景，让大家相信团队可以走到这一步。这时人们就不会计较眼前的一些得失，会主动合作达成愿景。

（3）提升团队士气

拿破仑曾说过，一支军队的实力四分之三靠的是士气。如果团队成员赞同、拥护团队目标，他们会觉得自己的要求和愿望在目标中有所体现，士气就会高涨。在团队中，只有在公平、合理、同工同酬、奖勤罚懒的情形下人们的积极性才会提升，士气才会高昂。另外，团队个人对工作非常热爱、感兴趣，而且工作也适合个人的能力与特长，士气就高。团队领导者应该根据团队成员个体的智力、才能、兴趣以及技术特长来安排工作，把适当的人在适当的时间放在适当的位置上。此外，团队领导者作风民主、广开言路、乐于接纳意见、办事公道、遇事能同大家商量、善于体谅和关怀下属，这时士气会非常高昂；而独断专行、压抑成员想法和意见的团队领导会降低团队成员的士气。

进阶探索

团队协作游戏：硫酸河

目的：通过这项活动，让成员们更了解团队所需的要件。

道具：每人一块踏板（长约30厘米、宽约15厘米的板子均可）。

说明：一个好的团队需要一些什么要件呢？各位想象一下，前面是一条硫酸河，各位必须利用手中法宝来渡河，把各位都送到光明的对岸！

规则：

1. 出发点到对面的距离=人数+3步。
2. 询问“团队需要什么？”，将踏板发给成员。
3. 引导员发给每位成员一块踏板。所有学员需从出发点出发；每位学员的踏板不能离开身体，否则没收。全部成员需渡到对岸。
4. 活动进行中，任何成员接触到河水就要重来。
5. 直到全部成员渡到对岸，任务才算完成。

引导讨论：

1. （活动进行前）一个好的团队，需要什么样的条件？
2. （活动完成后）各位之前所列出来的“一个好的团队”之特质，有哪些各位刚才用到了？
3. 资源有限的情况下，你觉得保持彼此间联系的困难点在哪里？为什么？你在工作上遇到过类似的挑战吗？

（四）绩效表现期（Performing）

度过第三个阶段，规范期的团队就可以进入到绩效表现期，这时候的团队也叫高绩效的团队。在这个阶段，团队已经建立良好关系，也有对团队的期望，团队可以真正恣意地表现，判断问题所在并解决之，并找出可以改善的地方去完成它。成员们也可以找出彼此的优缺点，明确每个人所扮演的角色；在最后的阶段，他们可以悠游自在地在舞台展现自己。

1. 团队在绩效表现期的表现

在这个阶段，团队成员间已经达成了高度的理解和信任，彼此非常熟悉各自的特点，并能够欣赏彼此。团队成员在达成目标的过程中，体会到自我的成长和改变。团队这时即使有问题产生，也会有人提出问题，并号召全体成员共同解决问题，其他成员则会建设性地分享个人的观点和信息。团队成员在完成任务的过程中，会得到极大的满足感和成就感。

2. 如何带领绩效表现期的团队

一个高绩效团队维持得越久越好，但我们怎样去维持？

（1）随时更新工作方法和流程，并不是过去制订的一套方法和流程是对的，我们就不需要改变它。时间推移了，工作方法也需要调整，所以要保持团队不断学习的一种劲头。

（2）领导者要把自己当作团队的一分子去工作，不要把自己当成团队的长者、长官。

（3）在一个成熟的团队中，领导者应该鼓励团队成员，给他们一些承诺，而不是命令。有时资深的团队成员反感自上而下的命令式的方法。

（4）要给团队成员具有挑战性的目标。

（5）监控工作的进展，比如看一看团队在时间过半的情况下，任务是否已经完成了一半，是超额还是不足。领导者在进行监控反馈的过程中既要承认个人的贡献，也要庆祝团队整体的成就，毕竟大家经过磨合已经形成了合力，所以团队的贡献是至关重要的。当然也要承认个人的努力。

进阶探索

团队协作游戏：合作建绳房

目的：锻炼团队中的领导能力，增强队员之间沟通能力，从而达到高效快速完成任务的目的。

材料：3 条绳子，长度分别为 20 米、18 米、12 米，发给每人一个眼罩。

场地：空地

规则：先把团队成员分为 3 个小组。小组 1：20 米的绳子；小组 2：18 米的绳子；小组 3：12 米的绳子。

发给每人一个眼罩，通知他们带上眼罩后，宣布每个小组要完成的任务：

小组 1：建一个三角形（△）；小组 2：建一个正方形（□）；小组 3：建一个圆形（○）。

当每个小组都完成第一阶段后，告诉 3 个小组的全体人员，要他们统一起来建一个绳房子。

有关讨论：

对比第一阶段及第二阶段，哪一个阶段更加混乱，为什么？

如果你作为领导，你会怎样组织第二阶段以尽快更好地完成任务？

第四节 团队凝聚力管理

一、提升团队凝聚力

团队的凝聚力是针对团队和成员之间的关系而言的。团队精神表现为团队强烈的归属感和一体性，每个团队成员都能强烈感受到自己是团队当中的一分子，把个人工作和团队目标联系在一起，对团队表现出一种忠诚，对团队的业绩表现出一种荣誉感，对团队的成功表现出一种骄傲，对团队的困境表现出一种忧虑。

团队最难的窘境是“三个和尚没水喝”。管理学中有两个定律：一个是华盛顿合作定律，即一个人敷衍了事，两个人互相推诿，三个人则永无成事之日，用中国的一句话来说说，就是“三个和尚没水喝”；另一个定律是邦尼人力定律，即一个人一分钟可挖一个洞，六十个人一秒钟却挖不了一个洞。在传统的团队协作中，这两个定律会导致团队的窘境。

当个人目标和团队目标一致的时候，凝聚力才能更深刻地体现出来。

（一）凝聚力高的团队的特征

(1) 团队内的沟通渠道比较畅通、信息交流频繁，大家觉得沟通是工作中的一部分，不会存在什么障碍。

(2) 团队成员的参与意识较强，人际关系和谐，成员间不会有压抑的感觉。

(3) 团队成员有强烈的归属感，并为成为团队的一分子觉得骄傲，愿意把自己作为这个团队中的一分子，跳槽的现象相应较少。

(4) 团队成员间会彼此关心、互相尊重。

(5) 团队成员有较强的事业心和责任感，愿意承担团队的任务，集体主义精神盛行。

(6) 团队为成员的成长与发展、自我价值的实现提供了便利的条件。领导者、其他的成员都愿意为自身及他人的发展付出。

（二）凝聚力的影响因素

(1) 从外部看，当团队遇到威胁时，无论团队内部曾经发生过或正在发生什么问题、困难、矛盾，这时团队成员会暂时放弃前嫌，一致应对外来威胁。通常外来威胁越高，造成的影响越大，压力越大，团队所表现出的凝聚力也会越强。当然，如果团队成员感到团队根本没有办法应付外来的威胁和压力，就不愿意再去努力了。

(2) 从内部看，有这样一些因素影响凝聚力的高低：

①团队领导人的风格、类型。领导是团队行为的导向和核心，采取什么样的领导方式将直接影响凝聚力的高低。在民主的领导方式之下，团队成员愿意表达自己的意见和参与决策，这时其积极性高、凝聚力比较强；而在专制、独裁、武断的领导方式下，下属参与的机会比较少，员工的满意度相应比较低，牢骚满腹，私下的攻击性言论也相应增多，

凝聚力也就较低；在放任型的领导方式下，团队成员就像一盘散沙，人心涣散，谈不上集体主义，也谈不上团队的规则，更谈不上凝聚力。

②团队的规模。团队的规模越大越容易造成沟通受阻，意见分歧的可能性也会增大；大规模的团队人员之间的接触相应较少，关系也不顺畅，容易人浮于事、互相扯皮、不负责任、办事拖拉；团队的规模越大，产生小团队的可能性就越大，小山头、小派系这时可能就会出现。通常团队的人数在10~15个人之间较好。

③团队的目标。团队目标如果跟个人的目标一致，有吸引力、号召力，这时团队成员就愿意合作完成任务，凝聚力会增强；反过来，如果个人目标和团队目标不关联，个人的想法是多挣钱，团队的目标是获得荣誉，这时合作就会减少，感情趋于冷淡，凝聚力也就降低。

④奖励方式或激励机制。个人奖励和集体奖励有不同的作用：集体奖励会增强团队的凝聚力，会使成员意识到个人的利益和荣誉与所在团队不可分割；个人奖励可能会增强团队成员间的竞争力，但这样一种方式会导致个人只顾自己，在团队内部形成一种压力，协作、凝聚可能会弱化。建议两者都要考虑，承认团队的贡献，也要承认个人成绩。

⑤团队以往达成目标的状况。如果团队一贯有好的表现，其就能根据团队目标很好运行，这时团队成员就会觉得这是一个英雄的团队，在这样的团队中会有荣誉感，就会受到激发，做得更好。通常成功的企业更容易吸引优秀的员工加入。

视野拓展

团队共识与团队凝聚力

许多学者认为，团队凝聚力的核心是在团队成员之间就共同价值观和某些原则达成共识。因此，建设团队凝聚力的主要任务是建立上述共识。魏斯特（West M.A.）提出了达成共识的五个方面，并以此作为指导团队建设的原则：

(1) 明确。必须明确团队的目标、价值观及指导方针，而且这是经过多次讨论的。

(2) 鼓动性价值观。这些观点必须是团队成员相信并且愿意努力工作去实现的。

(3) 力所能及。团队目标必须是团队确实能够实现的——确定不现实或无法达到的目标是没有用的，因为这只会使人更想放弃。

(4) 共识。所有团队成员都支持这一观点是至关重要的，否则他们可能发现各自的目标彼此相反或无法调和。

(5) 未来潜力。团队共识必须具有在未来进一步发展的潜力。拥有固定的、无法改变的团队共识是没有意义的。因为人员在变，组织在变，工作的性质也在变，团队需要经常重新审视团队共识，以确保它们仍然能够适应新的情况和新的环境。

二、调停团队冲突

团队中的成员在交往中往往会产生意见分歧，出现争论、对抗，导致彼此间关系紧张，产生冲突。团队领导必须接受这样一个事实：任何时候把两个或两个以上的人放在一起都会产生潜在的冲突。

有时工作上的冲突是围绕着怎样把工作做好而产生的，并不是负面的，反而是积极有效的，这是很正常的现象；但因为工作冲突弄得面红耳赤，就会影响人际关系，这时的工作冲突就会演变成人际关系的冲突，会带来一些消极的影响。

例如，团队因为圆满完成任务而获得一笔奖金，这时团队成员围绕着如何使用奖金就会发生一些争议：有人主张把奖金发放给全体成员，也有人主张留下来用于团队的继续发展和提高，这就出现了两者的争议。一个销售经理可能希望储备很多产品存货，以保证客户需要时能快速供货；但对于生产经理来说，他要求限制库存，压缩仓储成本。

在以上这两种情况中，所有人的意图都很好，但如果都坚持各自的观点，这时冲突就不可避免。

（一）冲突一定是坏事吗

有效地解决冲突有时反而能够带来解决问题的示范。冲突并非都是负面的，冲突可以调整与解决存在的问题，有时更是矛盾的转机，使人与人之间更为亲密。

（二）导致冲突产生的因素

1. 沟通

沟通不良，过多或过少会都导致冲突。当沟通过多的时候，人们就会突破防线，把不该说的话都说了，这时就会形成一种潜在冲突源；而沟通过少显然会导致冲突。

沟通过程中的一些不良因素有语义理解困难、沟通中的噪音、误解、多个渠道传播导致误解原意。

2. 团队的结构

(1) 当团队的规模越来越大、任务越来越专门化的时候，个人的分工非常细致，每个人都有自己的工作范围和界限，别人不能越雷池半步，这时冲突的可能性也会加大。

(2) 任职的时间和冲突成反比例。团队成员越年轻，在这个团队工作时间越短，冲突的可能性越大。

(3) 管理范围的模糊性也增加了群体间为控制资源和领域而产生的冲突。

(4) 参与的风格和冲突也有高度相关性。参与性越强，越鼓励人们提出不同的见解，这时冲突的可能性就会加大。

3. 个人因素

(1) 有些人在看别人时，第一眼就不太喜欢，以至于对他很多的观点也不赞成，甚至讨厌他的一言一行。如果和他一起共事，冲突就在所难免。

(2) 个人的价值观和个人的特性。价值观方面的差异给冲突带来的影响非常大，两人本没有矛盾，但就是因为个人价值观不同就会产生冲突；而专制、缺乏自尊，也是冲突潜在的原因。

这三点会成为冲突的源泉，尽管其没有真正导致冲突出现，但是构成了冲突的隐性或潜在因素。

（三）如何有效调停冲突

有人的地方就有冲突，生活学习中的冲突可能无时无刻不在发生。有些冲突显而易见，有些暗潮汹涌，有些危及个人发展、团队存亡，有些不值一提。你应该正确面对它、分析它、解决它，从而明朗人际气氛，提升团队产能，化危机为转机。

美国的行为科学家托马斯（K.Thomas）和他的同事克尔曼提出了一种两维模式，即以沟通者的潜在意向为基础，认为冲突发生后，参与者有两种策略可供选择：关心自己和关心他人。其中，“关心自己”表示在追求个人利益过程中的武断程度，为纵坐标；“关心他人”表示在追求个人利益过程中与他人合作的程度，为横坐标。以此定义冲突行为的二维空间。于是就出现了五种不同的冲突处理的策略：竞争、合作、妥协、迁就和回避（图 8–5）。

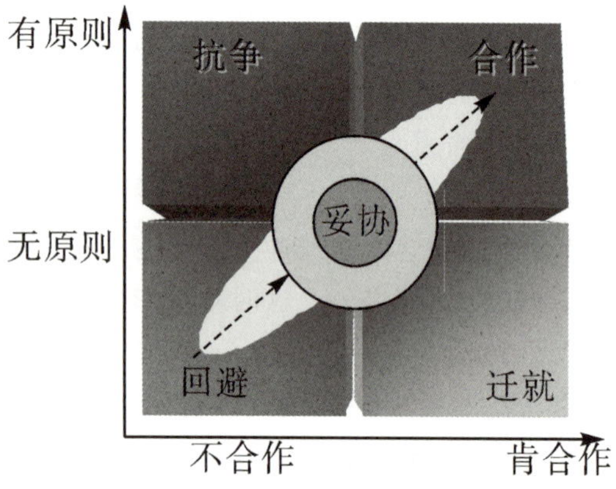

图 8–5　托马斯解决冲突二维模式

1. 抗争策略

描述：牺牲别人利益换取自己的利益，以权力为中心，为实现自己的主张，可以动用一切权力，包括职权、说服力、威逼利诱，又称强迫式策略。

行为特点：对抗的、武断的和挑衅的，为了取胜不惜任何代价。

采用理由：适者生存、优越性必须得到证明、于情于理多数是我对。

· 当快速决策非常重要时，如紧急情况；

· 执行重要的且又不受欢迎的行动计划时，如严重违反规章制度需要严肃执行纪律时；

· 对团队是重要的事情，你深知这样做是对的；

· 对待企图利用你的非竞争行为的人。

缺点：对重要事件的把握，可能出现个人经验主义；不能触及冲突的根本原因，不能令对方心服口服。

2. 迁就（顺从）策略

描述：一方为了抚慰另一方，可能愿意把对方的利益放在自己的位置之上；迁就是为了维持相互关系，一方愿意自我牺牲，屈从于他人观点。迁就他人自然会受到欢迎，但也被认为是软弱的表现。例如尽管自己不同意，还是支持他人的意见，或原谅某人的违规行为并允许他继续这样做。

行为特点：宽容，为了合作不惜牺牲个人利益。

采用理由：不值得冒险去破坏关系或制造普遍的不和谐。

· 当你认为自己错了；
· 当结局对对方比对自己更重要时——满足对方并保持合作；
· 当你不及对方或输掉的时候，为了使损失最小；
· 为将来重要的事情建立信用基础；
· 当竞争只会损坏你要达成的目标时；
· 当和谐及稳定比分裂更重要时；
· 帮助员工发展，允许他们从错误中吸取教训。

缺点：虽有助于维持关系和谐，但可能在重要问题上牺牲个人原则和目标，被视为软弱。

3. 回避策略

描述：一个人意识到了冲突的存在，但希望逃避它或抑制它；既不合作，也不维护自身的利益，一躲了之；试图忽略冲突，回避其他人与自己不同的意见。

行为特点：不合作、不武断，忽视或放过问题，否认这是个问题。

采用理由：分歧太大或太小，难以解决，解决分歧的意图也许会破坏关系或产生更严重的问题。

· 当问题似乎是其他问题的附带问题时；
· 当你感觉没有希望满足你的利益时；
· 使人们冷静下来并收回观点时；
· 当收集信息比制定一个直接的决策更重要时；
· 当问题很琐碎或有更重要的问题需要解决时；
· 冲突带来的损失会大于解决问题带来的利益；
· 当别人可以更有效地处理这一冲突时；

缺点：可以维持暂时的平衡，但不能最终解决问题。

4. 合作策略

描述：主动与对方一起寻求解决问题的办法，互惠互利，双方的意图是坦率澄清差异并找到解决问题的办法，而不是迁就不同的观点；是一种双赢策略，通常较受欢迎。

行为特点：双方的需要都是合理的、重要的，相互高度尊重，以合作解决问题。

采用理由：当双方公开坦诚地讨论问题时，就能找到互惠的解决方案，无需任何人作出让步。

· 解决有关冲突方面的感情问题；

· 当冲突各方都认为妥协对各方的目标实现都非常重要时；

· 当你的目的是学习的时候；

· 需要从不同角度去解决问题；

· 通过达成一种共识而获得信任；

缺点：费时长，解决思想冲突也不合适。

5. 妥协策略

描述：当双方都愿意放弃某些东西，而共同分享利益时，则会带来折中的结果。其目的在于得到一个快速的、双方都可以接受的方案。没有明显的输家和赢家，对非原则性的问题较为适合。

行为特点：中等程度的合作和抗争，半块面包总比没有面包好，双方都应该达到基本目标。

采用理由：没有一件事情可以十全十美，既然客观上难以尽善尽美，有时候不妨退一步求其次。

· 在势均力敌的双方各自坚持他们的目标时；

· 对复杂的问题达成暂时的和解；

· 在合作或抗争不成功的情况下作为一种候补；

· 当目标很集中但又不值得使用独断的方式去努力使其瓦解或实现的时候；

· 在时间紧迫的情况下。

缺点：可能在短期内平息冲突，但可能长期积累不满，损害长远利益。

（四）解决冲突的步骤和方式

解决冲突的前提是意识到冲突的存在，分析冲突的来源，冲突双方要有面对冲突的勇气与决心，双方要开诚布公地进行沟通、交涉，找出问题的症结所在，想出解决的方法，达成一致意见并付诸实施，同时检讨其有效性。

· 勇于承担责任（Take Responsibility）

· 开诚布公讨论（Open Discussion）

· 寻求解决方案（Explore Solutions）

· 达成一致意见（Reach Agreement）

· 后续协调完善（Follow Through）

解决冲突时，可采用以下方式：

· 离开现场：暂时不想面对冲突问题。

· 幽默：用轻松的态度面对冲突问题。

· 道歉：不论谁对谁错，都先向对方说对不起。

· 寻求协助：找他人来帮忙处理或主持公道。

· 谈判：互相对谈，寻找合理的处理方式。

· 先礼后兵：双方先说好发生冲突时的解决方式。

世上本无“对”与“错”之分，只是人们自己刻意地加以区分，以此来强调“自我真理”。

——罗伯特·杰维斯

处理冲突要避免：
- 过度理性，对负面情绪视而不见；
- 认为处理冲突是对人不对事；
- 处理冲突是自己一方的责任；
- 只有对方需要改变；
- 等对方先行动以表达自己的善意。

进阶探索

团队组建练习

在组建团队的过程中，一定要遵循以下原则：

1. 互相了解

✓ 团队中都有哪些成员？

✓ 每个人都希望从团队经历中获得什么？

✓ 他们能给团队带来什么？

2. 寻找相互联系的方式

✓ 成员们有哪些共同点？

✓ 团队成员如何分享经验，如何形成一个结合体？

✓ 成员之间如何相互欣赏？

✓ 成员如何相互支持？

3. 创立团队愿景

✓ 团队努力实现的目标是什么？

✓ 任务完成的质量如何？

✓ 团队的远景与所属组织的愿景和目标的关联性如何？

4. 帮助团队形成自己的特色

✓ 如果需要形成强大积极的团队文化，必须具备哪些规范和期望？

✓ 怎样才能促进团队产生协同力和凝聚力？

✓ 如何将团队独特的故事、办法和传统让他人分享？

✓ 什么样的伦理标准会成为团队文化的一部分？

5. 在团队中形成参与式文化

✓ 成员应该做什么才能突出他们的多样化？如何有效利用这种多样性？

✓ 成员如何发现共同的价值和追求？

✓ 处理异议时应遵循什么原则？

✓ 成员如何分享领导职能？

6. 充分讨论团队必经的每个阶段

✓ 团队如何识别每个不同的发展阶段，并顺利度过这些阶段？

✓ 团队应如何处理惰性？

7. 发展出维持关系和履行任务的流程

✓ 怎样才能帮助团队保持开放、清晰、富有建设性的沟通氛围？

✓ 团队怎样才能发展出有成效的、有条有理的旅行任务流程？

8. 利用控制流程中的关键要点进行自我评价和自我开发。

✓ 团队如何才能找到进行反馈的途径和办法？

✓ 团队如何利用反馈信息？

9. 庆祝团队取得的成功。

✓ 团队如何才能实现蓝图？

✓ 团队应如何去识别和共享已经取得的成就？

要点回顾

1. 成为出色的领导者的过程，就是一个不断认识自我的过程。团队就是由两个或者两个以上，相互作用、相互依赖的个体，为了特定目标而按照一定规则结合在一起的组织。它合理利用每一个成员的知识和技能协同工作，解决问题，以达到共同的目标。

2. 构成一个优秀团队的 9 个角色分别是：创新者、信息者、实干者、推进者、协调者、监督者、完美者、凝聚者和技术专家。

3. 建立高绩效团队，绝不是一蹴而就的事情，团队的发展有自己的阶段：团队的形成期、团队的风暴动荡期、团队的稳定期、团队的绩效表现期。

4. 处理冲突有五种策略：竞争策略、迁就策略、回避策略、合作策略、妥协策略。在五种策略中，没有哪种方法好或者不好，重要的是在什么样的情况下采取什么样的策略才能更好地解决冲突。

思考题

1. 团队为什么如此流行？

2. 团队对于成员来说会带来什么影响，对于成员自身发展会带来什么益处?

3. 在你的团队中遇到冲突都是怎样解决的？效果如何？

知识拓展推荐

［1］安尼玛丽·卡拉西洛. 团队建设［M］. 于军，译. 上海：上海远东出版社，2002.

［2］陶金. 团队建设与管理［M］. 广州：暨南大学出版社，2010.

［3］斯诺. 团队建设游戏教练手册［M］. 2 版. 陈飞星，译. 北京：企业管理出版社，2010.

网络资源

[1] http：//en.wikipedia.org/wiki/BelbinTeamInventory

[2] http：//www.apesk.com/belbin/

[3] 贝尔宾团队角色测试（贝尔宾原书版）

参考资料

[1] 章义伍. 如何打造高绩效团队 [M]. 北京：北京大学出版社，2004.

[2] 雷蒙德·梅瑞狄斯·贝尔宾. 管理团队：成败启示录 [M]. 袁征，李和庆，蔺红云，译. 北京：机械工业出版社，2011.

[3] 袁炳耀. 企业团队角色组合与团队绩效的关系研究 [D]. 杭州：浙江工商大学，2008.

[4] 邵俊. 构建角色均衡团队的知识共享策略研究 [D]. 南京：南京航空航天大学，2007.

[5] 孙健. 完全竞争型国有企业领导班子建设研究 [D]. 天津：天津大学，2009.

[6] 郑文生. 浅析团队角色理论的若干问题 [J]. 农业与技术，2007（5）.

[7] 张华初. 高绩效团队素质模型建构 [J]. 广东财经职业学院学报，2008（2）.

[8] 王进东. 打造高绩效团队提升组织竞争力 [J]. 科学新闻，2007（12）.

[9] 万涛. 冲突管理方式对团队绩效的影响研究 [J]. 技术经济与管理研究，2010（6）.

[10] 马敏. 团队的发展阶段及 HR 在其中的作用 [J]. 经济师，2010（11）.

[11] 谢庆波. 化解团队冲突：化解团队冲突的五个策略 [J]. 销售与管理，2011（2）.

[12] 严梅福. 团队管理与团队建设 [J]. 湖北大学成人教育学院学报，2004（2）.

第九章
适应与创新：做变革时代的领导者

成为你想在世界上看到的改变。

——甘地

开卷有益

变则通，创则达

黄峥在2015年创立了拼多多，这个平台通过“社交电商”的创新模式，将社交互动和电子商务结合在一起，使得用户可以通过拼团购买商品，以更低的价格获得产品。黄峥出身普通家庭，凭借对市场的敏锐观察和创新思维，他发现中国广大三线及以下城市的消费者对价格敏感且缺乏优质商品的渠道。拼多多通过简化购物流程和利用社交网络的力量，迅速吸引了大量用户，特别是那些从未使用过传统电商平台的用户。

拼多多的成功不仅促进了电商的下沉市场发展，也帮助了许多中小企业和农户通过平台直接销售产品，增加了收入来源。这种商业模式的创新使得更多人能够享受到电商带来的便利和实惠，并对中国电商行业的格局产生了深远影响。黄峥的故事展示了一个平凡人通过技术创新和商业模式创新，不仅创造了一个成功的企业，还改变了大量消费者的购物习惯和生活方式，同时也为社会经济的发展做出了积极贡献。

本章要点

⊙ 领导与变革

变革：领导的使命

理解变革

⊙ 洞悉变革，从技术开始

AI 时代：教育、工作与生活的全面革新

数据驱动未来：大数据与数字经济

物联网（IoT）：连接万物的智能未来

⊙ 变革的战略

克服对变革的疑虑

约翰·科特的变革理论

临界点变革

⊙ 变化社会中的领导力再造

“信息”“知识”爆炸时代的终身学习

金字塔底层的财富与社会企业的全球浪潮

全球化时代：大学生领导力的国际化培养

第一节 领导与变革

一、变革：领导的使命

美国学者皮特·维尔（Peter Vaill）将当前的时代变革描述成一个湍急的漩涡，我们可能轻易地被卷入、被淹没。在快节奏的工作、学习与生活中，我们背负着自己的责任，追赶着变革的步伐。新的问题、新的矛盾、新的危机层出不穷，我们很难简单地通过回答“对”或“错”去解决它们，我们面对的情形总是模棱两可，令人左右为难。为应对快速而复杂的变化，我们只是采用“更努力地工作”这种传统的方式已不再有效。“努力工作可以解决所有问题”这一范式在现在看来显得过于单纯。Vaill 因此建议我们应该“更聪明地工作”，包括“更聪明地合作”、“更聪明地反思”、“更聪明的心灵”三个方面。

在维尔的三条建议之中，“更聪明地合作”是显而易见的。正如格言所说，“三个臭皮匠赛过诸葛亮”。它提示我们人类是彼此依赖的，合作能够创造出比每个人单独工作更大的价值，合作能够更容易形成并维持团队并获得团队成员的承诺。它从另一角度揭示了“建立关系”在领导过程中的重要性。美国学者艾伦和亨利（Allen 和 Cherrey）在《系统领导》一书中将关系比做组织的结缔组织，关系就如胶水一般将组织粘成了一个整体。

“更聪明地反思”即是希望我们在工作中思先于行，在行动中反思，在反思中学习，拿出更多的时间去思考“发生了什么”并理解其意义，从而在变化显现时帮助我们更快地识别其模式并调整自己的行为。反思有助于我们形成新的行为范式以应对新的情况，帮助团体形成共同的目标并指引大家通过湍流。

“更聪明的心灵”是提醒我们应该意识到价值观、信仰与原则是帮助我们打破困境的灯塔，并有助于我们更深入地认识与完善自我。精神是存在的一种方式，在变革的湍流中我们不应迷失自我。“更聪明的心灵”意味着我们在困难面前不能为了成功而不择手段，我们要捍卫自己的价值观，牢记自己的信念，采取符合道德的解决方法。

建立并维系团队合作关系，推动团队反思与学习，形成团队共享的信念并勾勒愿景与方向，带领团队在价值观的引导下积极拥抱变革、迈向更美好的未来——这正是我们关于“领导”的定义。领导与变革密不可分，它与管理不同：管理强调稳定、次序与控制；领导重视变化，寻求不断改进、持续提升团体成员与组织，使之有效地应对外部经济、社会与技术等因素的变化。使人们共同行动以适应乃至推动变革是领导行为的本质，领导者因此被人们称为“变革代理人”。未来学家托夫勒(Alvin Toffler)曾说过，变革是一个使未来融入我们生活的过程。那么，领导则是一种使我们融入未来的方式。总之，领导者帮助组织或社会以更有效、更人性的方式运作，带领人们去塑造未来而不仅仅是被未来所塑造。

视野拓展

Instagram的诞生

Instagram的创始人是凯文·西斯特罗姆（Kevin Systrom）和迈克·克里格（Mike Krieger）。在Instagram创立之前，西斯特罗姆和克里格曾经开发了一个名为“Burbn”的应用。Burbn最初是一个地理位置社交应用，允许用户签到和分享他们的位置。

在开发Burbn的过程中，西斯特罗姆和克里格的团队成员之一——特里·穆尔（Terry Mul），提出了一个创新的想法，即简化应用功能，将重点放在照片分享上。特里·穆尔在工作中发现，用户对Burbn中的照片分享功能表现出了极大的兴趣，而其他功能的使用率却较低。穆尔的建议引起了创始人的注意，团队决定将应用的核心功能转向照片分享，重新设计并优化用户体验。这一变化不仅使Instagram变得简单易用，还专注于照片和社交互动，使其在竞争激烈的市场中脱颖而出。2010年10月，Instagram正式上线。凭借其简洁的界面和强大的照片编辑功能，Instagram迅速获得了用户的喜爱，并在短时间内积累了大量用户。最终，Instagram在2012年被Facebook以10亿美元的价格收购，成为全球最知名的社交媒体平台之一。

特里·穆尔作为团队中的基层成员，他的建议和对产品方向的影响是Instagram成功的重要因素。这个案例显示了即使企业的一名基层员工，也可以通过关键的创新建议和洞察力，推动全球性科技产品的诞生和成功。

二、理解变革

在我们身边，我们可以看到各种变革。我们拥抱一些变革，但害怕另外一些变革。最初是单调的因特网与电子邮件，接着是内容丰富的网站与即时聊天软件，再之后是博客、社交网站、人工智能……我们获取与交流信息的方式在过去十几年里戏剧性地进步。组织最初或许漠视、或许抵制、或许积极采用这些新技术，但最终都难以避免地被卷入这一洪流之中，有的被淹没、销声匿迹，有的则适者生存、迅速壮大。我们也目睹了这些变革如何在社会与组织层面引起人们行为方式与组织运作模式的巨大改变。

失去控制感与安全感是许多人对变革的一种本能恐惧。领导者的关键任务就是理解人们的这种感觉，并将这种负面情绪转变成一种“建设性的紧张”。有效的领导者在推动变革时，会理解并假定人们会将哪怕芝麻小的一点改变都视为一项非常大的变化。爱迪生理解人们的这种反应，所以在发明电灯泡时，将其形状做得和那个时代普遍使用的煤油灯一样，从而降低了人们对不熟悉的新事物的焦虑。

> 94%的CEO认为变革是企业应对未来挑战的关键能力。这一数据比之前几年有显著增长，反映了企业在面对不确定性和快速变化的商业环境时，越来越重视变革和灵活应对的能力。
>
> ——普华永道《全球CEO调查》（2021）

在领导过程中，变革是一种复杂的现象，即使是最小的变革在组织中也难以推动并管理。许多人抵制变革，担心这些变化会给他们熟悉的环境、工作与个人生活带来负面影响。就算是简单地改变某人的办公室布置，都会唤起他的不确定感和不适感。当你离家去外地上学时，兴奋与不安的感觉同时存在，个人生活轨道的变换常常会激发一种不安全感与不平衡感。人们对未知的、不确定的变化总是怀有戒心。研究原始部落的人类学家认为，抵制变革是人类维持群体内社会秩序与凝聚力的一种方式。

每一个领导者在推动、管理变革时都会遇到挑战与阻碍。迄今为止，我们也没有一种经过检验的绝对稳妥的方法去保证成功地变革。要想有效地领导变革，我们必须充分认识人类的行为模式，理解个体是如何体验变革的、人的改变又是如何发生的。

美国学者达里尔·康纳（Daryl R. Conner）认为：“有效接纳变革的最重要的一个因素是人们所展现出来的适应性：承受、接纳深层次的变化，同时很少表现出不协调的行为。”但一般来说，人们总想保持周围环境因素的稳定，而不想改变自己以适应环境变化。理解人们的这种期望是理解如何领导变革的一部分。有西方学者提出了六种假设，以解释人们为什么总是倾向于抵制变革。

（1）满足：对现状表示满意。你可以在团队或组织中经常听见这样的抱怨：“以前我们没那样做也好好的，为什么现在要改变？”这是一种很明显对变革表示不满并认为多此一举的抵制行为。

（2）担忧：人们害怕未知的事物与情形。当一家企业准备提高产品售价，但并不清楚这会如何以及在多大程度上影响其产品销量时，这种冒险行为就会引起员工对未知结果的担忧。

（3）利益：变革往往意味着有些人会得到，有些人会失去。当一种改变有利于其他人，但会影响自己的权益时，人们就会抵制这种利益格局的变革。

（4）不自信：变革使我们脱离以往的“安全地带”，使我们易受伤害。我们需要信心去激励自我、同伴以获得成功。自信的缺乏往往会削弱组织勇于变革、描绘新的蓝图的意愿与能力。

（5）目光短浅：没能力或不愿意超越现状、想象新的可能。历史学家约翰·卢卡斯（John Lukacs）这样描述目光短浅：“当人们没有看见某样事物，这通常意味着他们不想看见它。”

（6）习惯：习惯是有益的，但它会阻碍变革，使人们囿于传统与固有模式。

那么，人们对于不想参与但又被迫卷入其中的变革是如何反应的呢？康纳提出了一个八阶段模型：

（1）稳定：习惯了长期不变的状态。

（2）不行动：对变革的发生感到惊讶或麻痹。

（3）拒绝：对变革相关的信息视而不见或拒绝接受变革的现实。

(4) 愤怒：对变革的继续进行感到沮丧，并对变革的支持者表示愤怒。

(5) 讨价还价：协商以避免卷入变革之中，同时意味着不再拒绝现实。

(6) 消沉：对变革无可奈何，行为和精神消沉。

(7) 尝试：确定新的目标，寻找新的行为方式，重获对环境的控制感。

(8) 接受：即使仍然反对变革，但接受已成为现实的结果。

八阶段模型是灵活的，它并不意味着每一个阶段都必然存在或它们之间的顺序不能调换。有效的变革代理人会意识到人们对变革的消极反应，帮助他们顺利地度过上述阶段以重获控制感和安全感，从而使他们恢复参与和效率。

上述模型展现的是人们对变革的一种消极反应过程。然而，有的时候我们最初本是积极支持一种变革，但后来又开始抵制它。例如，对于公司之间的合并，一些员工因没有掌握充分的信息或出于对结果的无知，最开始积极支持公司这一行为。但随着对更多信息的掌握以及对不同公司文化整合困难的了解，员工开始出现怀疑与担忧的情绪。当这种情绪弥漫到整个公司时，员工对合并行为的质疑开始出现，他们开始消极对待这一变革。对此，康纳也提出了一个五阶段模型以描述这一现象：

(1) 无知的乐观。

(2) 清醒的悲观。

(3) 充满希望的现实主义。

(4) 清醒的乐观。

(5) 成功。

对于成立一个新的学生社团，参与者在最初往往充满激情与干劲(无知的乐观)。但随着开始担心无法吸引更多的其他学生加入，团队成员开始变得消极（清醒的悲观)。一旦团队成员明确地意识到这个新社团可以提供的锻炼平台与其他机会，他们又变得充满信心（充满希望的现实主义)。团队成员开始进行大量的调查与访谈，发现许多学生对即将成立的社团表现出浓厚的兴趣。这一结果激励着团队更加努力（清醒的乐观）从而获得最终的成功。

此外，我们也可以通过考察变革的深度与广度来理解变革（图 9–1)。深度是指变革有多深层次地影响着人们与组织的行为与结构。越深层次的变革将越深入地融入到接受其影响的人与组织的日常活动中，它将导致模式、行为、文化与态度的改变。当一家企业不再以利润最大化为唯一目的，并准备承担更多的社会责任时，这一使命的成功转变就将带来深度的变革，从而影响企业及员工的价值观、模式、行为与文化。广度则是指变革所影响的范围。越广泛的变革将延伸到更多的组织，影响更多的人。

广度 \ 深度	低	高
低	调整(Ⅰ)	孤立的变革（Ⅱ）
高	广泛的变化（Ⅲ）	全面的变革（Ⅳ）

图 9-1　变革的类型

这一理论定义了调整、孤立的变革、广泛的变化与全面的变革四种组织变革类型，并且认为这些类型有可能同时发生。第一象限中的“调整”指的是最小程度的改变。如果一所学校的高考录取分数线在某年有了小幅上升，那么这就是一种调整。如果一家集团公司的子公司准备组织流程再造，这就符合第二象限所定义的“孤立的变革”，因为它没有影响到公司总部和其他子公司，但将彻底改变自身的行为模式。如果一个组织准备改名，这就是一种“广泛的变化”，它将影响组织的方方面面，但并非深入、持久的影响。第四象限中“全面的变革”则是一种广泛而深入的改变，我们正在经历的经济全球化就是一个例子。

我们的时代是一个问题的时代，一个问题很大的时代。在科技的神奇影响下，一切都在经历着变革。如果我们愿意在生活中睁大双眼，每天都有问题等着我们去研究，去解决。

——乔瓦尼·巴蒂斯塔·蒙蒂尼

第二节　洞悉变革：从技术开始

这是一个充满机遇与挑战的时代。科技革新正以前所未有的速度重塑我们的世界。在本节，你将被领入技术前沿领域的三大热点：人工智能（AI）、大数据、物联网（IoT），在相关案例中你将发现——它们已经并将持续催生管理人才和资产的新方式、有关组织结构的新理念，也将持续重塑众多产业和国家的战略格局。

一、AI 时代：教育、工作与生活的全面革新

视野拓展

在巴黎奥运会这样重大的国际赛事中，科技元素始终是产品能不能打的核心。火热的人工智能领域，中国没有缺席。《黑客帝国》同款特效“子弹时间”在邓雅文女子自由式小轮车公园赛决赛回放中定格了最酷瞬间，带给观众前所未有的视觉享受。而该技术特效由阿里云 AI 技术支持。本届巴黎奥运会实现了全流程、全场景的 AI 技术应用，而阿里云 AI 增强的转播技术部署在十多个场馆，能在直播信号中实现过去十多个小时才能生成的高自由度回放画面。此次

奥运会，超过三分之二的直播信号也基于阿里云向全球分发，云上转播正式超越卫星转播，成为奥运赛事走向全球数十亿观众的主要转播方式。

——摘自《巴黎奥运会：讲述了怎样的中国故事》

（“浙江宣传”官微2024年8月12日公众号文章）

2023年以来，全球人工智能技术持续迅猛发展，通用大模型加速迭代，文生视频大模型、文生音乐大模型等引起社会热烈讨论。互联网龙头企业和初创企业推出一系列高质量大模型产品，产业发展从技术研发转入商业化落地阶段。

人工智能是新一轮科技革命和产业变革的重要驱动力量，加快发展新一代人工智能是事关能否抓住新一轮科技革命和产业变革机遇的战略问题。2024年全国两会，“人工智能+”首次被写入政府工作报告，战略地位进一步提升。2024年6月5日，《国家人工智能产业综合标准化体系建设指南》（以下简称《指南》）正式发布，标志着中国在人工智能领域的战略布局和系统规划。党的二十届三中全会明确提出，完善推动人工智能等战略性产业发展政策和治理体系，引导新兴产业健康有序发展。人工智能作为引领未来的战略性技术，已经成为发展新质生产力的主要阵地。

目前，人工智能在中国已经对各行各业产生了广泛影响。通过引入AI技术，企业能够优化生产流程、预测维护需求、自动控制生产线，从而大幅提高生产力和运营效率。在制造业中，AI助力智能制造，实现精密质量控制和资源优化配置。例如，优必选工业人形机器人进入安徽合肥蔚来工厂总装车间，与人类协作完成质量检测。

AI技术还促使产品向智能化方向发展，AI元素逐渐融入消费电子产品、家用电器和工业设备，用户体验和价值进一步提升。同时，AI也让传统产品服务形态发生转变，形成“产品+服务”“硬件+软件”的新组合。作为增强人类信息收集、分析和处理的扩展性工具，AI不仅提升了效率和质量，还推动了搜索引擎、电影产业、远程教育等领域的变革。在AI技术赋能下，产业结构转型升级得以逐步实现。例如，农业领域的精准种植、养殖，服务业的智能客服（如阿里小蜜）、个性化推荐系统（如京东京言AI助手）等。

随着技术的不断成熟，AI将全方位融入我们的工作和生活，提高学习效率、促进研究工作、增强职业技能以及丰富个人生活。对于大学生来说，AI工具不仅可以快速完成文档编辑、数据分析、语言翻译等任务，省时高效，还可以根据个体的学习习惯和能力提供个性化的资源与辅导。但我们需要平衡好技术利用与个人能力培养之间的关系，技术的快速发展要求我们保持开放的心态和学习的姿态，任何工具都无法替代自身独立思考和解决问题的能力。

此外，AI 也给许多现有的工作岗位带来冲击。在人工智能时代如何提升自己的竞争力，不断地更新知识和学习技能以适应变化的环境，这也是大学生面临的挑战。

二、数据驱动未来：大数据与数字经济

2012 年，牛津大学教授维克托·迈尔–舍恩伯格等的著作《大数据时代：生活、工作与思维的大变革》成为畅销书，大数据概念也开始“飞入寻常百姓家”。随着互联网的快速发展和信息技术应用的无处不在，海量数据不断产生，信息技术的发展为数据处理提供了自动化方法和手段，“大数据”概念应运而生。大数据，是以容量大、类型多、存取速度快、应用价值高为主要特征的数据集合。

> 世界的本质是数据，大数据将开启一次重大的时代转型。
> ——维克托·迈尔–舍恩伯格

大数据蕴含着巨大的社会、经济、科研价值，正日益对全球生产、流通、分配、消费活动以及经济运行机制、社会生活方式和国家治理能力产生重要影响。大数据产业作为以数据生成、采集、存储、加工、分析、服务为主的战略性新兴产业，是激活数据要素潜能的关键支撑，是加快经济社会发展质量变革、效率变革、动力变革的重要引擎。

大数据开启的信息化新阶段，代表新一代信息技术的全新应用，孕育出以数据为主要生产要素、继农业经济和工业经济之后更高级的经济形态——数字经济，它正在成为重组全球要素资源、重塑全球经济结构、改变全球竞争格局的关键力量。我国高度重视大数据产业发展，推动实施国家大数据战略，发展数字经济。2015 年我国提出“国家大数据战略”，《促进大数据发展行动纲要》发布；党的十九大提出，推动互联网、大数据、人工智能和实体经济深度融合，建设数字中国、智慧社会；2021 年我国发布《“十四五”大数据产业发展规划》；党的二十大报告强调，加快发展数字经济，促进数字经济和实体经济深度融合，打造具有国际竞争力的数字产业集群。习近平总书记强调，要推动实施国家大数据战略，加快完善数字基础设施，推进数据资源整合和开放共享，保障数据安全，加快建设数字中国。

视野拓展

打造农业数字化解决方案

“就这么个小屏幕，轻轻一点，什么时候该浇水施肥，一次用量多少，显示得清清楚楚。”四川省泸州市叙永县柑橘种植基地负责人介绍，中国电子科技集团（以下简称“中国电科”）通过定点帮扶项目打造的智能水肥一体化灌溉系统，不仅可实时监测灌溉施肥情况，获取作物生长环境、发育状况、病虫害、水肥状况等信息，还能实现灌溉、施肥定量调控，真正满足果蔬作物在关键生育期“吃饱喝足”的需要。

近年来，中国电科抢抓产业数字化、数字产业化机遇，将先进

技术率先应用于定点帮扶地区农业生产，充分发挥带动效应，全力打造覆盖田间地头、种植大棚、农产品市场全链条的数字化整体解决方案，助力“汗水农业”加速转型为“智慧农业”，以数字技术夯实大国粮仓根基。

智慧监测，种地有了“智慧脑”。

在河南省长葛市南席镇的田间地头，多了不少“黑科技”：物联网传感设备、环境指标传感器和智能摄像机，24小时监测植株生长及环境变化情况……

“我们研发了‘空天地一体化’监测网，让农户管田‘不下田’，只需通过手机远程实时查看农作物生长情况，实现农业生产环境的智能感知、智能预警、智能决策、智能分析和专家在线指导。”中国电科技术专家介绍，团队研发的生产环境感知系统，可将采集到的图像数据、环境数据、作物生理数据等汇集到智慧农业大数据平台，保障植株始终处于适宜的生长环境，极大提高作物种植管理水平。

——摘自《人民日报》（2024年08月05日第19版）

大数据是全球数字化、网络化与智能化浪潮的重要代表性技术之一，离我们并不遥远。在中国，它已经深入到普通人的日常生活中，我们的学习工作生活方式或将被改变、被优化、被完善。如，中国大学MOOC等在线教育平台，通过大数据分析学生的学习行为和偏好，提供个性化的学习资源和课程推荐；淘宝、京东等电商平台通过用户的消费数据，进行商品推荐和优化库存管理，提高用户体验和购物效率；支付宝和微信支付等移动支付工具，通过分析用户的消费习惯和信用记录，提供便捷的支付和金融服务；今日头条等新闻客户端通过分析用户的阅读习惯，推送个性化的新闻内容等。

在大数据时代，作为数字社会的亲历者、见证者和建设者，大学生可以改变思维方式，以大数据的思维重塑自己的人生战略，提升自己的智慧和领导力；也可以通过改进学习方法和思维模式，从海量数据中获取所必需的工具和技能。

①数据素养和国际视野。了解技术前言，学习如何收集、处理和分析数据，理解数据的潜在价值和局限性；关注全球大数据趋势，理解不同文化和市场中的数据应用差异。

②跨学科学习。充分利用互联网上的开放课程、学术文章、专业论坛、教育应用程序、笔记软件等工具辅助学习；把大数据作为连接不同学科的桥梁，比如结合心理学和数据分析来研究消费者行为。

③技术工具掌握。掌握数据处理和可视化工具，如使用Python、Tableau等进行课程项目的数据可视化，使非技术背景的人也能理解复杂数据。学习使用数字工具来管理你的信息和知识库，如Evernote、Notion等。

三、物联网（IoT）：连接万物的智能未来

视野拓展

物联网的魔力

想象一下，早晨起床，你的智能手环已经记录了你一夜的睡眠质量；走进厨房，智能冰箱告诉你有没有食物快过期，哪些食材需要补充，甚至自动下单购买；出门上班，智能家居系统自动关闭灯光，调节室内温度，保证安全又节能；汽车能自动告诉你何时需要保养，自己找到空车位，并在停车后通过手机应用支付停车费；在你出差的时候，你的智能灌溉系统可以替你根据土壤湿度自动给家里的花浇水，智能宠物喂食器可以让你远程控制喂食时间和数量，确保宠物按时进食……

在《2016—2045年新兴科技趋势报告》中，美国提炼了过去五年内由政府机构、咨询机构、智囊团、科研机构等发表的32份科技趋势相关研究调查报告，通过对近700项科技发展趋势的综合比对分析，最终明确了20项最值得关注的科技发展趋势，其中一项就是物联网（internet of things，IoT）。物联网，听起来像是一个神秘而遥远的科技概念，但其实它已悄悄走进我们的生活。报告指出，在2045年，最保守预测也认为将有超过1千亿的设备连接在互联网上。这些设备包括了移动设备、可穿戴设备、家用电器、医疗设备、工业探测器、监控摄像头、汽车以及服装等。它们所创造并分享的数据将会给工作和生活带来一场新的信息革命。利用来自物联网的信息，我们能加深对世界的了解，有助于我们做出更合适的决定。

目前，物联网在众多行业得到广泛运用。它让工业制造更加智能化，企业通过传感器收集机器的运行数据，预测维护需求和减少停机时间，提高生产效率；物联网技术广泛用于智慧城市建设中，通过优化交通管理、能源监控、环境监测等，提升城市资源配置和管理效率；物联网技术已经改变了零售业，智能购物车、冷链监控、自助结账系统等的运用不仅能优化库存，还可以提供个性化的购物体验；在医疗行业，它通过可穿戴设备实时监控患者的健康状况，及时预警，甚至进行远程医疗咨询，为患者提供更精准的医疗服务；物联网在环境监测领域还能通过设备收集空气质量、水质、气候变化等数据，为环境保护和灾害预警提供重要信息……

随着5G技术的普及，物联网的连接速度和稳定性将大幅提升，应用场景将更加广泛。也许有一天，我们将进入一个“万物皆连”的世界，身边的每一件物品都能“说话”，我们的生活将变得更加智能和便捷。但许多人的工作如管理维修等也在逐步被自动化所替代，并且物联网、数据分析和人工智能这三大技术之间的合作将会创造出一个巨大的

全球性智能机器网络，未来可能会有更多的岗位面临机器的替代，我们也将迎来数据隐私和网络安全方面的巨大挑战。

在快速变化的新时代下，唯一确定的就是不确定性。卓有成效的领导者们展现出了适应性和前瞻性，他们认识到，持续学习是适应技术进步、社会变化和组织需要的基石。这种学习不仅限于专业技能的提升，还包括对新的管理理念、领导方法的探索和应用。

第三节　变革的战略

一、克服对变革的疑虑

领导者在领导一项大的变革时，面临的一个主要的挑战就是如何帮助组织成员克服不确定感与疑虑。推动深层次的变革往往意味着要促使人们走出其以往熟悉的领域，并支持他们尝试一种新的行为方式。当组织引入一项变革时，以往的实践与传统可能会被“束之高阁”，人们普遍会有一种失落感；而另一些人会觉得在新的环境中，他们的地位与权力被削弱。在这一过程中，领导者与其他成员需要互相扶持、互相激励。有学者提出了七种方法用以帮助组织及其成员顺利地度过最初的不适应期。

(1) 向组织员工传达这样的信息：是时候跳出陈旧的思维框架重新审视传统模式的利弊及其组织的定位了。领导者应该向组织成员阐明在变革中他们会受到何种以及何等程度的影响，帮助他们以新的方式思考自身的角色与行为。

(2) 创造机会与环境让全体成员都以批判性的态度参与思考组织当前的状况和前景。特别是在确定变革战略之前，通过集思广益，让尽可能多的成员参与战略、路线图的讨论与制定。

(3) 向组织成员提供尽可能多的信息或训练，帮助他们采纳新思维、新视角，帮助他们调整自身行为以适应并推动变革。领导者绝不能想当然地假定组织成员已经对变革作好了准备。

(4) 在组织中提倡创新与尝试，鼓励冒险精神。为组织成员提供各方面的支持，因为人们在采用一种新的思考或行为方式时需要一种安全感。

(5) 视失败为一种学习或改变的机会，倡导组织成员在失败后彻底审视旧的思维与行为模式。

(6) 鼓励每一个人、每一个部门消除门户之见，以头脑风暴的形式共同思考组织目前存在的问题，并产生新的解决方案。

(7) 帮助人们适应对未来的模糊感与不确定性，向他们解释在达到变革目标之前这只是一种临时的状态。因为为了重获曾有过的平衡感与安全感，人们普遍有一种冒进或退缩的倾向。

二、约翰·科特的变革理论

约翰·科特是举世闻名的领导学专家，任教于哈佛商学院，被誉为“领导变革之父”。科特在研究了众多著名公司及非盈利性机构的变革过程之后，形成了一个关于领导变革的八阶段模型。

第一阶段：建立紧迫感。紧迫感是进行变革活动的必要前提，让组织中有足够的员工在工作中保持一定的紧迫感，是组织开始变革的基础。紧迫感可以消除组织中存在的不良情绪，减少其对变革活动的破坏。紧迫感常常通过讨论市场竞争形势、识别组织潜在危机等方法获得。而一旦建立了紧迫感，人们就会意识到进行变革的必要性和重要性，并且开始为变革采取行动。

第二阶段：建立一支强有力的指导团队，推动即将到来的大规模变革。组织一旦获得了紧迫感，变革就显得势在必行。这时，有成功变革经验或是有远见的领导者就会着手组建变革的领导团队，而不是将领导变革的任务和重心放在某一个人身上。这个团队由一些有责任感的、权威的、可信任的人员组成，负责变革过程中的领导工作。这样更有利于变革的进行。否则，如果由某一个人单枪匹马领导变革，当这个人在工作中缺乏必要的能力和权威的时候，变革就会受到阻碍。

第三阶段：建立具有吸引力的愿景并形成战略。明确、清晰的变革愿景将有助于激发组织成员的干劲。变革愿景常与战略、规划和预算相联系，却不能与它们等同。详细的计划和预算仅仅是变革的必要条件，但是仅有这些远远不够。组织更需要符合实际情况的、能够得到组织认同的变革愿景。树立清晰的愿景可以让组织成员明确努力的方向。

第四阶段：广泛地传播愿景与战略。也就是将确立的变革愿景与战略有效地传递到组织中的相关人员之中，使所有的成员都能明确这一愿景和战略，并为此达成共识，取得一致。这个阶段，实际的行动比言语更为有效，表率比指令更起作用，领导者需要用实际的行动来影响其他相关人员。

第五阶段：授予员工根据愿景行动的权力。充分的授权，是在组织中进行成功变革的必要环节。在这里，授权不是将权力给予或者转移，而是为了清除变革过程中的障碍。具体执行变革措施的组织成员，如果缺乏必要的权力，在工作中就难以施展能力，并且不得不为自己进行必要的辩护。这样很容易造成挫折情绪的蔓延，从而阻碍变革。

第六阶段：创造阶段性胜利，以稳固人们对于变革的信心。阶段性胜利对于组织变革十分重要，因为变革通常是一个缓慢并且逐步实现的过程。在短期内，变革的成效通常并不明显。这种情况持续太久，会给组织成员造成一定的心理压力，怀疑变革的结果。因此，变革领导者需要适时地创造阶段性胜利，帮助肯定变革成果，为变革工作提供现实的证明，以鼓舞人心。

第七阶段：巩固胜利成果，推动变革进一步向前。在取得阶段性成果之后，组织成员的信心被调动起来，变革行动获得支持。这个时候需要注意保持组织成员的情绪，并且继续推进组织的变革。否则一旦放松之后，变革士气就很难再次回升。

第八阶段：在组织文化中将变革制度化。变革取得成功后，组织需要通过建立一定的组织文化来巩固变革成果，以组织文化来培养组织共同的价值观、推进变革活动的持续性深入。

在科特看来，这八个步骤中最核心的问题就是改变人们的行为。“组织变革当中最核心的问题不是战略，不是系统，也不是文化。这些(以及其他一些）因素都是非常重要的，但最关键的问题无疑还是行为，即如何改变人们工作的内容和方式。”也就是说，组织当中人的行为的改变，是一个组织想要取得变革成功的基本条件和关键所在。而人的行为发生改变，常常是因为亲眼目睹的事实影响了感受，而不是因为分析改变了想法。基于此，科特主张用“目睹→感受→变革”的变革基调，替代“分析→思维→变革”的传统基调。

所谓的“目睹→感受→变革”的模式，也就是“帮助人们看到问题→人们的情感受到冲击→人们的行为开始改变”这样一个过程。具体来说，就是指通过一些戏剧性的、令人难忘的场景，使人们发现组织中存在的问题以及不良的情绪等，并且找到相应的解决方案。在意识到组织存在的问题之后，人们的情感会受到冲击，内心开始发生变化，紧迫感、解决问题的主动性等积极情绪产生，而自满、怀疑、恐惧等消极情绪开始减弱，支持变革的因素开始增强。出现了这样的情绪变化，人们的行为会随之发生改变。在积极的情绪激励下，人们采取行动，努力实现目标，或者增强原有的利于目标实现的行为，变革从而产生。

关于“目睹→感受→变革”模式，科特曾多次举过一个案例——“会议桌上的手套”。这个案例说的是一个企业的采购问题。这个企业的整个采购流程混乱不堪，造成了巨大的财务浪费。这种浪费一直持续，却没有人清楚究竟在采购方面浪费了多少钱。问题是，大多数员工和高层管理人员都在抱怨采购混乱，但并没有意识到问题有多么大。由于习惯成自然，人们对采购中的不合理现象熟视无睹，更没有意识到这里面隐藏着多么大的改革空间。

为了解决这一问题，公司负责人派一位暑期实习生进行了一项很小的研究，了解公司所有工厂使用的手套共花费了多少钱，同时了解采购的手套品种共有多少种。之所以选择手套作为调查对象，是因为它很普遍，在各个工厂都要使用。最后的调查结果让人吃惊，公司采购的手套品种共有 424 种，每个工厂都有自己的供应商，并且价格也各不相同。同一种手套，一个工厂的采购价格为 5 美元，而另一家工厂的采购价格为 17 美元。由于手套的用量极大，这样的差别会严重影响两个工厂的成本。这样的发现让人触目惊心。

问题调查清楚后，公司领导召集各个工厂、各个部门的主管开会，会议主题只有一个——“目睹”。会议桌上堆满了这 424 种手套的样品，每种样品都被标明了采购价格以及使用它的工厂。看到这样的情况，各位主管哑口无言。他们清楚地看到，即使是两副完全一样的手套，价格也有明显的差异。大家这时才意识到，公司的采购情况是多么糟糕。这次会议取得了很好的效果。会议结束后，这批手套被拉到各个工厂进行巡回展出，用意就在于唤起大家的改革情绪。展出是成功的，公司里弥漫着呼吁改革采购流程的气氛。原本被大家忽视的问题，得到了整个组织的充分重视。随后，整个采购流程被全面改进，生产成本大大降低。手套看起来很小，但使用数量巨大，其中的节约空间是相当可观的。整个采购流程的改革，在五年时间减少了 5 亿~10 亿美元的成本。这无疑是个很有诱惑力的数字。但是，如果没有目睹感受，这种变革就不会发生。

从这样一个颇具戏剧化的案例中我们可以看到，公司的变革受到重视，完全归功于那 424 种手套的感官刺激。而这样直观地反映问题的方式，就是科特所强调的目睹。通过真实的实物刺激，组织成员了解了组织的问题所在，漫不经心和满不在乎的情绪被消除，大家开始呼吁变革。这就是“目睹→感受→变革”模式的一个现实范例。

在这样的模式中，目睹和感受是最为关键的过程。科特抛弃了理性的“分析→思维”模式，转而强调感性的“目睹→感受”模式。在他看来，目睹和感受更能使人的想法发生改变，直观的视觉冲击或者情感冲击所起到的作用更能使人们意识到组织中存在的问题，更能使人们的情绪产生变化，而这样的冲击会刺激人们为了改变现状而作出持续不断的努力。

这样一种研究，颠覆了我们的传统思考习惯。大多数组织在向组织成员表明所面临问题时，还是采用常见的数据信息、报告等，并且认为经过搜集、分析、整理的数据、信息、报告更加详尽、真实、专业，而这恰恰是科特所要摒弃的。详尽的数据信息、报告等资料尽管看上去更加专业，但却很难打动人们。即使是在报告很严重的危机时，这样的方式也无法让人们有更多的心理触动。况且，“分析→思维”模式所要改变的是人们的思考，而不是要改变人们的情绪。相比让人们的情绪受到影响，思考的改变难度更大，也更容易受到防御性反应的排斥。

科特还详细论述了不采用分析模式的原因。首先，在大多数情况下，说明问题并不需要依靠详尽的数据来完成。了解问题的方法有很多种，其中很多并不需要花费太多的时间进行搜集整理和繁琐的分析。其次，分析工具本身就存在着一些缺陷，对它的运用充满了苛刻的要求和前提，一旦运用不当，数据分析还不如直觉判断。最后，分析结果很难打动人心：相比长达 50 页的报告，直观的录像更能反映问题的存在，也更能让人们产生紧迫感。对于这种视觉刺激比逻辑推理更能打动人的研究，心理学界早有相应的研究和报告。比如，一个交不起学费的学生流泪辍学的场景，远比详尽细致的学费数据统计表格更能震撼人心。

从理论上看，科特主张的“目睹→感受→变革”模式与“分析→思维→变革”模式的差别，同决策理论学家西蒙提出的“刺激→反应”模式与“犹豫→抉择”模式异曲同工。科特强调，在改变人们的行为上，与其给他们一堆分析数据，倒不如让他们直接看到事情的真相。西蒙也强调，现实中人们的决策行为，多数是“刺激→反应”的习惯行为，而不是深思熟虑的算计行为。

三、临界点变革

一些变革是有限的、增量渐进的，另外一些变革则是颠覆性的全面革新。我们注意到，有的变革影响到了社会上的大多数人，引领了一股新的潮流或时尚，而这类变革往往存在一个戏剧性的临界点。学者马尔科姆·格拉德威尔（Malcolm Gladwell）使用“社会流行潮”（也称为“社会传染”）的概念来描述这类临界点。他将其定义为“在社会流行潮中，情况突然发生改变的时刻”。当某一样事物由无人知晓突然间变得人所皆知，这一时刻就是一个临界点。格拉德威尔认为变革的临界点存在三个特征：①趋势、观念等的蔓延就像病毒性传染；②很小的一项变革可能会产生巨大的效应；③变革发生在一个戏剧性的时刻，而不是渐进性的。突然的变革是定义临界点的关键。在某种意义上，我们也可以用沸点来比喻临界点。

在新技术变革领域，我们常常能看到临界点。例如，在 1984 年，夏普公司发明了第一台经济性传真机。直到 1987 年，拥有传真机的组织数量达到了临界值，这一保有量使得各类组织可以广泛地使用传真技术，而不用担心对方不能接收传真。这一时刻便是所谓的临界点。其后的移动通信设备、液晶电视、平板电脑都经历过类似的临界点，我们发现仿佛一夜之间这些产品便进入了千家万户之中。许多著名运动员也经历过相似的临界点：之前一直默默无闻地奋斗在赛场上，当某一次夺得世界冠军之后，各种荣誉、各类采访、各层次的奖励便接踵而至，可谓“一朝成名天下知”。在社会变革领域，禁烟运动、环保运动等也都存在临界点。

对于这一类变革，领导者其实是能够加以影响或控制的，甚至可以使用临界点战略来推动变革的发生。格拉德威尔认为有三种方式可以帮助领导者引爆变革临界点：少数人法则、附着力因素、利用环境。

我们都知道 20/80 法则。例如在各类学生社团中，往往是 20%的社团骨干做了 80%的工作。少数人法则就是指经常是少数核心成员推动了变革临界点的产生。辛亥革命前，虽然人民的革命情绪早已在蓄积，但少数革命党人在武昌的第一枪，点燃了全国性的革命运动，迅速埋葬了清王朝。

广泛传播的各种市场信息描述了附着力因素的重要性：如何创造一种持续性的信息去促使人们购买公司产品。社交网络等各种媒体中的广告就是一种附着力因素。各所高校也在创造着自己的“市场信息”，以至于谈到“自强不息，厚德载物”我们就会想起清华大学。各类组织使用这种战略强化自己的身份、定位与产品，使得人们一听到某条广告语或格言就立刻联想到相关的组织和产品。一条附着力高的信息，不但能给人们留下深刻的印象，还能影响人们的行动。领导者要引爆变革的临界点，可以充分利用各种附着力因素，强化人们对通过变革才能拥抱组织美好未来的印象。

利用环境是指领导者应该去了解人们当前所处环境中的各种细节，并加以利用。美国前总统富兰克林·罗斯福著名的炉边谈话就证明了环境因素的力量。在20世纪30年代早期，美国人都爱一家人聚集在收音机周围收听音乐和新闻。罗斯福注意到这一细节，成为第一个充分利用电台这一媒体贴进民众、向民众传达和解释国家政策、寻求民众支持的政治领袖。当今时代，网络已经取代电台与电视台成为各类领导者积极利用的传播与交流平台。

视野拓展

ChatGPT和生成式人工智能的临界点变革

近几年，生成式人工智能（Generative AI）仍处于早期开发阶段，尽管其已经展示出令人惊叹的潜力，但在广泛应用上仍然面临巨大挑战。与传统的AI相比，生成式AI的开发和应用需要极高的计算资源和复杂的数据处理能力。许多企业和研究机构虽在该领域投入了大量资源，但成果却不尽如人意。

然而，2022年，OpenAI团队推出了新一代的生成式AI模型——ChatGPT，这一举措被视为生成式AI领域的临界点变革。ChatGPT不仅提升了文本生成的质量和连贯性，还以其易用性和多样化的应用场景迅速风靡全球。短短数月内，ChatGPT在多个领域的应用呈现爆炸性增长，包括客服、教育、创意写作、编程辅助等。

ChatGPT的成功并非偶然，而是源自一系列关键变革的推动：

（1）突破组织的认知障碍：在开发初期，AI团队面临的最大挑战是让公司内外的利益相关者意识到生成式AI的真正潜力。通过展示ChatGPT在多种复杂场景下的实际应用效果，OpenAI成功打破了对生成式AI的普遍质疑，使得企业和开发者认识到，这种技术不仅仅是未来的趋势，更是当前可以立即带来价值的工具。

（2）克服资源障碍：生成式AI需要庞大的计算资源和高质量的数据，这曾是大规模应用的瓶颈。OpenAI通过与云计算服务商的合作，优化模型训练过程，降低了成本，并使得模型能够在更大范围内进行部署。更重要的是，OpenAI推出了API服务，使得企业和开发者可以在无需巨大资源投入的情况下，轻松接入和使用生成式AI技术。

（3）跨越激励性障碍：为了推动生成式AI的广泛应用，OpenAI采取了重点激励的策略。通过与关键领域的合作伙伴展开深度合作，OpenAI让这些行业的领军企业率先体验到生成式AI带来的效率和创新红利。这些早期采用者不仅成为了生成式AI的推广者，还通过实际案例激励了更多的企业和开发者加入到生成式AI的应用浪潮中。

（4）消除政治性障碍：生成式AI的发展不可避免地引发了关于数据隐私、伦理规范和行业竞争的争议。OpenAI通过与监管机构、行业协会和学术界建立合作关系，积极参与政策制定和行业标准的构建，成功化解了外部的阻力。同时，OpenAI 通过透明的开发流程和开源策略，赢得了业界的广泛信任，确保了生成式 AI 的发展方向符合社会的期待。

这一系列变革措施，使得生成式 AI 在短时间内实现了从前沿技术到主流应用的转变，彻底改变了人们与技术互动的方式。ChatGPT 的成功不仅标志着生成式 AI 领域的一次临界点变革，也为未来的技术创新树立了典范。

第四节 社会变化中的领导力再造

李开复说，“21 世纪，当社会变革、国际交流、信息技术、个性发展等诸多挑战与机遇降临到社会分工的每一位参与者面前时，无论我们是否身处领导者的职位，都应该或多或少地具备某些领导力”。这是因为——领导力意味着我们总能从宏观和大局出发分析问题，在从事具体工作时保持自己的既定目标和使命不变；领导力也意味着我们可以更容易地跳出一人、一事的层面，用一种整体化的、均衡的思路应对更复杂多变的世界。

但是，提高领导力也是有策略的。在当前这个日益变化的时代，提高领导力确实需要新理念和新方法，以适应技术发展和社会变革带来的挑战。

一、“信息”“知识”爆炸时代的终身学习

在数字化时代，信息和知识的产生和传播得到了爆炸性增长。随着互联网的普及和技术的发展，人们可以从各种渠道获取和分享大量的信息和知识，但同时，海量的信息和超载的知识也使人们的学习工作效率大大降低。

对大学生而言，在这样一个快速变化环境中保持竞争力，适应新情况，掌握新技能，成为了一项重要任务，思维方式的重塑也许可以作为第一步。

（一）培养结构化思维

结构化思维是一种逻辑清晰、条理分明的思考方式，可以帮助我们更有效地处理信息、解决问题和做出决策。结构化思维，应用最广泛的职业是咨询顾问，最早由麦肯锡公司提出。芭芭拉·明托在《金字塔原理》一书中系统整理了这个概念，所以“结构化思考”又被称为“金字塔原理”。它概括为十六个字：结论先行，以上统下，归类分组，逻辑递进。所谓塔尖，就是中心思想，是你想表达的所有核心要点；塔中，是由阐述支持中心思想的方法论构成；塔底，是由支撑方法论的案例组成，也就是论据。

构建金字塔结构，有两种方式：一是先给结论，自上而下地找结构。因为大脑最先思考的，往往是最容易确定的事情，也就是最上层的

中心思想。比如，年终汇报业绩时，先汇报一年的总业绩，再分别论述各数据的具体完成情况。二是自下而上，归纳总结成结构。当我们看到许多问题和表象的时候，我们需要不断分析并将其归纳为各种认知模型，这个过程其实就是自下而上的思考过程。提炼事物最底层的逻辑和原理，能帮助我们更高效、更准确地做出决策。

这种思维方式强调从整体到局部的层级分明思考模式，通过借用思维框架来辅助思考，将碎片化的信息进行系统化的处理，从而提高人们思维的层次，使人们更全面地思考问题。

（二）拥抱成长型思维

斯坦福大学心理学教授卡罗尔·德韦克在《终身成长》一书中指出：我们获得的成功并不是能力和天赋决定的，它更受到我们在追求目标的过程中展现的思维模式的影响。智力是可以通过坚持努力以及专心致志的学习进行成长的。她介绍了两种思维模式——固定型与成长型（图 9–2），它们体现了应对成功与失败、成绩与挑战时的两种基本心态。

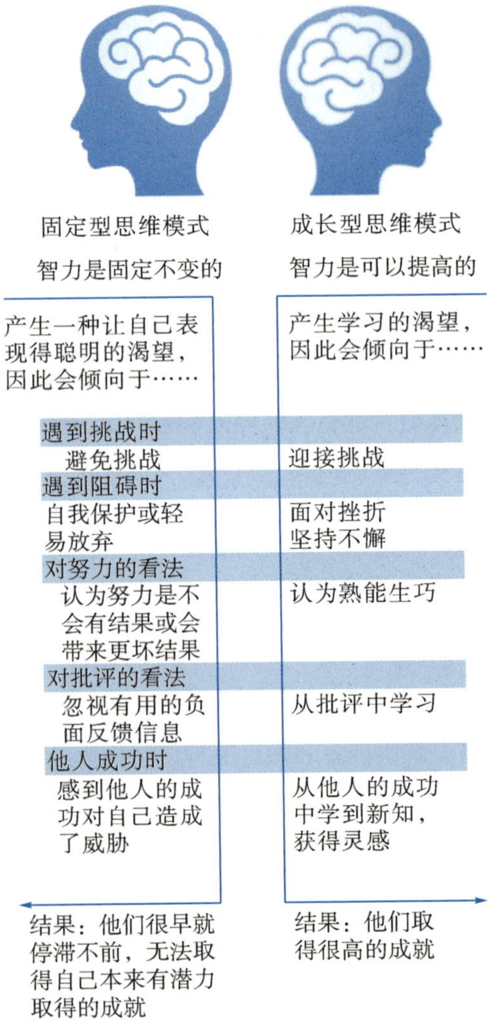

固定型思维模式
智力是固定不变的
产生一种让自己表现得聪明的渴望，因此会倾向于……
遇到挑战时
避免挑战
遇到阻碍时
自我保护或轻易放弃
对努力的看法
认为努力是不会有结果或会带来更坏结果
对批评的看法
忽视有用的负面反馈信息
他人成功时
感到他人的成功对自己造成了威胁
结果：他们很早就停滞不前，无法取得自己本来有潜力取得的成就
成长型思维模式
智力是可以提高的
产生学习的渴望，因此会倾向于……
迎接挑战
面对挫折坚持不懈
认为熟能生巧
从批评中学习
从他人的成功中学到新知，获得灵感
结果：他们取得很高的成就

图 9–2　固定型思维与成长型思维模式

（来源：《终身成长》）

固定型思维模式：认为人的才能是一成不变的，在学习、工作和生活中，抱有证实自己的强烈目标，时刻都在证明自己的智力、个性和特征，会把发生的事当作衡量个人能力和价值的直接标尺。

成长型思维模式：人的基本能力是可以通过努力来培养。即使人们在先天的才能和资质、兴趣或者性情方面有着各种各样的不同，每个人都可以通过努力和个人经历来改变和成长。

作为成长型思维模式的领导者，无论是看待自己还是他人，他们都相信人的潜能和发展潜力。他们尝试新方法、思考新创意，推动创新，从而更好地引导团队应对变化。同时，成长型思维的领导者更倾向于鼓励团队成员的个人发展，创造一个支持创新和尝试的安全环境，这有助于增强团队的凝聚力，激发团队的潜能，共同推动组织向着既定目标前进。

视野拓展

韦尔奇应聘 CEO

当时的三名候选人需要说服即将退位的 CEO 为什么自己最适合这项工作。韦尔奇强调了他的自我发展能力。他并没有将自己称作天才，或是有史以来最棒的领导者。韦尔奇承诺将不断进取和发展。后来他得到了这份工作，也很好地证实了他的承诺。

——选自《终身成长》

世界在不断变化，学习是一生的旅程，成长型思维让我们相信，领导能力并非固定不变，而是可以通过学习和经验不断培养和提升的。它需要我们突破舒适区，面对挑战时保持开放和适应性，把失败和挫折当做成长和学习的机会。这种思维方式激发我们积极地接受新知识和新技能，持续地完善和提升自我。

（三）发展系统性思维

系统性思维是把物质系统当作一个整体加以思考的思维方式。与传统先分析、后综合的思维方式不同，系统性思维的程序是：从整体出发，先综合，后分析，最后复归到更高阶段上的新的综合。系统性思维让我们能够从整体上理解复杂问题，看到各个部分之间的联系。

面试中，面试官有时会抛出一些看似脑筋急转弯的问题，目的是考察应聘者的思维模式和应对挑战的能力。以下这个经典的面试题，也许可以让你感受一下系统性思维的魅力。

问题描述：一辆卡车的高度是 2 米，而山洞的高度只有 1.9 米。卡车需要安全地通过山洞，但不能损坏卡车或山洞。

系统性思维步骤：

(1) 定义问题：

明确问题的目标——卡车需要安全地通过山洞。

(2) 收集信息：

测量卡车的尺寸，包括高度、宽度和长度。

测量山洞的尺寸，包括高度、宽度和入口角度。

(3) 识别限制因素：

确定卡车通过山洞的限制因素，即山洞的高度低于卡车的高度。

(4) 考虑所有相关因素：

考虑卡车的载重情况，是否可以通过卸货来降低高度。

考虑卡车的轮胎是否可以放气来降低卡车的整体高度。

考虑山洞的地质条件，是否允许拓宽或加深。

(5) 生成解决方案：

卸下卡车上的货物，降低卡车的高度。

放掉卡车轮胎中的部分空气，以降低卡车的高度。

考虑使用特殊设备，如千斤顶，来临时降低卡车的高度。

探索是否可以通过改变路线来避免这个问题。

(6) 评估方案：

评估每个方案的可行性、成本、时间、安全性等因素。

(7) 选择最佳方案：

根据评估结果，选择最合适的方案。例如，如果轮胎放气是最简单、成本最低且安全的方案，那么选择这个方案。

(8) 实施解决方案：

按照选定的方案进行操作，如轮胎放气，并确保操作安全。

(9) 监控和调整：

在实施过程中监控卡车通过山洞的情况，如果出现问题，及时调整方案。

(10) 反馈和学习：

问题解决后，收集反馈信息，总结经验教训，为将来遇到类似问题提供参考。

在卡车过山洞问题中，系统性思维帮助我们从多个角度审视，考虑到所有可能的因素和解决方案，避免了仅从单一维度（如只考虑降低卡车高度）来解决问题的局限性。这类问题往往没有标准答案，它更多地是通过思考过程来考验人的思维灵活性和创造性，以及解决问题的能力。

为什么培养系统性思维对于领导力的提升非常重要？

首先，系统性思维有助于我们更好地理解复杂性。在当今世界，无论是商业、科技还是社会问题，都呈现出越来越复杂的特征。作为一名领导者，其只有透过表面现象，洞察问题的本质，才能制定出有效的解决方案。

其次，系统性思维促进跨学科知识体系的构建。知识的爆炸性增长意味着我们不可能成为所有领域的专家，跨界的知识融合能够在解决问题时采用多角度的视野，有助于创新和变革管理。

最后，系统性思维支持领导者进行战略性思考。领导者通过将组织视为一个整体，理解与利益相关者的相互作用，促进沟通和协作，并从整体上评估信息，识别关键因素，有助于制定出符合组织长远目标的战略规划。

二、金字塔底层的财富与社会企业的全球浪潮

密歇根大学教授普拉哈拉德（C.K.Prahalad）在其2004年出版的《金字塔底层的财富》一书中提出，占全球人口80%的市场被忽略了。这就是发展中国家的贫穷地区市场，也就是全球消费的金字塔底（the Bottom of the Pyramid，BOP）。根据财富和收入能力，位于金字塔顶端的是富人，拥有大量获取高额收入的机会；而超过40亿每日收入不足2美元的庞大人口群体，生活在金字塔的底层。

视野拓展

金字塔底层的财富

联合利华公司在印度的子公司——印度利华有限公司在边远市场创建了肥皂产品的直接配送网络。该公司从当地乡村选择有企业家精神的女性，并将她们训练成为分销商，为乡亲们提供产品的教育、咨询和服务。这些熟谙产品需求的女性获得了60~150美元的月收入，为自己和家庭创造了新的消费能力。更重要的是，对于其所在乡村社区的消费者而言，她们成为启动消费的教育者和接触点。同样在印度，大型综合企业ITC公司推出了“乡村电子会所”计划，通过为乡村提供个人电脑，农民不仅能够搜索当地农产品市场的价格信息，而且还能够查到芝加哥交易所大豆期货的价格。信息之门的敞开，使农民们能够决定卖多少、何时卖，极大地改善了其获利能力。而ITC公司通过与农民建立的直接联系，大大节省了采购成本，并将更多的产品直接提供给当地农民。

——选编自《金字塔底层：企业未来竞争焦点》

普拉哈拉德认为，在帮助当地的穷人摆脱贫困时，可以重建商业模式，找到创新的来源。开发BOP市场是创造财富的过程，这不仅仅是企业的生产发展和利润增加，也是整个社会财富的增加。同时，更为重要的是在这个过程中贫困群体得到了赋能，获得脱贫致富的机会——这种赋能也许要大于出于同情心和社会责任感的慈善捐赠。因此，开发BOP市场也是企业真正的双赢机会，既获得了新的发展途径，也为解决贫困问题做出重大贡献，是企业社会责任的最佳体现。BOP的概念使市场在贫困地区找到了用武之地，这吸引了社会各界探讨是否可以通过培育这一市场使全球60亿人口脱离贫困。

社会企业与BOP市场的关系密切，因为社会企业通过创新的商业模式，旨在为这些低收入群体提供负担得起的产品和服务，同时解决他们面临的社会和环境问题。社会企业通过理解BOP市场的独特需求和

潜力，开发适合这些市场的产品和服务，如低成本的医疗保健、清洁能源、教育技术等。这些企业不仅为BOP群体提供了改善生活的机会，而且通过创造就业和促进当地经济发展，增强了这些社区的自我可持续性。

因此，随着全球化和信息化的推进，社会企业日益成为商业和社会领域共同关注的重要话题，在全球范围内得到了快速发展，也涌现许多成功案例。例如，印度的Aravind眼科医院通过高效的成本控制和创新的医疗服务模式，为数百万贫困患者提供了可负担的白内障手术；孟加拉国的Grameen Bank，由诺贝尔奖得主穆罕默德·尤努斯创立，通过提供小额信贷帮助贫困妇女开展自己的小生意，从而改善了她们的经济状况和社会地位。社会企业也引起了高校关注，如，1993年哈佛大学商学院开始了美国第一个社会企业教育项目，哥伦比亚大学、斯坦福大学、耶鲁大学和很多基金会随后建立了针对社会企业或社会创业家的培训和支持项目。

视野拓展

让清洁能源产品覆盖更多非洲百姓

在2024年1月15日召开的达沃斯世界经济论坛上，深圳市诚信诺科技有限公司（以下简称为“诚信诺”）创始人李霞获得了“2024年度社会企业家”奖，成为首位获得该奖项的中国女企业家，也是今年唯一的中国获奖者。

李霞开始关注贫困人群的能源需求，源于他们支付能力有限，很少人愿意为这样一个群体去做产品。在调研时她发现，世界银行数据显示，全球近12亿贫困人口仍生活在无电网地区，所以除了衣食住行等必要的需求之外，能源和照明也是他们的一种刚需，于是她在2009年开始为贫困人口做太阳能照明产品。

作为社会企业，诚信诺的使命是让穷人用上有质量保证的产品，希望产品能让贫困群体买得起也愿意持续购买。比如，仅需贫困家庭三个月使用煤油灯的费用，就可以购买一个“蜡烛消灭者”，并使用五年的时间，而通过对它的核心元器件品质的把控，诚信诺实现了该产品的五年质保。再比如产品“太阳能媒体机”，诚信诺通过加入电子屏的方式，希望将技能和知识带进没有电和网络的社区，实现数字化赋能，帮助贫困人群自强脱贫。过去十五年，诚信诺坚持做社会企业的初心，深耕非洲地区，致力于将中国太阳能产品带进贫困家庭，让可负担的清洁能源技术服务于社会底层人群。

——摘自《让清洁能源产品覆盖更多非洲百姓——访诚信诺科技有限公司创始人李霞》（新华财经客户端，2024年3月18日）

在我国，近年来社会企业也发展迅速。如，2018年8月制定出台的《北京市社会企业认证办法（试行）》中明确了社会企业的定义，社会企业是指以优先追求社会效益为根本目标，持续用商业手段提供产品或服务，解决社会问题、创新公共服务供给，并取得可测量的社会成果的企业或社会组织。截至 2024 年 6 月底，北京市已累计认证各类社会企业 200 余家，包括养老服务、公益慈善、社区服务、环境保护、精准扶贫、文化体育、生态农业、食品安全等。

许多国家和地方政府开始认识到社会企业在促进社会创新、增加就业、减少贫困以及保护环境等方面的重要性，并出台了一系列支持政策和激励措施。这些政策不仅包括税收优惠、资金支持和法律保护，还包括提供培训、咨询和网络平台等资源，以帮助社会企业成长和扩展。此外，随着社会企业概念的普及和公众意识的提高，越来越多的投资者和消费者开始支持那些具有社会责任感的企业。社会影响力投资和消费者购买行为的变化，为社会企业的发展提供了新的资金来源和市场机会。

三、全球化时代：大学生领导力的国际化培养

当前我们正处于一个互联互通、相互依存的全球化时代，经济一体化、文化多元化、信息全球化和政治多极化都在不断塑造着这个变化的世界，这也为大学生带来了前所未有的机遇与挑战。

视野拓展

联合国可持续发展目标（SDGs）

可持续发展是如果我们想要一个更好的明天，今天必须采取的生活方式，使在满足今天需求的同时不必透支后代满足他们需求的机会。在 2015 年，联合国成员国将它们对于可持续发展的愿景转化成了一个实现该愿景的蓝图：《2030 年可持续发展议程》。其中的 17 个可持续发展目标（SDGs）包括了需要在 2030 年前达成的宏伟目标，涵盖可持续发展的三个方面：经济、社会发展和环境，见图 9-3。

图 9-3　可持续发展目标海报和 17 个目标标识

> SDGs呼吁所有国家（不论该国是贫穷、富裕还是中等收入）行动起来，在促进经济繁荣的同时保护地球。目标指出，消除贫困必须与一系列战略齐头并进，包括促进经济增长，解决教育、卫生、社会保护和就业机会的社会需求，遏制气候变化和保护环境。
>
> ——摘自联合国可持续发展目标主页

在全球化的大背景下，大学生作为未来的社会栋梁，其领导力的培养显得尤为重要。全球化为大学生提供了更广阔的学习和发展平台，国际化培养不仅能够拓宽大学生的视野，更能增强其在多元文化环境中的竞争力。通过国际交流项目、海外学习机会和国际组织实习等方式，大学生可以提升自己的全球胜任力，具备全球视野和跨文化交流的能力，学会在多元文化环境中沟通和协作，关注解决全球性问题……在接触世界各地优秀资源的同时，也可以在共建“一带一路”倡议等国家战略中寻找到更好的个人发展机会。

当然，全球化带来的一系列挑战，如文化冲突、语言障碍、竞争压力等，也需要大学生具备更高的适应能力和解决问题的能力。建议大学生们可以从以下方面采取行动：

（1）提升复合能力：学习一门或多门外语，通过与不同文化背景的人交流，提高跨文化沟通能力，除自身专业外，主动加强跨学科学习，掌握最新的信息技术和数字工具，以适应全球化的工作需求。

（2）增强国际实践：可以参与海外交流项目、短期课程或学位课程增加多元化的教育体验，或在跨国公司、国际组织中实习或工作，积累国际工作经验，增强适应性和灵活性。

（3）拓展全球视野：通过阅读国际新闻、参加国际会议和研讨会，建立和维护个人的国际“人脉”网络，了解全球趋势，也可以参与国际志愿服务项目，增进对国际事务和全球性议题的理解。

当然，全球化进程中的不平等问题也亟需有志青年积极参与，不断学习、适应和创新，通过自己的知识和技能为促进社会公平和可持续发展做出贡献，在全球舞台上发出中国青年的声音。

要点回顾

1. 每一天，诞生在我们身边的新兴技术正影响着各地的人们，如人工智能、大数据、物联网等。领导者应当保持对新知识、新技能的渴望，通过不断学习来增强自己的能力，开拓自己的视野，从而更好地引领团队应对未来的挑战。

2. 在信息和知识爆炸的时代，终身学习已成为每个人职业生涯和个人发展的必经之路。大学生可以通过培养结构化思维、成长型思维、系统性思维，利用技术辅助学习，保持好奇心和开放态度，同时关注世界，培养自己的全球胜任力和社会责任感，注重实践和经验积累，从而更好地适应快速变化的世界，实现自我成长和发展。

思考题

1. 如何理解结构化思维、成长型思维、系统性思维对于个人领导力的提升所发挥的重要作用？

2. 如何提升全球胜任力，在全球化的时代成为一名拥有国际视野的领导者？

3. 如何将社会责任感和青年领导力提升联系起来？如何在国家重大战略中寻找个人成长与职业发展机遇？

知识拓展推荐

[1] 克里斯·安德森. 长尾理论［M］. 乔江涛，译. 北京：中信出版社，2016.

[2] 托马斯·弗里德曼. 世界是平的：21世纪简史［M］. 3版. 何帆，肖莹莹，郝正非，译. 长沙：湖南科学技术出版社，2015.

网络资源

[1] https://www.shihang.org/zh/understanding-poverty
世界银行集团网站（全球发展数据等）

[2] https://www.un.org/sustainabledevelopment/zh
联合国可持续发展目标主页

[3] https://gj.ncss.cn/index.html
教育部高校毕业生到国际组织实习任职信息服务平台

[4] http://io.mohrss.gov.cn/
中华人民共和国人力资源和社会保障部国际组织人才信息服务网

[5] https://www.yidaiyilu.gov.cn/
中国一带一路网

参考资料

[1] 戴蒙·森托拉. 临界变革［M］. 姬佳芸，译. 北京：中信出版集团，2024.

[2] 约翰·P.科特. 领导变革［M］. 徐中，译. 北京：机械工业出版社，2021.

[3] 新华社. 瞭望 | 前瞻2024人工智能四大趋势［EB/OL］. (2024-

01-04) [2024-08-07] http://www.xinhuanet.com/20240104/eb4acc75a286440b9dd07e66a8efb94e/c.html

[4] 深圳特区报. 深圳加快打造人工智能先锋城市 [EB/OL]. (2024-07-31) [2024-08-13]. https://www.sz.gov.cn/cn/xxgk/zfxxgj/zwdt/content/post_11475299.html

[5] 维克托·迈尔-舍恩伯格, 肯尼思·库克耶. 大数据时代: 生活、工作与思维的大变革 [M]. 盛杨燕, 周涛, 译. 杭州: 浙江人民出版社出版, 2013

[6] 中华人民共和国工业和信息化部. 2021. 《"十四五"大数据产业发展规划》解读 [EB/OL]. (2021-11-30) [2024-08-13] https://www.miit.gov.cn/jgsj/xxjsfzs/zlgh/art/2021/art_7862105fdb5d46ad85c7e25adf5c1977.html

[7] 黄罡. 大数据: 释放数据价值 畅享智能生活 [EB/OL]. (2020-04-03) [2024-08-07] https://www.cac.gov.cn/2020-04/03/c_1587458791611601.htm.

[8] 梅宏. 大数据与数字经济 [J]. 求是, 2022 (2).

[9] Office of the Deputy Assistant Secretary of the Army (Research & Technology). Emerging Science and Technology Trends: 2016-2045 [R], 2016.

[10] 李开复. 21 世纪的领导力 [J]. 决策与信息, 2009 (12).

[11] 芭芭拉·明托. 金字塔原理 [M]. 汪洱, 高愉, 译. 海口: 南海出版公司, 2019.

[12] 卡罗尔·德韦克. 终身成长 [M]. 楚祎楠, 译. 南昌: 江西人民出版社, 2017.

[13] 彭漪涟. 逻辑学大辞典 [M]. 上海: 上海辞书出版社, 2004.

[14] C. K. 普拉哈拉德. 金字塔底层的财富 [M]. 傅婧瑛, 译. 北京: 人民邮电出版社, 2015.

[15] 梁小民. 金字塔底层: 企业未来竞争焦点 [J]. IT 时代周刊, 2005 (6).

[16] 王世强. 社会企业兴起的路径研究: 两大部门的相互融合与结构差异 [M]. 北京: 首都经济贸易大学出版社, 2016.

后记

《大学生领导力提升》第一版面世以来，深受广大学生和青年学者的喜爱与好评，我们深感欣慰。在修订此书的过程中，我们深刻体会到领导力教育对于当代大学生的重要性和紧迫性。它不仅关乎个人成长与发展，更直接影响到未来社会的风貌与走向。

本次修订坚持正确政治导向、体现“两个结合”、体现数字技术革命的时代特征、遵循大学生成长成才规律，根据时代发展和学生需求的变化，在第一版的基础上，进行了全面而细致的完善。本书围绕领导力的不同方面，从基础概念到深层次的理论与实践，构建了一个全面而丰富的知识体系：不仅涵盖了领导力的构成要素、领导风格、影响力模型等核心议题，还深入探讨了团队建设、决策艺术、创新与变革等关键领域，力求为大学生提供一套系统、完整且贴近现实的领导力培养方案。同时，在修订过程中，我们始终秉持与时俱进的精神，努力将最新的领导力研究成果融入其中，使内容更加新颖、具有前瞻性。此外，我们还注重理论与可操作性的结合，通过案例分析、方法指导等方式，帮助学生将理论知识转化为实际能力，为未来的职业发展奠定坚实基础。

本书的编写汇聚了众多专家的智慧与心血。边慧敏担任主编，冯卫东、廖宏斌、钟慧担任副主编。各章撰稿人如下：第一章，边慧敏、廖宏斌；第二章，陈宗权、杨奇才；第三章，冯卫东、成立；第四章，钟慧、马继炎；第五章，晏华；第六章，何茜；第七章，谭敏；第八章，吴晶；第九章，闫文静、成立；本书由边慧敏、冯卫东策划制定写作大纲并负责统稿。

本书的编写得到了西南财经大学出版社的大力支持，并为成书付出了辛勤的劳动。在此，向西南财经大学出版社领导及责任编辑表示由衷的感谢。

我们深知本书存在不足与局限，恳请广大师生和读者在使用过程中提出宝贵的批评与建议，以便我们不断完善，为领导力教育事业贡献更多力量。

编者

2024 年 8 月